POLITICAL
RUSSIAN

NATASHA SIMES AND RICHARD M. ROBIN

An Intermediate Course in Russian Language
for International Relations, National Security and Socio-Economics

Second Edition

A Publication of the American Council of Teachers of Russian
in conjunction with the Paul H. Nitze School of Advanced
International Studies of the Johns Hopkins University

⏶CTR   **SɅIS**

K **KENDALL/HUNT PUBLISHING COMPANY**
2460 Kerper Boulevard P.O. Box 539 Dubuque, Iowa 52004-0539

ACKNOWLEDGEMENTS

The authors of Political Russian are pleased to acknowledge important institutional and financial support from the American Council of Teachers of Russian (Research and Development Division) and the Paul H. Nitze School for Advanced International Studies of the Johns Hopkins University in Washington, D. C. In particular, we are grateful to Dr. George R. Packard (Dean, the Paul H. Nitze School) and Dr. Dan E. Davidson (ACTR and Bryn Mawr) for their on-going professional assistance in bringing this project to fruition, and to Dr. Richard D. Brecht (Maryland and ACTR) for his numerous suggestions for sharpening the focus of this text.

The authors also hereby acknowledge a debt of gratitude to our colleagues in the profession and their students who have kindly participated in the test-teaching of these materials: Dr. Frank Miller and Nadezhda Kivenko (Columbia University), Emily Urevich (Foreign Service Institute, U.S. Department of State), Linda S. Tapp (Georgetown University), and to Steven D. Jones, Elizabeth Sandstrom, and Natalia Yudzon and Tatyana Gritsevich (Paul Nitze School, Johns Hopkins University). We want to thank as well Anna M. Connolly for her able and tireless assistance in editing the final drafts of this text and for her useful suggestions concerning their formating. Naturally, the authors have not been able to include every suggestion which we have received in the preparation of this complex project and assume full and exclusive responsibility for the text and any errors it might contain.

This is a revised edition of Political Russian, with all sections of the textbook reviewed and updated. It contains new articles from current Russian publications.

We welcome the comments and suggestions of all who use these materials, as we make preparations for its regular revision and updating in the years ahead.

Washington, D. C.
April 1992
N.S. and R.M.R.

PREFACE

HOW TO USE POLITICAL RUSSIAN

It is fast becoming apparent that the United States and Russia are likely to develop an unprecedented intensive relationship. To deal with Russia intelligently, the United States needs a growing pool of people capable of communicating with the Russians in their own language. The current situation where, with the exception of professional students of Russian affairs, almost no American can conduct business in Russian is increasingly unacceptable. It is an obstacle to meaningful U.S.-Russian interaction, and it puts Americans who are engaged in various activities with the Russia in a disadvantageous position in comparison with their Russian counterparts.

POLITICAL RUSSIAN is written especially for generalists and practitioners engaged in international relations, foreign trade or people-to-people exchanges with Russia. The book is aimed at the development of three basic types of skills: **reading, speaking,** and **listening.** We assume that students starting the book have acquired a "first-year" knowledge of Russian and, therefore, have been exposed to a skeletal grammar and lexicon, although we make no assumption about the level of control and expect little more than a *novice*[1] level of proficiency.

The structure of *POLITICAL RUSSIAN* is based on the goal of **functional proficiency** in the three skills, rather than on "covering the grammar", with an added dose of political vocabulary. Each chapter, therefore, is based on directly applicable topics: official visits, international negotiations, economics and trade, national security and arms control and so on.

A direct corollary to proficiency-based language learning is the principle of spiraling or **concentric circles**. This book is structured around two such concentric circles. In both circles students are presented with *authentic* texts, i.e. unadapted Russian which exposes a student to all elements of authentic language: audiotape excerpts of real radio, actual newspaper articles and realistic speaking situations.

Circle One is aimed at students who have already completed an introductory course and are familiar with but may not have actively mastered the case system and some elements of verb conjugation. The number and scope of the tasks that students can accomplish are limited, because their world of language mastery is still quite small.

---

[1]*The terms NOVICE, INTERMEDIATE, ADVANCED, and SUPERIOR are taken from the proficiency guidelines of the American Council for the Teaching of Foreign Languages, 6 Executive Boulevard, Upper Level, Yonkers, NY 10701.*

Within **Circle One** students expand the scope of their usable language. Speaking and reading vocabulary is widened with the injection of carefully measured doses of political terminology.

A complete coverage of *Circle One* requires about 60 hours of instruction plus homework. A student who has successfully mastered *Circle One* should have attained the following proficiency levels:

Speaking – *intermediate high* with politics, national security, and economics as areas of particular strength ("hot-house specials" in ACTFL terms[2]).

Reading – *advanced plus* with political hot-house special.

Listening – *intermediate high* with political hot-house special.

Reading and listening. Students are taught **strategies** to get the facts from short newspaper and radio reports, using context to help build their vocabulary. Students learn to **skim** and **scan** for as much useful information as can be found in longer and more complicated reports which may be just beyond their immediate level. In addition, emphasis is placed on the use of focusing attention on what *can* be understood, rather than what *cannot* be understood.

Speaking tasks are centered around role-play situations in which students are taught to respond in coherent sentence-length utterances on political topics. Work on speaking in short paragraphs also begins at this level.

Writing is used as a support tool to develop the three primary skills.

Grammatical support for these activities comes in the way of short explanations and exercises designed to give students total control over basic items necessary for sentence structuring and partial control over more complicated items, which are reviewed and expanded in *Circle Two* with an eye for total control. Because the grammatical competence of incoming students cannot be predicted, we have included in **Circle One** a comprehensive review of basic grammar fundamental to communication on the themes introduced, including a systematic review of case distribution. Grammatical structures which play a significant role in political reportage of facts, such as those governing dates and quantities, receive particular emphasis.

----

[2] *A HOT-HOUSE SPECIAL is an area of special interest in which a foreign language speaker shows uncharacteristic fluency and accuracy. In the classic example a former navy pilot is unable to order a cup of coffee in the target language, but he has no difficulty describing how to land a fighter plane.*

In **Circle Two** the students' world of language mastery becomes larger as all of its elements expand.   Active and passive vocabulary is enriched. Reading and listening texts become longer as students learn to understand not only the facts, but also to read "between the lines."   In speaking the emphasis is on connected, paragraphed speech with enough grammatical facility as to be understood in political discussions by Russians not used to dealing with foreigners.   To that end, grammatical concepts originally introduced for partial control are reinforced.   More complicated grammar is introduced first for partial control and then for complete control.

Reading materials include feature–length texts on politics, national security, and economics.   Students are taught not only to skim and scan for immediate access to information, but also to identify supported opinion, as well as to read between the lines for unstated opinion.

Listening materials also go beyond short reports to cover four – five minute newscasts, as well as political speeches.   Students practice Russian–to–English consecutive interpretation in which the main goal is to convey the central facts and opinions of the text.

Speaking exercises are designed to widen the student's control of topics introduced in *Circle One*.   Specific exercises will be created to improve fluency (rate of speech), paragraph structuring, and to widen vocabulary. Conversation management strategies will be heavily emphasized as consistent practice in supporting opinion is introduced.

Grammatical support will come in the way of drills for concepts already introduced leading to full control in all areas of morphology and beyond partial control in syntax and verbal aspect.   Attention will be given to those items which allow for the creation of structured paragraphs in speech. Particular areas of work will include prefixed and unprefixed verbs of motion as lexical items in non–motion contexts, quantities in oblique cases, dependent clauses, tense in complex sentences, and word order.

A complete coverage of *Circle Two* requires about 120 hours of classroom instruction plus homework.   A student who has successfully mastered *Circle Two* should have attained the following proficiency levels:

Speaking – *advanced or advanced plus* for politics, national security, and economics.

Reading – *superior* for politics, national security, and economics.   Students will also be expected to translate texts accurately into standard "politically equivalent" English.

Listening – *advanced plus* for the same areas plus the ability to provide informal (giving the gist) but accurate consecutive interpretation of live speech.

Each lesson of *POLITICAL RUSSIAN* includes:

a) A pre-reading taped audio–comprehension exercise aimed at developing listening comprehension skills. We suggest that students prepare for each new lesson by listening to the audio comprehension exercise and completing the accompanying exercises. The listening text prepares the student for the topic and structures of the lesson.

b) A main text, which is an excerpt of an article or a full article from Soviet periodicals. There are a number of activities that can accompany the main text. Instructors interested in teaching close reading or translation can assign written translations into English or grammatical analysis of the text. Those interested in further work on basic phonetics and intonation can assign phonetic reading based on the accompanying recordings. All main texts have been updated.

c) A pattern-oriented glossary and vocabulary exercises. (In each lesson of Circle One the glossary and the last vocabulary exercise are taped.) Glossaries become the core of the student's vocabulary. Building on these basic linguistic patterns the student will be able to actively operate with a wide range of political, military, and socio–economic concepts.

d) Grammar explanations and exercises, some of which are on tape and are indicated as such. Grammar is presented in each lesson functionally, as needed, and where possible, through charts, tables, and examples without prolonged explanations. Thus, grammar is viewed as a support to communication, and not as an end in itself.

e) Speaking exercises and situations. Students make short reports and recreate situations connected with the theme of the lesson.

f) Comprehensive translation exercises covering all salient lexicon and structures.

g) Global reading skills exercises. Because reading of original texts is the most important source of information, the book sets a goal of teaching students to read quickly, skimming and scanning for specific facts or opinions. This section of the book has been updated and, therefore, includes current periodicals.

h) Rendering exercises. Students learn to "gist" into simple but serviceable Russian ideas expressed in complicated English. In short, students learn to run (successfully) "on empty."

It should be noted that all the materials intended for oral exercises have stress marks. That is, stresses are marked in the following sections: audio-comprehension exercises, texts, vocabulary lists, vocabulary exercises, speaking exercises, grammar explanations, charts and tables, and, finally, in selected grammar exercises marked accordingly.

With the exception of *rendering* practice *Circle Two* contains two sets of exercises for each chapter.

POLITICAL RUSSIAN features a wealth of integrated texts and exercises. Nevertheless, this is a modular textbook. Instructors are free to pick and choose from the materials without fear that the structure of the book will topple. Exercises in listening, vocabulary development, and speaking are very closely integrated. However, those teachers who choose a greater emphasis on reading or grammatical structure are free to pursue those goals. Cutbacks in the amount of listening-speaking activities covered should not adversely affect work in reading or grammar.

We believe that students completing both *Circle One* and *Circle Two* of *POLITICAL RUSSIAN* will find themselves linguistically well equipped for work in all endeavors concerning issues of Soviet and Russian politics, history, government, trade, and national security.

SUGGESTIONS TO THE TEACHER: USE AT HOME AND IN CLASS

The suggestions for managing assignments given below are just suggestions. Different instructors emphasize different skills. *POLITICAL RUSSIAN* has enough built-in modularity so that a teacher who chooses to emphasize reading at the expense of listening or grammatical accuracy is free to do so without fear that the structure of the textbook will fall apart.

As the first edition of *POLITICAL RUSSIAN* went to press, Soviet political realities were changing so rapidly that some of the texts began to look as if they came from another era. This second edition reflects the many changes that have occured. All texts are authentic and are a reflection of expository prose on public issues today. However, we encourage instructors to supplement texts for Reading exercises in *POLITICAL RUSSIAN* with their own materials from the Russian media if they so desire.

Finally, each chapter ends with a "rendering" exercise, which challenges students to say as much as they can, drawing on a relatively small vocabulary and relaying on circumlocution. Many view these exercises as far beyond the students' capabilities and choose not to assign them. However, many teachers will want to see if their students can stretch their language to meet the challenge.

OUTLINE FOR THE PRESENTATION OF ONE LESSON OF *POLITICAL RUSSIAN*

STAGE I

At home

1.   Audio comprehension exercise
2.   Text:
     - phonetic reading (with the tape)
     - translation
3.   Words and expressions:
     - reading with the tape
     - writing English equivalents for each expression (in the book)
4.   Grammar:
     - one section should be read, giving special attention to examples

In class

1.   Phonetic reading and translation of the text.
2.   Audio comprehension exercise:
     - corrected by the instructor outside of class.
3.   Checking English equivalents for *Words and Expressions* list.
4.   Introduction, if necessary, of grammar and analysis of examples.
5.   Grammatical analysis of text (time permitting).
6.   Introduction of Reading rule 1. (see Reading ex. 1)

STAGE II

At home

1.   Vocabulary exercises:
     - all exercises up to and including *Give Russian equivalents for the following expressions* exercise.
     - words and expressions review.
     - working with the tape.
2.   Grammar exercises:
     - as many as the instructor considers appropriate except for the exercise requiring translation into Russian
3.   Speaking exercise A.
4.   Reading exercise 1.

In class

1. Vocabulary exercises.
2. Speaking exercises.
3. Grammar exercises.
4. Introduction of new grammar (time permitting)
5. Reading exercise:
    - Post-text. (a Pre-text-exercise is to be corrected by the instructor outside of class)

STAGE III

At home

1. Vocabulary exercises:
    - *Fill in the blanks* exercise.
    - listening to the tape.
2. Grammar exercises:
    - translation from English into Russian.
3. New grammar:
    - reading of the explanation of new grammar and analysis of the examples.
4. Speaking exercise B
5. Reading exercise 2.

In class

1. Vocabulary exercises.
2. Speaking exercise.
3. Grammar exercise:
    - checking in class
4. New grammar:
    - analysis of examples and uses of it in the text.
5. Reading exercise 2:
    - Post-text

STAGE IV

At home

1. Vocabulary exercise:
    - *Questions* exercise.
    - tape
2. Grammar exercises:
    - exercises except for a translation exercise.
3. New grammar:
    - read the explanation and analyze the examples.
4. Speaking exercises C, D.
5. Reading exercise 3.

In class

1. Vocabulary exercise.
2. Speaking exercises.
3. Grammar exercises.
4. New grammar:
   – analysis of examples and uses of it in the text.
5. Reading exercise 3:
   – Post–text.

STAGE V

At home

1. Vocabulary review.
2. Tape.
3. Rendering.
4. Speaking exercises D,E,F.
5. Grammar exercise(s):
   – translation from English into Russian.
6. Reading exercise 4 (except for lesson one)

In class

1. Rendering:
   – by paragraphs comparing different ways of expressing the same idea.
2. Speaking exercise:
   – role–play situations.
3. Grammar exercise:
   – checking in class.
4. Reading exercise:
   – Post–text
5. Quiz:
   1) a role–playing situation
   2) a new reading exercise: Pre–text

New lesson. (same pattern)

An overlap of Stage V of the previous lesson with Stage I of a new lesson is suggested.

The pattern of how to cover a lesson in Circle Two is the same except for:

Vocabulary exercises: from A. up to and including
     Give Russian equivalents – stage II
     Fill in the blanks   – stages III, IV

Speaking exercises: A. – stage II
        B. – stage III
        C. – stage IV
        D. – stage V and Quiz

Reading exercise – Pre-text stage II
        – Post-text stages III, IV, V.

An overlap of Stage V with Stage I of a new lesson is suggested in Circle Two as well.

TABLE OF CONTENTS

PART TWO

Lesson Three: Чрезвычайное положение

PART ONE

PART TWO

Lesson Four: Демократизация нашей жизни

Lesson Five: Франция после выборов

Lesson Six: Экономика на перевале

PART ONE

PART TWO

Lesson Seven: Пойдут ли русские к Ла-Маншу?

PART ONE

CHARTS

TABLES

CIRCLE
ONE

AUDIO–COMPREHENSION EXERCISE

You are about to hear a text about the visit of a French delegation to Moscow. You will probably easily recognize the cognates given below. Look through the words and expressions listed below. Then listen to the text with the following questions in mind. Afterwards, listen to the text again, and write down the answers so as to be able to give the information to a non-Russian speaker.

1. Who visited Moscow?
2. What body invited him?
3. Was the visit official or unofficial?
4. Where were talks held?
5. A number of points were discussed. Name one.
6. How were Franco–Russian relations characterized?

Cognates

официа́льный визи́т
президе́нт
респу́блика
мини́стр

WORDS AND EXPRESSIONS (on the tape)

по приглаше́нию – by invitation
председа́тель Верхо́вного Сове́та
президе́нт
премье́р-мини́стр
госуда́рственный секрета́рь   госуда́рственный департа́мент
госсекрета́рь   госдепарта́мент

министр иностра́нных дѐл	министе́рство иностра́нных дѐл
(Note in US: госсекрета́рь	госдепарта́мент)
министр оборо́ны	министе́рство оборо́ны
энерге́тики	энерге́тики
культу́ры	культу́ры
торго́вли	торго́вли
фина́нсов	фина́нсов
Note in US: Secretary of Treasury	– The Treasury

(куда́?)

прибыва́ть/прибы́ть   с официа́льным визи́том   в Москву́
    -ют   -бу́дут – to arrive on an official visit to Moscow

(где?)

находи́ться   с неофициа́льным визи́том   в Пари́же
нахо́дятся   – to be in Paris on an unofficial visit
(imperfective only)

(отку́да?)
отбыва́ть/отбы́ть   из Москвы́/из Пари́жа

обсужда́ть/обсуди́ть вопро́сы   двусторо́нних свя́зей
(обсужда́ют/обсу́дят)   двусторо́нних отноше́ний
        сотру́дничества
        взаимопо́мощи
        экономи́ческого кри́зиса
        энергети́ческого кри́зиса

обсужде́ние

констати́ровать, что... – to state the fact that...
        -уют
(imperfective only)

между́ (кем?)   состоя́лись бесе́ды – there were talks
        (о чём?)
мини́страми   о сотру́дничестве
президе́нтами   о двусторо́нних отноше́ниях
        о междунаро́дной напряжённости
        об эконо́мике
        о торго́вле

состоя́ться – (Perfective only)
    -я́тся

стро́иться на осно́ве   взаимопонима́ния
    —ятся   равнопра́вия
                                        дру́жбы
                                        (не)дове́рия
                                        взаи́мной по́мощи

отноше́ния ме́жду Фра́нцией и РФ   (как?)   развива́ются
                                                        успе́шно
                                                        постоя́нно
                                                        бы́стро
                                                        ме́дленно
развива́ться/разви́ться
    —ются   —овью́тся

Росси́я, Росси́йская Федера́ция, РФ, россия́не, говори́ть по-ру́сски, Москва́
СССР, Сою́з Сове́тских Социалисти́ческих Респу́блик, сове́тский (ceased to exist
in 1992)
СНГ, Содру́жество Незави́симых Госуда́рств (from 1992)
Фра́нция, францу́зский, францу́зы, Пари́ж, говори́ть по-францу́зски
Евро́па, европе́йский, европе́йцы
За́падная Евро́па, западноевропе́йский
Восто́чная Евро́па, восточноевропе́йский
Центра́льная Евро́па, центральноевропе́йский

TEXT: Read the following text; be able to translate it into English in written form.

Визи́т францу́зского президе́нта

По приглаше́нию Верхо́вного Сове́та Росси́йской Федера́ции и Росси́йского

прави́тельства в Москве́ с неофициа́льным визи́том находи́лся президе́нт

Францу́зской Респу́блики.   Ме́жду росси́йским президе́нтом, председа́телем

Верхо́вного Сове́та Росси́йской Федера́ции и президе́нтом Францу́зской Респу́блики

состоя́лись бесе́ды о бу́дущем росси́йско-францу́зском сотру́дничестве.   Сто́роны

обсуди́ли вопро́сы двусторо́нних свя́зей и с удовлетворе́нием констати́ровали, что

отноше́ния ме́жду РФ и Фра́нцией стро́ятся на осно́ве взаимопонима́ния и

равнопра́вия.   Эти отноше́ния успе́шно развива́ются.

VOCABULARY EXERCISES

Look through the vocabulary to the text «*Францу́зский президе́нт*»; then do the following exercises.

A.   Paraphrase the italicized words.

Госуда́рственный секрета́рь
двусторо́нние *свя́зи*
сказа́ть, что...

B.   Give the opposite for the italicized words.

бы́стро развива́ться
односторо́нние отноше́ния
прибыва́ть в Москву́
с *неофициа́льным* визи́том

C.   Fill in the blanks with the appropriate prepositions.

1.   Генера́льный секрета́рь при́был _____ приглаше́нию СНГ.
2.   Отноше́ния _____ Фра́нцией и Р.Ф. постоя́нно развива́ются.
3.   Состоя́лись бесе́ды _____ торго́вле.
4.   Премье́р-мини́стр при́был _____ неофициа́льным визи́том.
5.   Москва́ нахо́дится _____ Восто́чной Евро́пе.
6.   _____ Пари́жа о́тбыл госуда́рственный секрета́рь США.

D.   Give Russian equivalents for the following English phrases.

- by invitation
- to be in Paris on an official visit
- to discuss issues of bilateral relations
- talks on cooperation have taken place
- to be built on the basis of mutual understanding

E.   Fill in the blanks with appropriate words.

	(чем? кем?)		(как?)
1. отноше́ния ме́жду	_____	развива́ются	_____
	_____		_____

2. состоя́лись бесе́ды о _____ (о чём?)
   _____

3. председа́тель _____ при́был в _____ (чего́?) (куда́?)
   _____   _____

4. отноше́ния стро́ятся на осно́ве _____ (чего́?)
   _____

F. Make sentences with the appropriate words from the list in the right hand column.

1. Мини́стр культу́ры   обсужда́л вопро́сы   (чего́?)
   оборо́ны   взаимопо́мощь
   энерге́тики   вое́нная по́мощь
   иностра́нных дел   экономи́ческий кри́зис
   фина́нсов   энергети́ческий кри́зис
   торго́вли   иностра́нные дела́
                                              культу́рные свя́зи
                                              двусторо́нние свя́зи

2. Госсекрета́рь нахо́дится с официа́льным визи́том   (где?)
   столи́ца Росси́и
   Центра́льная Евро́па
   Фра́нция, Пари́ж
   Ку́ба

G. Answer the following questions.   (on the tape)

1. Как называ́ется глава́ Вехо́вного Сове́та?
2. Каки́е вы зна́ете министе́рства?
3. Кто стои́т во главе́ ка́ждого из них?
4. Как мо́гут развива́ться отноше́ния ме́жду стра́нами?
5. На како́й осно́ве отноше́ния мо́гут стро́иться?
6. Каки́е вопро́сы обсужда́ют гла́вы госуда́рств?
7. Где живу́т францу́зы?
8. Англия нахо́дится в Центра́льной Евро́пе?
9. Где нахо́дится Украи́на?
10. Где нахо́дится Чехослова́кия?
11. По́льша - западноевропе́йская страна́?
12. Кака́я э́то страна́?
13. На како́м языке́ говоря́т во Фра́нции?

GRAMMAR: PREPOSITIONAL CASE

The prepositional case has three uses:

1. **After the preposition** *o* **"about" to answer the questions** *о ком, о чём:*

    бесе́ды *о* сотру́дничестве   *talks on cooperation*
    вопро́с *о* равнопра́вии   *the issue of equality*

    Before vowels *a, э, и, о,* and *y*   *o* becomes *об:*

    Говоря́т *об* оборо́не.   *Defense is being discussed.*

    O becomes *обо* in the following set expressions:

    обо всех "about all," *обо всём* "about everything," and *обо мне*

2. **After the prepositions** *в* **and** *на* **to answer the question** *где* **"where *at*"** (location):

    в Восто́чной Евро́пе   *in Eastern Europe*
    в Ю́жной Аме́рике   *in South America*
    на америка́нском контине́нте   *on the American continent*
    на Ку́бе   *in Cuba*
    на переговóрах   *at the negotiations*

    Note that **в** usually means in and is used with buildings, cities, and countries. **Ha** usually means on and is used with *events: на перегово́рах at the negotiations.* *Ha* is also used with compass directions: *на ю́ге in the south,* and in set phrases such as: *на ро́дине, на о́строве, на контине́нте, на Аля́ске, на Украйне, на по́чте, на заво́де, на вокза́ле, на стадио́не, на ры́нке, на би́рже, на фро́нте.* See Table 1.

    In addition, **на** and **в** plus prepositional are used in certain set time expressions having to do with weeks, months, years, and centuries: *на э́той неде́ле, в про́шлом ме́сяце, в бу́дущем году́, в 1988-ом году́, в про́шлом ве́ке.*

    Note a small group of masculine nouns which (in the prepostional case) end in *ý* after the prepositions **в** and **на**. See Table 2.

3. After the preposition *при* "under" or "during" (a regime or government):

при Сталине	*under Stalin*
при администра́ции Рейгана	*during the Reagan term*
при Петре́ I (пе́рвом)	*under the reign of Peter the Great*

TABLE 1: Some words which require the preposition HA in prepositional case:

на		на	
	по́чте		ро́дине
	заво́де		ю́ге
	фа́брике		се́вере
	стадио́не		ю́го-восто́ке
	вокза́ле		се́веро-за́паде
	ста́нции		би́рже
	контине́нте		ры́нке
	Аля́ске		фро́нте
	Украйне		
	о́строве		
	(including names of islands: на Ку́бе, на Тайва́не)		

TABLE 2: Some nouns ending in ý after prepositions B, HA:

на		в	
	берегу́		(како́м) году́?
	Дону́		кото́ром часу́?
	мосту́		Крыму́
	краю́ (on the edge)		лесу́
	борту́		плену́
	шкафу́		порту́
	льду́		ряду́ (among)
	посту́		краю́ (in the region)
			тылу́
			шкафу́
			строю́

GRAMMAR EXERCISES: PREPOSITIONAL CASE

Read all the grammar related to prepositional case; look through the reference chart at the end of the lesson and the appendix.

A. Find prepositional case in the text; explain its use.

B. Use the proper preposition, О (ОБ,ОБО), В, or НА in the sentences below. Note the exceptions in Table 1 above.

1. Что вы знаете ____ положении в российской экономике?
2. ____ совещании стороны обсуждали вопросы российско-французского сотрудничества.
3. ____ Западной Европе почти все страны - члены ЕЭС.
4. Во время своего визита на прошлой неделе президент хотел говорить ____ обороне.
5. Что СССР хотел увидеть ____ столе переговоров в Женеве?
6. ____ заводах и фабриках прошли митинги протеста.
7. Сколько американцев все еще находится ____ вьетнамском плену?
8. Отношения между США и Канадой строятся ____ основе равноправия.
9. Россия находится ____ двух континентах.
10. Министр иностранных дел дал пресс-конференцию ____ борту авиалайнера.
11. Первая экономическая депрессия произошла ____ 20-х годах.
12. Какое население живет ____ этом маленьком острове в Индийском океане?
13. Город Одесса находится ____ юге европейской части бывшего СССР.

C. 1) Form phrases using the words below according to the pattern-

ПРИ + _(adj) noun_
          Prep. case

Example: При Президенте Картере...
                ⟶ *Under President Carter...*

республиканская администрация
Михаил Горбачёв
лейбористское правительство
президент Никсон
социалисты

2) Be able to translate the phrases above into English.

D. 1)   Form phrases using the words below according to the pattern-

В + (adj) noun ГОВОРИТСЯ О + (adj) noun
　　Prep.case　　　　　　　　　　　Prep.case

Example: В этой статье говорится о реформах...
　　　　　⟶ *This article deals with reforms...*

газета
документ
конституция

2)   Be able to translate the phrases above into English.

E. Answer the following questions using the words in the right-hand column. Watch out for -у nouns in prepositional case in Table 2. (Find the exercise on the tape)

1.   О чём состоялись беседы?

　　　　　　　　　　　　　　- сотрудничество
　　　　　　　　　　　　　　- двусторонние отношения
　　　　　　　　　　　　　　- торговля
　　　　　　　　　　　　　　- Аляска
　　　　　　　　　　　　　　- международная напряжённость

2.   Где находился Государственный секретарь?

　　　　　　　　　　　　　　- Западная Европа
　　　　　　　　　　　　　　- важное совещание
　　　　　　　　　　　　　　- Франция
　　　　　　　　　　　　　　- борт самолёта
　　　　　　　　　　　　　　- министерство иностранных дел

3.   Где они живут?

　　　　　　　　　　　　　　- Украйна
　　　　　　　　　　　　　　- Крым
　　　　　　　　　　　　　　- развитой страна
　　　　　　　　　　　　　　- белорусский лес

4.   На чём строятся эти отношения?

　　　　　　　　　　　　　　- дружеская основа
　　　　　　　　　　　　　　- равноправная торговля
　　　　　　　　　　　　　　- взаимное доверие

5.   О ком писа́ла «Пра́вда?»

- сове́тский мини́стр
- Генера́льный секрета́рь
- америка́нский президе́нт

6.   Где стро́ятся но́вые фа́брики?

- Дон
- Ку́ба
- далёкий се́вер
- европе́йский контине́нт

7.   При ком э́ти отноше́ния успе́шно развива́лись?

- Хрущёв
- социалисти́ческое прави́тельство
- демократи́ческая администра́ция

8.   О чём говори́тся в э́той статье́?

- госуда́рственный департа́мент
- Краснода́рский край
- фаши́стский плен

9.   Где говори́тся о мирово́м ры́нке?

- францу́зская газе́та
- дли́нная статья́
- секре́тный докуме́нт

10.   Где рабо́тают э́ти молоды́е францу́зы?

- нью-йо́ркская би́ржа
- морско́й порт
- о́стров Сахали́н

F.   Write questions for the italicized words in the sentences below using one of the following interrogatives: *о ком? о чём? где? когда? на чём? в чём? при ком? при чём?*

1.   Председатель Верховного Совета находился с визитом *в Париже.*
2.   В 80-х годах нашего века мир стоял *на краю ядерной катастрофы.*
3.   *В конституции* говорится о свободе слова.
4.   Министры торговли разговоривали *о будущем сотрудничестве между двумя странами.*
5.   *При администрации президента Картера* мы в первый раз услышали об энергетическом кризисе.
6.   *На прошлой неделе* в Москву прибыл министр культуры Болгарии.
7.   Советская пресса писала *о новом Генеральном секретаре.*
8.   *При Сталине* миллионы советских людей находились в лагерях.

9. *В 1979* году Египет и Израиль подписали соглашение в Кэмп-Дэвиде.
10. Некоторые американские солдаты все ещё были *во вьетнамском плену*.

G. **Review cardinal numerals in prepositional case. Consult the appendix. Form phrases with the words below according to the model. Write out the numerals.**

Example: на/ 3/ советская фабрика
              ⟶ Кто работает на *трёх советских фабриках*?

1) на/ 2/ важная встреча
2) при/ 5/ последняя администрация
3) в/ 41/ российское министерство
4) о/ 4/ государственный секретарь

H. **Review ordinal numerals in prepositional case. Consult the appendix. Spell out the numerals in the following phrases.**

a)	в 1787 году	b)	в 80-х годах	c)	в 19-м веке
	1990		60		20-м
	2000		40		21-м

I. **Give Russian equivalents for the phrases below. Consult idiomatic use of prepositional case in the chart at the end of the lesson.**

- with the support of
- in the twentieth century
- next week
- in the spirit of cooperation
- in January
- under no circumstances
- first of all

J. **Write ten sentences to illustrate different uses of prepositional case.**

K. **Translate the following sentences into Russian:**

1. Last month the Russian Foreign Minister was on an unofficial visit to Cuba.
2. Under what conditions will new factories be built in Eastern Europe?
3. The newspaper says that in 1976, talks were held on the future of Central Europe.

4. The French Treasury Minister is confident of his economic reforms program.
5. There were millions of Soviet soldiers in German captivity in 1942.
6. International tension existed on the European continent under the Socialist government.
7. The press accused him of secret negotiations.
8. Both sides stated that relations between the Russian Federation and France are built on the basis of mutual trust.
9. Economic crisis began in 1929 on the New York stock exchange.
10. US–Soviet relations have not been developing successfully during the last two administrations.
11. In the course of talks our delegation inquired about three new ports in the North of Russia.
12. The minister was on board the American plane.

GRAMMAR: *BEGINNING* AND *ENDING* IN RUSSIAN

The sentence "The announcer begins *the broadcast*" has a direct object, whereas the sentence "The broadcast begins at three o'clock" does not. But ask yourself, *what* does the broadcast begin. It begins *itself*. In English the "itself" is understood and deleted. In Russian the "itself" must be expressed by means of –*ся:* Переда́ча начина́ется в три часа́.

Now look at the following examples of verbs for "beginning" and "ending." Note which have –*ся* and which do not:

Совеща́ние начина́ется сего́дня.	The conference begins (*what? – itself*) today.
Перегово́ры конча́ются за́втра.	The negotiations end (*what? –themselves*) tomorrow.
Мини́стр начина́ет своё выступле́ние.	The minister is beginning (*what? –not himself, but something else*) his speech.
Мини́стр конча́ет своё выступле́ние.	The minister is finishing (*what? –not himself, but something else*) his speech.

Note that *начина́ть/нача́ть* and *конча́ть/ко́нчить* are never reflexive before an infinitive. (If you begin *to do* something, you are beginning *something else*, not yourself.)

GRAMMAR EXERCISES: *BEGINNING* AND *ENDING* IN RUSSIAN

A. **Add –ся (or –сь) where necessary. Some of the verbs below have various prefixes, but their meanings remain the same. Be prepared to translate the sentences.**

1. Новая сессия канадского парламента должна _____ 8 сентября. (начать, начаться)

2. Вскоре после Великой Отечественной Войны 1941–1945 гг. в возрасте 15 лет Михаил Сергеевич Горбачёв _____ свою трудовую деятельность. (на́чал, на́чался)

3. В 1933 году Константин Устинович Черненко _____ службу в армии. (око́нчил, око́нчился)

4. _____ передача «За круглым столом». (начинает, начинается)

5. До президентских выборов еще два с лишним года, но кампания уже _____. (начала́, начала́сь)

6. Сегодня _____ официальный визит президента Французской республики. (зака́нчивает, зака́нчивается)

7. Обе стороны готовятся к переговорам, но, когда именно они _____, ещё неизвестно. (начну́т, начну́тся)

8. Великая Отечественная война _____ 9 мая 1945 года. (ко́нчила, ко́нчилась)

9. Я _____ писать свой первый роман ещё в Союзе, но я отчётливо сознавал, что он не может быть опубликован там, и поэтому _____ искать пути, как уехать. (на́чал, на́чался)

B. **Now supply the verb under the blank.**

1. Вчера в Юрмале _____ строительство нового курортного комплекса.
   began

2. Мы уже _____ обсуждать этот вопрос.
   have finished

3. В Демократической Республике Афганистан _____ пе́репись
   is beginning
   населения. (Определяется, сколько человек живёт в этой стране.)

4.   Заседание _____ 17-го мая, но ещё неизвестно, когда оно
         began

     _____ .
       will end

5.   Социологи _____ собирать необходимые данные о разводе,
           will finish

     а потом _____ общая дискуссия о положении разбитых семей
           will begin

     в обществе.

C. **Write five sentences to illustrate the uses of –ся verbs.**

GRAMMAR: VERBAL ASPECT

Every Russian verb comes in pairs. This division into pairs is called
verbal aspect. One category of the pair is called *imperfective aspect,* the
other *perfective aspect.*

Imperfective verbs place no time limit on the verb in question.
Perfective verbs, on the other hand, name specific, limited actions and
indicate completion as in the following example.

Минйстр *встречáлся* с генерáлом. Минйстр *встрéтился* с генерáлом.
The minister *met (was meeting,*   The minister *met* with the general.
used to meet) with the general.   (There was one completed meeting.)

The aspect distinction between limited and non-limited action has dozens
of semantic ramifications. For the time being, however, we will limit
ourselves to the basics:

Present tense: Use *imperfective only. There is no perfective* in present
tense.

Дипломáты встречáются. ————↗ *The diplomats meet .*   OR
                        ↘ *The diplomats are meeting.*

Note that it is the *imperfective present* that expresses the present perfect progressive ("has been doing"):

С конца Великой Отечественной войны уровень жизни народа неуклонно растёт.
The people's standard of living *has been growing* constantly since the end of World War II.

Past tense:

USE *IMPERFECTIVE* FOR...

Repeated action

Советский Союз *всегда оказывал* ангольскому народу необходимую помощь.

The Soviet Union *always* rendered the support necessary for the Angolan

Note that in this context the *imperfective* **often corresponds to "used to."**

Научно-техническое сотрудничество когда-то *охватывало* новые области производства.

Scientific and technical cooperation *used to* once encompass new areas of industry.

Long-term action

Обе стороны *долго* готовились к предстоящей встрече.

Both sides spent *a long while* preparing for the meeting.

USE *PERFECTIVE* FOR...

Specific action (with a result)

Советский Союз, конечно, *оказал* ангольцам необходимую помощь

The Soviet Union naturally offered the Angolans the support necessary.

Note that *perfective,* **on the other hand, sometimes corresponds to "have done something."**

Научно-техническое сотрудничество *охватило* новые области производства.

Scientific and technical cooperation *have encompassed* new areas of industry.

Limited-term, specific action

Обе стороны подготовились к встрече *за одну неделю.*

Both sides prepared for the meeting *within a week.* (or) It took both sides a week to prepare for the meeting.

In this context the *imperfective* often gives the idea of "was doing" or "spent time doing": *Совещáние кончáлось.* (Imp. The conference *was ending*.) Compare with *Совещáние кóнчилось.* (perf. The conference *ended*.)

Imperfective also conveys "state of being" action.

В состáв делегáции входи́ли депутáты Верхóвного Совéта.
The Deputies of the Supreme Soviet *made up* the delegation (i.e., they "were" the delegation.)

В цéнтре внимáния рáдио и телеви́дения *находи́лись* вопрóсы пропагáнды.
Issues of propaganda were the center of attention for radio and television.

Переговóры *проходи́ли* в тёплой и дрýжеской обстанóвке.
The negotiations took place in a warm and friendly atmosphere.

Future tense: The rules for present tense above also operate for the future tense.   Look at the following examples:

Long-term action	Limited-term, specific action
Совéтский Сою́з всегдá *бýдет окáзывать* ангóльскому нарóду необходи́мую пóмощь.	Совéтский Сою́з, конéчно, *окáжет* ангóльцам необходи́мую пóмощь
The Soviet Union *always* will render the support necessary for the Angolan people.	The Soviet Union naturally will offer the Angolans the support necessary.
Производи́тельность трудá *бýдет расти́* и дáльше.	К 1990-ому гóду производи́тельность трудá *возрастёт* на 20 процéнтов.
Labor productivity will rise further. *(No time limit placed.)*	By 1990 labor productivity will have risen by 20%.

Hard and fast rules

1. Verbs   of   *beginning*   and   *ending*   начинáть(ся)/начать(ся), кончáть(ся)/кóнчить(ся) always take *imperfective* infinitives: Мы нáчали *готóвиться* ко встрéче.   The verb *продолжáть* "to continue" also takes an imperfective infinitive: Они продолжáют *встречáться*.

2. Time expressions with *за* "within a certain time period" and *к* "by a certain time" always use *perfective* verbs (except, of course for the present tense, where there is no perfective):

> Строи́тели *сдаду́т (сда́ли)* пе́рвую о́чередь Ка́мской ГЭС *к нача́лу* сле́дующего фина́нсового го́да.
>
> The builders will have completed (completed) the first section of the Kamskaya power station by the beginning of the next fiscal year.

> На́ше предприя́тие *вы́полнило (вы́полнит)* пятиле́тку *за четы́ре го́да*.
>
> Our enterprise fulfilled (will fulfill) the five-year plan in four years.

3. *Нельзя́* takes an *imperfective* infinitive when it means "forbidden" or "must not." It takes a *perfective* infinitive when it means "impossible."

> *Нельзя́ называ́ть* всех чле́нов.   *Нельзя́ назва́ть* всех чле́нов.
>
> Not all members may be named.   It's impossible to name all
>   the members.

4. Some verbs have only one aspect. *Состоя́ться* "to be held" is perfective only: Вчера́ *состоя́лось* заседа́ние комите́та вое́нного плани́рования НАТО. *Nato's Military Planning Committee met yesterday*. Some verbs have only one form for both aspects, e.g. *испо́льзовать* "to use." Many *–овать* verbs of foreign origin have imperfective forms only: *констати́ровать, организова́ть*.

GRAMMAR EXERCISES: VERBAL ASPECT

Read all the grammar related to verbal aspect; look through the Table 3 at the end of the lesson.

A. Analyze different uses of verbal aspects in the text.

B. Review all verbs in the vocabulary list, as well as in both sections of Grammar. Conjugate the following verbs.

прибыва́ть/прибы́ть
находи́ться
обсужда́ть/обсуди́ть
констати́ровать
развива́ться/разви́ться

проходить/пройти
состояться
обвинять/обвинить
использовать

C.   Supply the verb in parentheses in the proper aspect and explain your reasoning. Underline the key words which determine the aspect.

1.   Каждый день стороны _____ вопросы торговли.
       (discussed)

2.   Президент Франции _____ в следующий понедельник и
       (will arrive)
       _____ в среду.
       (will depart)

3.   За последние 4 года производство газа на Аляске _____ в
       (has increased)
       5 раз.

4.   Отношения между этими странами постоянно_____.
       (have been developing)

5.   К концу недели президент _____ на родину.
       (will depart)

6.   Во время переговоров стороны _____ о будущей
       (talked)
       взаимопомощи.

7.   Когда вы в первый раз_____ о соглашении в Кэмп-Дэвиде?
       (heard)

8.   В 1933 году национал-социалисты начали _____ Рейхстаг.
       (control)

9.   За 6 недель переговоров делегации _____ широкий круг
       вопросов.   *(discussed)*

D.   Choose and use the proper modifier in the sentences below.

в тот же день   Коммунисты продолжали говорить о международной
весь день   напряженности.

каждый месяц   Переговоры прошли без успеха.
один раз

2 года   Нельзя быстро увеличить производство автомобилей.
за 2 года

E. Write ten sentences to illustrate the use of the imperfective and perfective aspect and translate them into English.

F. Translate the following sentences into Russian.

1. Soviet propaganda used radio and television extensively.
2. It took them a week to discuss the plan of the meeting.
3. In the course of negotiations, both sides discussed the issue of bilateral relations and signed an agreement.
4. The world continues to talk about the energy crisis.
5. In the fifties many Americans were accused of collaboration with the Soviet Union.
6. Negotiations will start on Wednesday and will finish next week.
7. One is not allowed to inquire (ask) about issues of defense.
8. *Pravda* always wrote about official visits to the Soviet Union.
9. How long were these Americans in POW camps?
10. Russia has developed friendly relations with the US over the last two years.
11. He says that next year the socialists will nationalize everything.
12. By the end of the century scientific and technical cooperation will encompass new areas of industry.
13. For five years the salary (зарплата) was increasing.
14. Last year newspapers stopped talking about the energy crisis.
15. It is not allowed to use this TV set!

RENDERING

Render the following information into Russian. Do *NOT* translate word for word. Where you cannot express a word or phrase, edit it in such a way so that you use the Russian that you *do* know. Do *NOT* use a dictionary.

Remember, the purpose of this exercise is not to make you to restate what is given below, but rather to force you to communicate as much of the information as possible using the Russian you already know. Reviewing sentences from this chapter will help you find useful stock phrases.

The finance minister of Kowana arrived last week in Moscow for talks on developing trade contacts. Although Koana is just a small island in the Pacific Ocean, bilateral relations with Moscow have been developing rapidly under President Samut Legassa.

The meetings, which began a week ago and will end tomorrow, were highlighted by talks not only on trade, but on scientific and economic cooperation as well.

Political observers note that the Russians have good reason to move quickly to take advantage of the poor state of relations between the U.S. and the Legassa regime. Last year the Koanian president accused the administration of skimping on foreign aid to his country.

Many believe that in time Legassa's negotiations with the men in the Kremlin will go beyond non-military trade and technology.

QUOTING SOURCES

ЛЮДИ	ГОВОРЯТ
áвтор	говори́т, что
представи́тель	о...
глава́	подчёркивает, что
ли́дер	заяви́л, что
президе́нт	объяви́л о...
журнали́ст	отмеча́ет, что
сове́тник по дела́м...	сказа́л в интервью́
замминистра	в переда́че по ра́дио
госсекрета́рь	по телеви́дению

Printed or broadcast formats:

в переда́че	говори́тся, что
в газе́те	о
в конститу́ции	говори́лось, что
в докуме́нте	о
в догово́ре	
в интервью́	
etc.	

SPEAKING EXERCISES

A. **Отве́тьте на сле́дующие вопро́сы по те́ксту.**

1. Где находи́лся президе́нт Фра́нции с неофициа́льным визи́том?
2. Между кем состоя́лись бесе́ды о бу́дущем росси́йско-францу́зском сотру́дничестве?
3. Каки́е вопро́сы обсуди́ли сто́роны?
4. На како́й осно́ве стро́ятся отноше́ния между РФ и Фра́нцией?

B.   1)   Расскажи́те текст, испо́льзуя слова́рь Уро́ка 1.

    2)   Расскажи́те тот же текст, замени́в:
              -уча́стников встре́чи
              -ме́сто встре́чи
              -те́му бесе́д
              -хара́ктер отноше́ний

C.   Соста́вьте ситуа́цию, испо́льзуя сле́дующие выраже́ния.

this article deals with..., by invitation, on an official visit, issues of economic crisis, on the basis of mutual aid

D.   Опиши́те визи́т председа́теля Сове́та Мини́стров Росси́йской Федера́ции во Фра́нции.

E.   Вы - представи́тель президе́нта Фра́нции. Проведи́те пресс-конфере́нцию по́сле его визи́та в РФ.

F.   Ваш преподава́тель - представи́тель росси́йского прави́тельства. Проведи́те пресс-конфере́нцию с ним по́сле визи́та президе́нта Фра́нции в Москве́.

READING EXERCISES: INTRODUCTION

When you read a text, you have many tools at your disposal: your own background knowledge of the subject discussed, the context provided by the piece itself, and finally, cognates. Most likely you already know something about what the author is planning to say. Before you start to read a new text, ask yourself what you can expect to learn from it. What information are you *likely* to get? Then see if what you actually read meets your expectations. In other words, don't approach a passage as a set of hieroglyphics to be deciphered. Use what you actually know about the word, as well as the context provided to figure out what is likely to be said in advance.

For example, assume that you are reading a Russian description about diplomatic contacts between Israel and South Africa. Would you expect the piece to characterize them as productive or suspicious?

After deciding what you suspect you might read, check to see if the context of what you are reading supports your conclusions. Use context and cognates to help you guess at the meanings of key words. Don't feel that you have to get the exact meaning of every word on your first run through. The purpose of reading expository prose is to get information, not decipher the meaning of individual words.

READING EXERCISE 1

PRE-TEXT:

Read the text with the following questions in mind. See if you can first guess at the information by taking a quick glance at the piece. Then go back and fill in the informational blank spots:

1. What is this article about?
2. When and where did the meeting described take place?
3. What questions were discussed?
4. The article says that there was an exchange of opinions; on which issues?
5. How is the mood of the talks described?

Д Р У Ж Е С К А Я   В С Т Р Е Ч А

20 апреля в Берлине состоялась встреча Президента Российской Федерации Бориса Ельцина и Канцлера ФРГ Гельмута Коля.

Были обсуждены вопросы дальнейшего укрепления сотрудничества между Росией и ФРГ. Состоялся обмен мнениями по актуальным проблемам международного положения. Беседа прошла в сердечной атмосфере.

POST–TEXT (using sentence structure):

Extracting information quickly is important. Often by using your knowledge of the world at large, context, and by knowing important key words, the sentences yield up their meanings quickly. On the other hand, information and opinions can be hidden in much denser prose, and sometimes a closer reading becomes necessary.

Russian with its developed inflectional system allows you to approach each sentence as a mathematical formula with several unknowns to be deduced from the context. In order to learn to read efficiently, you have to learn how to make those deductions.

First and foremost **never** look up a word in the dictionary before you have figured out the structure of the sentence. If you know the role each word plays, you have a good chance of guessing the meaning of the unknown word from context, or of deciding that you don't need an exact meaning to get at the information you want.

Here are some rules of reading more complicated prose in Russian.

Reading rule 1: first of all, you should identify **the subject** – *the "doer" of the action in the nominative case.* If you fail to spot it right away, look for **the verb phrase** or **predicate** – *the "action" or "state" of the "doer".*

Verb phrases can be:

1) *a verb*

Они *обсудили* вопрос.
Они *хотят обсуждать* вопрос.

2)   *a form of "to be"* + *a full adjective*
                              a short adjective
                              a short past passive participle
                              a noun, numeral, a prepositional phrase

      Это *будет невозможно* сделать.
      Работа *была сделана.* *(passive predicate)*
      На фронте *4 тысячи* танков.
      Народу *нужна* свобода.

Remember that "to be" in the present tense is not obvious.

3)   *a part of an equation phrase (an "A is like B" sentence) used with the*
       instrumental case: *"to be" (in past and future) + instrumental case*
                             являться + instrumental case
                             оставаться + instrumental case
                             делать/сделать, становиться/стать etc.

      Он *будет членом* правительства.
      Вопрос *остаётся открытым.*
      Эти меры *являются незаконными.*

    The grammatical structure verb phrase will indicate *the number and the gender* of the subject.   Some sentences consist of predicates without real subjects: *Нужно идти.*
    There can be several subjects for one verb phrase or several verb phrases for one subject. *СССР и США готовы сотрудничать. Волков не должен и не может вам помочь.*

Note: enumeration of subjects or predicates, unless connected by «и», is separated by a comma.

Do the following exercises:

1.   In paragraph 1 find the verb phrase for the subject *встреча.*   It is... (mark the correct answer):
    a. "to be"
    b. *a verb*

    Translate these *subject-predicate pairs* into English.

2.   In paragraph 2 find the predicate for the subject *вопросы.*   It is... (mark the correct answer):
    a. "to be" + a short adjective
    b. "to be" + a short past passive participle

    Translate these *subject-predicate pairs* into English.

POST–TEXT (using context):

1. What does *ФРГ* stand for?
2. *Крепкий* means *strong*. What does *укрепление* mean? What other word could replace *укрепление* in this sentence?
3. Find the Russian for *exchange of opinions*.
4. *Актуальный* does not mean *actual* or *real*. What could it mean?
5. You may be able to figure out the word *сердечный* if you already know *сердце*. If you do not, figure out the meaning based on what you know about relations between these two countries. What other Russian words could have been substituted for *сердечный*?

READING EXERCISE 2

PRE–TEXT

A. This report was filed at the beginning of 1992, soon after the break–up of the Soviet Union. Before proceeding, look at the headline. Answer the preliminary questions below based on a glance at the headline and your background knowledge of that period of time.

1. What country is discussed?
2. Which of the following is *likely* to be the topic of the article:
    a. Search for military aid from Moscow
    b. Longing for a return of the Warsaw Pact
    c. Desire expressed to join Western European alliances
    d. Need to quash remaining Communist elements in government

B. Now read the article to see if the assumption you made is correct. Look for the following information:

1. Who sought what "pact" with whom?
2. Who is I. Dinstbir?
3. To what former organization did he make reference?
4. Dinstbir proposed a two–step plan:
    a. Attain the status of ... (what?)
    b. In 2–3 years ... (do what?)

Чехословакия за новый оборонительный пакт

Обеспокоенная распадом Советского Союза и нестабильностью на Балканах, Чехословакия призвала Западноевропейский союз включить Центральную и Восточную Европу в новый оборонительный пакт для европейского континента.

Это предложение сделал министр иностранных дел Чехословакии И. Динстбир. Он заявил, что бывшие члены Организации Варшавского Договора жизненно важны для поддержания европейской безопасности. Он также предложил предоставить восточноевропейским странам статус наблюдателей при Западноевропейском союзе, а через год-два сделать их полными членами этой организации.

(Рейтер).

POST–TEXT (using sentence structure):

Reading rule 2: Once you've found the subject and the predicate, look for **an object of the predicate.** It completes the meaning of the sentence.

Objects can be:

1) *direct – a noun or a pronoun in the accusative case. (only for active predicates)*
   Делегаты обсудили *доклад*

2) *indirect – nouns or pronouns in the dative, genitive or instrumental case.*
   Договор способствует *взаимопониманию.*
   Они добиваются *частичного разоружения.*
   Эта встреча станет *ключём* к договору.

3) *prepositional – objects with prepositions.*
   Большинство населения живёт *в центральной части России.*

4) *an object clause*
   Он сказал, *что переговоры закончились.*

Do the following exercises:

1. Find and classify objects for the following predicates:

paragraph 1	*dir. obj.*	*indir. obj.*	*prepos. obj.*	*clause.*
вызвала	_____	_____	_____	_____
включить	_____	_____	_____	_____
paragraph 2				
заявил	_____	_____	_____	_____
важны	_____	_____	_____	_____

2. Find and classify the following predicates:

paragraph 2	*verb.*	*"to be"*	*"A=B" + instrumental case*
сделал	_____	_____	_____
важны	_____	_____	_____
предложил предоставить	_____	_____	_____
предложил сделать	_____	_____	_____

POST-TEXT (using context):

1. Find the Russian for:

   > *desintegration of the Soviet Union*
   > *status of observers*

5. Find as many cognates as you can that allow you to guess at the article's content.

READING EXERCISE 3

PRE-TEXT

A. Boris Yeltsin was popularly elected President of the Russian Federation in June 1991. This report is about a state visit to France. Like many Russian newspaper reports, it begins with a lead paragraph in boldface. Which of the following would you expect to see in the lead? Try to predict first. Then read the lead paragraph to see whether your expectations were met.

When? (Was this piece written before or after the meeting?)

Meet with whom?

Accomplish what?

How the meeting came about?

Implications for the future...

B. Now re-read the lead and answer of the questions as you can.

C. Read the first column of the report. Summarize as many of the details of the preparations for the meeting as you can. Specifically, what happens (or happened) in November?

D. Go on to the rest of the report. Look for the answers to the remaining questions. Then name the entire cast of characters on both sides. What is the function of each?

E. Below are some paraphrases. For each decide the following:

   a. Does the paraphrase accurately represent *anything* that was in the report.
   b. If the paraphrase is accurate, who said it? (Was it one of the "cast of characters" that you cited above? Which one? Or was it the correspondent?)

   1. This meeting was agreed to earlier in Paris.
   2. The purpose of the visit is for the French to get to know the Russians after they have shaken off the totalitarian yoke.
   3. The French President has a prurient interest in Yeltsin's morals.
   4. The leaders of the two countries will search for specific ways to cooperate.

Б. Ельцин приедет во Францию

Официальный визит Б. Н. Ельцина во Францию состоится в январе — феврале 1992 года. Его итогом станет подписание нескольких документов — политического договора о взаимоотношениях между Россией и Францией, экономического и культурного соглашений, а также, возможно, двух других документов.

Договоренность об этом была достигнута во время переговоров в Париже министра иностранных дел России А. Козырева с президентом Ф. Миттераном и главой внешнеполитического ведомства Р. Дюма. Для подготовки предстоящего визита созданы пять рабочих групп, а 15 ноября, по всей видимости, состоится второй раунд русско-французских переговоров на уровне министров иностранных дел.

Визит Президента России во Францию, сказал в беседе с журналистами А. Козырев, в первую очередь будет иметь политико-моральный характер. Во Франции нарастает исходящий из прошлого интерес к России, особенно сейчас, когда она сбросила с себя тоталитарный панцирь. Все увидели нормальное российское лицо.

Вторая задача, которая будет решаться во время переговоров Б. Н. Ельцина, отметил далее министр иностранных дел России, заключается в том, чтобы определить механизмы сотрудничества, то есть наполнить политические договоренности конкретным содержанием.

Соб. корр. «Известий».
ПАРИЖ.

POST–TEXT (using sentence structure):

1. Find and classify the predicates and the objects for the following subjects:

	predicate(s)	object(s)
paragraph 1		
визит	_____	_____
подписание	_____	_____
paragraph 2		
договорённость	_____	_____
пять рабочих групп	_____	_____
paragraph 3		
визит	_____	_____
интерес	_____	_____
вторая задача	_____	_____

Translate these *subject-predicate-object* phrases into English.

POST–TEXT (using context):

1.   Find the terminology in the text denoting these official positions:

    foreign minister –
    president –

2.   This article describes preparation for an official visit and, therefore, contains a number of references to the working process of negotiations and various types of agreement. What does each of the following mean?

    политический договор о взаимоотношениях между –
    договорённость –
    рабочая группа –

PREPOSITIONAL CASE

MEANING:	PREPOSITION:	QUESTION:	VERBS:
About	О,ОБ,ОБО (about, concerning)	О КОМ? О ЧЁМ?	говори́ть расска́зывать чита́ть зна́ть спра́шивать мечта́ть и т.д.
Location	В,НА (in, on, at)	ГДЕ? в чём? на чём?	быть находи́ться рабо́тать учи́ться стро́ить лежа́ть стоя́ть висе́ть и т.д.
Period under a regime or government	ПРИ (under, during)	КОГДА? при ком? при чём?	

TIME-EXPRESSIONS: **USEFUL IDIOMS:**

в котóром часý?   éхать на машúне, пóезде, самолёте

в éтом мéсяце

в апрéле   говорúть на рýсском языкé

в прóшлом годý   (говорúть по-рýсски)

в 1989-м годý

(ordinal numeral)   катáться на самолёте, кораблé

в 20-м вéке

(ordinal numeral)   в хорóшем настроéнии

в 40-х годáх   - to be in high spirits

(ordinal numeral)   в обстанóвке

                                 - in the atmosphere of

на бýдущей недéле   в дýхе

                                 - in the spirit of

                                 в хóде

                                 - in the course of

                                 увéрен,-а,-о,-ы в полúтике

                                 - confident in a policy

                                 обвинять(ся) в рефóрмах

                                 - to accuse of/to be accused of reforms

                                 при поддéржке - with the support

                                 при какúх услóвиях? - under what

                                                      conditions?

                                 ни при какúх услóвиях - under no

                                                      circumstances

                                 при услóвии, что...

                                 - under the condition that...

                                 при пóмощи - with the support

                                 во-пéрвых, во-вторы́х

TABLE 3:

Imperfective aspect - emphasizes process

Denotes:

Repeated action	A long-term action, an "on-going" action, a "state of being" action.
Possible modifiers: ка́ждый день, раз в ме́сяц, всегда́, иногда́, ча́сто, ре́дко, обы́чно, по сре́дам, поро́й, вре́мя от вре́мени.	Possible modifiers: весь день, це́лую неде́лю, до́лго, 5 лет.
PAST Раз в неде́лю **прибыва́ли** иностра́нные делега́ции. Once a week foreign delegations **arrived**.	Переговоры **проходи́ли** в тёплой и дружеской обстано́вке. Negotiations **took place** in a warm and friendly atmosphere.
PRESENT Ка́ждый день **прибыва́ют** иностра́нные делега́ции. Every day foreign delegations **arrive**.	Сейча́с делега́ция **прибыва́ет** на Вну́ковский аэродро́м. At this moment, the delegation **is arriving** at Vnukov Airport.
FUTURE Делега́ции **бу́дут прибыва́ть** по сре́дам. Delegations **will arrive** every Wednesday.	Уровень произво́дства **бу́дет увели́чиваться** 5 лет. The level of production **will be growing** for 5 years.

Imperfective aspect is used in the *infinitive* after:

1. начина́ться(ся), продолжа́ть(ся), конча́ть(ся) or any other verb indicating beginning or ending.
2. нельзя́ (not allowed)

Утром **нача́ли** прибыва́ть делега́ции.
   Delegations began to arrive in the morning.
Нельзя́ называ́ть те́му диску́ссии.
   The topic of discussion is not to be announced!

Perfective aspect - emphasises **result**.

Denotes :

Specific one-time action;
A sequence of specific one-time actions;
Limited-term action

Possible modifiers:
    то́лько что
    за 5 лет (unless used in present tense)
    к 1989-му го́ду

То́лько что **прибыла́** иностра́нная делега́ция.
A foreign delegation just **arrived**. (has arrived)

За 5 лет у́ровень произво́дства **увели́чился**.
Over five years, the level of production has increased.
(It took five years to increase the level of production)

P A S T

THERE IS **NO** PERFECTIVE IN THE PRESENT

P R E S E N T

Делега́ция **прибу́дет** в понеде́льник и **отбу́дет** во вто́рник.
The delegation **will arrive** on Monday and **leave** on Tuesday.
Стройтели **сдаду́т** пе́рвую о́чередь но́вой ГЭС к 1989-му го́ду
The builders **will have completed** the first section of a
new power station **by** 1989.

F U T U R E

Perfective aspect is also used in the *infinitive* after:

    1.   нельзя́ (not possible)

Нельзя́ бу́дет **обсуди́ть** прое́кт.
    It will not be possible to discuss the project.

CIRCLE ONE

LESSON TWO

AUDIO-COMPREHENSION EXERCISE

You are about to hear a text about the visit of a delegation to Washington. You will probably easily recognize the cognates given below. Look through the words and expressions listed below. Then listen to the text with the following questions in mind. Afterwards, listen to the text again, and write down the answers so as to be able to give the information to a non-Russian speaker.

1. What delegation visited Washington?
2. Who led the delegation? Was it official in nature?
3. Where did members of the administration meet their guests?
4. What questions were discussed?
5. How was the mood of meeting characterized?
6. What agreement was signed?

Cognates

департа́мент [stress!] (Госдепарта́мент is State Department)
делега́ция
премье́р-мини́стр
аэродро́м
гость
администра́ция
полити́ческий

WORDS AND EXPRESSIONS (on the tape)

представи́тель Бе́лого до́ма
        администра́ции
        Госдепарта́мента
        республика́нского большинства́ Конгре́сса

официа́льное лицо́ – an official   официа́льные ли́ца – officials

(како́й?)   де́ятель
ви́дный   prominent figure
отве́тственный   high-ranking, senior official
обще́ственный   public figure
полити́ческий   political figure

государственный   statesman
прошёл обмéн мнéниями   по вопрóсам америкáно-россúйских отношéний
прошли бесéды   по вопрóсам двусторóнних отношéний
      переговóры (plural only)   торгóвли
проходúть/прóйти
прохóдят, пройдýт

(какáя?)   делегáция
правúтельственная
партúйная
парлáментская
партúйно-правúтельственная
сенáтская

во главé с (кем?)
        премьéр-минúстром
        Генерáльным секретарём
        лúдером демократúческого меньшинствá Конгрéсса
        республиканского большинствá Сенáта

главá (m) - head, leader
главá (f) - chapter
                       (где?)
встречáть/встрéтить   гостéй   на аэродрóме
    -ют   -ят
провожáть/проводúть   делегáцию на вокзáле
    -ют/провóдят
встрéча

устрáивать/   (что?)   в честь (когó?)
    -ют   приём   высóкого гóстя
устрóить   зáвтрак   главы́ делегáции
    -ят   обéд   лúдера чёрного большинствá

обмéниваться/   (чем?)   по вопрóсам двусторóнних отношéний
    -ются   речáми   экономúческого крúзиса
обменяться   мнéниями   энергетúческого крúзиса
    -ются
обмéн   (чем?)

выступáть/   (с чем?)   по вопрóсам сотрýдничества
    -ют   с крáткой   рéчью   по вопрóсам взаимопóмощи
выступить   с отвéтной   за развúтие сотрýдничества
    -ят   с приветственной   прóтив режúма бéлого меньшинствá
to make a... speech   in favor of (against)...

выступáть/   (где?)
выступить   на приёме
                на конферéнции
                на собрáнии

выступле́ние

подпи́сывать/	догово́р	(о чём?)
–ют		о сотру́дничестве
подписа́ть		о взаимопо́мощи
подпи́шут	докуме́нт	о торго́вле
	соглаше́ние	об эконо́мике
	коммюнике́	об э́кспорте
	(no change)	
подписа́ние		

США, Соединённые Шта́ты Аме́рики, америка́нский, америка́нцы, Вашингто́н
Великобрита́ния, брита́нский, брита́нцы, англи́йский, англича́не, Ло́ндон, говори́ть
    по-англи́йски
Шве́ция, шве́дский, шве́ды, Стокго́льм, говори́ть по-шве́дски
Се́верная Аме́рика, североамерика́нский
Ю́жная Аме́рика, южноамерика́нский
Лати́нская Аме́рика, латиноамерика́нский
Центра́льная Аме́рика, центральноамерика́нский

TEXT: Read the following text; be able to translate it into English in written form.

Америка́но-брита́нские перегово́ры

По приглаше́нию Бе́лого до́ма и Госдепарта́мента США в Вашингто́н с официа́льным визи́том прибыла́ прави́тельственная делега́ция Великобрита́нии во главе́ с премье́р-мини́стром. На аэродро́ме госте́й встреча́ли отве́тственные представи́тели администра́ции и други́е ви́дные обще́ственные и полити́ческие де́ятели. В тот же день в честь высо́кого го́стя Бе́лый дом устро́ил прие́м, на кото́ром руководи́тели США и Великобрита́нии вы́ступили с кра́ткими приве́тственными реча́ми. На сле́дующий день начали́сь америка́но-брита́нские перегово́ры.

В хо́де перегово́ров состоя́лся обме́н мне́ниями по вопро́сам двусторо́нних отноше́ний. Перегово́ры проходи́ли в тёплой, дру́жеской обстано́вке и в ду́хе взаимопонима́ния. Сто́роны подписа́ли догово́р о взаимопо́мощи.

VOCABULARY EXERCISES

Look through the vocabulary for the text «*Америка́но-брита́нские переговóры*», then do the following exercises.

A. **Give the plural for the following nouns. Mark the stress.**

лицó
премьéр-минúстр
коммюникé
речь

B. **Give perfective forms for the following verbs. Conjugate the italicized ones. Mark the stress.**

проходúть
устрáивать
обмéниваться
выступáть
подпúсывать

C. **Give derivative nouns for the following verbs.**

подписáть
обменя́ться
вы́ступить
встречáть

D. **Paraphrase the italicized words.**

извéстный дéятель
вáжный дéятель
бесéды
состоя́лся обмéн мнéниями
подписáть *договóр*
лúдер республикáнского меньшинствá

E. **Give the opposite for the italicized words.**

демократúческое *меньшинствó*
чёрное меньшинствó
длúнная речь
вы́ступить *прóтив* культýрного обмéна
провожáть

F. Fill in the blanks with the appropriate prepositions.

1. Прибыла́ делега́ция _____ главе́ _____ мини́стром торго́вли.
2. Состоя́лись перегово́ры _____ вопро́сам культу́ры.
3. _____ честь президе́нта устро́или приём.
4. Представи́тель администра́ции вы́ступил _____ кра́ткой ре́чью.
5. Гла́вы госуда́рств подписа́ли соглаше́ние _____ культу́рном обме́не.
6. _____ за́втраке сто́роны обменя́лись приве́тственными реча́ми.
7. Этот ви́дный де́ятель вы́ступил _____ обме́н мне́ниями с Р.Ф.

G. Give Russian equivalents for the following English phrases.

- a White House spokesman
- a statesman
- negotiations have taken place
- delegation led by the Senate Republican majority leader
- reception in honor of the head of the delegation
- to exchange opinions on export
- to make a speech against white-minority rule
- to sign a mutual assistance treaty

H. Fill in the blanks with the appropriate words.

(каки́е?)   (чего́?)

1. _____ де́ятели обменя́лись мне́ниями по вопро́сам _____

    _____   _____

    _____   _____

(кака́я?)   (с кем?)

2. Прибыла́ _____ делега́ция во главе́ с_____

    _____   _____

    _____   _____

(кого́?)

3. Бе́лый дом устро́ил приём в честь_____

    _____

    _____

I. Make several sentences using the following pattern. Use the words in the right-hand and left-hand columns.

1) (Кто?)   вы́ступил   (где?)

глава́ делега́ции   переговóры
высóкий гость   приём
официа́льные ли́ца администра́ции   конфере́нция
госуда́рственные де́ятели   подписа́ние
премье́р-мини́стр М.Та́чер   обе́д

2) (Кто?)   вы́ступил   (за что?)
                                      (про́тив чего́?)

республика́нская па́ртия   торгóвля с РФ
демократи́ческая па́ртия   поли́тика апартейда
чёрное большинствó   отношéния с ЮАР
бе́лое меньшинствó   раси́стский режи́м

3) (Кто?)   подписа́л соглашéние   (о чём?)

представи́тель госдепарта́мента   культу́рный обмéн
мини́стр культу́ры   взаимопóмощь
делега́ция министéрства торгóвли   двусторóнние
                                     отношéния
президéнты   экономи́ческое
                                     сотру́дничество
Великобрита́ния   э́кспорт
ли́дер бе́лого меньшинства́   конфере́нция в
                                     Женéве

J. Answer the following questions.   (on the tape)

1. Где живу́т францу́зы?
2. Кто живёт в Великобрита́нии?
3. Как называ́ется столи́ца США?
4. Кана́да – южноамерика́нская страна́?
5. Аргенти́на – центральноамерика́нская страна́?
6. На како́м континéнте нахóдится Никара́гуа?
7. Что устра́ивают в честь высóких гостéй?
8. Что подпи́сывают в результа́те переговóров?
9. За что выступа́ют демокра́ты?
10. За что выступа́ют республика́нцы?
11. С каки́ми речáми выступа́ют на приёмах?

GRAMMAR: ACCUSATIVE CASE

The accusative case has the following basic uses:

1.   **Direct object to answer the question КОГО, ЧТО?**

встречáть гостéй	to meet guests
устрóить приём	to set up a reception

2.   **To answer the question КУДА? "where *to*" (direction) after the prepositions В "in, to", НА "on, at", ПОД "under", ЗА "behind."**

прибы́ть в Вашингтóн	to arrive in Washington
на конферéнцию	to a conference
упáсть под лёд	to fall under the ice
сесть за стол перегóворов	to sit down at the negotiating table

3.   **After the prepositions ЧЕРЕЗ "across" and СКВОЗЬ "through" to answer the questions ЧЕРЕЗ ЧТО?, СКВОЗЬ ЧТО?**

чéрез мост	across the bridge
сквóзь тумáн	through the fog

4.   **In time expressions:**

      WITHOUT prepositions to express duration КАК ДОЛГО?
                         or frequency КАК ЧАСТО?

вести́ переговóры 2 дня	to negotiate for two days
вести́ переговóры всю ночь	to negotiate all night (long)
проходи́ть кáждый день	to take place every day

      WITH the prepositions: В "at, on" specifying a time or a date, ЧЕРЕЗ "in, after some period of time", ЗА "over a period of time."

в суббóту	on Saturday
в э́то врéмя	at this/that time
чéрез час	in an hour
за послéдние гóды	over the last years

See the reference chart at the end of Lesson 2 for additional time expressions using the accusative case.

GRAMMAR EXERCISES: ACCUSATIVE CASE

Read all the grammar related to accusative case; look through the reference chart and the end of Lesson 2 and the appendix.

A. Find accusative case in the text. Explain its use.

B. Answer the following questions using the preposition В or НА. Use the words beneath each set of questions. (Find the exercise on the tape)

Remember: choice of case does not affect the choice between В and НА.

1. Куда́ прибыла́ делега́ция? Где нахо́дится делега́ция?
   - Госуда́рственный департа́мент
   - большо́й приём

2. Куда́ ты положи́л ка́рту Росси́и? Где лежи́т ка́рта Росси́и?
   - край стола́
   - кни́жный шкаф

3. Куда́ плывёт 5-й америка́нский флот? Где нахо́дится 5-й америка́нский флот?
   - Средизе́мное мо́ре
   - ю́го-за́пад

4. Куда́ е́дут э́ти солда́ты? Где сейча́с э́ти солда́ты?
   - фронт
   - Центра́льная Евро́па

5. Куда́ шли партиза́ны? Где жи́ли партиза́ны?
   - густо́й лес
   - непроходи́мые джу́нгли

C. Fill in the blanks below using one of the following prepositions: в, на, через, за, под, сквозь. Write Ø if no preposition is necessary.

1. Делега́ты съе́зда жда́ли ____ ви́дного парти́йного де́ятеля.
2. Когда́ демокра́ты верну́тся ____ Бе́лый дом?
3. Война́ начала́сь, когда́ а́рмия перешла́ ____ грани́цу.
4. ____ конфере́нции состоя́лась диску́ссия по вопро́су вое́нной по́мощи.
5. Студе́нты изуча́ли ____ догово́ры ОСВ-1 и ОСВ-2.
6. Сове́тским гра́жданам тру́дно путеше́ствовать ____ грани́цу.
7. Каки́е стра́ны вхо́дят ____ НА́ТО?
8. Слова́рь упа́л ____ пол. Доста́нь мне его́, пожа́луйста!
9. ____ дым ничего́ не́ было ви́дно.
10. Отсю́да раке́та лети́т ____ Ку́бу 10 мину́т.

D. Study Table 4 "The Measured..." which follows the accusative case chart at the end of Lesson 2.

Fill in the missing parts with the appropriate numeral from the choices at the end of the exercise. Underline the noun in the sentence which is being measured. Translate these sentences into English.

1.   База находилась на расстоянии в _____ от города.
2.   Он стал президентом на срок в _____.
3.   Африка получила помощь в _____ от США.
4.   Наш дефицит платёжного баланса в _____ увеличивается.
5.   Урожай в _____ недостаточен для этой страны.
6.   Уровень безработицы 1983 года в _____ упал до 5%.
7.   Венгрия - страна с населением в _____.

($200,000,000,000; 3 километра; 110,000 тонн[1];   10%; 5 лет; $60,000,000;
4,000,000 человек)

E. Write your own sentences expressing "the measured." Translate them into English.

F. 1) Form phrases using the words below according to the model-

numeral + раз(а) + В + noun
Acc. case   Acc. case

Example: 3 раза в год
            ⟶ Three times a year

час
неделя
месяц
век
минута

2) Be able to translate these phrases into English.

Note: Nouns which have the same form for nominative singular and genitive plural are:
раз, человек, солдат, партизан

---

[1]trans. as metric tons = 2 200 lbs

G. 1) Consult idiomatic use of the accusative case in the chart at the end of Lesson 2. Give Russian equivalents for the following phrases.

- to invite to a reception
- in response to a welcoming speech
- to enter a bloc
- to agree on trade with...
- to resemble an economic crisis
- the 6% rate of unemployment
- to thank for economic assistance
- 13 seat-majority in Parliament
- to speak in favor of the proposal
- to endanger

2) Make up sentences using these phrases.

H. Answer the following questions, using the words in the right-hand column. (Find the exercise on the tape)

1. Кого члены делегации увидят на приёме?
    - политические и государственные деятели
    - ответственные представители администрации
    - лидер чёрного большинства

2. Куда едет делегация Верховного Совета РФ?
    - Внуковский аэродром
    - Великобритания
    - Украина

3. Как (через что) летит этот самолёт?
    - Североамериканский континент
    - Аляска
    - государственная граница

4. Куда (за что) везут раненых?
    - линия фронта
    - Дон
    - граница

5. Сквозь что пробирается отряд партизан?
    - густой туман
    - тропический лес

6. Что обсуждают главы делегаций?
    - мирный договор
    - международная торговля
    - будущие соглашения

7.   Куда́ (подо что) упа́ла маши́на?
          – лёд
          – мост

8.   Ско́лько вре́мени проходи́ли перегово́ры?
          – це́лая неде́ля
          – весь ме́сяц
          – 4 го́да

9.   Как ча́сто они́ встреча́ются?
          – ка́ждая пя́тница
          – раз в неде́лю

J.   Write questions for the italicized words in the sentences below.

1.   Высо́кие го́сти прибыли *в столицу России*.
2.   Переговоры между СНГ и Францией проходили *14 часов*.
3.   Стороны подписали *ряд важных соглашений*.
4.   Журналисты-международники часто ездят *за границу*.
5.   Наша группа прибыла в Вашингтон *в ответ на приглашение Госдепартамента*.
6.   Этот политический деятель всегда выступает *за хорошие отношения* между США и РФ.
7.   Грузовики переехали *через мост*.
8.   Президент встречается с прессой *раз в месяц*.
9.   *В субботу* состоится пресс-конференция с министром иностранных дел Российской Федерации.

K.   Review cardinal numerals in the accusative case.   Consult the appendix.

1)   Form phrases with the words below according to the model:

With animate masculine nouns and feminine nouns:

Example: знать/ 2/ ответственный деятель
      ⟶ Мы знаем *двух ответственных деятелей*.

Use the following: (write out the numerals)

a)   встречать/ 4/ военная лётчица
b)   голосовать за/ 3/ генеральный секретарь
c)   видеть/ 5/ советский солдат
d)   при/ 2/ первый заместитель министра
e)   книга о/ 12/ американский президент

2)   Form phrases with the words below according to the model:

With inanimate masculine nouns and feminine nouns:

Example: через/ 2/ бетонный мост
          ⟶ Танки прошли через *два бетонных моста*

Use the following: (write out the numerals)

a)   ехать на/ 6/ международная конференция
b)   подписать/ 11/ важный документ
c)   через/ 2/ огромный континент
d)   находиться на/ 1/ пресс-конференция
e)   обвиняться в/ 4/ авиационная катастрофа

I.   Review time expressions and idioms in the accusative case. Translate the words in parentheses.

1.   Президент отвечал на вопросы (for 30 minutes) _____.

2.   Кого они благодарят за (military aid) _____?

3.   (This very minute) _____ зазвонил телефон.

4.   Наша сторона не согласилась на (unilateral trade) _____.

5.   (Over the last 15 years) _____ нефтяной рынок сократился.

6.   Ядерное оружие (endanger) _____ существование нашей планеты.

7.   Главы делегаций должны подписать договор (within two days) _____.

8.   (Every Wednesday) _____ они встречаются после работы.

9.   Он станет президентом на срок в (5 years) _____.

10.   Мы готовились к переговорам (for an entire summer) _____.

GRAMMAR EXERCISES: PREPOSITIONAL/ACCUSATIVE CASE

A. Use the words in parentheses in the proper case.

1.   В сегодняшней газете говорилось о (пятилётний план) _____.

2.   Самолёт летйт че́рез (Украйна) _____ .

3.   На́ши студе́нты изуча́ют (междунаро́дные соглаше́ния) _____ .

4.   Каки́м был госуда́рственный долг США при (президе́нт Ка́ртер) _____ ?

5.   Отноше́ния ме́жду США и СССР стро́ились на (взаймное недове́рие) _____ .

6.   Делега́цию везу́т на (официа́льный приём) _____ .

7.   Сего́дня на Внуковском аэродро́ме встреча́ют (ви́дный полити́ческий де́ятель) _____ Великобрита́нии.

B.   Translate the following sentences into Russian.

1.   Newspapers today say that France responded to the aggression the very same day.
2.   During this administration the 11% rate of inflation has dropped.
3.   Both sides have been discussing issues of military cooperation for an entire month.
4.   The Russian Baltic Navy was sailing west.
5.   The war began when the army crossed our frontier.
6.   They were waiting for the black majority leader all afternoon.
7.   On Monday the Democratic candidate received a 10-vote majority.
8.   Great Britain does not look like "Old England" anymore.
9.   These specialists know a lot about Central America.

GRAMMAR: REFLEXIVE VERBS

The particle –ся (–сь after a vowel), *itself*, attaches to the end of a verb and usually signals that *something has happened to the direct object.*

"СЯ"–verbs have the following meanings:

1.   **Reflexive meaning:** direct object is deleted because it is the same as the subject.

> Ме́стное населе́ние **оборона́ется** от партиза́н.
> *The local population is defending itself against guerillas.*

2.   **Reciprocal meaning** ("each other"): direct object can either be included in the subject or expressed in a phrase with С + instrumental.

> Гла́вы сверхдержа́в **встре́тились** в Жене́ве.
> *The leaders of the superpowers met in Geneva.*

> Глава́ США **встре́тился** *с сове́тским главо́й* в Жене́ве.

The US leader met the Soviet leader in Geneva.
Гла́вы делега́ций ни о чём не **договори́лись**.
The leaders of the delegations have not agreed upon anything.

Глава́ делега́ции США ни о чём не **договори́лся** *с главо́й* делега́ции СССР.
The leader of the US delegation has not agreed upon anything with the leader of the Soviet team.

3. **Passive meaning** (with imperfective verbs only): the direct object becomes the passive object, i.e. the action is done to it.

   (они́) выполня́ют план в срок.
   План **выполня́ется** в срок.
   The plan is (being) completed on time.

If the doer of the action is expressed, it is in the instrumental case.

   Рабо́чие выполня́ют план в срок.
   План **выполня́ется** *рабо́чими* в срок.
   The plan is (being) completed by workers on time.

4. **After "change of state" transitive verbs with no direct object.** The direct object, "itself", is understood and expressed as –СЯ, as in verbs of *beginning* and *ending* which you learned in Lesson 1. The following verbs belong to this group:

   начина́ться/нача́ться (see lesson 1)
   конча́ться/ко́нчиться (see lesson 1)
   продолжа́ться/продо́лжиться
   улучша́ться/улу́чшиться
   ухудша́ться/уху́дшиться
   увели́чиваться/увели́читься
   уменьша́ться/уме́ньшиться
   открыва́ться/откры́ться
   закрыва́ться/закры́ться

Война́ **продолжа́ется**.   (reflexive because there is no d.o.)
The war goes on.

Прави́тельство продолжа́ет войну́.   (not refl. because there is d.o.)
The government continues the war.

Состоя́ние эконо́мики **улу́чшилось**.
The condition of the economy has improved.

Рефо́рмы улу́чшили состоя́ние эконо́мики.
The reforms have improved the condition of the economy.

Certain verbs acquire a different meaning with "СЯ":

находи́ть means *to find*, while находи́ться means *to take place or be located*.

Many verbs are not used without "СЯ":

боя́ться (бои́шься), стара́ться, станови́ться, состоя́ться, явля́ться, остава́ться.

Note that "СЯ" particle "uses up" the verbs's ability to take a direct object.

GRAMMAR EXERCISES: –СЯ VERBS

Read all the grammar related to reflexive verbs. Consult Table 5 at the end of Lesson 2.

1. **FORMATION OF VERBS: CONJUGATION.** Review the conjugations of each of the reflexive verbs in this lesson. Translate the phrases below. Where context allows for both aspects, give both.

    1. Они _____.
        will defend themselves

    2. Они _____.
        were defending themseves

    3. Мы _____.
        are defending ourselves

    4. Заседание _____.
        closed

    5. Заседание _____.
        is closing

    6. Выставки _____ завтра.
        will open

    7. Они _____.
        are meeting

    8. Они _____.
        met

    9. Они _____.
        will meet

10. Доходы _____.
     are getting smaller

11. Доходы _____.
     were getting smaller

12. Доходы _____.
     have gotten larger

13. Доходы _____.
     will get larger

14. Собрание _____ в 16 часов.
     was held

15. В центре Москвы _____ главные правительственные
     are located
     учреждения.

16. В это время министр иностранных дел _____ за границей.
     was

17. Стороны _____ мнениями.
     exchanged

18. Становится ясно, что генералы Пентагона _____ успешного
     fear
     конца переговоров.

2. RECIPROCAL MEANING

A. Pick the correct verb.

1. На аэродроме президента (встречали/встречались) тов. Маршаков и
    другие официальные лица.
2. На приеме делегаты имели возможность (познакомить/
    познакомиться) друг с другом.
3. После войны Сэмюэльсон часто (видел/виделся) с Петровым, но за
    последние 15 лет эти ветераны войны ни разу не
    (встретили/встретились).
4. Председатель советской делегации (познакомил/познакомился)
    своего американского партнёра со своим заместителем и
    (договорил/договорился) с ним о следующей встрече.
5. Мы таких случаев пока не (встречали/встречались).

B.   Verbs of meeting and acquaintanceship.   Look at the following models. Then translate the phrases using the verbs below.   Remember that Russian has different verbs for *meet (=get acquainted)* **and** *meet (=have a meeting with).*

Познакомьтесь!
Познакомьте меня с заместителем!
Я вас с ним познакомлю с удовольствием!
Они уже познакомились!
Бизнесмена встретили на аэродроме.
С кем она встречалась?

1.   Два будущих лидера _____ ещё до войны.
      met

(Is there more than one meaning for "meet"?)

2.   Они _____ неофициально.
      got together

3.   На пресс-конференции _____.
      they acquainted us with the facts

4.   Депутаты _____ завтра.
      will meet

5.   Конгрессмен _____ одного из членов советской делегации в
      met
коридоре и они договорились _____ через неделю.
      to meet
Конгрессмен обещал _____ Маркова со своими коллегами.
      to introduce

C.   Now translate the following sentences.   Remember to keep an eye out for correct verbal aspect.

1.   The minister met with the head of the delegation.
2.   The leaders of the superpowers agreed on nothing.
3.   Kennedy and Khrushchev met only once.
4.   The heads of the delegations often saw each other.
5.   Could you introduce me to Dr. Kissinger? I've never met him.
6.   The minister met with the American delegation yesterday.
7.   They agreed on the next meeting.

3. **PASSIVE MEANING**

A. **Translate the following sentences. Then paraphrase them into active voice. You may have to insert a subject if one is not expressed, or you may resort to an** *они* **form verb without the** *они* **pronoun.**

Examples: Такие случаи часто встречаются.
→*Мы часто встречаем такие случаи.*
В газете сообщаются нужные факты.
→ *В газете сообщают нужные факты.*
OR → *Газета сообщает нужные факты.*

1. Из Вашингтона сообщается о решении Белого дома нарушить условия договора об ограничении стратегических вооружений (ОСВ-2).
2. На Западе считается, что многие из принятых реформ окажутся безрезультатными.
3. В документе говорится о необходимости продолжать поиски путей мирного урегулирования кризиса.
4. Итоги конференции публикуются в печати.

B. **Rewrite the following sentences with a -ся verb in the passive meaning according to the model.**

Examples: Наши ученые разрабатывают новые оборонные системы.
→ *Новые оборонные системы разрабатываются нашими учеными.*
Здесь строят микрорайон.
→ *Здесь строится микрорайон.*

1. План выполняют в срок.
2. Эти меры обсуждали на последнем заседании совета.
3. Советские издательства не печатали антисоветской литературы.
4. В газете пишут, что положение на Ближнем Востоке обостряется.
5. Закон запрещает экспорт американских ЭВМ (электронно-вычислительных машин) в СССР.
6. Передача «9-я студия» является форумом, на котором видные общественные деятели обсуждают важные текущие вопросы.

4. **"CHANGE OF STATE" VERBS**

A. **Determine which sentences require reflexive meaning. Pick the correct verb. If the verb is unfamilar, figure out its meaning from context.**

1. В следующем году думают (увеличить/увеличиться) производство видеомагнитофонов и проигрывателей компактных дисков.
2. За истекший период экономическая помощь странам данного региона (снизила/снизилась) более, чем на 28 процентов.

3. Американская выставка в Москве (открывает/открывается) в июне этого года.

4. Администрация США (продолжает/продолжается) поставлять силам реакции оружие разного рода.

5. Принятые меры далеко не (улучшили/улучшились) экономическое положение в этом секторе. Напротив, ситуация значительно (ухудшила/ухудшилась).

6. В Нью-Йорке (открыла/открылась) сессия Генеральной Ассамблеи ООН. Сессия будет (продолжать/продолжаться) в течение трех недель.

7. Средняя зарплата работников в этой области науки значительно (повысила/повысилась).

8. В данный момент (разрабатывает/разрабатывается) план, который позволит крупным НИИ подключиться к некоторым компьютерным сетям, связывающим чуть ли ни все вузы западноевропейских стран.

9. С появлением таких фильмов как «Рэмбо» и «Красный рассвет» американская кинопромышленность постепенно (превращает/превращается) в мощную антисоветскую пропагандистскую машину.

B. **Fill in the blank with the correct verb. Determine whether** -ся **is needed.**

1. Экономические системы одних стран третьего мира _____ по
   develop
   социалистическому пути, других - по капиталистическому.

2. Председатель _____ заседание без окончательного решения.
   closed

3. Западные «советологи» забывают, что количество граждан, желающих уехать за границу, _____.
   has gone down

4. До сих пор _____ попытки спасти дискредитировавшую себя
   continue
   политику Белого дома относительно ЮАР.

5. Было бы наивно предполагать, что СССР не _____
   was developing
   защитные средства от так называемой «стратегической оборонной инициативы».

6. С результатами соревнования вас _____ наш
   will acquaint
   корреспондент в Лондоне.

7. С запуском первого искусственного спутника Земли в 1957 году

    _____ новый век в истории человечества.
          opened

8. Из Бейрута сообщают, что армия _____ аэродром.
                                        has closed

5. VERBS WHICH ARE ALWAYS REFLEXIVE. Fill in the blanks.

1. Завтра в Хельсинки _____ собрание конференции «За
                            will take place
    безъядерную Европу».

2. _____ ясно, что новая администрация действительно
       It is becoming
    _____ найти выход из положения.
       is trying

3. Ответ американского госсекретаря _____ примером легкомысленного
                                         is
    отношения к серьезному предложению. Но причина американского отказа

    от серьезных переговоров _____ пока неясной.
                                remains

6. REVIEW EXERCISES

1. В те дни в дискуссионом клубе университета студенты _____,
                                                          met
    _____, _____ текущие события.
          exchanged opinions   *discussed*
    _____ и философские вопросы о взаимоотношении между
       Were discussed
    личностью и обществом. В конце прошлого года

    руководство университета, которое _____ столь свободных
                                         was afraid of
    обсуждений, неожиданно дало приказ _____ клуб.
                                          to close

2. Кубинский кризис 1962 года _____ вскоре после того, как
                                  ended
    представитель советского посольства в Вашингтоне _____ с одним
                                                        met
    американским корреспондентом в китайском ресторане. Там

они_____, что американский   корреспондент,   _____
     agreed   *would report*

президенту о «неофициальном» советском предложении.

3.   В газете _____, что сегодня _____ прием, после
                      it says   *will take place*

которого _____ официальный обед.
                is being arranged

GRAMMAR EXERCISES: VERBAL ASPECT (Continued)

Review Table 3 at the end of Lesson 1.

A. **Pick the correct verb. Justify to yourself the reason you picked it. If the verb is unfamiliar, try to grasp its meaning from context.**

    1.   Конференция организации «Врачи за мир и безопасность» (заверша́ла/заверши́ла) свою рабо́ту. Результаты конференции публикуются в официальном документе.

    2.   За последнее десятилетие число боеголовок (увели́чивалось/ увели́чилось) на пятьдесят процентов.

    3.   Переговоры по развитию сотрудничества в науке и технике (начинались/начались) еще в пятидесятых годах. Но стороны начали (обмениваться/обменяться) опытом в большом маштабе только в начале шестидесятых годов.

    4.   Советская сторона *не раз* [= больше, чем один раз, т.е. много раз] (выступа́ла/вы́ступила) за двусторонний обме́н информацией по тому же вопросу.

    5.   Вчера в Москву (прибыва́ла/прибыла́) делегация из КНР. Сегодня утром заместитель министра иностранных дел Р.Ф. (устра́ивал/устро́ил) прием в МИД.

    6.   Переговоры в Женеве заверши́лись благополучно. Главы делегаций (подпи́сывали/подписа́ли) договор об экономической взаимопомощи.

    7.   Сначала премьер-министр (выступа́л/вы́ступил) с речью, а потом он (соглаша́лся/согласи́лся) ответить на вопросы журналистов.

B. **Translate the words under the blanks.**

    1.   Мы надеемся, что наши партнёры _____ это немаловажное
                                           will sign

        соглашение.

    2.   Американские газеты *не раз* (= много раз) _____ о
                                                      have reported

        готовности Москвы регулярно _____ опытом в этой области.
                                      to exchange

3.   Обе стороны договорились _____ два раза в год.
             to meet

4.   При этой администрации безработица _____.   Еще   к   концу
                          was declining

прошлого года она _____ на 1.6 (один   и   шесть   десятых)
              was reduced

процента.

5.   На будущей неделе мы _____ вопрос эмиграции.
                 will be discussing

GRAMMAR: *ЛИ*, NOT *ЕСЛИ*

Watch the "ifs."

Consumers asked if that model is still being produced.	Потребители спросили, произ-во́дится ли еще э́та моде́ль
The representative wants to know if the car can compete.	Представи́тель хоте́л бы зна́ть, бу́дет ли но́вая маши́на конкурентноспосо́бной.
The assistant manager has not found out if Bulgaria will supply the spare parts.	Замести́тель дире́ктора ещё не узна́л, бу́дет ли Болга́рия предоставля́ть запча́сти.
Ask if the refrigerators will be sold in all 35 countries.	Спроси́те, бу́дут ли продава́ться холоди́льники во всех тридцати́ пяти́ стра́нах.

When "if" means "whether," (and that is *most* of the time), use **ли**:   invert the subject and predicate and make ли the *second* word in the clause.

When "if" is used in an "If A... then B..." sentence, use **е́сли**.

GRAMMAR EXERCISES: *ЛИ*, NOT *ЕСЛИ*

A. Determine which of the following English sentences will have ли in Russian.

1.   If you ask a stupid question, you get a stupid answer.
2.   Have you learned if the contracts have been signed?

3.   We'd like to find out if Kryukov has arrived yet.
4.   I'll agree to the conditions if you agree as well.

B.   Translate the phrases below.

1.   Она нас спросила, if the plant had opened.
2.   Мы забыли, if Bulgaria had supplied the spare parts.
3.   Председатель не узнал, if his assistant has arrived.
4.   Потребители всегда спрашивают, if a new product costs more.
5.   Давайте спросим, if this shop works in the mornings.
6.   Мы не знали, if Rumania buys raw materials from Mongolia.
7.   Надо спросить, if the IMF will give credit to Poland.
8.   Мы бы хотели узнать, if the President sent the General Secretary a telegram.

RENDERING

When you render, try not to think about the English phrasing.   Don't try to say it all.   Get out as much as you can muster.   The point of an exercise such as this one is to teach you to say what you can, not what you can't. Look for simple ways to say difficult things.   For example, you could render a sentence such as: *Zhadin made no bones about the fact that without a treaty the scare factor would increase dramatically...* into very manageable,   albeit less than elegant Russian: *Жадин сказал, что без договора люди будут больше бояться.*

Render the following:

Yesterday the U.S. Academy of Sciences hosted a reception for a 25-person Soviet delegation which is been in the U.S. to work out details on plans for further cooperation in limiting pollution. In his opening remarks I.M. Chistonebov, head of the Soviet delegation, called for serious work on a number of issues which previously had not been at the top of the negotiating agenda. One such issue was the threat of acid rain.

Chistonebov noted that acid rain is no longer viewed solely as a North American problem. Over 70,000 square kilometers of lakes and rivers on Soviet territory are endangered. And while exact figures are hard to come by, Chistonebov ventured that that figure amounts to about a 200 percent increase over the last ten years. The Soviet scientist added that while Moscow has already appropriated over 300 million rubles towards clean-up and control of acid rain, that figure is just a drop in the bucket. Chistonebov was quick to point out that the effort has to be an international one. "Climate does not respect national borders," he said.

Both sides agreed that bilateral research and negotiations should continue. A number of delegates expressed the opinion that with the thaw in international relations, worldwide environmental efforts will increase. The question is if the situation can be turned around in time. Many fear that it is too late.

The Soviet delegation has so far spent two months in this country, much of it in northern states. The two delegations will be meeting in Moscow in six months.

Useful phrases:

acid rain – кисло́тный дождь (чего – кисло́тного дождя́)
... are endangered – ... нахо́дятся под угро́зой
environmental efforts – экологи́ческие ме́ры
pollution – загрязне́ние окружа́ющей среды́
spend money (in order to do something) – тра́тить (тра́чу, тра́тишь) / потра́тить
    де́ньги, чтобы + infinitive

SPEAKING EXERCISES

A.   Отвéтьте на слéдующие вопрóсы по тéксту.

1.   По чьемý приглашéнию в Вашингтóн прибылá правительственная делегáция Великобритáнии?
2.   Кто встречáл делегáцию на аэродрóме?
3.   Где руководители США и Великобритáнии выступили с приветственными речáми?
4.   Как проходили переговóры?
5.   Какóй договóр подписáли стóроны?

B.   1)   Расскажите текст, испóльзуя словáрь урóка 2.

2)   Расскажите тот же текст, заменив:
- учáстников переговóров
- мéсто встрéчи
- атмосфéру приёма в честь гостéй
- тéму переговóров
- харáктер переговóров
- подписанный договóр

C.   Состáвьте ситуáцию, испóльзуя слéдующие выражéния.

the spokeseman of... stated that.., led by ..., in honor of the important guest, to make a speech in favor of..., to sign an agreement on..., this document deals with...

D.   Вы спикер палáты представителей Конгрéсса США (Speaker of the US Congress House of Representatives).   Представьте премьéр-министра Великобритáнии пéред объединённой сéссией Конгрéсса США.

E.   Обсуждéние   америкáно-британских   отношéний   по   америкáнскому телевидéнию в прогрáмме «Встрéча с прéссой».

F.   Речь америкáнского президéнта пóсле егó визита в Великобритáнию и егó пресс-конферéнция с америкáнскими журналистами.

G.   Вы члéны палáты óбщин (британский парлáмент).   Задáйте вопрóсы премьéр-министру Великобритáнии пóсле её (егó) возвращéния из США.

READING EXERCISE 1

PRE-TEXT

A. This report is about a planned visit to China by George Bush's Secretary of State, James Baker. Before you start, pick which of the following statements best summarizes Chinese-American relations during Bush's first years in office. If you don't know, this article will help you out.

   a. The Administration had broken off relations with China.
   b. Washington reached basic agreement with Beijing.
   c. Bush had been criticized for lack of toughness.
   d. Bush praised China for free-market reforms.

B. Now scan the article to see which of the above was mentioned.

C. Now look for the following information. Remember to use whatever background information you have at your disposal.

   1. Against what background is Baker making this trip? What momentous event is mentioned?
   2. Why is *this* visit so significant, according to the report?
   3. Which statement best summarizes Baker's statement to the press:
       a. The U.S. is considering contacts with both Chinas.
       b. It's best to carry on high-level talks to solve problems.
       c. The U.S. wants to return to its previous good relations.
       d. Serious problems are solved when two countries cooperate.

   4. Three areas of Sino-American conflict were mentioned, two of which were commented on in some detail. Name the three areas. What details were given about two of the areas?

Дж. Бейкер нанесет визит в Пекин

Государственный секретарь США Джеймс Бейкер заявил, что нанесет визит в Пекин позднее в этом месяце. Это может усилить критику в адрес президента Джорджа Буша, который проводит политику, направленную на поддержание тесных связей с Китаем.

Бейкер станет самым высокопоставленным лицом американской администрации, которое посетит Пекин после кровавых событий на площади Тяньаньмэнь в 1989 году и репрессий против продемократического движения в Китае.

Бейкер сообщил журналистам, что у США по-прежнему есть серьезные проблемы в отношениях с Китаем, однако решить их можно только в том случае, если между двумя странами будут поддерживаться контакты на высоком уровне.

Политика Буша в отношении Пекина подверглась вновь резкой критике на прошлой неделе, когда американские официальные лица сообщили, что Китай поставлял Ирану компоненты, которые могут быть использованы для создания ядерного оружия. Главные противоречия между Пекином и Вашингтоном касаются трех областей — поставок Китаем оружия в горячие точки планеты, прежде всего в страны Ближнего Востока, прав человека и торговли.

(Рейтер).

POST-TEXT   (using sentence structure):

Review Reading rules as presented in Lesson 1 and do the following exercise:

Find and classify the predicate(s) for the following subjects and the objects(s) to these predicates:

	predicate(s)	*object(s)*
paragraph 1 Джеймс Бейкер	_____	_____
paragraph 2 Бейкер	_____	_____
paragraph 3 Бейкер	_____	_____
paragraph 4 политика противоречия	_____ _____	_____ _____

Translate these *subject-predicate-object* phrases into English.

POST-TEXT   (using context):

1. What does *США* stand for?
2. Find the Russian for:
          high-standing official
          high-level contacts
3. Make a list of names of countries and capitals mentioned in this article.

READING EXERCISE 2

PRE-TEXT

A. At the time this story was filed, a military junta had overthrown a democratically elected government in Haiti. The United States responded with an embargo. Below are the opening phrases for each of the three paragraphs in the report. Mentally fill in what you *expect* to follow. Then read the report to see if you were correct.

     Following the United States, Canada...
     Meanwhile in Haiti, heeding an appeal issued by 16 political groups, school students...
     The junta's prime minister went on television and called [his opponents]...

B. Now look for the following specific information.

1. What action did Canada take?
2. The Canadians said that their action covered everything except one item. What was it and why?
3. What was happening back in Haiti. Who was involved?
4. What was the name of the democratically elected president?
5. According to one radio station, what role did Haitian soldiers play? How was the radio station characterized? (What would you expect?) What information was the radio station not able to give?
6. Who, in fact, are the "opponents" alluded to in Part A, above? What did the head of the junta have to say about them?

Канада ввела эмбарго на торговлю с Гаити

Вслед за США Канада объявила о введении торгового эмбарго против Гаити, чтобы заставить военную хунту возвратить власть демократически избранному правительству. Под эмбарго не подпадает лишь экспорт продовольствия, которое будет рассматриваться в качестве гуманитарной помощи населению.

Вскоре также будут заморожены все авуары правительства Гаити в Канаде.

Между тем на Гаити по призыву 16 общественных и политических организаций школьники бойкотируют занятия, а многие рабочие и служащие не вышли на работу. Акция проводится в поддержку свергнутого в результате военного переворота президента Аристида. Они требуют его возвращения к власти. Независимая радиостанция сообщила, что в некоторых районах столицы страны прошли демонстрации. Чтобы разогнать их участников, солдаты использовали огнест-

рельное оружие. О жертвах не сообщается.

Назначенный хунтой премьер-министр выступил по телевидению и назвал сторонников Аристида «террористами, которые при поддержке иностранных государств пытаются отстранить правительство от власти».

(ЮПИ).

POST-TEXT (using sentence structure):

Reading rule 3: Now, look for words **which modify other words** and therefore clarify their meaning.

A noun modifier can be:

1) *an adjective (in the same gender, number and case as the noun it modifies.)*
     Директивы *восьмого пятилетнего* плана
an adjective, in its turn, can be modified by an adverb.
     стратегически важная программа

2) *a pronoun or a numeral*
     её задачи
     четыре плана

3) *a noun or a noun phrase*
         соглашение *о сотрудничестве*
         заместитель *координатора*

Do the following exercises:

1. Find and classify the modifiers for the following words in the first
     paragraph: введение, хунта, правительство, экспорт, авуары,
     организации, переворот.
2. Translate these nouns with their modifiers into English.

POST–TEXT (using context):

1. What is the Russian for *trade embargo*? Find two ways of saying it.
2. Make a list of cognates used in this article.

READING EXERCISE 3

PRE–TEXT

This article is about sanctions.

1. By whom?
2. Against whom?
3. For what reason?
4. Based on what previous incident?
     Give as many details as you can.
5. Three main points of the sanctions ...?

POST–TEXT (using sentence structure):

Reading rule 3: Modifiers (continued)

Noun modifiers can also be:

1) *participles*
         читающее население

2) *participial phrases*
         армия, *выходящая* из страны

3) *adjectival phrase*
         оружие, *способное* уничтожить цель

They all agree with the noun they modify in *number, gender and case.*

Настаивают
на санкциях

США, Великобритания и Франция договорились совместно настаивать на международной поддержке с целью введения санкций против Ливии, если та не выдаст двух агентов своей разведки, причастных, как подозревается, к взрыву пассажирского самолета компании «Пан - Америкэн» над Шотландией. Самолет, шедший рейсом 103, был взорван три года назад, погибло 270 пассажиров.

Предлагаемые санкции жестки: отказаться от импорта нефти из Ливии, не продавать Ливии оружие и гражданскую технологию, которая может быть использована в военных целях, отменить международные авиарейсы в Ливию и из нее.

(Ассошиэйтед Пресс).

4) Both noun and verb can be modified by a subordinate clause, a sentence which contains its own subject and predicate.

Встреча посвящена книге, *о которой говорит весь мир.*
Когда главы государств встретились, они подписали договор.

Note: «Который» reflects *the number and the gender* of the noun it modifies.

Do the following exercises:

1. Find the subject and the predicate in the first sentence.

2. The subject of the *если*-clause is *та.* It refers to *Ливия* back in the main clause. What is the predicate to the subject?

3. Find an object for the predicate. It is ... (pick the correct answer):
   a.   a direct object
   b.   an indirect object
   c.   a prepositional object

4. Find a modifier (modifiers) for the object. It is ... (pick the correct answer):
   a.   a noun
   b.   a numeral
   c.   a participal
   d.   a participial phrase

5. Translate the *если*-clause into English.

6. In the second sentence of the same paragraph, find the subject and the predicate. The predicate is ... (pick the correct answer):
   a.   "to be" + short adjective
   b.   "to be" + short past passive participle

7. Find a modifier for the subject. It is ... (pick the correct answer):
   a.   a noun phrase
   b.   an adjectival phrase
   c.   a participial phrase

8. Translate this sentence into English.

9. In the first sentence of the second paragraph, find the predicate. It is ... (pick the correct answer):
   a.   "to be" + a short adjective
   b.   a verb

10. Find a modifier for the subject. It is ... (pick the correct answer):
     a. an adjective or adjectival phrase
     b. a participle or a participial phrase

11. Translate the sentence into English.

POST-TEXT (using context):

1. Find the Russian for:

    to introduce sanctions
    to extradite

2. Find cognates in the first column.
3. Make a list of vocabulary that you can use to talk about sanctions.

READING EXERCISE 4

PRE-TEXT

A. The year 1992 opened with the promise of Korean cooperation and even unification. But first, each of the Koreas sought to insure that the other was nuclear-free. That involved a series of testy negotiations. Read the first paragraph to find out:

    1. What did North Korea say it would do?
    2. What did North Korea demand of the United States in return?
    3. Who made the statements you cited in your first two answers?
    4. What additional demand did the North Korean representative make?

B. The U.S. and South Korea were not about to wait to see if the North would stop work on nuclear weapons development. While the U.S. might withdraw nuclear weapons from the South, there were other measures that could be taken to show resolve. Read the second paragraph to find out:

    1. What did the United States and South Korea agree to do?
    2. What other possible measure was mentioned?

Пхеньян требует доказательств, а Сеул и Вашингтон...

Северная Корея в начале следующего года допустит международных инспекторов на свои атомные объекты и подпишет соглашение о контроле с МАГАТЭ (Международное агентство по атомной энергии), только если Соединенные Штаты подтвердят, что начали вывод ядерного оружия из Южной Кореи. Об этом в интервью агентству Киодо Цусин заявил заместитель директора Пхеньянского исследовательского института разоружения и мира Ким Бён Хон. Одного лишь заявления Сеула о том, что Юг Кореи свободен от ядерного оружия, было бы недостаточно, — США должны это убедительно доказать, подчеркнул он.

В то же время представитель МИД Южной Кореи сообщил, что Вашингтон и Сеул договорились увеличить количество военных частей, участвующих в ежегодных американо-южнокорейских маневрах «Тим спирит», предприняв это в качестве ответной меры на проводимые Пхеньяном разработки ядерного оружия. Кроме того, в Южной Корее, возможно, будет размещено новейшее оружие, которое США использовали в боевых действиях в Персидском заливе.

(Рейтер).

POST-TEXT (using the sentence structure):

> **Reading rule 3:**   Modifiers (continued)

A verb modifier can be:

1)   *an adverb*.   Adverbs answer the questions *where, when, how,* and   *why,*   but not *which one* or *what kind of.*
его выступление было встречено *холодно. (How?)*

2)   *an adverbial phrase*
делегация прибыла *в Москву. (Where?)*

3)   *a verbal adverb and a verbal adverbial phrase*
понимая ситуацию, он не задавал вопросов. *(Why?)*

Note: A verbal adverbial phrase is always separated by a comma.

Do the following exercises:

1.   In paragraph 2, the   predicate   in   the   *что*-clause   is   *договорились увеличить.*   Find an object to it.   It is ...
(mark the correct answer):
a.   direct
b.   indirect
c.   prepositional

2.   The object to the predicate is modified by *военных частей.*   It is ...
(mark the correct answer):
a.   a noun
b.   an adjective
c.   a phrase

3.   *Военных частей* is modified by ... (mark the correct answer):
    a.   a participial phrase
    b.   a noun phrase
    c.   a verbal adverbial phrase

4.   The predicate *договорились увеличить* is modified by ... (mark the correct answer):
    a.   a noun phrase
    b.   a participial phrase
    c.   a verbal adverbial phrase
    d.   an adverb

5.   Find the modifiers to the word *разработки*.   They   are   ...(mark   the correct answer):
    a.   an adjective
    b.   a participle
    c.   a noun
    d.   a numeral

6.   Translate this sentences into English.

POST-TEXT   (using context):

1.   Find abbreviations used in this article.   What do they stand for?
2.   What is the Russian for:

        international inspectors
        nuclear facilities
        nuclear-free
        to deploy top-of-the-art weapons

3.   Make a list of words that you will use to talk about demilitarization.

READING EXERCISE 5

PRE-TEXT

A. The Arabs and the Israelis began their first serious negotiations at a conference co-sponsored by the Americans and the Russians in Madrid in October 1991. China, which had never had diplomatic relations with Israel, found itself on the outside looking in. This story was filed on the eve of China's diplomatic recognition of Israel. Read the lead paragraph. What did China's leader say about Israel?

B. Scan the entire story after the lead paragraph. Decide which of the following topics is covered. Arrange them in the order of coverage. Note which topics are *not* covered.
Anti-semitism in China
Israel's secret mission to Beijing
Previous Israeli ties with Taiwan
Previous secret meetings to exchange views
China wanted to be a player in the Middle East
Benefits to China of diplomatic relations with Israel
China's first interview with the Israeli prime minister
China's realization its attitude towards Israel must shift
China's insistence on the Palestinians' right to a homeland
China's offense at not being included in Mid-East negotiations

C. Now look for the following details:

1. Who is Moshe Arens? What did he do?
2. What was significant about the interview published by Xinhua?
3. Through what organization had Israeli and Chinese diplomats met? What was Beijing's attitude towards the meeting?
4. When did the Chinese attitude about these meetings change officially?
5. The "experts" have had a lot to say about recent developments. Name two points you believe to be significant.
6. Yuri Savenko says that the Chinese are changing tactics. What does he mean? Name at least one of the reasons he gives.

Пекин меняет тактику   на Ближнем Востоке ━━━━━ ━━━ ■

Китай налаживает отношения с Израилем

«Суверенность и безопасность Государства Израиль следует уважать и гарантировать» — это заявление главы китайского правительства Ли Пэна — одно из серии жестов в сторону Израиля, которые в последние два месяца следуют один за другим. Намеков на то, что настал час принципиального улучшения китайско-израильских отношений, бесконечное множество.

Недаром недавно в Пекине побывал с секретной миссией израильский министр обороны Моше Аренс, который, по сообщению «Вашингтон пост», обсуждал военные и политические проблемы. Аренс — первый министр, приехавший в Китай.

А вот сообщение на этот раз официального китайского агентства Синьхуа из Иерусалима. Премьер-министр Израиля Шамир в интервью заявил, что Китай — одно из самых важных государств мира и Израиль заинтересован в развитии нормальных и дружественных связей и плодотворного сотрудничества с ним в разных областях.

Вот уже пять лет министры иностранных дел двух стран встречаются в рамках ООН. До сих пор о любых контактах с официальными лицами Израиля Пекин предпочитал молчать. Лишь два месяца назад обет молчания был нарушен. Спикер МИД КНР признал: высокопоставленные представители МИД Израиля в Пекине обменялись взглядами с китайскими коллегами по ближневосточным проблемам.

Китай, считают знатоки, явно хочет быть игроком, а не зрителем в большой дипломатической игре на Ближнем Востоке. Не случайно контакты с Израилем стали расти в преддверии мадридской встречи. К самой конференции в Пекине отнеслись сдержанно. Как считают аналитики, здесь важен психологический момент: китайцы слишком независимы, и им легче осознать то, в чем они участствуют непосредственно. Армейская газета «Цзефанцзюнь бао» писала: «В какой-то степени цель мадридской конференции по Ближнему Востоку, на которую не был приглашен Китай(!),

— защита стратегических интересов США в мире». Вот в чем причина сдержанности.

В преддверии нового раунда израильско-арабского диалога спикер МИД КНР делает ход: «Если Китай получит приглашение (!), то обдумает возможность участия в следующем раунде мирной конференции по Ближнему Востоку. Как один из пяти постоянных членов Совета Безопасности Китай всегда старался способствовать справедливому решению ближневосточной проблемы».

Итак, тактика Пекина на Ближнем Востоке меняется. Он все больше тяготеет к другой конфликтующей стороне — Израилю, понимая, что только в этом случае сможет играть здесь активную роль.

Но готов ли Пекин пойти на дипломатическое признание Израиля? Помимо всего прочего, есть два обстоятельства, на которые обратили внимание обозреватели. В случае установления дипотношений китайская армия получит шанс приобщиться к новой военной технологии, в которой ей отказывает Вашингтон. Более тесные связи с Израилем помогут Пекину в его противостоянии с Тайванем на международной арене (Тайвань и Израиль—давние партнеры в области военной технологии).

Ю. САВЕНКОВ.

ПЕКИН.

POST–TEXT   (using sentence structure):

Reading rule 1: (continued from lesson 1)

Sometimes the **subject**, the "doer" in the nominative case,   is   missing   in the sentence.   However,   the   **predicate**   will   indicate   the   reason   for   its absence.   Here are two of such reasons:

a)   A predicate in the third person plural indicates that «они» is omitted,   a commonly used construction in Russian.

   Говорят, что скоро будет война.

b)   A predicate "to be" + важно, нужно, необходимо, надо indicates the use   of *Impersonal construction*, where the "doer" is either missing (in a   general statement) or is used in the dative case.   *Impersonal construction* is also used with the following verbs: *удаваться, хотеться, следовать (ought to, have to do something), предстоять* etc.

   (*Нам) нужно* развивать торговлю.
   Никому не *хотелось* воевать.

Do the following exercises:

1.   In   paragraph   1   find   the   subject   to   the   predicate   *следует уважать и гарантировать*. The subject is ... (mark the correct answer):
   a.   the "doer" in the nominative case
   b.   the *они*-construction
   c.   an impersonal construction

2.   Find an object to the predicate.   It is ...(check the correct answer):
   a.   direct
   b.   indirect
   c.   prepositional

3.   In the subordinate *который*-clause find the subject and the predicate. The subject is ... (check the correct answer):
   a.   the "doer" in the nominative case
   b.   the *они*-construction
   c.   an impersonal construction

4.   Translate the sentence into English.

5.   In the last sentence of the second paragraph find the subject.   It is modified by ... (check the correct answer):
   a.   a noun phrase
   b.   a verbal adverbial phrase
   c.   a participial phrase
   d.   a subordinate clause

6. Translate it into English.

7. In the third sentence of paragraph 5 find the subject and the predicate. The subject is ... (pick the correct answer):
   a. the "doer" in the nominative case
   b. the *они*-construction
   c. an impersonal construction

8. Find *и им легче осознать то, ...* The subject here is ... (pick the correct answer):
   a. the "doer" in the nominative case
   b. the *они*-construction
   c. an impersonal construction

9. Find the subject and the predicate in the subordinate *то, в чём* —clause.

10. Translate the two sentences into English.

11. In paragraph 8 find the subject and the predicate for the second sentence. An object to the predicate is ... (pick the correct answer):
    a. direct
    b. indirect
    c. prepositional

12. It is modified by ...(pick the correct answer):
    a. a noun
    b. an adjective
    c. a participle

13. The predicate is modified by ... (pick the correct answer):
    a. an adverb
    b. a verbal adverbial phrase
    c. a subordinate clause

14. Translate the paragraph into English.

POST-TEXT (using context):

1. The word *следовать* is used twice in the first paragraph. Explain the difference in its use and translation.
2. Make a list of vocabulary that you can use to talk about visits and negotiations.
3. What is the Russian for :

   to arrive with a secret mission
   analysts
   to participate directly
   conflicting parties

ACCUSATIVE CASE

USES:	PREPOSITIONS:	QUESTION:	VERBS:
Direct Object	--	Кого? Что?	transitive verbs понимáть ждáть обсуждáть провожáть и т.д.
Direction of movement	В,НА (in,on,at) ЗА,ПОД (behind, under)	Кудá? За что? Подо что?	прибывáть идти éхать плыть летéть класть стáвить пáдать везти вести вернýться садиться и т.д.
From one side to the other	ЧЕРЕЗ (across) СКВОЗЬ (through)	Чéрез что? Сквозь что?	
About	ПРО	Про когó? Про что?	говорить расскáзывать спрáшивать дýмать и т.д

TIME-EXPRESSIONS:

в какóй дéнь недéли?
в э́тот день

But: **на** слéдующий день

в срéду
в э́тот момéнт
в э́ту минýту, секýнду
в э́то врéмя
в 2 часá

в пéрвый (послéдний) раз

раз в недéлю, год, мéсяц

чéрез час - in an hour
            an hour later

год назáд - a year ago
            a year before

за э́ту недéлю (within a week)
за послéдние 20 лет

скóлько врéмени?
как дóлго?
      - всю ночь
      - цéлое лéто
      - два вéка
      - однý минýту
      - весь мéсяц
      - недéлю (for a week)

как чáсто?
      - кáждый день
      - кáждую срéду
      - раз в год
      - пять раз в год

USEFUL IDIOMS:

отвечáть на агрéссию
в отвéт на агрéссию
-in response to agression

соглашáться на э́кспорт
соглáсен,-а,-о,-ы на рефóрмы
- to agree to reforms
похóж,а,е,и на крúзис
- to resemble a crisis
приглашáть на встрéчу
- to invite to a meeting
входúть в блок
- to be a member of a block
расстоя́ние в 7 километров
 a 7-kilometer distance
выступáть за предложéние
- to take a stand in favor of...
благодарúть за пóмощь
- to thank for assistance
голосовáть за соглашéние
- to vote for the agreement
отвéтственность за поражéние
- responsibility for defeat
брать под контрóль
- to take under control
стáвить под угрóзу
- to threaten

TABLE 4:   "THE MEASURED..."

If you want to be able to say in Russian:

The ten percent rate of inflation is dropping.
Уровень инфляции в 10 процентов падает.
or
The capital is at the distance of 70 miles from...to...
Столица находится на расстоянии в 70 миль от... до...

In other words, if you have to express **the amount** of something, or **measure** something, use this:

THE MEASURED *(make sure you have it)*	B *(preposition)*	NUMBER *(in accusative case)*
дефицит - deficit	в	130,000,000,000
уровень инфляции - rate of inflation	в	5%
уровень безработицы - rate of unemployment	в	4%
экономическая помощь - economic aid	в	73,000,000
государственный долг - national debt	в	360,000,000,000
расстояние - distance	в	12,000
граница - frontier	в	100
большинство - majority	в	3
срок - term	в	4
период - period	в	19
урожай - crop, yield	в	700
вес - weight	в	2
население - population	в	350,000,000

NOTE: This construction is **an attribute** to "the measured".
It is **NEVER** a part of the predicate.

Уровень инфляции 10 процентов.	*The rate of inflation is 10%*
Уровень инфляции увеличился (уменьшился) на 10 процентов.	*The rate of inflation increased (dropped) by 10%.*

человéк,-а, человéк
гóд,-а, лет
тóнна,-ы, тонн
цéна,-ы, цен
франк,-а, фрáнков
фунт,-а, фýнтов
дóллар,-а, дóлларов
рýбль,-я, рублéй
киломéтр,-а, киломéтров
мúля,-и, миль
процéнт,-а, процéнтов
мéсто,-а,мест
гóлос,-а, голосóв

UNIT OF MEASURE (case depends on the final digit)	MEASURED IN:
миллиáрдов	дóлларов
	процéнтов - per cent процéнта
миллиóна	фýнтов - pounds
миллиáрдов	рублéй
тысяч	киломéтров
сто	миль - miles местá, голосá - seat, votes
	гóда
	лет
семьсóт	тонн
	тóнны (metric tons)
миллиóнов	человéк

TABLE 5:   REFLEXIVE VERBS

1. **Reflexive meaning:**

Брита́нцы	защища́ют	брита́нцев	⟶
Subject		Dir.Obj.	

2. **Reciprocal meaning:**

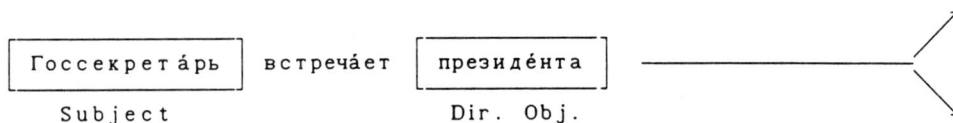

Госсекрета́рь	встреча́ет	президе́нта	
Subject		Dir. Obj.	

3. **Passive meaning:** (with imperfective verbs only)

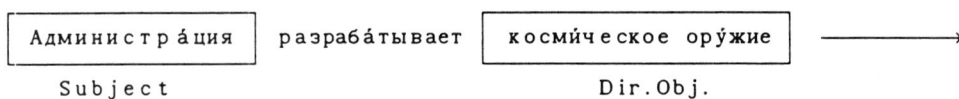

Администра́ция	разраба́тывает	косми́ческое ору́жие	⟶
Subject		Dir.Obj.	

4. **After "change of state" transitive verbs with no direct object:**

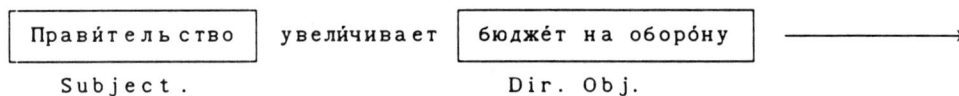

Прави́тельство	увели́чивает	бюдже́т на оборо́ну	⟶
Subject.		Dir. Obj.	

"The British defend themselves"

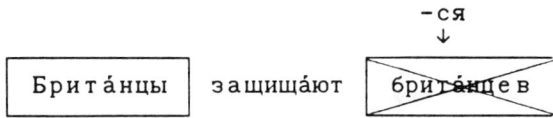

-ся
↓
| Британцы | защищают | ~~британцев~~ |

"The Secretary of State and the President meet (each other)"

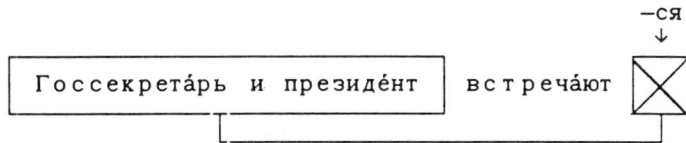

-ся
↓
| Госсекретарь и президент | встречают | ⊠ |

-ся
↓
| Госсекретарь | встречает | ⊠ | с президентом |

"The Administration is developing space weapons."

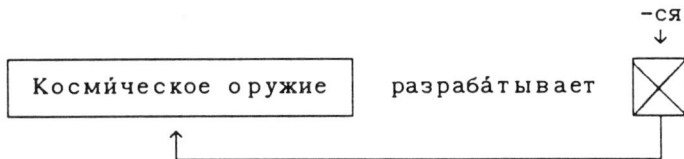

-ся
↓
| Космическое оружие | разрабатывает | ⊠ |

"Defense budget is increasing (itself)"

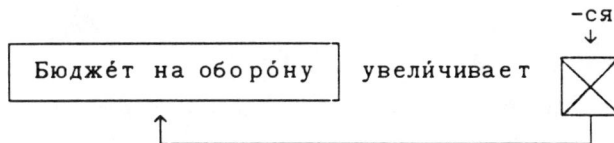

-ся
↓
| Бюджет на оборону | увеличивает | ⊠ |

AUDIO–COMPREHENSION EXERCISE

You are about to hear a text about an economic agreement between the Soviet Union and West Germany. You will probably easily recognize the cognates given below. Look through words and expressions listed after the cognates. Before you listen for content, ask yourself whether this item is likely to report new economic ties or Western economic pressure. Then listen to the text with the following questions in mind. Afterwards, listen to the text again, and write down the answers.

1.   This meeting had to do with the use of natural resources.   Whose? What geographical areas were specifically mentioned?
2.   Who led the Russian delegation?
3.   What intergovernmental protocol was signed?   For what does it provide?
4.   What, according to the report, is the attitude of the West German business community toward trade with Russia?
5.   Two West German officials commented favorably on the new agreement. Name one of them.

Cognates

ресу́рсы
протоко́л
э́кспортно-и́мпортный банк
ба́нковский креди́т
эконо́мика
интере́с
эта́п

WORDS AND EXPRESSIONS   (on the tape)

разраба́тывать/разрабо́тать	план – to develop a plan
–ют –ют	програ́мму
	приро́дные ресу́рсы – to develop natural resources
	ко́смос – to explore space

разработка природных ресурсов
        сырья (no plural) – raw materials
        планов
        программ

проводить/провести   (что?)   (с кем?)
проводят проведут   переговоры   с ЕЭС
                 беседы   с СЭВ (ceased to exist in 1990)
                 обмен мнениями   с ФРГ
                 разработку космоса
                        программы
проведение

возглавлять/возглавить   (что?)
    -ют   -ят   делегацию
                  правительство

      заместитель   министра внешней торговли

первый заместитель госсекретаря – Deputy Secretary of State
заместитель госсекретаря – Undersecretary
помощник госсекретаря – Assistant Secretary of State

предоставлять/предоставить   (что?)   (кому?)
    -ют   -ят   кредит   России
               помощь   Израилю
предоставление кредита – granting of credit

получать/получить   (что?)   (от кого?)
    -ют получат   кредит   от Соединённых Штатов Америки
              помощь   от Израиля
получение помощи

(какой?)   кредит
долгосрочный
краткосрочный
банковский
коммерческий

в соответствии (с чем?)
         с протоколом
         с договором
         с заявлением

(какие?)   круги
деловые
политические

закла́дывать/заложи́ть осно́ву
    -ют зало́жат

покупа́ть/купи́ть   (что?)   (у кого́?)
   -ют ку́пят   сырьё   у США
                 пшени́цу у стран О́бщего ры́нка
                 нефть
поку́пка (no plur) - purchase, purchases

продава́ть/прода́ть   (что?)   (кому?)
продаю́т   продаду́т   стратеги́чески ва́жное обору́дование   ЕЭС
                          сырьё   Еги́пту
                          сверхсовреме́нную те́хнику - hi-tech

прода́жа (no plur) - sale, sales

ЕЭС, Европе́йское экономи́ческое соо́бщество   EEC
СЭВ, Сове́т экономи́ческой взаимопо́мощи   COMECON
(ceased to exist in 1990)   CMEA or
                                             CEMA
                           (in Soviet publications in English)

Междунаро́дный валю́тный фонд - International Monetary Fund
Всеми́рный банк разви́тия и реконстру́кции (Мирово́й банк) - The World Bank
ФРГ, Федерати́вная Респу́блика Герма́ния, не́мцы, немецкий, Берли́н, Бонн,
    говори́ть по-неме́цки
Норве́гия, норве́жский, норве́жцы, Осло, говори́ть по-норве́жски
Еги́пет, еги́петский, египтя́не, ара́бский, Каи́р, говори́ть по-ара́бски
Изра́иль, изра́ильский, израильтя́не, иври́т (говори́ть на иври́те only), Иерусали́м
Бли́жний Восто́к, бли́жневосто́чный
Да́льний Восто́к, дальневосто́чный

Стра́ны-чле́ны СЭВ:
    [страна́, pl. стра́ны]

НРБ, Наро́дная Респу́блика Болга́рия, болга́рский, Софи́я, говори́ть по-болга́рски
ВР, Венге́рская Респу́блика, Ве́нгрия, венге́рский, Будапе́шт, говори́ть
    по-венге́рски
СРВ, Социалисти́ческая Респу́блика Вьетна́м, вьетна́мский, Хано́й, говори́ть
    по-вьетна́мски
Респу́блика Ку́ба, куби́нский, Гава́на
МНР, Монго́льская Наро́дная Респу́блика, Монго́лия, монго́льский, Ула́н-Ба́тор,
    говори́ть по-монго́льски
ПР, По́льская Респу́блика, По́льша, по́льский, Варша́ва, говори́ть по-по́льски
Румы́ния, румы́нский, Бухаре́ст, говори́ть по-румы́нски
ЧСФР, Чехо-Слова́цкая Федерати́вная Респу́блика, Чехослова́кия, че́шский, словацкий,
    Пра́га, говори́ть по-че́шски, Братисла́ва, говори́ть по-слова́цки.

TEXT: Read the following text; be able to translate it into English in written form.

Соглашéние об экономи́ческом сотру́дничестве мéжду РФ и ФРГ

В Бóнне состоя́лись переговóры по российско-западногермáнскому сотру́дничеству в разрабóтке прирóдных ресу́рсов Сиби́ри и Дáльнего Востóка. С российской стороны́ переговóры вели́сь прави́тельственной делегáцией, возглавля́вшейся замести́телем мини́стра внéшней торгóвли. Глáвы делегáций подписáли межправи́тельственный протокóл о предоставлéнии Российской Федерáции долгосрóчного бáнковского креди́та. В соотвéтствии с подпи́санным протокóлом креди́т предостáвит западногермáнский экспортно-и́мпортный банк.

Деловы́е круги́ ФРГ, веду́щие торгóвлю с РФ, с интерéсом подошли́ к нóвому российско-западногермáнскому соглашéнию. Президéнт экспортно-и́мпортного бáнка заяви́л при подписáнии протокóла, что тем сáмым «заклáдываются твёрдые оснóвы российско-западногермáнского экономи́ческого сотру́дничества». Мини́стр эконóмики ФРГ вы́разил надéжду, что российская готóвность начáть переговóры с ЕЭС открывáет двéри нóвому этáпу в экономи́ческих свя́зях между Востóком и Зáпадом.

VOCABULARY EXERCISES

Look through the vocabulary for the text «*Соглашéние об экономи́ческом сотру́дничестве мéжду РФ и ФРГ*», then do the following exercises.

A. Give the plural forms for the following nouns. Mark the stress.

соббщество	сырьё
продáжа	лицó
креди́т	странá

B.   Give perfective forms for the following verbs.   Conjugate them in both perfective and imperfective.   Mark the stress.

проводи́ть
продава́ть
закла́дывать

C.   Give derivative nouns for the following verbs.

продава́ть	предоставля́ть
покупа́ть	проводи́ть
получа́ть	разраба́тывать

D.   Give the opposite for the italicized words.

- *краткосро́чный* креди́т
- *покупа́ть* пшени́цу у Еги́пта
- *предоставле́ние* по́мощи
- *ближне*восто́чный
- республика́нское *меньшинство́*

E.   Fill in the blanks with the appropriate prepositions.

1.   В соотве́тствии ____ э́тим заявле́нием мы не бу́дем покупа́ть стратеги́чески ва́жное сырьё ___ Ю́жной А́фрики.
2.   ___ бу́дущем ме́сяце делега́ция госдепарта́мента США проведёт перегово́ры ___ представи́телями СНГ.
3.   Приём ___ честь высо́кого го́стя состои́тся ___ четве́рг.
4.   ___ после́дние 38 лет Изра́иль получа́ет по́мощь от Соединённых Шта́тов Аме́рики.
5.   Росси́я нахо́дится ___ двух контине́нтах.
6.   ___ 1978 году́ делега́ция Верхо́вного Сове́та СССР во главе́ Л. Бре́жневым прибыла́ ___ Ве́нгрию.

F.   Give Russian equivalents for the following English phrases.

- development of natural resources
- Deputy Secretary of State
- to grant long-term credits to Poland
- to buy raw materials from Mongolia
- sales of hi-tech to Bulgaria
- the World Bank
- EEC

G. Fill in the blanks with appropriate words.

1. разрабо́тка _____ (чего́?)
    _____
    _____

2. По́льша получи́ла _____ креди́т (како́й?)
    _____
    _____

3. в соотве́тствии с _____ (с чем?)
    _____
    _____

4. ЧСФР прово́дит _____ с _____ (что?) (с чем?)
    _____   _____
    _____   _____

H. Make sentences with appropriate words from the list in the right hand column.

1) (Кто?)   предоставля́ет (что?)   (кому́?)
    РФ   вое́нную по́мощь   Бли́жний Восто́к
    США   экономи́ческую по́мощь Чехослова́кия
    Великобрита́ния   Вьетна́м
    Фра́нция   СНГ
    ФРГ   Изра́иль
    Норве́гия   Ту́рция

2) (Кто?)   покупа́ет   (что?)   (у кого́?)
    Герма́ния   За́падная Евро́па
    Изра́иль   сырьё   Росси́я
    Еги́пет   пшени́ца   Великобрита́ния
    Румы́ния   стратеги́чески   США
    Ку́ба   ва́жное обору́до-   Еги́пет
    Шве́ция   вание   Изра́иль
                              сверхсовреме́нная
                              те́хника

3) (Кто?)   продаёт   (что?)   (кому́?)
    Великобрита́ния   пшени́ца   Герма́ния
    Фра́нция   компью́теры   Ве́нгрия
    СНГ   нефть   Монго́лия

I. **Answer the following questions.   (on the tape)**

1. Какие заместители есть у госсекретаря?
2. Какую помощь предоставлял СССР Кубе?
3. Какие страны получали военную помощь от СССР?
4. Какие страны получают экономическую помощь от США?
5. Что покупает Израиль у Египта?
6. Где находится самый богатый нефтяной район мира?
7. Что разрабатывает Россия в Сибири?
8. Какие кредиты предоставляет Международный валютный фонд?
9. Какие страны продают стратегически важное сырьё?
10. Что такое ЕЭС?
11. Назовите бывшие страны-члены СЭВ.
12. Что такое ЧСФР?
13. Где живут египтяне?
14. На каком континенте находится Израиль?
15. На каком языке говорят в ФРГ?
16. Как называется столица Венгрии?
17. Куба - дальневосточная страна?
18. Где находится Осло?

GRAMMAR: DATIVE CASE

In this chapter we see three of the uses of the dative case: (1) as an indirect object, (2) after the preposition **к**, and (3) after preposition **по**.

1.   Indirect object

An indirect object denotes a person or a thing which receives something from a subject to answer the question **кому́, чему́**.

The pact gives | *us* | new opportunities. (=gives *to us*)
               i.o.   d.o.
Догово́р даёт | *нам* | но́вые возмо́жности.

Sometimes where Russian uses dative, English uses "for" or "to":

The new constitution guarantees rights | *for all citizens.*
                            d.o. | i.o.
Но́вая конститу́ция гаранти́рует права́ | *всем гра́жданам*

A number of verbs such as **говори́ть/сказа́ть** or **пока́зывать/показа́ть** *naturally* take indirect objects (*to tell* or *show* something *to* someone). For a more complete list, see the table.

2.   Dative after the preposition K

At last a rule with no exceptions: **к** always takes dative. **K** has three basic meanings:

a.   *towards; up to* (answers *куда, к чему* with verbs of motion):

Прави́тельственная маши́на | The government car pulled
подъе́хала *ко Дворцу́ Съе́здов.* | *up to the Palace of Congresses.*

b.   *to (a person)* = English *to go to see someone* (answers *к кому́* with verbs of motion):

Они́ пошли́ *к мини́стру.* | They went *to see the minister.*

Ара́бы то́лько прибегу́т | The Arabs will just run
к ру́сским за креди́тами. | *to the Russians* for credits.

c.   *by* (plus a time expression):

к концу́ го́да. | *By the end* of the year.

3. Dative after ПО

At first glance **по** appears to be an all-purpose preposition. For the time being learn these set phrases:

a. *by (a communications medium):*

по телефо́ну, по телеви́зору, по ра́дио, по телегра́фу

b. *according to; following (a set scale or pattern):*

по Це́льсию, по Фаренге́йту, по слова́м а́втора, по зако́ну

c. *on (a topic)*

по вопро́су: заявле́ние по вопро́су экономи́ческого разви́тия
по исто́рии: уче́бник по исто́рии Росси́и
по сотру́дничеству: перегово́ры по сотру́дничеству

По is also used in pluralized time expressions: *по утра́м – in the mornings*; *по вечера́м, по ноча́м, по понеде́льникам, по вто́рникам,* etc.

GRAMMAR EXERCISES: DATIVE CASE

Read through the material on the dative case. Look through the reference chart at the end of Lesson 3 and the appendix.

A. Find the forms of the dative in the text. Explain their use.

B. Answer the following questions using the words in the right-hand column. (Find the exercise on the tape)

1. По каки́м вопро́сам приняли реше́ние?
- но́вые торго́вые конта́кты
- незако́нченный прое́кт
- дальне́йшая рабо́та конфере́нции
- разрабо́тка ко́смоса

2. К како́му числу́ сдаду́т пе́рвую часть пла́на?
- нача́ло го́да
- коне́ц ме́сяца
- пе́рвое декабря́
- середи́на кварта́ла

3. Кому́ сообщи́ли о но́вом пла́не?
- Генера́льная Ассамбле́я ООН
- все делега́ты конгре́сса
- то́лько э́ти чле́ны парла́мента
- изра́ильская делега́ция

4. Куда́ (к кому́) уе́хал наш секрета́рь?
- свои́ родны́е
- своя́ семья́
- глава́ делега́ции
- пе́рвый замгоссекретаря́
- помо́щник госсекретаря́

5. Как сообщи́ли о ги́бели космона́втов?
- телеви́дение
- телегра́ф
- телефо́н
- ра́дио

C. Answer the questions using dative and accusative where needed according to the model. Be able to translate the answers. (Find the exercise on the tape)

Example: Куда́ они́ при́были?   - мы, на́ша ро́дина
⟶ Они́ при́были **к нам** на *на́шу ро́дину.*

1. Куда́ идёт замминистра?   - мини́стр, МИД
2. Куда́ пое́хали эмигра́нты?   - ро́дственники, Изра́иль

3. Куда́ прие́хал председа́тель   – Нью-Йо́рк, мэр (*mayor*)
    исполко́ма Москвы́?
4. Куда́ идёт э́та делега́ция?   – Генера́льный секрета́рь,
                                          Организация Объединенных Наций
5. Куда́ при́был глава́   – Сена́т, но́вый ли́дер демокра-
    оппози́ции?   ти́ческого большинства́

D. Write five sentences to illustrate the use of dative versus accusative with verbs of motion.

E. Fill in the blanks with the correct preposition. Mark Ø if no preposition is needed.

1. В своем заявлении _____ корреспондентам _____ вопросу о расширении торговых контактов между СНГ и ЕЭС российский представитель сказал, что принятые меры должны войти в силу _____ началу второго квартала.
2. _____ вашим словам можно подумать, что вы полностью против нашей инициативы _____ урегулированию положения.
3. Представитель Всемирного банка развития и реконструкции сообщил _____ делегатам, что в настоящих условиях _____ латино-американским странам-должникам не может быть предоставлен долгосрочный кредит.
4. В своем выступлении _____ телевизору Генеральный Секретарь неоднократно упоминал о только что подписанной договоренности _____ созданию самостоятельных торговых предприятий.
5. Участники конференции должны прибыть _____ нам в Москву _____ первому марта.
6. Мы с ними обычно встречаемся _____ понедельникам и средам.

F. Direct objects versus indirect objects. Fill in the blanks.

1. США отказались продать _____ _____.
                              Poland   *raw material*

2. Заместитель министра торговли сообщил _____ о провале
                                              correspondents
    переговоров.

3. Я _____ коротко расскажу _____ наших торговых отношений, а
        you   *the history*

    потом попрошу _____ задать _____ вопросы.
                    you   *me*

4.   Мы уверены, что _____ окажут _____.
     _us_   _support_

5.   Президент отправил _____ _____.
     the General Secretary   _a telegram_

G.   Write five sentences to illustrate the use of indirect object versus direct object.

H.   Asking and answering.   Remember:

спрашивать/спросить – _кого-то о чём-то_ (not dative, and cannot add _вопрос_)
but
задавать/задать _кому-то_ вопрос
отвечать/ответить _кому-то на вопрос_

Now fill in the blanks.

1.   Мы спросили _____ о предстоящих переговорах, но он
     the chairman

     _____ не ответил _____.
     _us_   _the question_

2.   Премьер-министр сделал краткое заявление, а потом журналисты

     задавали _____ вопросы.
     him

3.   _____ делегации попросили рассказать _____ ЦК об
     the head   _members_

     успехах встречи.

4.   Ключевые вопросы задавали _____ уже после
     the General Secretary

     пресс-конференции.   Интересно, о чём _____ спрашивали?
     him

5.   По-моему, вы не точно ответили _____.
     our question

I. **Review idiomatic uses and time expressions in the dative case chart at the end of Lesson 3. Give Russian equivalents for the following expressions:**

- By April 15
- In the President's opinion
- On Thursdays
- They sell raw materials to CIS
- In the evenings
- Willingness to answer questions
- In his statement to the press
- On Tuesdays
- In his address to the people of Czechoslovakia
- According to the text of the speech
- We will sell raw materials to CIS

J. **Write questions for the italicized words below.**

1. Мы не раз доказывали *всем народам* свои добрые намерения.
2. Прокурор не поколебался: он сразу пошел *к вышестоящим органам.*
3. Строители выполнят план *к двадцатому декабря.*
4. Вы должны спросить *Веру Цветкову* о планах комитета.
5. Вы должны задать этот вопрос *Вере Цветковой.*
6. Мы пришли *к вам на консультацию.*
7. В министерстве иностранных дел брифинги обычно бывают *по утрам.*

K. **Consult the appendix to review cardinal numbers in dative. Form phrases with the words below according to the model. (Write out the numerals!)**

Example: объяснить/ это/ 3/ общественные деятели
$\longrightarrow$ Объясните это трём общественным деятелям.

1. по/ 2/ важный вопрос
2. подойти к/ 5/ ракетная система
3. приказывать / 20/ израильский солдат
4. показывать / 40/ официальное лицо

L. **Translate the sentences below.**

1. We asked the economics minister many questions.
2. We asked him about the next round of negotiations.
3. The IMF informed Bulgaria that it will extend short-term credit by the beginning of next month.
4. The president's statement to the workers was broadcast on television.
5. In his speech the deputy minister promised security to the people of the United States and Canada.

6. The Soviet willingness to answer questions about Chernobyl opened the door to scientific cooperation.
7. The undersecretary described for us what happened at the negotiations in Geneva.
8. In my opinion we will be selling raw materials to the CIS countries.
9. We came to Moscow to see the head of Teleradio.
10. By the beginning of next year we will be meeting three times a week: on Mondays, Wednesdays, and Fridays.

GRAMMAR: RUSSIAN PARTICIPLES – INTRODUCTION

Russian participles are a cross between a verb and an adjective. Therefore, they have a double nature – they retain some characteristics of both verbs (tense, voice, case government, reflexive СЯ-ending, etc), and adjectives (gender, number and case).

Look at the phrases below:

	Verb (stem)		Adj. (ending)	
1. Челове́к, всегда́	говор	я́щ	и й	пра́вду
2. Ме́ры,	принима́	ем	ы е	кабине́том
3. На мосту́,	постро́	енн	о м	год наза́д
4. Без специали́ста,	знако́ми	вш	е го ся (verb)	с проблёмой

1. A man always *telling* the truth.
2. Measures, *adopted* by the cabinet.
3. On the bridge *built* a year ago.
4. Without a specialist, *familiarized* with the problem.

All participles can be substituted with КОТОРЫЙ-clauses.

Челове́к, всегда́ *говоря́щий* пра́вду.
Челове́к, *кото́рый* всегда́ *говори́т* пра́вду.

PRESENT ACTIVE PARTICIPLES

Now look at the following sentences and their translations:

Достигли соглашения, *предусматривающего* (которое предусматривает) частичное сокращение вооружений.
They reached an agreement provid*ing* (which provides) for a partial reduction of weapons.

Это журналист, *проводящий* (который проводит) расследование скандала с продажей оружия Ирану.
This is a journalist *conducting* (who is conducting) an investigation of the scandal in connection with the weapons sales to Iran.

Гостящая в Москве французская делегация отбывает завтра. (Делегация, которая гостит)...
The French delegation *staying* (that is staying) in Moscow departs tomorrow.
These are present active participles. They always function as adjectives, and like adjectives, they must agree in gender, number and case with the noun they modify.

These participles modify their antecedents in terms of action in the present and as such they correspond to –**КОТОРЫЙ** clauses with the verb in the present tense. They can be placed before or after the noun they modify.

Это нарушение может иметь *выходящие* за узкие рамки договора последствия.

Это нарушение может иметь последствия, *выходящие* за узкие рамки договора.

This violation may have consequences *exceeding* beyond the narrow limits
    of the treaty.

In English a participle with a modifying phrase comes after the noun as above. Note that in Russian such a participial phrase may precede or follow the noun: (~= the ⟨*exceedng* beyond the narrow limits of the treaty⟩ consequences)

Present active participles are formed only from imperfective verbs and often (but not always!) correspond to the –ing form in English. They can also be rendered by means of pronouns who, which and that.

Some participles are used as adjectival nouns and therefore stand alone.

Наша партия защищает права всех *трудящихся*.
Our party defends the rights of all the *workers.*

You can identify present active participles by the Щ suffix: *гостящая.*

PAST ACTIVE PARTICIPLES

Now look at these sentences and their translations:

> Экспéрты задавáли друг дрýгу вопрóсы во врéмя *длúвшейся* всю ночь дискýссии.
> Experts were asking each other questions during the discussion, *which went* all night long.

> В свéте слов и дел, *послéдовавших* пóсле встрéчи, появúлись нóвые вопрóсы.
> New issues have emerged in light of the words and deeds *that followed* the meeting.

The forms you have just seen are **past active participles**. They also agree in gender, number and case with the noun they modify and can stand either before or after that noun.

These participles modify their antecedents in terms of actions in the past and as such, they correspond to **КОТОРЫЙ** clauses with the verb in the past tense.

> Экспéрты задавáли друг дрýгу вопрóсы во врéмя дискýссии, *котóрая длúлась* всю ночь.
> В свéте слов и дел, *котóрые послéдовали* пóсле встрéчи, появúлись нóвые вопрóсы.

Past active participles can be formed from both perfective and imperfective verbs. Notice the difference in translation of the verbal aspect in the sentences below:

Вот американский крúтик, *отмечáвший* э́тот факт.
Here is the American critic, *who was emphasizing* that fact.

Вот американский крúтик, *отмéтивший* э́тот факт.
Here is the American critic, *who had emphasized* that fact.

Past active participles are most often rendered into English by **who, which** and **that** clauses.

You can identify past active participles by the ВШ suffix: длúвшийся.

TABLE 6: ACTIVE PARTICIPLES

		Imperfective	Present Tense	Past Tense
t r a n s i t i v e		обсужда́ть to discuss	обсужда́ ющ ий discussing	обсужда́ вш ий who discussed
		провожа́ть to see off	провожа́ ющ ий seeing off	провожа́ вш ий who saw off
		Perfective		
		обсуди́ть to discuss (to have discussed)	no present form	обсуди́ вш ий who discussed
		проводи́ть to have seen off		проводи́ вш ий who saw off
i n t r a n s i t i v e		Imperfective	Present Tense	Past Tense
		прибыва́ть to arrive	прибыва́ ющ ий arriving	прибыва́ вш ий who arrived
		Perfective		
		прибы́ть to arrive (to have arrived)	no present form	прибы́ вш ий who arrived

GRAMMAR EXERCISES: PRESENT ACTIVE AND PAST ACTIVE PARTICIPLES

A. Read all the grammar on active participles. Review their formation. Study Table 6 on the previous page. Find active participles in the text. State their aspect and tense of these participles, as well as their gender, number, and case.

B. 1) Make present active participles using the verbs in parentheses below.

Example: гостить ⟶ они гост **ят** ⟶ гост **ящий**

(предоставлять/предоставить,   продавать/продать,   констатировать, находиться, покупать/купить, состояться)

2) Now Make perfective and imperfective forms of past active participles out of the same verbs.

Examples: читать ⟶ чита **л** ⟶ чита **вший**
прочитать ⟶ прочита **л** ⟶ прочита **вший**

C. Complete the sentences below with the noun and the participle in the proper case. Determine the type of participle. Be able to translate them into English.

1. Невозможно начать важный диалог между Востоком и Западом

при _____.
    (отношения, строящиеся на недоверии)

2. Западной Европе необходимо покупать нефть у_____
                                                    (страны Ближнего Востока,
_____.
продающие её по довольно высоким ценам)

3. Представитель Пентагона ничего не сказал о_____
                                                (встреча,
_____.
    состоявшаяся две недели тому назад в Вашингтоне)

4. Администрация не ответила на _____
                                    (перемены, происходившие в
_____.
Советском Союзе)

5. Деловые круги Японии с интересом подошли к _____

(предложения,

_____.

обсуждающиеся в министерствах торговли двух стран)

D. Determine the type of participle in the sentences below. Replace participial constructions with relative clauses. Be able to translate them.

Example: То и дело *подъезжавшие* и *отъезжавшие* от здания Конгресса США машины тормозили движение.

——> Машины, *которые* то и дело *подъезжали* и *отъезжали* от здания Конгресса, тормозили движение.

1. Уже *ставшие* достоянием гласности законодательные планы демократов указывают на будущие конфликты между ними и республиканцами.
2. Разве можно замаскировать милитаристскую лихорадку, *охватившую* администрацию США?
3. Вновь прозвучал призыв к плодотворному сотрудничеству, *отвечающему* интересам народов СНГ и США.
4. Главы делегаций произнесли речи на *состоявшемся* здесь приёме.
5. Он рассказывал об *осуществляющихся* в СССР мерах по охране окружающей среды.
6. Новые лишения сулит народу *наступающий* год.
7. Среди делегаций, *прибывших* на заседание СНГ, был наблюдатель от Эстонии.
8. Штат Белого дома, *устраивавший* приём, не присутствовал на нём.
9. Все газеты писали о канцлере ФРГ, *находящемся* с официальным визитом в Москве.
10. Закон, *избавляющий* население от налогов на машины, вступит в силу в январе.

E. Replace relative clauses in the sentences below with participial constructions. Be able to translate the latter into English.

1. Демократы добились успехов, которые сильно *впечатляют*.
2. Кандидаты, которые *проиграли* на ноябрьских выборах, уезжали.
3. Мы хотим избежать ошибок стран, которые *начали* развиваться раньше.
4. Законодателям придётся заняться проблемами транспорта и окружающей среды, которые постоянно *обостряются*.
5. Советско-американской встрече на высшем уровне, которая *стала* событием международной жизни, посвящён документальный фильм «Трудовой диалог».
6. «Самой успешной встречей» назвал глава американской делегации сессию, которая только что *завершилась*.

7. Председатель Совета Министров Р.Ф., который *находится* здесь по приглашению Президента Финляндской республики, посетил сегодня дом, в котором в августе 1917 года жил В.И. Ленин.
8. Господин Шмидт был главой делегации, которая *находилась* в Москве.
9. Наблюдается явление взаимного обогащения верхушки и корпораций, которые *работают* на войну.
10. Приоритеты, которые *определялись* президентом, неизменно становились национальными приоритетами.
11. Первая сессия Конгресса США 100-ого созыва, которая *начала* свою работу 4 ноября, являет собой «неизвестную величину».

G. **Translate the following sentences using participles or participial constructions.**

1. According to the radio report, the agreement was signed between banks (which) extend long-term and short-term credits to Egypt.
2. Talks were conducted by the Deputy Secretary of State, who led the American delegation.
3. Among senior officials who were seeing off guests of honor at the airport were First and Second Secretaries of the Moscow City Party Committee. (Московский Горком партии)
4. Departing passengers ought to be on board the plane.
5. You can find this information in the article dealing with Russian natural resources in the 90's.
6. There was good cooperation among participants, who were exchanging opinions on how to improve relations between the two countries.
7. The session which has now been going on for seven hours will probably come to an end at 8:00 p.m.
8. A demonstration of Moscow workers is in Red Square.
9. According to the author of this article, important agreements were signed at the meeting which took place in the French capital.
10. An important topic of the conference was trade cooperation satisfying the interests of both peoples.

RENDERING

Render. Be careful of where you use ли and если. Remember that as a rule если is the wrong word.

CIS spokesperson Valentin Somov announced yesterday that CIS members will jointly produce a new front-wheel drive automobile. According to the announcement, the car, christened the "Sevmobile," will be produced under a complicated arrangement in plants in five countries.

The main assembly plant is to be located in the Ukraine. The plant will buy parts from other CIS suppliers. The Ukranians will buy basic parts, such as wheels and windshields, from Russia, where they are already being manufactured. High tech components, such as computer chips, will be manufactured in Beloruss and traded for Moldova's beer.   The Moldovians will then sell the chips to the Ukraine.

Ukranian plans to put the Sevmobile into production by the beginning of the year.   By the end of 1992 production is expected to reach 200,000 units annually.   The Ukraine has already concluded agreements to export the Sevmobile to over 35 countries.   After the opening statement, Mr. Somov answered questions from consumer group members, who had been invited to participate.

Asked if the car will be competitive with Japanese and German models, Mr. Somov answered that he expects that nearly everyone considering a new car will give the Sevmobile a serious look.

Consumers, of course, want to know how much the car will cost.   Somov indicated that Western consumers can expect to pay about $5000 for a basic 90-horsepower model. One participant asked Somov about the availability of spare parts.   Somov emphasized that those countries that manufacture parts will supply large shipments of spare parts to any city in which the car is to be sold.

Useful words:
front-wheel drive automobile – автомобиль с передними приводными колёсами
wheel – колесо; wheels – колеса
windshield – лобововое стекло; windshields – стёкла
computer chips – микросхемы
to be competitive – конкурировать
basic model – базовая модель
ninety horsepower – девяносто лошадиных сил
spare parts – запчасти
shipment – партия

QUOTING SOURCES:

Media:

по ра́дио

по телеви́дению

сообща́лось, что...

о....

передава́лось, что...

о ...

According to:

по слова́м а́втора кни́ги ....

по мне́нию а́втора статьи́...

по конститу́ции....

по зако́ну...

SPEAKING EXERCISES

A. Отве́тьте на сле́дующие вопро́сы по те́ксту уро́ка.

1. Каки́е перегово́ры состоя́лись в Бо́нне?
2. Кто вёл перегово́ры с росси́йской стороны́?
3. Како́й протоко́л подписа́ли гла́вы делега́ций?
4. Каки́е круги́ ФРГ с интере́сом подошли́ к но́вому соглаше́нию?
5. Что заяви́л президе́нт э́кспортно-и́мпортного ба́нка?
6. Чему́ открыва́ет дверь росси́йская гото́вность нача́ть перегово́ры с ЕЭС, по слова́м мини́стра эконо́мики ФРГ?

B. 1) Расскажи́те текст, испо́льзуя слова́рь Уро́ка 3.

2)   Расскажи́те тот же текст, замени́в:
- уча́стников встре́чи
- ме́сто встре́чи
- те́му бесе́д
- хара́ктер отноше́ний

C.   Соста́вьте ситуа́цию, испо́льзуя сле́дующие выраже́ния.

according to the author of..., International Monetary Fund, to grant a
$300 000 000 credit to..., to buy.... from Egypt, development of...., to
sell...to..., to lay the foundation for...

D.   Опиши́те докла́д росси́йского замминистра вне́шней торго́вли на заседа́нии
Сове́та. Мини́стров о результа́тах его пое́здки в ФРГ.

E.   Происхо́дит заседа́ние директоро́в западногерма́нского э́кспорто-и́мпортного
ба́нка. Каки́е аргуме́нты приво́дятся в по́льзу предоставле́ния долгосро́чного
креди́та Росси́йской Федера́ции про́тив э́того?

F.   Пресс-конфере́нция ка́нцлера ФРГ по́сле подписа́ния догово́ра о
предоставле́нии креди́та РФ. Вопро́сы либера́льных и консервати́вных
журнали́стов.

G.   Речь представи́теля прави́тельства РФ на заседа́нии Верхо́вного Сове́та о
перспекти́вах экономи́ческого сотру́дничества ме́жду РФ и ЕЭС. Вопро́сы
росси́йских парламента́риев.

READING EXERCISE 1

PRE–TEXT

A. The meeting in question took place shortly after the breakup of the Soviet Union and the formation of the Commonwealth of Independent States, of which Russia was perceived to be the "chief among equals." However, as you can imagine, any country in the Middle East would have a vital interest in much more than just the *Russian* Republic. If you were an Iranian diplomat, what parts of the ex–USSR would appeal to your interest the most?

B. At the time of these talks the Russians were trying to put an end to the remaining consequences of the one of the most painful (and one of the last) pages of Soviet history. Iran was in a position to help. What do you think the conflict was?

C. Now read the text below to see if your hypotheses were correct. Look for the specific information requested.

1. Who is Aleksandr Rutskoi?
2. With whom did Rutskoi meet? Give as much information as possible about the people Rutskoi met.
3. What was the main topic of discussion?
4. What is IRNA? What did IRNA say about Iranian recognition of Russia as an independent state?
5. What did IRNA say about relations with other republics of the ex–Soviet Union? Which republics are mentioned in general and which is/are singled out for special attention?
6. Rutskoi called on Iran to use its influence to aid Russia. For what purpose?
7. With whom did Rutskoi meet in hopes of achieving the goal which you stated above?
8. What can you say about the Islamic Unity Party? Whose side were they on during the conflict under discussion?
8. What, according to Rutskoi, did Russia hope to see occur by the end of 1991?
10. The Associated Press reported that there was already some progress on this matter. What was the nature of the progress?
11. What was to happen in Pakistan?

А. Руцкой в Иране

Находящийся в Тегеране с визитом вице-президент России Александр Руцкой провел переговоры с вице-президентом Исламской Республики Иран (ИРИ) аятоллой Мохаджерани, министром экономики и финансов страны Мохсеном Нурбахшем и другими иранскими государственными деятелями. В центре переговоров — вопросы ирано-российского сотрудничества.

Иранское агентство ИРНА отмечает, что лидеры Тегерана исходят из понимания ключевого значения России в рождающемся Содружестве независимых государств. Подчеркивается, что существуют возможности для многостороннего сотрудничества с Москвой и, в частности, для развития торговых контактов. В то же время, давая оценку возможности признания Тегераном России в качестве независимого государства, Мохаджерани заявил, что «стремительные перемены в СССР вынуждают Иран пока не торопиться с конкретными шагами по этому вопросу».

Между тем, как сообщило иранское агентство ИРНА, Иран намерен открыть консульства во всех среднеазиатских республиках бывшего Советского Союза и в Казахстане.

А. Руцкой призвал иранских лидеров использовать их влияние для урегулирования афганской проблемы, а также освобождения всех советских военнопленных, удерживаемых боевиками «Партии исламского единства Афганистана».

В рамках рабочего визита в Тегеран состоялась встреча Александра Руцкого с представителями базирующейся в Иране афганской оппозиции. В беседе с одним из лидеров «Партии исламского единства Афганистана» Мохаммадом Файазом российский вице-президент подчеркнул, что Москва полностью выполнила взятые на себя ранее обязательства и вправе ожидать освобождения до 1 января 1992 года группы советских военнопленных. М. Файаз уклонился от четких ответов по этой проблеме. Хотя, как сообщает агентство Ассошиэйтед Пресс, удалось достичь соглашения об обмене 30 афганских моджахедов, находящихся в кабульской тюрьме, на еще одного советского пленного. В этой связи предстоят дополнительные переговоры в Пакистане.

В. ЛАШКУЛ.

POST–TEXT   (using sentence structure):

Commas can give you clues as to which parts of the sentence are doing what, especially because the use of commas is far more rigid in Russian than in English.

A comma can separate:

1) an enumeration of nouns, adjectives, verbs, abverbs, numerals, prepositional phrases, clauses etc.

   Он говорил *долго, медленно, скучно.*

2) nouns, adjectives, verbs, adverbs, prepositional phrases, etc after: *a, но, или, ни...ни.., как..., так и...*   etc

   Он говорил *медленно,* **но** *интересно.*

3) independent clauses after *а, но, и, или* etc.

> Промышленность загрязняет воздух, **а** люди им дышат.

4) subordinate clauses after conjunctions *кто, что, куда, когда, который, чем, если, хотя, с тех пор, как* etc.

> Речь, *о которой* писали все газеты, произвела сенсацию.

5) detached words such as:

a) noun phrases, adjectival phrases, participial phrases which follow a noun or a pronoun and reflect its number, gender and case.

> Они говорили о Устинове, *новом главе....*
> Мы увидели политика, *знаменитого своей дружбой...*
> В коммюнике, *подписанном вчера,* говорилось о...

b) adverbal modifiers

> *Встретив делегацию,* мы повезли её на приём.

6) author's words

> Соединённые Штаты, *утверждает автор,* не пойдут на уступки.

7) transition markers, the words which express relationships in a sentence

> В Москве, *например,* продукты питания практически исчезли.

Do the following exercises:

1. Explain the use of comma in the first paragraph. It is used to separate ... (check the correct answer)
    a. a clause
    b. an enumeration
2. Translate the paragraph into English.
3. In the second paragraph, explain the use of the comma after:
    1) *подчёркивается.* It is used to separate: (check the correct answer)
        a. an independent clause
        b. a subordinate clause

2)   *c Москвой u.* It is used to mark the beginning of ... (check the correct answer):

    a.   an independent clause
    b.   a noun phrase

    c.   a transition marker
    d.   author's words

3.   In the next sentence, the comma after *время* separates: (mark the correct answer)
    a. a clause
    b. a participial phrase
    c. a verbal adverbial phrase
    d. a noun phrase

4.   There are two more commas in this sentence. Explain their use.

5.   Translate this sentence into English.

POST–TEXT (using context):

1.   What does *ИРИ* stand for?
2.   Make a list of names of the countries and capitals.
3.   Find the Russian for:

trade contacts
rapid changes
to open consulates

READING EXERCISE 2

PRE–TEXT

A. At the time this article appeared, Russia, after years of tippy-toeing, was about to plunge headlong into major economic reforms. Some of the other republics, including newly independent Ukraine, were a bit more hesitant. Read the article to find out what the reform was about.

B. Now look for this specific information.

1.   Who is Golovkov? What was his news conference about?
2.   What question did the Izvestia correspondent ask?
3.   According to Golovkov, Yeltsin's program depended on a key measure that was about to occur. What was the measure?

4. Why is the reform under discussion not underway?
    a. *The project involves as yet unavailable high technology.*
    b. *The project as conceived will drain the state treasury.*
    c. *The workers have united to stop it from going through.*
    d. *Parliament is still ironing out major problems.*

5. Name at least two (and up to three) other issues that Golovkov says will be dealt with by year's end.
    a. Agriculture
    b. Budget
    c. Press and culture
    d. Taxes

6. What did Golovkov say about earlier would-be economic reformers, such as Abalkin?
    a. *They never got to test out and fine-tune their programs.*
    b. *They were too willing to obey Communist Party commands.*
    c. *They were unprincipled, clumsy, and incompetent.*
    d. *They were too sure of themselves.*

7. What did Golovkov say about Ukraine's tendency toward isolationism from Russia and the Commonwealth?
    a. *The program's authors have taken it into account.*
    b. *The Ukrainians themselves will suffer more.*
    c. *Russia is better off without Ukraine.*
    d. *It might wreck the program entirely.*

Советник Ельцина о темпе реформ

На пресс-конференции советника Госсекретаря РСФСР А. Головкова, состоявшейся 3 декабря, шла речь о мерах, предпринимаемых правительством России для ускорения экономических реформ. А. Головков был одним из основных разработчиков нынешней программы еще до назначения нового Кабинета министров РСФСР.

На вопрос корреспондента «Известий», как долго еще нужно народу ждать, пока начнут работать реформы, советник заявил, что пока набирается критическая масса решений. В дополнение к уже обнародованным указам Президента вскоре должен выйти еще один пакет из около 20 подобных документов. Главный из них — закон о либерализации цен. Он находится в стадии согласования с рабочими органами парламента. В нем остаются несогласованными вопросы, касающиеся технологии введения свободных цен, контролируемых цен на энергоносители, некоторые продукты питания, взаимодействия с республиками в этом направлении. Параллельно должны быть решены также вопросы, связанные с формированием чрезвычайного бюджета на первый квартал будущего года, коррекцией налоговой системы, аграрной сферы. Тем не менее, как подчеркнул А. Головков, вся эта работа должна быть завершена в текущем году.

Что касается шансов на успех этой программы, советник подчеркнул, что уверенность следует черпать из принципиально новой ситуации, сложившейся в руководстве России. Впервые «команда» экономистов, которые разрабатывали реформы, вошла в состав правительства и имеет возможность их внедрять в жизнь, корректировать в зависимости от складывающейся ситуации. Прежние попытки (группы Абалкина, Явлинского, Сабурова) таких возможностей не имели.

На пресс-конференции было также сообщено: тенденция к обособлению Украины сильно меняет экономическую ситуацию, но это не явилось неожиданностью для авторов экономической реформы и существенных корректив в технологию перехода России к рынку не вносит. Товарная интервенция на прилавки наших магазинов готовится. Ее источники—производители товаров, складские и прочие базы, магазины, которые придерживают товар в ожидании новых цен, а также ресурсы из-за рубежа. Относительно деятельности МЭК А. Головков подчеркнул, что решения этого органа существенно не отражаются на деятельности российского правительства, их значимость идет на убыль, за исключением внешнеэкономической сферы.

В. КОНОНЕНКО,
спец. корр. «Известий».

POST-TEXT   (using sentence structure):

1.   Explain how commas are used in the first sentence. They are used to mark ... (check the correct answer):
   a.   an enumeration
   b.   a modifier

2.   Translate this sentence into English.
3.   Explain the use of commas in the first sentence of the second paragraph. They are used to mark ... (check the correct answer):
   a.   clauses
   b.   modifiers

4.   Translate this sentence into English.
5.   In sentence 6 of the same paragraph, there are two uses of the comma to separate enumeration. Find them. Translate this sentence into English.

POST-TEXT: (using context)

1.   What does *РСФСР* stand for? What is the new name of this entity?
2.   Find the Russian for:
               accelaration of economic reforms
                 price liberalization
3.   Make a list of words that you will need to talk about economic reforms.

READING EXERCISE 3

PRE-TEXT

A.   The world watched Communism crumble in the ex–Soviet Union in the early 1990s. But in Chile, a different sort of change was underway. Right–wing dictator Pinochet had been forced from power, and attention turned to the country's political and economic future. Read this article to find out:

1.   Judging from the headline, is this report about good news or bad news in Chile?
2.   What was the expected rate of inflation for Chile next year? How does that compare with the rate this year?
3.   What is the source of the figures you cited above?
4.   To what does the figure 27.3% refer? What about 2.1%?
5.   What will the government be spending more money on in the coming year? Name at least one area.
6.   Compare the number of recent strikes in the public and private sectors.

7. What does the person cited say about foreign capital investment: what is the minimum amount expected this year? How high could it go?

8. According to the person quoted, has foreign investment played a significant role in the Chilean economy?

Успех чилийской

экономики

Темпы инфляции в Чили в будущем году упадут до 15 процентов по сравнению с ожидаемыми 18 процентами в этом году, а темпы развития экономики останутся на уровне пяти процентов. Об этом заявил министр финансов Чили Алехандро Фоксли. В 1990 году темпы инфляции составляли 27,3 процента, а экономика выросла лишь на 2,1 процента. Министр сообщил также, что в бюджете на будущий год предусмотрено увеличение расходов на социальные нужды, здравоохранение и образование. Фоксли признал, что за последние годы уровень жизни служащих государственного сектора снизился, и это вызвало забастовки. В то же время в частном секторе никаких забастовок не было. Фоксли назвал важнейшим фактором успеха чилийской экономики высокий уровень иностранных капиталовложений. В нынешнем году он как минимум останется на прошлогоднем уровне в 1,2 миллиарда долларов, хотя ожидается рост до трех миллиардов.

POST-TEXT (using sentence structure):

Reading rule 1: (continued from lessons 1 and 2)

Here is one more situation when "the doer" in the nominative case is missing:

c) Sometimes the demands of Russian grammar *disguise* the "doer" in genitive clothing.   The predicate in such sentences is in the singular.

Большинство военнопленных вернулось домой.

Do the following exercises:

1. There is one "no subject" sentence in this article. Find it and explain why the "doer" is missing.   There is no "doer" in the nominative case because ... (check the correct answer):
    a. *они*- construction is used.
    b. this is a "disguised" subject.
    c. this is an impersonal construction.

2. Translate this sentence into English.

POST–TEXT (using context):

1.   What is the derivative for *Чили*?   Does the word *Чили* decline?
2.   Find the Russian for:

> *inflation rate*
> *the budget provides for the increse of*
> *expences for social needs*

3.   Make a list of words that you will use to talk about economy and economic planning.

READING EXERCISE 4

A.   The break–up of the Soviet Union left the economies of the constituent republics in tatters. Many had vast natural resources, including gas and oil, but no modern facilities for production and distribution to potential customers. This *Izvestia* article "Energy Charter for Europe" is about new East–West energy deals. It was written shortly *before* the Soviet Union fell apart.

B.   Read the lead paragraph. Find the following factual answers.

1.   How many countries are involved?
2.   Where were the documents signed?
3.   What will the charter do for the former Socialist-bloc countries?

C.   Now read the main text for the following details.

1.   What Western countries were included in the deal?
2.   The International Economic Committee represented what was left of the Soviet central government. Did any of the now independent former Soviet Republics actually participate?
3.   What, according to *Le Monde* is the essence of the charter?
4.   Which companies have already entered into agreements with members of the former East bloc?
5.   The article notes that the Charter itself has no legal force. However, a number of agreements and protocols will be added on. Name at least two areas that they will cover.
6.   The author of the article saw gains for both the West and the Soviet Union ten years down the road. What did the author see as the positive outcome for Moscow? How would the agreement benefit Western Europe?
7.   The author mentions two groups that are worried about the possible consequences of the Charter. What are the two groups? Why are they worried? (Hint: even if you find the Russian hard to understand, common sense will give you the answer!)

ИЗВЕСТИЯ

Корреспонденты «Известий» о событиях в мире=

В обмен на новейшую технологию мы открываем доступ к своим нефтяным ресурсам

Энергетическая хартия для Европы

Более сорока государств, в том числе практически все бывшие советские республики, подписали в Гааге Европейскую энергетическую хартию. Она намечает контуры «общеевропейского энергетического рынка» Востока и Запада, предусматривает их взаимодополняемость. Кроме того, этот документ призван в дальнейшем гарантировать поставки топлива из Восточной в Западную Европу, помочь бывшему соцлагерю восстановить нефтяную индустрию, повысить производство, улучшить переработку, транспортировку и использование энергоносителей.

Новый документ предполагает открытие национальных и международных рынков. Его участники должны обеспечить свободное перемещение нефти, газа и электроэнергии как между Западом и Востоком, так и между республиками бывшего Союза.

Среди государств, подписавших Европейскую хартию,— Соединенные Штаты, Канада, Япония, Австралия, а также от имени нашего «центра» — Меж-государственный экономический комитет. Впервые в качестве полноправных участников международного соглашения выступили 15 бывших советских республик.

Суть хартии, подчеркивает газета «Монд», сводится к обмену западных капиталов и технологии на доступ к огромным запасам нефти и природного газа, которые неэффективно используются в бывшем Союзе. Мы получаем возмож-ность модернизировать нефтяную промышленность, заметно повысить объем добычи и тем самым увеличить свои валютные поступления.

С Западом, в соответствии с долгосрочными контрактами и в обмен на инвестиции, мы будем опять-таки расплачиваться нефтью. Соответствующие соглашения уже заключены, в частности, с французскими компаниями «Тоталь» и «ЭЛФ — Акитэн».

Сама по себе хартия не имеет юридической силы. Поэтому она будет дополнена серией соглашений в разных областях. Это, в частности, так называемый «основополагающий акт» и протоколы, определяющие методику работы, создание постоянного секретариата.

Другие протоколы касаются сотрудничества в области ядерной энергетики и безопасности,

continued

экономии энергии, защиты окружающей среды, поиска новых энергоисточников, модернизации перерабатывающих заводов и нефтеразведки. Кроме того, предусматривается обмен научно-технической информацией и «ноу-хау».

Важнейшим моментом новых документов явится прежде всего создание юридической основы, которая гарантирует надежность капиталовложений и вывоз полученной прибыли. Это должно снять основное препятствие на пути западных инвестиций в нашу экономику.

Первостепенное значение, по мнению западных экспертов, данный документ может иметь для Советского Союза. Он позволит нашей нефтяной промышленности решить свои проблемы и, согласно некоторым оценкам, через 10 лет превратиться в мощного экспортера, получающего прибыль в миллиарды долларов. Что же касается западноевропейских государств, то они смогут уменьшить свою зависимость от стран — членов ОПЕК.

Наконец, по мнению Парижа, создание общеевропейского энергорынка — один из первых крупномасштабных проектов сотрудничества двух частей Старого континента, которые должны заложить базу для создания Европейской конфедерации Востока и Запада.

Вместе с тем принятие хартии, указывают обозреватели, вызывает озабоченность стран ОПЕК, которые видят в этом проявление изоляционизма со стороны Европы. Выражают недовольство и экологисты, считающие, что положения хартии находятся в противоречии с некоторыми обязательствами, взятыми на себя государствами по охране окружающей среды.

Ю. КОВАЛЕНКО.
ПАРИЖ.

POST-TEXT (using sentence structure):

1. In the third sentence of the first paragraph, explain the use of a comma after *Кроме того*. It separates ... (check the correct answer):
   a. authors words
   b. a transition marker
   c. detached words

2. Translate the sentence into English.
3. In the second sentence of the second paragraph the commas are used to separate ... (check the correct answer):
   a. clauses
   b. enumeration

4. Translate the sentence into English.
5. Find paragraph 6 sentence 3. Analyse the use of commas here. Now, look at the picture below. This is the table of your sentence.

| *main clause* | ← | *participial phrase* |

   a. Above the arrow to the right of the main clause write the word which is modified by the participial phrase.
   b. Translate the sentence into English.

6. Explain the use of commas in paragraph 10. Now, look at the picture below.

    | main clause | ⟵——— | subordinate clause |

    a. Above the arrow to the right of the main clause write the word which is modified by the subordinate clause.
    b. Translate the sentence into English.

7. Explain the use of commas in the in the last sentence of the article. Now, look at the picture below.

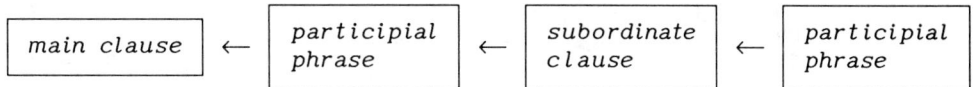

    | main clause | ← | participial phrase | ← | subordinate clause | ← | participial phrase |

    a. Above the arrow to the right of the main clause, write the word which is modified by the participial phrase.
    b. Above the arrow to the right of the participial phrase, write the word to which the subordinate clause is an object.
    c. Above the arrow of the subordinate clause, write the word which is modified by the participial phrase.
    d. Translate this sentence into English.

POST-TEXT (using context):

1. Make a list of geographical names.
2. Find the Russian for:

    access to oil resources
    oil supplies
    in exchange for investments
    oil refineries

3. Explain the difference between the words энергия и энергетика.
4. Make a list of words that you can use to talk about energy resouces in general and oil industry in particular.

DATIVE CASE

USES:	PREPOSITIONS:	QUESTION:	VERBS:
Indirect Object	---	Комý? Чемý?	Natural indirect object: давáть показывать покупáть сказáть объяснять и т.д.
"Dative Objects"			Dative objects: помогáть спосóбствовать мешáть принадлежáть прикáзывать угрожáть и т.д.
Direction of Movement	К (towards, in the direction of)	Кудá? К чемý? К комý?	verbs of motion
Location	ПО (along)	Где? Вдоль чегó?	

TIME-EXPRESSIONS: USEFUL IDIOMS:

Impersonal construction:

к концу́ го́да   1) на́до, ну́жно
к нача́лу января́
к середи́не фина́нсового   2) мо́жно, невозмо́жно
   го́да   нельзя́ - forbidden
                                                - impossible
к пе́рвому кварта́лу
                                      3) ну́жно, интере́сно, ску́чно,
                                          неудо́бно и т.д.
по суббо́там
по сре́дам   4) каза́ться, удава́ться - to succeed
по утра́м   хоте́ться, нра́виться и т.д.
по вечера́м

                                      ПО телефо́ну, телеви́зору, ра́дио
                                          по́чте
                                      ПО вопро́су..., исто́рии, фи́зике
                                          эконо́мике - on economics
                                      ПО Це́льсию, Фаренге́йту, пра́вилу,
                                          зако́ну, конститу́ции
                                          - according to the constitution
                                      ПО слова́м (а́втора)
                                          - according to the author
                                      е́здить ПО стране́
                                          - travel around the country

                                      отвеча́ть кому́-то на вопро́с
                                      - to answer somebody's question
                                      обраща́ться к... - to make an
                                                        address to
                                      обраще́ние к... - an address to

                                      гото́виться к... - to get ready for

                                      призыва́ть к... - to call for

                                      Learn also:

                                      по-мо́ему, по-тво́ему,
                                          по-ва́шему

                                      but

                                      по его́ мне́нию, по её мне́нию,
                                          по их мне́нию

CIRCLE ONE

LESSON FOUR

AUDIO–COMPREHENSION EXERCISE

You are about to hear a text about an economic summit in Tokyo. You will probably easily recognize the cognates given below. Look through words and expressions listed after the cognates. Then listen to the text with the following questions in mind. Afterwards, listen to the text again, and write down the answers.

1. Economic summit meetings of the heads of the Western industrialized powers were initiated in the early seventies and have become a yearly fixture on presidential agendas. What do you already know about such meetings? What questions are usually discussed?
2. Which heads of government met in Tokyo?
3. What issue on the agenda was mentioned first?
4. On other issues the report said that a number of agreements were reached. What agreement was reached to improve the world trade balance?
5. What proposals did the U.S. make?
6. How was the meeting characterized?

Cognates

програ́мма
конкре́тные ме́ры
террори́зм
ли́дер
капиталисти́ческий
фина́нсовая систе́ма
реалисти́ческий курс
бала́нс
протекциони́зм
партнёр
техни́ческий
стратеги́ческая инициати́ва
пробле́ма
конструкти́вный хара́ктер

WORDS AND EXPRESSIONS (on the tape)

завершúлись переговóры глав госудáрств и прáвительств
ведýщих стран Зáпада
6лижневостóчных стран

завершáть/завершúть
    –ют   –áт
завершéние (conclusion)

выражáть/   решúмость   разрабóтать прогрáмму
    –ют   укрепúть междунарóдную финáнсовую систéму
вы́разить
    –ят
выражéние

мéры по 6орьбé   (с чем?) – measures against
              с террорúзмом
              с протекционúзмом
              с энергетúческим крúзисом

уделя́ть/ внимáние   (чему?)
    –ют   проблéме экономúческого сотрýдничества
уделúть   укреплéнию междунарóдной финáнсовой систéмы
    –я́т   сокращéнию учётных стáвок – reduction of interest
                                                          rates
ряд вáжных договорённостей (о чем?)
                    о 6óлее реалистúческом кýрсе обмéна валю́т
                              – hard-currency exchange
                    о дальнéйшем сокращéнии учётных стáвок
                    об искýсственном поощрéнии э́кспорта
                              – artificial export encouragement

(какое?)   сотрýдничество
торгóвое
технúческое
наýчно–технúческое
торгóво–экономúческое

наýка и тéхника
тéхника (no plural)
наýчный
технúческий

приводúть/привестú   (к чему?)
привóдят/приведýт   к вырáвниванию торгóвого балáнса –the leveling up of
                                                         the trade balance
                    к протекционúстским мéрам
                    к экономúческому крúзису

экспортировать   (что?)   (куда?)
        -уют   нефть(fem)   в Японию
(no perf.form)   уголь(masc)   в Китай
                   уран   в ФРГ
                   пшеницу   в Египет
экспорт (no plur) - export, exports

импортировать   (что?)   (откуда?)
        -уют   оборудование   из Великобритании
(no perf. form)   алмазы   из Юго-восточной Азии
импорт (no plur) - import,imports

в рамках программы СОИ (стратегической оборонной инициативы)
                                              - in the framework of SDI
        Общего рынка

носить   (какой?)   характер
носят   деловой
           конструктивный
           дружеский
           формальный
(no perf. form)

Япония, японский, японцы, говорить по-японски, на японском языке, Токио
Китай, китайский, китайцы, говорить по-китайски, на китайском языке, Пекин
Дальний Восток, дальневосточный
Индия, индийский, индийцы, говорить на хинди (only), Дели
Южная Азия, южноазиатский
Юго-Восточная Азия

Страны-члены ЕЭС:

Бельгия, бельгийцы, говорить по-фламандски, Брюссель
Великобритания, Лондон (Lesson 2)
Голландия, голландский, голландцы, говорить по-голландски, Гаага
Греция, греческий, греки, говорить по-гречески, Афины
Дания, датский, датчане, говорить по-датски, Копенгаген
Италия, итальянский, итальянцы, говорить по-итальянски, Рим
Испания, испанский, испанцы, говорить по-испански, Мадрид
Ирландия, ирландский, ирландцы, говорить по-гэльски, Дублин
Люксембург, люксембуржцы, Люксембург
Португалия, португальский, португальцы, говорить по-португальски, Лисабон
    (Лиссабон)
Франция, Париж (Lesson 1)
ФРГ, Бонн (Lesson 3)
TEXT: Read the following text; be able to translate it into English in

TEXT: Read the following text; be able to translate it into English in written form.

Встре́ча в То́кио

В То́кио заверши́лись перегово́ры глав госуда́рств и прави́тельств веду́щих стран За́пада. Высо́кие догова́ривающиеся сто́роны вы́разили реши́мость разрабо́тать програ́мму конкре́тных мер по борьбе́ с расту́щим в ми́ре террори́змом.

Гла́вное внима́ние ли́деры капиталисти́ческого ми́ра удели́ли пробле́ме экономи́ческого сотру́дничества. Уча́стникам перегово́ров удало́сь заключи́ть ряд ва́жных соглаше́ний по вопро́сам торго́вли и укрепле́ния междунаро́дной фина́нсовой систе́мы. В ча́стности, была́ дости́гнута договорённость о дальне́йшем сокраще́нии учётных ста́вок и бо́лее реалисти́ческом ку́рсе обме́на валю́т стран-уча́стников перегово́ров. Это, в свою́ о́чередь, должно́ привести́ к выра́вниванию торго́вого бала́нса. Соотве́тственно, отпадёт необходи́мость как в протекциони́зме, так и в иску́сственном поощре́нии э́кспорта, проводи́мых администра́цией.

Администра́ция США та́кже обрати́лась к партнёрам по перегово́рам с предложе́нием расши́рить програ́мму нау́чного и техни́ческого сотру́дничества в ра́мках стратеги́ческой оборо́нной инициати́вы.

По оце́нкам обозрева́телей, перегово́ры, хотя́ и не реши́ли мно́гих пробле́м, спосо́бствовали взаимопонима́нию по ключевы́м вопро́сам междунаро́дной торго́вли. Встре́ча носи́ла дру́жеский и конструкти́вный хара́ктер.

VOCABULARY EXERCISES

Look through the vocabulary for the text «*Встре́ча в То́кио*», then do the following exercises.

A. Give the plural forms for the following nouns. Mark the stress.

глава́   систе́ма
страна́   э́кспорт
нау́ка   и́мпорт
те́хника   ры́нок

B. Give perfective forms for the following verbs. Conjugate them. Mark the stress.

импорти́ровать
носи́ть (хара́ктер)
выража́ть
уделя́ть

C. Give derivatives of the following words.

заверше́ние
экспо́рт и и́мпорт
выраже́ние
нау́ка и те́хника
делово́й
дру́жеский
торго́вый
договорённость
экономи́ческий

D. Paraphrase the italicized words.

перегово́ры *око́нчились*
ЕЭС
ме́ры *про́тив* террори́зма
уменьше́ние э́кспорта
вывози́ть нефть
програ́мма «*звёздные во́йны*»
носи́ть *делово́й* хара́ктер

E. Give the opposite for the italicized words.

импортировать
увеличение учётных ставок
естественное поощрение
начать переговоры
ослабить финансовую систему

F. Fill in the blanks with the appropriate prepositions.

1. В СССР были приняты строгие меры ___ борьбе с алкоголизмом.
2. Срок договорённости ___ научно-техническом сотрудничестве истекает ___ следующем месяце.
3. ___ чему приводит политика протекционизма?
4. Какие страны находятся ___ рамках Варшавского договора?
5. Многие западноевропейские страны импортируют нефть ___ стран Ближнего Востока.
6. Кто покупает стратегически важное сырьё ___ России?

G. Give Russian equivalents of the following English phrases.

- further reduction of interest rates
- artificial export encouragement
- science and technology
- to be of a business like character
- leveling up of a trade balance
- to import uranium
- within the framework of SDI
- leading capitalist countries

H. Fill in the blanks with appropriate words.

(чему?)
1. Стороны уделили внимание _____
_____
_____

(какое?)
2. _____ сотрудничество успешно развивается
_____
_____

3. Ва́жно расши́рить програ́мму в ра́мках   (чего́?)
_____
_____
_____

4. Перегово́ры носи́ли   (како́й?)   _____   хара́ктер
_____
_____

5. Уча́стники обсуди́ли ряд   (чего́?)   _____
_____
_____

I. Make sentences with appropriate words from the list in the right-hand column.

1)   протекциони́зм   мо́жет привести́   (к чему́?)

поощре́ние поли́тики Ира́на
сокраще́ние учётных ста́вок
разрабо́тка СОИ
высо́кие це́ны на нефть
выра́внивание торго́вого бала́нса
экономи́ческое сотру́дничество
прода́жа ору́жия
разрабо́тка ко́смоса

дальне́йший прогре́сс нау́ки
    и те́хники
экономи́ческий кри́зис
укрепле́ние междунаро́дной
финансовой систе́мы
мирова́я война́
междунаро́дный террори́зм
дру́жеские отноше́ния в ми́ре

2)   ФРГ   импорти́рует   (что?)   (отку́да?)

США   импорти́руют   сырьё   Росси́и
По́льша   высокосовреме́нная   Бли́жний Восто́к
Изра́иль   те́хника   Ю́жная АФрика
СНГ   нефть   Ку́ба
Шве́ция   алма́зы   Соединённые
        пшени́ца   Шта́ты Аме́рики
        стратеги́чески   Еги́пет
            ва́жное обору́дование
        са́харный трости́к

J. Answer the following questions.   (on the tape)

1.   Что тако́е ЕЭС?
2.   Каки́е стра́ны-чле́ны ЕЭС вы зна́ете?
3.   Каки́е ви́ды сотру́дничества существу́ют ме́жду э́тими стра́нами?

4.   Каки́е ви́ды сотру́дничества существу́ют между США и РФ?
5.   К чему́ приво́дит разви́тие нау́ки и те́хники?
6.   К чему́ приво́дит поощре́ние террори́зма?
7.   Что импорти́рует Индия? Отку́да?
8.   Что экспорти́руют США в Кита́й?
9.   Что импорти́рует За́падная Евро́па из РФ?
10. В ра́мках чего́ прохо́дит экономи́ческое сотру́дничество ме́жду Росси́ей и стра́нами СНГ?
11. Что тако́е СОИ?
12. Како́й хара́ктер но́сят америка́но-росси́йские отноше́ния?
13. Како́й хара́ктер но́сят отноше́ния ме́жду стра́нами-чле́нами СНГ?
14. Како́й хара́ктер но́сят отноше́ния ме́жду стра́нами-чле́нами ЕЭС?
15. Кто живёт в Индии?
16. На каком языке́ они́ говоря́т?
17. Кто живёт в Бе́льгии?
18. На како́м языке́ они говоря́т?
19. Как называ́ется столи́ца Гре́ции?
20. Кита́й нахо́дится в Юго-Восто́чной Азии?
21. На како́м контине́нте нахо́дится Португа́лия?
22. Шве́ция нахо́дится на ю́ге Евро́пы?

GRAMMAR: DATIVE CASE (Continued)

In this lesson we see more uses of the dative:

1. **In impersonal constructions where "the doer" is either missing, a general statement, or in the dative case.**

    Impersonal constructions can express:

    a.   Need:

Нам **ну́жно** поду́мать об э́том.	We have to think this over.
	(Lit.: To us is necessary to
Нам **на́до** поду́мать об э́том.	think this over.)

    Note that *на́до* is restricted to infinitives: **на́до поду́мать** – It is necessary *to think*. **Ну́жно** can change gender to allow "needing" for nouns.

    b.   "Permitted/possible"   and   "forbidden/impossible."   Look   at   the following sentences:

Вам **мо́жно** позвони́ть домо́й.	You can call home. (To you is permitted/possible to call home.)
Вам **нельзя́** звони́ть домо́й.	You must not call home.
Вам **нельзя́** позвони́ть домо́й.	You can not call home. (physically impossible)

    To sum up:
    мо́жно – permitted *or* possible; takes both aspects
    невозмо́жно – physically impossible; takes both aspects, it is always a general statement and is never usedwith dative.
    нельзя́ + imperfective – forbidden
    нельзя́ + perfective – impossible

    c.   Physical or emotional states of being.   Note these sentences:

Ему́ **ску́чно**.	He's bored (Lit.: To him
Ему́ бы́ло **ску́чно**	is/was boring.)
Ей **интере́сно**.	She's interested.
Ей бы́ло **интере́сно**.	She was interested.
Нам **неудо́бно**.	We're uncomfortable.
Нам бы́ло **неудо́бно**.	We were embarrassed.

Всем **я́сно**.	It's clear to all.
Всем бы́ло **я́сно**.	It was clear to all.
Всем **изве́стно**	Everyone is aware (that...)

As you can see impersonal constructions often refer to physical or mental states and are formed with a dative plus an adverbial form ending in –o.

Where the context is clear, impersonal constructions usually stand alone, as a general statement without a dative:

| **Ну́жно** поду́мать. | It is necessary to think things over. |
| **Ску́чно** слу́шать. | It's boring to listen. |

    d.   Constructions with verbs. Learn the following set phrases:

кому́...

        хо́чется (де́лать что-то) – feels like (doing smthng)
        хоте́лось (де́лать что-то) – felt like (doing smthng)
        ка́жется, что... – seems that...
        каза́лось, что... – seemed that...
        уда́стся (сде́лать что-то) – will manage
        удаётся (сде́лать что-то) – manages (to do smthng)
        удало́сь (сде́лать что-то) – managed

2. The following verbs take dative objects:

помога́ть/помо́чь:помогу́, помо́жешь, помо́гут, помо́г, помогли́
спосо́бствовать: спосо́бствую
меша́ть/помеша́ть (кому́-то) де́лать (что-то)
принадлежа́ть: принадлежу́, принадлежи́шь, принадлежа́т
прика́зывать/приказа́ть: прикажу́, прика́жешь, прика́жут
угрожа́ть

3. Idioms:

обраща́ться/обрати́ться к (кому́-то, чему́-то) – to turn (to someone)

Конгре́сс обрати́лся
к мирово́й обще́ственности.

The Congress turned *to the world public at large.*

гото́виться/подгото́виться к (чему́-то) – to prepare for

Страна́ гото́вится к вы́борам.

The country is preparing *for elections.*

призыва́ть/призва́ть (призовёшь) к (чему́-то) – to call for

СССР призва́л к созда́нию
комите́та по э́тому вопро́су.

The USSR called *for the creation* of a committee on this issue.

приводи́ть/привести́ (приведу́, приведёшь, привёл, привела́) к (чему́-то) –
to lead to, to bring about

Это приведёт к расшире́нию
конта́ктов.

That will bring about a broadening of contacts

GRAMMAR: *ASKING* AND **ASKING** - QUESTIONS *VERSUS* REQUESTS

Consider the following sentence and its translation:

Она *попросила* меня *спросить*   She *asked* me to *ask* you about it.
вас об этом.

The verb for "request" is **просить (прошу, просишь, просят) / попросить,**
while "inquire" is **спрашивать / спросить (спрошу, спросишь, спросят).**   Both
verbs take accusative, not dative.

GRAMMAR EXERCISES: DATIVE CASE (Continued)

A. Read over the grammar on dative case in this lesson.   Review the
dative case chart at the end of Lesson 3.   Then read over the text.   Find
all the places where dative is used and determine the reason for each
occurence.

B. Answer the questions using the words in the right-hand column. (Find the
exercise on the tape)

1.   Кому нужен прочный мир?   –Все люди на планете
                                        –европейцы
                                        –жители двух стран
                                        –Индия и Пакистан
                                        –ваша страна

2.   Кому нельзя критиковать   –любой левый писатель
     правительство в этой   –известные диссиденты
     стране?   –любая неофициальная организация

3.   Кому будет неудобно перед   –члены профсоюза, обещавшие не
     нами?   бастовать.
                                        –наши конкуренты
                                        –любая сторона, нарушившая договор

4.   Кому удалось заключить ряд   –участники делегации, проводившие
     соглашений?   переговоры всю ночь.
                                        –лидеры двух стран
                                        –премьер-министр Индии и президент
                                             Франции
                                        –госсекретарь и министр
                                             иностранных дел

5. К кому́ обрати́лся глава́
    делега́ции?

    –все, жела́ющие ми́ра на плане́те
    –мирова́я обще́ственность
    –обще́ственные организа́ции

6. Чему́ спосо́бствует
    перестро́йка?

    –нау́чно-техни́ческий прогре́сс
    –увеличе́ние конта́ктов ме́жду людьми́
    –техни́ческий прогре́сс
    –экономи́ческое разви́тие
    –дальне́йшая реконстру́кция

7. Чему́ угрожа́ет догово́р?

    –о́бщее взаимопонима́ние ме́жду
        на́шими наро́дами
    –расшире́ние торго́вых свя́зей
    –разрабо́тка ко́смоса

8. Кому́ принадлежа́т э́ти а́кции?

    –ча́стные компа́нии
    –госуда́рство
    –за́падногерма́нская фи́рма

9. К чему́ приво́дит
    протекциони́зм?

    –ни́зкое ка́чество проду́кции
    –иску́сственное поощре́ние э́кспорта
    –выра́внивание торго́вого бала́нса.

10. Кому́ э́то изве́стно?

    –все, живу́щие на плане́те
    –америка́нские учёные
    –ли́деры всех стран

C. **Change the following должен expressions to надо expressions.   Study Table 9 at the end of Lesson 4.   Pay close attention to tense.**

Example: Мы должны́ бы́ли пригото́вить ле́кцию.
    $\longrightarrow$ *Нам на́до бы́ло пригото́вить ле́кцию.*

1. Сотру́дники да́нных предприя́тий должны́ принима́ть ме́ры для повыше́ния
    ка́чества обслу́живания.
2. Ли́ца, прожива́ющие за грани́цей, все равно́ должны́ плати́ть нало́ги.
3. Представи́тель ЕЭС до́лжен был прочита́ть докла́д на заседа́нии СЭВ.
4. Эти корреспонде́нты должны́ бу́дут изуча́ть но́вый иностра́нный язы́к.
5. Председа́тель коми́ссии до́лжен был призна́ться в не́которых оши́бках.

D. **Translate the sentences below.**

1. Our country needs a new economic policy.
2. We will have to work out a program of measures on terrorism.

3. The Irish living in Northern Ireland have to negotiate with the English who live there.
4. Third World leaders will have to turn to Russia.
5. Our people needed an effective financial system.
6. Everyone will need schools and universities.

E. **Review the use of мочь, должен, нужно, нельзя. Translate the sentences below expressing various nuances of "permitted/possible" and "forbidden/impossible." Leave out the dative object where it is not absolutely necessary.**

1. We musn't pay too much attention to the question of protectionism.
2. We can reach an agreement on imports this year.
3. Members of the delegation must not forget about our problems.
4. Oil must not be exported to that country.
5. We were not allowed to meet with representatives of trade organizations.
6. The congressmen were allowed to talk to everyone at the embassy.

F. **Translate the following impersonal expressions.**

1. Who is interested in it?
2. The ambassador will be bored.
3. It was clear to all.
4. I feel embarrassed.
5. We all feel bad.
6. All were aware (that...)

G. **Fill in the blanks.**

1. _____ заключить договор с вами, если только
   We would like
   _____ договориться о некоторых оставшихся деталях. Лично
   we can manage
   _____, что это не должно быть трудно.
   it seems to me

2. В своём _____ _____ Генеральный секретарь
   address   *to the people of the US*
   _____ в науке и технике.
   called for cooperation

3. _____ правительство данной страны может
   In our opinion
   _____ прекратить свою деятельность в любой момент.
   order the terrorists
   _____ это сделать?
   What prevents them

4. Пока _____, _____ военные базы.
        it isn't clear to us   *to whom belong*

5. Советские люди сейчас _____ в жизни своей
                         are preparing for changes
   страны.

H. **Translate the impersonal phrases, avoiding a dative object where one is given or where context is clear.**

   1. It appears that artificial encouragement of exports is not needed.
   2. It was interesting to note that the new policy began last week.
   3. We would like to look at the proposal by the beginning of the month.
   4. The members of our delegation were not allowed to speak at the conference.
   5. We'll have to turn to our partners in the Common Market.
   6. I'm interested in finding out what information can be received on the situation in Romania.
   7. As everyone is aware, tensions in the region are growing.

I. **Write ten sentences to illustrate the uses of impersonal constructions you have seen in this lesson.**

J. **Render the following sentences. Do not translate word for word. Rather give the idea expressed. But be on the lookout for tricky verbs for inquiring, requesting and answering:**

   просить/попросить кого-то - чего-то
                             - о чём-то
   спрашивать/спросить кого-то о чём-то;
   задавать/задать вопрос кому-то (о чём-то);
   отвечать/ответить (кому-то на вопрос);

   1. If you're *asking* about economic aid to Ethiopia, I can't *answer your question* right now. However, we are ready to extend all the aid they *have asked for.*
   2. I *will ask* you one more time: why *haven't* you *inquired* about the negotiations?

3. Reporters usually *ask* the Foreign Ministry spokesman *many questions* about human rights in the USSR, *which* he always *answers*. But when they *ask* him to talk about changes at the top, he doesn't always *answer*.

4. "*Ask* the reporter *to ask* about liberalization."
"No, he *won't ask* such *a question*. He's afraid."

5. Brazil *is asking* the IMF to extend long-term credit.

K. Translate the sentences below.

1. If the US won't sell Russia wheat, it will turn to Argentina.
2. Artificial prices lead to inflation.
3. This program promotes mutual understanding.
4. Gorbachev addressed the American people.
5. Cuba says that it is aiding Angola.
6. You must prepare for the conference.
7. The Danish proposal led to further negotiations.
8. What's preventing you from working?
9. It seems to us that Libya is threatening the West.
10. This territory once belonged to Germany. It now belongs to Poland.
11. The ambassador ordered his assistant to offer aid.
12. We call on all nations to observe the conditions of the treaty.
13. This agreement will lead to an artificial increase in the price of grain.
14. What will they order the trade minister to do?

GRAMMAR: PAST PASSIVE PARTICIPLES - SHORT FORMS

Now look at these sentences and their translations.

В ходе переговоров *были обсуждены* вопросы двусторонних отношений.
Issues of bilateral relations *were discussed* in the course of negotiations.

В течение 10 лет *будет ликвидировано* всё ядерное оружие.
All nuclear weapons *will be liquidated* over ten years.

Бомба *спрятана* в чемодане.
The bomb *is hidden* in the suitcase.

These are short forms of past passive participles. Like short adjectives, they can be used only as predicate components after the verb "to be."

Note that short form past passive participle constructions have active voice equivalents with the verb in the third person plural, where the passive subject becomes the direct object.

В ходе переговоров *обсудили* вопросы двусторонних отношений.
В течение 10 лет *ликвидируют* всё ядерное оружие.
Бомбу *спрятали* в чемодане.

Past passive participles are formed from perfective transitive verbs only!

GRAMMAR: PAST PASSIVE PARTICIPLES – LONG FORMS

Look at these sentences and their translations. Compare the long form past passive participles used here with the short forms above.

Вопросы, *обсуждённые* в ходе переговоров, включают проблему «проверки на месте».
or
Вопросы, *которые были обсуждены* (or *которые обсудили*) в ходе переговоров, включают проблему «проверки на месте».

Issues *discussed* in the course of negotiations include the problem of "on site inspection".
or
Issues *which were discussed* in the course of negotiations include the problem of "on site inspection".

Откуда вы знаете о бомбе, *спрятанной* в чемодане?
or
Откуда вы знаете о бомбе, *которая спрятана* (or *которую спрятали*) в чемодане?...

How do you know about the bomb *hidden* in the suitcase?
or
How do you know about the bomb, *which is hidden* in the suitcase?

Long form participles function like long form adjectives. They agree with the noun they modify in gender, number and case.
Like their short form counterparts, long form participles are derived only from perfective verbs and formed only from transitive verbs. No –"СЯ" verbs are transitive.

You can identify past passive participle by the –Н– suffix: обсуждена

GRAMMAR: PRESENT PASSIVE PARTICIPLES

Look at the following sentences and their translations.

Чем отличáется нефть, *экспортúруемая* с Блúжнего Востóка, от нéфти из Сéверного
мóря?
or
Чем отличáется нефть, *котóрую экспортúруют* с Блúжнего Востóка, от нéфти из
Сéверного мóря?
What is the difference between the oil, *exported* from the Middle East and the
oil from the North Sea?
or
What is the difference between the oil, *which is being exported* from the
Middle East and the oil from the North Sea?

Present passive participles are rare outside scientific or technical
writing. However, because they are formed only from imperfective verbs, they
are used to convey the idea of repeated action in the passive voice, whereas
past passive participles, which are always perfective, give the idea of a
one-time action.

Мéры, *употреблённые* здесь, неумéстны.
Measures *used* here (at this time) are out of place.

Мéры, *употребля́емые* здесь, неумéстны.
Measures *used* here (all the time) are out of place.
Measures *which are being used* here (process) are out of place.

Present passive participles are formed only from transitive verbs. No
-"СЯ" verbs are transitive.

You can identify present passive participles by the –M– suffix:
экспортúруемая.

TABLE 7:   PASSIVE PARTICIPLES

<table>
<tr><td></td><td>Imperfective</td><td>Present Tense</td><td>Past Tense</td></tr>
<tr><td rowspan="2">t r a n s i t i v e</td><td>обсуждáть
to discuss

провожáть
to see off</td><td>обсуждá ем ый
being dicussed

провожá ем ый
being seen off</td><td>no past
form
(for most trans-
itive imper-
fective verbs)</td></tr>
<tr><td>Perfective</td><td></td><td></td></tr>
<tr><td>обсудúть
to discuss
(to have
discussed)</td><td>no present
form</td><td>обсужд ённ ый
discussed</td></tr>
<tr><td rowspan="4">i n t r a n s i t i v e</td><td>Imperfective</td><td>Present Tense</td><td>Past Tense</td></tr>
<tr><td>прибывáть
to arrive</td><td>no present
form</td><td>no past
form</td></tr>
<tr><td>Perfective</td><td></td><td></td></tr>
<tr><td>прибы́ть
to arrive
(to have
arrived)</td><td>no present
form</td><td>no past
form</td></tr>
</table>

Here is a list of some verbs from chapters 1–4 and their forms as past passive participles. Note that only perfective transitive verbs can be used.

Infinitive	Long participle	Short participle
возгла́вить	возгла́вленный	возгла́влен
встре́тить	встре́ченный	встре́чен
вы́разить	вы́раженный	вы́ражен
да́ть	да́нный	дан
заверши́ть	завершённый	завершён
заложи́ть	зало́женный	зало́жен
купи́ть	ку́пленный	куплен
обсуди́ть	обсуждённый	обсуждён
подписа́ть	подпи́санный	подпи́сан
получи́ть	полу́ченный	полу́чен
провести́ (to conduct)	проведённый	проведён
предоста́вить	предоста́вленный	предоста́влен
прода́ть	про́данный	про́дан
разрабо́тать	разрабо́танный	разрабо́тан
постро́ить	постро́енный	постро́ен

TABLE 8: PASSIVE CONSTRUCTIONS - SUMMARY

ASPECT	GRAMMATICAL FORM
Imperfective *Ongoing or repeated action*	**Imperfective -ся Verbs:** Книги (часто) читаются здесь *Books are (often) read here.* Книги (часто) читались здесь. *Books were (often) read here.* Книги (часто) будут читаться здесь. *Books will (often) be read here.*
Perfective *One-time action, NO repetition*	**Perfective verb past passive participles:** Книги уже прочитаны. *The books are already read.* (OR) *The books have already been read.* Книги уже были прочитаны. *The books were already read.* Книги будут прочитаны. *The books will already be read.*

GRAMMAR EXERCISES: PAST PASSIVE AND PRESENT PASSIVE PARTICIPLES

A. Read all the grammar on passive participles. Review their formation. Study Tables 7 and 8 above. Find passive participles in the text. State their aspect and the tense as well as their gender, number and in the case of long forms, their case.

B. 1)   Make past passive participles out of the verbs below:

покупать/купить   выражать/выразить
проводить/провести   завершáть/завершúть
получать/получить   встречать/встретить
подпúсывать/подписáть   разрабатывать/разработать
экспортировать (-овать verbs   давать/дать
    made of foreign words   обсуждать/обсудить
    usually have only an
    imperfective form)

2)   Now make present passive participles out of the same verbs.

C. Find the participle in the sentences below. Determine the original form of the verb. Change the following sentences with short past passive participles as a predicate into their equivalent form – "ОНИ" (omitted) + verb in third person plural.

Examples: Бомба *найдена*.   Бомбу *нашли*.
        ⟶ The bomb *was found*.   ⟶ *They found* the bomb.

1.   Этот закон *был встречен* с энтузиазмом.
2.   *Заложены* основы добрососедских отношений.
3.   Программа реформ наконец *будет разработана*.
4.   Особое внимание *уделено* проблеме алкоголизма.
5.   В законопроект *была внесена* ещё одна поправка.
6.   *Обоснована* такая позиция или нет?
7.   Высокая оценка *была дана* решениям пленума.
8.   *Отменены* многие рейсы авиакомпаний и *заблокированы* порты.
9.   *Были отмечены* традиционные связи между Россией и АРЕ.

D. Explain the difference between the participles in each pair of sentences below. Determine the original form of the verb. Be able to translate both variants into English.

1)   Вот ряд вопросов, *рассмотренных* на сессии ЕЭС.
     Вот ряд вопросов, *рассматриваемых* на сессии ЕЭС.

2)   Помощь, *полученная* от развитых стран, недостаточна.
     Помощь, *получаемая* от развитых стран, недостаточна.

3)   Они встретились на *проводимых* сейчас переговорах.
     Они встретились на только что *проведённых* переговорах.

4)   *Подписанный* меморандум намечает направление совместных российско-американских усилий в освоении космоса.
     Подписываемый меморандум намечает направление совместных российско-американских усилий в освоении космоса.

E. Complete the sentences below with the noun and the participle in the proper case. Be able to translate these sentences into English.

1. Они не думают о _____ (возможности, предоставляемые им).

2. Мы подошли к _____ (вопрос, согласованный на вчерашней сессии).

3. Рассмотрим _____ (программа, изложенная Горбачёвым в заявлении от 15 января 1989 года).

4. Это произошло при _____ (руководство, созданное ещё в 50-ых годах).

5. Вот – _____ (документ, обсуждаемый советскими и американскими экспертами).

F. Replace participial constructions in the sentences below with relative clauses.

Example: Он остановился на конкретных проектах, *намеченных* к претворению в жизнь.

⟶ Он остановился на конкретных проектах, которые *намечены* к претворению в жизнь.

1. Выражена полная поддержка курсу, *направленному* на создание условий для диалога.
2. Силы, *вовлечённые* в борьбу, реалистически подойдут к предложениям о прекращении огня.
3. Среди вопросов, *связанных* со встречей в Рейкьявике, один вызывает особый интерес.
4. Доклад, *одобренный* на очередном заседании, появился на первых страницах «Правды».

G. Translate the following sentences into Russian. Note the difference in English between participial constructions and passive predicates. Check the list of past passive participles.

1. At the negotiations completed yesterday a number of important agreements was concluded.
2. This plan of mutual assistance was developed in the 70s.
3. The decision of the committee will be discussed at the meeting in June.
4. Which raw materials currently exported from South Africa do we really need?
5. Is the interest expressed at the conference in London truly genuine?
6. The delegation will be met at the airport.
7. The facts which are being stated right now are quite remarkable.

RENDERING

Write a paragraph in *simple* Russian using the grammar and vocabulary you have learned so far to convey the following facts. Do *not* translate word for word. Use what you know to *render* all the information you can:

> *Trade officials* of a country which we will call Bukustan (so as not to offend anyone) have just returned from Latvia where they were *conducting negotiations with the representatives* of the huge VEF electronics complex in Riga.
>
> Taking advantage of the Latvia's *new policy encouraging* direct enterprise-to-enterprise *negotiations* which by-pass the central ministerial level, VEF has *reached an agreement* with BNE (Bukustan National Electronics), Ltd. whereby VEF will *export* semi-conductors to BNE. BNE will assemble the parts into cheap walkman-style tape recorders for use both at home and *for sale* back to Latvia.
>
> Such an *agreement was impossible under Brezhnev,* and it appears that current *conditions could lead to* other such arrangements as enterprises *turn to* companies outside their country. At the same time *it is clear that* such a *policy* might *lead to* a relationship between Latvian enterprises and enterprises in neighboring countries, particularly to the south, where workers are paid less and work harder.

Useful words and phrases:

assemble parts into something – собирáть (что-то) из детáлей
BNE – фúрма БНЭ («Букистáн нэшнл электрóникс лúмитед»)
enterprise (= "company" in socialist countries) – предприя́тие
semi-conductor – полупроводнúк
tape recorder – магнитофóн
VEF Electronics Complex – объединéние ВЭФ
Walkman-style cassette player – плéйер

SPEAKING EXERCISES

A.   Отве́тьте на сле́дуюшие вопро́сы по те́ксту уро́ка.

1.   Каки́е перегово́ры заверши́лись в То́кио?
2.   С чем высо́кие догова́ривающиеся сто́роны вы́разили жела́ние боро́ться?
3.   По каки́м вопро́сам уча́стникам перегово́ров удало́сь заключи́ть ва́жные соглаше́ния?
4.   Что должно́ привести́ к выра́вниванию торго́вого бала́нса?
5.   В ра́мках како́й програ́ммы администра́ция предлага́ет расши́рить нау́чное и техни́ческое сотру́дничество?
6.   Чему́ спосо́бствуют э́ти перегово́ры?

B.   1)   Расскажи́те текст, испо́льзуя слова́рь уро́ка 4.

2)   Расскажи́те тот же текст, замени́в:
- уча́стников встре́чи
- ме́сто встре́чи
- те́му бесе́д
- хара́ктер отноше́ний

C.   Соста́вьте ситуа́цию, испо́льзуя сле́дующие выраже́ния.

according to the radio reports,.., in the framework of.., leading capitalist countries, measures against..., the reduction of interest rates, the leveling up of trade balance, to result in...

D.   Проведи́те заседа́ние глав веду́щих стран За́пада, на кото́ром обсужда́ются вопро́сы укрепле́ния междунаро́дной фина́нсовой систе́мы.

E.   Пресс-конфере́нция мини́стра фина́нсов США о ме́рах по сокраще́нию дефици́та платёжного бала́нса.

F.   Речь мини́стра фина́нсов о причи́нах, по кото́рым америка́нские това́ры ма́ло поступа́ют на япо́нские ры́нки.

G.   Почему́ администра́ция Бу́ша выступа́ла про́тив протекциони́стских мер во вне́шней торго́вле?

READING EXERCISE 1

A. The collapse of the Soviet Union led to the creation of the Commonwealth of Independent States (**Содружество Независимых Государств**). However the ink hadn't dried on the agreement before friction broke out between the two biggest partners in the new commonwealth. Read the headline to find out what kind of frictions.

B. Before you read the article, make several educated guesses as to what sort of friction is mentioned. Then check to see if you were correct.

C. Determine whether the following things were said in the article:
Find the sentence or sentences in the text that supports any positive conclusions.
   a. Russia and Ukraine are split over the issue of price hikes.
   b. Ukraine wants to liberalize prices sooner and more drastically.
   c. Ukraine might introduce its own food coupons to blunt the effect of Russian monetary policy.
   d. Ukraine might introduce stricter customs control and higher export duties to prevent goods from flowing to Russia.
   e. Ukraininan farmers will sell produce to anyone who can pay.

Первая размолвка в СНГ: финансово-экономические трения между Украиной и Россией

На заседании правительственных делегаций СНГ в Москве возросли трения по финансово-экономическим вопросам между Украиной и Россией.

По возвращении в Киев с этого заседания первому вице-премьеру Украины К. Масику пришлось экстренно собрать кризисный комитет. Украинское телевидение передало интервью с его членами.

По их словам, причиной финансово-экономических трений между Украиной и Россией стали не одинаковые стартовые условия либерализации накануне либерализации цен. Россия на своей территории уже повысила зарплату, а на Украине сделать этого не могут, так как не располагают наличными деньгами. При «отпуске» цен, это грозит Украине массовым снижением уровня жизни населения и полным опустошением прилавков.

На предложение Украины сделать фабрики Гознака и Монетный двор совместными предприятиями, обслуживающими рублевую зону СНГ, Россия категорически отказалась. Тогда последнее предложение вновь перенести дату отпуска цен, чтобы к дню их либерализации все республики располагали необходимой денежной массой.

Представители России заявили, что день назван и на новую отсрочку они не пойдут.

Как следует из высказываний членов кризисного комитета, они готовят Президенту республики несколько вариантов экономических инициатив на совещание глав республик в Минске. Предлагается блокировать территорию Украины от наплыва обесценённых рублей и вывоза за ее пределы товаров, прежде всего продовольствия. Среди предложений — немедленное повышение зарплаты, выравнивание ее с уровнем заработков в России. Если у республики для этого не окажется в нужном количестве наличных денег, недостающие суммы будут засчитываться рабочим, служащим и военным на сберегательные книжки, чтобы позже каждый смог получить то, что ему причитается.

Главным же оборонным щитом республики должны сейчас стать купоны многоразового использования. По словам членов кризисного комитета, они могут быть незамедлительно введены республикой на правах денег переходного периода. Учитывая, что на первых порах их можно использовать исключительно для расчетов за продукты питания, то их введение в оборот способно мгновенно изменить как экономическую, так и политическую ситуацию. По словам председателя постоянной комиссии Верховного Совета республики В. Пилипчука, украинские купоны способны «потянуть на себя даже жалкие резервы товаров из соседних республик, заполучив за них купоны, соседи могли бы приобрести затем продовольствие на рынках.

Назывались и другие возможные способы защиты экономических интересов Украины. Например, временное введение карточек на самые необходимые продукты питания, ужесточение таможенных правил, введение высоких тарифов за вывоз продовольствия и товаров с Украины. Но что особенно удивило, так это призыв одного из членов кризисного комитета к председателям колхозов воздерживаться и частным владельцам свиней и бычков воздерживаться пока от продажи мяса на рынках городов. Рубли полностью обесценены, дождитесь он, дождитесь ввода украинских купонов и гривен, чтобы не прогадать.

В Киеве уже начали поговаривать о возможном созыве внеочередной сессии Верховного Совета Украины.

С. ЦИКОРА,
соб. корр. «Известий».

POST–TEXT (using context and structure):

1. In the first column there are two sentences in which the subjects are missing. Find them and determine the reason for their absence.

2. Translate the first column into English.
3. Find the last sentence of paragraph 5. Draw a table of this sentence (see Lesson 3, Reading exercise 3.)
4. Translate this sentence into English.
5. In the third sentence of paragraph 6, the comma after *питания* is used to mark ... (check the correct answer):
    a. the end of a verbal adverbial phrase
    b. the end of a *что*-clause
    c. the beginning of the main clause
6. Translate this paragraph into English.
7. Find the Russian for:

    > *to convene a crisis committee*
    > *monetary-economic frictions*
    > *to raise the salary*
    > *to threaten a drop in the standard of living*
    > *joint ventures*
    > *to introduce rationing*

8. Make a list of vocabulary dealing with the subject of economic cooperation.

READING EXERCISE 2

A. This article was written after agreements were signed in two ex-Soviet cities, creating the Commonwealth of Independent States.
    Read the headline and lead paragraph to determine the main facts of the article. Look for the following information.

    1. Who met and what issues were discussed?
    2. When did the meeting take place?
    3. How many independent states were represented?
    4. How many republics were represented by their heads of state?

B. Now read the next paragraph and look for these details:

    1. Who is Burbulis?
    2. Did Burbulis call the meeting?

C. Read the next paragraph to find out more about what Burbulis said:

Burbulis reported that Gorbachev and Yeltsin agreed about the status of the International Economic Committee. What was the nature of the agreement?

D. In the next paragraph we learn that after Burbulis's announcement, the former Soviet republics got down to brass tacks. Besides haggling over the agenda, what issues did the representatives of the participating republics discuss?

E. Now read the last paragraph to find out:

1. Who is E. Gaidar? What was his proposal for the future of the economic situation in Russia?
2. To what does the figure 150% refer?

F. In the next paragraph Gaidar makes a connection between two economic phenomena. What are they? Name one measure Gaidar intends to take to battle one of the problems.

G. Gaidar next turns to international trade policy. Look for the following information:

1. Name one of the measures Gaidar suggests as part of export policy.
2. What does Gaidar (optimistically) say about the effects of such measures for the coming spring?
3. For what purpose might the International Bank for Development grant Russia credits?
4. What is the pessimistic view of the future of the Russian budget expenditures?

H. In the next paragraph, the Ukrainian representative complains about current monetary policy. What is one of the effects of the existing deficit of rubles in circulation?

I. The meeting ended with an agreement to come up with a packet of further measures. What time period was mentioned?

Руководители правительств СНГ обсуждают вопросы экономического развития

24 декабря в гостинице «Октябрьская» началось первое заседание представителей правительств 11 независимых государств, образовавших СНГ. По разным причинам уровень представительства не одинаков. За «круглым столом» собрались 5 премьеров и 6 заместителей глав правительств, однако все они прибыли с соответствующими полномочиями.

Открывая заседание, первый вице-премьер РСФСР Г. Бурбулис уточнил, что данная встреча — инициативная. Она организована представителями России, но инициатива исходила от Узбекистана, Казахстана, Беларуси и Украины еще в Алма-Ате.

В качестве информации он сообщил, что в результате вчерашней многочасовой встречи Б. Ельцина с М. Горбачевым подписан ряд документов, в том числе о прекращении деятельности МЭК с 30 декабря. На ней полностью поддержаны договоренности, зафиксированные в Минске и Алма-Ате.

На этом вступительная часть заседания была закончена, и началась, увы, далеко не дружная работа. Более получаса потребовалось его участникам, чтобы определиться с повесткой дня. Это свидетельствует о том, что синдром центра крепко живуч даже тогда, когда сам центр приказал долго жить. По взаимному согласию решено было рассмотреть самые насущные вопросы экономического развития независимых государств на начальном этапе реформ, прежде всего о либерализации цен и согласованные действия в этом направлении. С информацией на сей счет выступил вице-премьер России Е. Гайдар. Однако он тут же предложил членам СНГ не стремиться к полной синхронизации действий, поскольку у каждого государства есть свои специфические условия, проблемы, и пытаться подвести все программы под один знаменатель означало бы лишь потерю времени.

Характеризуя экономическую обстановку в России, Е. Гайдар, в частности, заявил, что обеспечить сегодня нормальные товаропотоки либеральными методами (без директив и принуждения) уже невозможно. Выход — отпускать цены. Любая задержка в этом направлении больно бьет по экономике. Самое трудное — спрогнозировать темпы роста цен и повлиять на них в начале реформ, что обусловлено ограниченными товарными запасами и избыточной рублевой массой. Тем не менее, по прогнозу российского правительства, в январе средний рост цен не должен превысить 150 процентов. Попытки товаропроизводителей многократно взвинтить цены, скорее всего, наткнутся на ограниченность денежных накоплений у населения.

Ключевой проблемой сдерживания инфляции Е. Гайдар назвал предотвращение бюджетного дефицита. В этих целях подготовлена относительно эффективная налоговая база, что позволит привлечь необходимые средства в бюджет. Тем не менее придется решительно экономить на всем, прежде всего на военных расходах. По его словам, столь многочисленная армия, как сейчас, никому не нужна. Планируется сократить ее численный состав на 600 тысяч человек, свести практически к нулю военные закупки, а из сэкономленных средств улучшить материальное положение военных.

В области внешнеэкономической деятельности предлагается подход такой: снять все ограничения на вывоз продукции высокой теплообработки, а сырье вывозить только по лицензиям. Определенные квоты на вывоз сырья будут продаваться и на аукционах. При этом 40 процентов валютной выручки должно продаваться экспортерами государству по курсу ниже рыночного. В итоге, как подчеркнул Е. Гайдар, эти и другие меры должны привести к тому, что уже в марте—апреле ситуация стабилизируется, инфляция станет умеренной, за рублем станут гоняться, а не сбрасывать его, заработают рыночные механизмы и появится возможность получить у МББР стабилизационный кредит для обеспечения конвертируемости рубля. Это — оптимистичный прогноз, сказал Е. Гайдар. Пессимистичный сводится к тому, что из-за давления снизу не удастся обеспечить бездефицитный бюджет и реформы пойдут гораздо труднее.

На этом этапе выступления вице-премьера России произошло оживление, перешедшее в спор. Суть проблемы: повсюду катастрофически не хватает наличности. Представитель Украины, например, заявил, что сейчас в Одессе из-за нехватки рублей национальной валютой становится... доллар. Лишь на «зеленые» можно купить яблоки или курицу. А всего на Украине не выплачено 2,5 миллиарда рублей зарплаты. Е. Гайдар в ответ сообщил, что принимаются экстренные меры для ускорения работы печатного станка. Пик дефицита наличности, по его словам, приходится на конец текущего года. Что касается контроля за работой печатного станка, российское правительство готово на любые условия—вплоть до управления им соответствующим международным органом.

В итоге первая часть заседания завершилась общим согласием в том, что эксперты будут прорабатывать пакет документов о согласованных действиях на первый квартал 1992 г., а главы делегаций обсудят общую ситуацию в экономике государств СНГ.

В. КОНОНЕНКО.

POST-TEXT (using context and structure):

Review all the reading rules that we have studied so far.

1. Find the object for the predicate in the first sentence. It is ...
   (check the correct answer):
   a. direct
   b. indirect
   c. prepositional

2. In the first sentence of the second paragraph, the predicate *уточнил*
   has several modifiers. They are ... (check the correct answer):
   a. a noun phrase
   b. a participial phrase
   c. a verbal adverbial phrase
   d. a subordinate clause

3. In the last sentence of the third paragraph, the predicate is ...
   (check the correct answer):
   a. a verb
   b. "to be"
   c. "A=B"

4. In the last sentence of paragraph 4, the subject of the
   поскольку-subordinate clause is missing because it is ... (check the
   correct answer):
   a. an impersonal construction
   b. an *они*-constuction
   c. "disguised" in genitive case

5. In the same sentence, the comma after *условия* separates ...
   (check the correct answer):
   a. an enumeration
   b. a subordinate clause

6. The comma after *проблемы* separates ... (check the correct answer):
   a. an enumeration
   b. the beginning of a subordinate clause
   c. the end of a subordinate clause

7. In the last sentence of paragraph 5, the comma separates ... (check
   the correct answer):
   a. author's words
   b. a transition marker
   c. detached words

8.   In the first sentence of paragraph 6, the predicate is ... (check the correct answer):
   a.   verb
   b.   "to be"
   b.   "A=B"

9. In paragraph 7 find the sentence which includes several uses of a   comma for enumeration.

10.   In the last sentence of the same paragraph, determine the type of subject in the *к тому, что* –clause. It is ... (check the correct answer):
   a.   an impersonal construction
   b.   an *они*-construction
   c.   a "disguised" subject

11.   Translate all of the sentences which were analysed.

12.   Find the Russian for:
> *by mutual consent*
> *money accumulation*
> *budget deficit*
> *to lift all limitations on export*
> *to export raw materials by a licence*
> *printing press*
> *joint actions*

13.   Make a list of words dealing with economic issues.

READING EXERCISE 3

PRE-TEXT:

Read the text with the following questions in mind:

1.   What is the main idea of the article?
2.   The regular session of the joint Soviet–US committee on environmental protection adopted a report on the period ... (true or false for each item):
   a.   since 72
   b.   from Dec. 85 to Dec.86
   c.   1987
   d.   five future years

3. Who led the US delegation?
4. Who led the Soviet group?
5. The meeting included ... (check the right answer):
   a. a reception
   b. a press-conference
   c. an exchange of farewell speeches
   d. a dinner party

Заседает комиссия по окружающей среде

ЕАШИНГТОН, 19 декабря. (ТАСС). С 15 по 18 декабря здесь проходила X сессия смешанной советско-американской комиссии по сотрудничеству в области охраны окружающей среды.

Эта комиссия была создана в соответствии с заключенным между СССР и США в 1972 году соглашением о сотрудничестве в области охраны окружающей среды. На очередном заседании был одобрен доклад о выполнении этого соглашения в период с декабря 1985 по декабрь 1986 года.

Смешанная советско-американская комиссия также подтвердила намерение обеих сторон продолжать усилия по развитию сотрудничества в этой области, которое, как отмечалось на заседании, может внести полезный вклад в дело улучшения отношений между Советским Союзом и США. На сессии был принят меморандум, в котором намечаются планы совместных работ на 1987 год по 38 проектам. Было также принято решение продлить действие советско-американского соглашения о сотрудничестве в области охраны окружающей среды еще на пять лет.

«Самой успешной встречей» назвал завершившуюся сессию глава американской делегации директор агентства по охране окружающей среды Ли Томас. Он отметил, что подписанный по ее итогам меморандум «намечает направления совместных исследований по широкому спектру проблем». Двустороннее научное сотрудничество в этой области приносит большую пользу не только нашим странам, но и всему миру, подчеркнул американский представитель на состоявшейся здесь пресс-конференции.

Руководитель советской делегации председатель Государственного комитета СССР по гидрометеорологии и контролю природной среды Ю. А. Израэль подробно остановился на конкретных проектах и совместных программах, которые осуществляются или намечены к претворению в жизнь. Он подчеркнул, что это взаимовыгодное сотрудничество, от которого одинаково выигрывают обе стороны. Отвечая на многочисленные вопросы, советский представитель рассказал об осуществляющихся в СССР мерах по охране окружающей среды.

POST-TEXT (using context and structure):

1. Find *с 15 по 18 декабря...* in the text. Note that *по* in this phrase does not require dative, but accusative case. It means *up to (including)*. The session lasted ... (check the correct answer):
   a. 3 days
   b. 4 days

2. There are two uses of *который* clauses in the second paragraph. Determine:
   a. which words are modified by these clauses.
   b. the subject in both of *который* clauses.

   Translate this paragraph into English.

3. Find two more *который* clauses in the last paragraph of the article. Which words do they modify? Find the subject in each of them. Translate this paragraph into English.
4. What is the Russian for *joint committee*?
5. Find the Russian equivalent for *environmental protection*.

READING EXERCISE 4

PRE–TEXT:

Read the text with the following questions in mind. If you are familiar with the history of OPEC, you may be able to predict many of the answers. See if what the text says matches your expectations of what you expect to read:

1. What is the main idea of the article?
2. By how many barrels of oil per day will OPEC reduce production after February 1?
3. Oil prices caused a shock in the 70s and in 1986 for ... (Check the correct answer):
   a. the same reason.
   b. a different reason.

4. What influenced OPEC in 1985 to abandon price fixing?
5. Low oil prices led to ... (true or false for each item):
   a. an economic recovery
   b. an increase in unemployment
   c. an increase in the production rate
   d. a decrease in the production rate

6. What was the effect of low oil prices on oil-producing countries?
7. List the oil-producing countries mentioned in the article who are not members of OPEC.

ОПЕК: возврат к базисным ценам

На днях на конференции в Женеве страны ОПЕК приняли план повышения цен на нефть до уровня 18 долларов за баррель (159 литров).

Этот план предусматривает сокращение с 1 февраля будущего года добычи «черного золота» членами организации на один миллион баррелей в день. Принятие плана означает возврат к системе базисных твердых цен на нефть, существовавшей на рынке до конца прошлого года.

Как известно, в конце 1985 года базисные цены ОПЕК составляли 28 долларов за баррель. Однако под воздействием западных стран и их нефтяных монополий ОПЕК вынуждена была отказаться от фиксированных цен. По этой причине положение на мировом рынке нефти довольно быстро вышло из-под контроля, и к лету текущего года цены снизились до 9 долларов за баррель.

В связи с трехкратным падением цен на нефть в первом полугодии 1986 года приходят на память события 70-х годов, когда многократное повышение цен на «черное золото» вызвало шок в странах-импортерах. В этом году шок вызвало значительное падение цен. Это произошло не в результате избытка нефти в мире, а вследствие искусственного перенасыщения ею рынка.

Правящие круги Вашингтона и ряда других западных стран исходили из того, что низкие цены на нефть приведут к оживлению экономики, а они, вопреки ожиданиям, способствовали увеличению безработицы, усилению неуверенности деловых кругов и сокращению темпов роста производства. В США, например, была закрыта почти половина буровых вышек, значительно сократились инвестиции в разведку и добычу нефти.

Падение цен на нефть вызвало шок и в самих странах ОПЕК. Когда в конце 1985 года принималось решение об отказе от базисных цен на нефть, большинство ее членов исходило из возможности понижения цен на несколько долларов за баррель, но никто не рассчитывал, что цены упадут ниже 20 долларов за баррель.

Пытаясь найти выход из создавшегося положения, многие нефтедобывающие страны стали свертывать строительство важных экономических объектов, урезать импорт продовольственных и промышленных товаров, вновь были вынуждены прибегнуть к иностранным займам на еще более жестких условиях.

Даже такие страны, как Саудовская Аравия, Кувейт, Ливия, ОАЭ, Катар, оказались в довольно затруднительном положении. Они резко сократили импорт, заморозили строительство многих объектов, выслали сотни тысяч иностранных рабочих и отказались от ряда финансовых обязательств в отношении других стран. Потери только арабских нефтедобывающих стран от реализации нефти уже превысили в этом году 100 миллиардов долларов.

Нефтедобывающие страны, не являющиеся членами ОПЕК, такие, как Мексика, Египет, Малайзия, Оман, Ангола, Норвегия, поддерживают усилия ОПЕК по урегулированию цен на нефть. Представители многих из этих стран принимали участие в работе 80-й конференции ОПЕК в качестве наблюдателей. Советский Союз также не остается в стороне от усилий по стабилизации и выравниванию цен на мировом рынке нефти. Он был и остается поборником установления справедливых, стабильных и предсказуемых цен.

Решение, принятое на конференции в Женеве, свидетельствует о том, что страны ОПЕК, несмотря на существующие между ними разногласия, сумели сделать важный шаг на пути установления стабильных цен. Зарубежные средства массовой информации сообщают, что за последние две недели цены на нефть поднялись до 17,5—18 долларов.

И. ЕРМАЧЕНКОВ,
кандидат экономических наук.

POST-TEXT (using context and structure):

1. In the second sentence of the third paragraph the predicate is ... (mark the correct answer):

   a. verb

   b. "to be"

   Underline all three components of the predicate.

2.   In the third sentence of the same paragraph a comma separates ...
     (mark the correct answer):
     a.   a subordinate clause
     b.   an independent clause

     Translate this paragraph into English.

3.   In the first sentence of the fourth paragraph, which word does the
     когда clause modify? Translate this sentence into English.
4.   In the first sentence of paragraph five, analyze the uses of commas.
     Translate it into English.
5.   In paragraph eight analyze the uses of commas. Underline all the
     predicates. Translate this paragraph into English.
6.   In the last sentence of paragraph ten, the predicate is ... (mark the
     correct answer):
     a.   verb
     b.   "to be"
     c.   "A=B"

     Translate this sentence into English.

7.   What part of speech is *нефтедобывающий*? Explain its composition.
8.   The word *цены* occurs in the text with six different adjectives. Find
     them and be able to translate them. On the basis of this exercise,
     determine the Russian for *floating prices*.
9.   What is the English for *цена на нефть*? What case does *цена на* ...
     require? Form four other phrases following this pattern.
10. Find the English for *падение цены на ... долларов за баррель*. What
     is the opposite for **падение** *цены* ...? Note that *баррель* is masculine.
11. What is *чёрное золото*?
12. Make a list of words dealing with the subject of oil production and
     sales.

READING EXERCISE 5

PRE-TEXT:

Read the text with the following questions in mind:

1.   What is the main idea of the text?
2.   Non-official consultations of ten Western countries were held at ...
     (check the right answer):
     a.   Common Market headquaters
     b.   Geneva
     c.   FAO headquaters
     d.   UNESCO headquaters

3.   The topic of the meeting was ... (check the right answer):
     a.   lumber policy
     b.   textile policy
     c.   agricultural policy
     d.   consumer goods policy

4.   What was the central issue of the original meeting?

5.   The trade war was prompted by a ... (check the right answer):
     a.   reduction of Spanish imports of feed grain from the US
     b.   reduction of US imports of fodder from Spain
     c.   increase of US exports of feed grain to Spain
     d.   increase of Spanish exports of feed grain to the US

6.   New tariffs on European goods are intended to ... (check the correct answer):
     a.   reduce the US trade deficit
     b.   give more incentive to American production
     c.   undermine European competition

7.   Which countries have already been hit by the trade war?

8.   According to *Pravda*, why is France the main target of the proposed 200% increase in tariffs?

Факты, события, мнения

Заметки по поводу

ТРАНСАТЛАНТИЧЕСКАЯ ДУЭЛЬ

ЖЕНЕВА. (Соб. корр. «Известий»). В рамках генерального соглашения о тарифах и торговле (ГАТТ) здесь проходят неофициальные консультации десяти делегаций западных стран по вопросам сельскохозяйственной политики.

Они — продолжение состоявшейся в Женеве встречи представителей администрации Рейгана и штаб-квартиры «Общего рынка». Центральным вопросом переговоров стала угроза Белого дома повысить до 200 процентов пошлину на отдельные товары традиционного экспорта стран ЕЭС в США.

Напомним, что в «торговой войне» первыми открыли огонь Соединенные Штаты, потребовав от ЕЭС значительных уступок.

Это наступление мотивировалось тем, что принятие Испании в «Общий рынок» нанесло урон сельскохозяйственным экспортерам США и что, в частности, ежегодные потери от снижения экспорта кормов в Испанию находятся на уровне 500—600 миллионов долларов. Сославшись на этот факт, администрация Рейгана не нашла ничего лучшего, как компенсировать свои неудачи в конкурентной борьбе за рынки сбыта массированным нажимом на штаб-квартиру ЕЭС. В Брюсселе согласились на частичную и временную компенсацию американских потерь, но не более. Тогда сорвавшаяся на крик вашингтонская администрация объявила о своем намерении с конца января увеличить пошлины и заставить ЕЭС выкладывать американской таможне дополнительно 400 миллионов долларов в год.

Новое наступление Соединенных Штатов на торговую практику ЕЭС объясняется серьезным обострением политических отношений между партнерами, недовольством Брюсселя отказом США учитывать национальные интересы западноевропейских стран.

Перенос торговой войны в систему ГАТТ, подчеркивают в кругах делегаций, означает интернационализацию торговых и политических разногласий между США и ЕЭС. За последнее время США усилили нажим на партнеров по ГАТТ, стремясь заставить их добровольно оплачивать огромный торговый дефицит США, который в прошлом году составил 170 миллиардов долларов. США, опираясь на статью договора ГАТТ о «возможном добровольном ограничении экспорта», уже выкрутили руки Сингапуру и Южной Корее, добившись одностороннего сокращения текстильного экспорта, и принудили Японию сократить свой экспорт в США. Подобные же попытки были приняты в отношении Швейцарии и Западной Германии.

Угроза о 200-процентном повышении пошлин показывает, что удар заокеанских стратегов направлен против тех стран ЕЭС, которые выступают в ГАТТ с осуждением американского диктата в международной торговле. Так, например, основной удар Вашингтон планирует нанести Франции, которая должна дополнительно платить за свой экспорт 250 миллионов долларов ежегодной пошлины.

«Удастся ли остановить торговую войну или в Женеве события выйдут из-под контроля?» — тревожится «Уолл-стрит джорнэл». Встреча в Женеве — очередная попытка остановить трансатлантическую дуэль. Но независимо от женевских переговоров уже сейчас ясно: Соединенные Штаты потерпели моральное поражение, нанесен удар престижу администрации Рейгана, ее попыткам диктата в международной торговой практике.

В. КУЗНЕЦОВ.

POST-TEXT (using context and structure):

1. Find the Russian for *agricultural policy*. Explain the composition of the adjective.
2. In the first sentence of the second paragraph, what does *они* stand for?
3. Explain the meaning of *штаб-квартира*. In what other context can the word be used?
4. In the second sentence of the second paragraph the object of *стала* is ... (mark the correct answer):
   a. a direct object
   b. a indirect object
   c. an "A=B" phrase

   Translate this paragraph into English.

5. The third paragraph contains ... (mark the correct answer):
   a. a reason for the problem
   b. a solution to the problem

6. Analyze the use of commas in the third sentence of paragraph three. Find the Russian equivalent for *to find nothing better than* + infinitive. Translate the sentence into English.
7. In sentence five of the third paragraph, find modifiers for the subject *администрация*.
8. In sentence three of paragraph five, analyze the use of commas. There are two predicates and two verbal adverbial phrases in this sentence. The phrases modify ... (mark the correct answer):
   a. the first predicate
   b. the second predicate
   c. both predicates

   Translate this sentence into English.

9. What is the Russian for *to harm agricultural exporters*? Explain the use of cases in this expression. Following this pattern, how would you say *to bring defeat to the oil importers*?
10. Find *to suffer defeat* in the last paragraph.
11. Form other expressions following the pattern **партнёры** *по ГАТТ*. Be able to translate them into English.
12. Find *заокеанские стратеги* in the text. Does it have a neutral or derogatory flavor?
13. Make a list of words dealing with the subject of trade.

AUDIO-COMPREHENSION EXERCISE

You are about to hear a text about the Kremlin's willingness to negotiate with the U.S. You will probably easily recognize the cognates given below. Look through words and expressions listed after the cognates. Then listen to the text with the following questions in mind. Afterwards, listen to the text again, and write down the answers.

1. What sorts of negotiations did the Russian Federation say it was ready to conduct with the United States?
2. What is the negotiating agenda?
3. What did Russia announce?

Cognates

косми́ческий
перспекти́вы
ра́унд
пози́ция
реали́зм

WORDS AND EXPRESSIONS   (on the tape)

		(куда?)
сокраща́ть/сократи́ть	стратеги́ческие вооруже́ния	
–ют –я́т	такти́ческие	
	обы́чные	
сокращённый		
сокраще́ние		

		(куда?)
включа́ть/включи́ть	широ́кий круг вопро́сов	в диску́ссию
–ют –а́т	догово́р об ОСВ-2 (SALT-2)	в перегово́ры
	програ́мму СОИ (SDI)	в пове́стку дня
включённый		

(где?)
на пове́стке дня   бы́ли перспекти́вы очередно́го ра́унда бесе́д
– on the agenda   была́ безопа́сность в Центра́льной Евро́пе

TABLE 9: TENSES IN IMPERSONAL CONSTRUCTIONS

НУЖНО

PRESENT
мне   ну́жен план (masc)
тебе нужна́ ка́рта (fem)
ей   ну́жно вре́мя (neut)
ему   нужны́ де́ньги (plur)
им   ну́жно рабо́тать (inf)

PAST
нам   был ну́жен план (masc)
вам   была́ нужна́ ка́рта (fem)
им   бы́ло ну́жно вре́мя (neut)
ему   бы́ли нужны́ де́ньги (plur)
ей   бы́ло ну́жно рабо́тать (inf)

FUTURE
им   бу́дет ну́жен план (masc)
нам   бу́дет нужна́ ка́рта (fem)
вам   бу́дет ну́жно вре́мя (neut)
мне   бу́дут нужны́ де́ньги (plur)
тебе бу́дет ну́жно рабо́тать (inf)

НАДО, МОЖНО, НЕЛЬЗЯ

PRESENT		
ей	на́до	рабо́тать
мне	мо́жно	рабо́тать
ему	нельзя́	рабо́тать

PAST		
ему	на́до бы́ло	рабо́тать
тебе	мо́жно бы́ло	рабо́тать
ей	нельзя́ бы́ло	рабо́тать

FUTURE		
нам	на́до бу́дет	рабо́тать
вам	мо́жно бу́дет	рабо́тать
им	нельзя́ бу́дет	рабо́тать

был   контро́ль над вооруже́ниями – arms control
бы́ло   расшире́ние э́кспорта сырья́
контро́ль (no plural)

(куда?)
ста́вить/поста́вить вопро́с безопа́сности   на пове́стку дня
  –ят   –ят   – to put the question of ... on the agenda
            обме́на информа́цией
            Общего ры́нка
            уда́рного косми́ческого ору́жия – space strike weapons
поста́вленный

ору́жие (no plural)

информа́ция (no plural)

на восто́ке   восто́чный
на за́паде   за́падный
на ю́ге   ю́жный
на се́вере   се́верный

на Сре́днем За́паде
на Бли́жнем Восто́ке
на Да́льнем Восто́ке

заявля́ть/заяви́ть   (о чём?)
  –ют заявят   о свое́й гото́вности торгова́ть – to announce one's readiness
                                        to conduct trade
            об опа́сности настоя́щей ситуа́ции
            о сокраще́нии стратеги́ческих вооруже́ний
зая́вленный
заявле́ние

добива́ться/доби́ться   (чего?)
  –ются добью́тся   разря́дки междунаро́дной напряжённости
            успе́ха на предстоя́щих перегово́рах
            предотвраще́ния угро́зы но́вой войны́

проявля́ть/прояви́ть   реали́зм   на предстоя́щих перегово́рах
  –ют проя́вят   до́брую во́лю   на проше́дших
            гото́вность – to show, manifest one's readiness
проя́вленный

спосо́бствовать   (чему?)
  –уют   улучше́нию междунаро́дной обстано́вки
(no perfective)   упроче́нию ми́ра
            безопа́сности для всего́ челове́чества
            междунаро́дной напряжённости

Ли́вия, ливи́йский, ливи́йцы, Три́поли
Лива́н, лива́нский, лива́нцы, Бейру́т
Ниге́рия, нигери́йский, нигери́йцы, Ла́гос
ЮАР, Южно-Африка́нская респу́блика, южноафрика́нский, африка́анеры, негритя́нское
   населе́ние, граждани́н ЮАР, Прето́рия, говори́ть на языке́ африка́анер
Африка, африка́нский, африка́нцы
Центра́льная Африка, центральноафрика́нский
Се́верная Африка, североафрика́нский
Южная Африка, южноафрика́нский

TEXT: Read the following text; be able to translate it into English in written form.

Гото́вность Москвы́

Росси́я вы́разила гото́вность провести́ переговóры с Соединёнными
Шта́тами на у́ровне мини́стров иностра́нных дел по широ́кому кру́гу вопро́сов,
представля́ющих взаи́мный интере́с.   Осо́бое внима́ние бы́ло предло́жено удели́ть
пробле́ме сокраще́ния стратеги́ческих вооруже́ний, включа́я я́дерное косми́ческое
ору́жие.

Кро́ме того, на пове́стке дня бу́дут перспекти́вы очередно́го ра́унда Совеща́ния
по безопа́сности и сотру́дничеству в Евро́пе, а та́кже проходя́щие в Ве́не
переговоры о сокраще́нии обы́чных вооруже́ний в Центра́льной Евро́пе. Положе́ние на
Бли́жнем Восто́ке, на ю́ге Африки и в Центра́льной Аме́рике бу́дет то́же обсужда́ться
во вре́мя встре́чи.

РФ заяви́ла о свое́й гото́вности укрепля́ть междунаро́дную безопа́с-
па́сность и добива́ться разря́дки междунаро́дной напряжённости во и́мя
предотвраще́ния угро́зы но́вой войны́.

Сове́тский Сою́з подчёркивает недопусти́мость де́йствий с пози́ции си́лы в
междунаро́дных отноше́ниях.   Прояви́в реали́зм и до́брую во́лю на предстоя́щих

переговóрах, америкáнская сторонá смóжет, по словáм россúйского представúтеля, способствовать улучшéнию международной обстанóвки, упрочéнию мúра и безопáсности для всегó человéчества.

VOCABULARY EXERCISES

Look through the vocabulary for the text «*Готóвность Москвы́*». Do the following exercises.

A. Give the plural forms for the following nouns. Mark the stress.

вооружéние
орýжие
день
контрóль
э́кспорт
заявлéние
ситуáция
сырьё
успéх

B. Give perfective forms for the following verbs. Conjugate the italicized words in both perfective and imperfective. Mark the stress.

способствовать
уделя́ть
включáть
заявля́ть
добивáться
проявля́ть

C. Give derivatives for the following words.

сократúть   угрóза
готóвность   торговáть
включáть   заявлéние
контролúровать

D. Paraphrase the italicized words.

настоя́щее *положе́ние*   *бу́дущие* перегово́ры
ору́жие   безопа́сность *для всего́ ми́ра*
ЕЭС

E. Give the opposite for the italicized words.

стратеги́ческие вооруже́ния
опа́сность
широ́кий кру́г вопро́сов
на *Бли́жнем* Восто́ке
сокраще́ние э́кспорта
ухудше́ние междунаро́дной обстано́вки

F. Fill in the blanks with the appropriate prepositions.

1.   ___ пове́стке дня был контро́ль ___ вооруже́ниями.
2.   Конфере́нция удели́ла осо́бое внима́ние ___ безопа́сности в Евро́пе.
3.   ___ предстоя́щих перегово́рах сове́тская делега́ция зая́вит об опа́сности
      настоя́щей ситуа́ции ___ ми́ре.
4.   Встре́ча ___ вы́сшем у́ровне мо́жет спосо́бствовать улучше́нию
      междунаро́дной обстано́вки.
5.   Бу́дет тру́дно добива́ться стаби́льности ___ африка́нском контине́нте.

G. Give Russian equivalents for the following English phrases.

- to put the question of space strike weapons on the agenda
- to pay attention to conventional weapons
- to include arms contol
- announce one's readiness to conduct trade
- to achieve success in forthcoming negotiations
- to add to international tension

H. Find cognates in the text.

I. Fill in the blanks with the appropriate words.

	(что?)	(где?)
1. США прояви́ли	_____	на_____
	_____	_____
	_____	_____

                                 (чего?)

2.   СССР проводил сокращение _____
                                    _____
                                    _____

                               (о чём?)

3.   Белый дом заявил о _____
                             _____
                             _____

                               (чему?)

4.   Эта ситуация способствует _____
                                   _____
                                   _____

                               (чему?)

5.   Стороны уделили внимание _____
                                   _____
                                   _____

J. 1)   Make sentences with appropriate words from the list in the middle.

СНГ поставил вопрос	(чего?)	(куда?)
США	контроль над вооружениями	на повестку дня
Куба	стратегически важное сырьё	
Великобритания	стратегические вооружения	
Китай	программа СОИ	
ЮАР	очередной раунд бесед	
Россия	обмен информацией	
	ударное космическое оружие	
	настоящая ситуация на ...	

2)   Change your sentences following the model.

Вопрос	(чего?)	был	(где?)
			на повестке дня

K. 1)   Make sentences with appropriate words from the list in the middle.

Стороны включают вопрос	(чего?)	в переговоры.

              стратегическая оборонная инициатива
              обмен информацией
              продажа сверхсовременной техники
              покупка пшеницы

протекциони́зм
сокраще́ние учётных ста́вок

2)   Change your sentences following the model.

Вопро́с   (чего́?)   включа́ется в перегово́ры.

L.   Answer the following questions.   (on the tape)

1.   На каки́х у́ровнях прово́дятся перегово́ры?
2.   Кто прово́дит перегово́ры на вы́сшем у́ровне?
3.   Каки́м пробле́мам уделя́ют внима́ние на перегово́рах на у́ровне мини́стров иностра́нных дел?
4.   Каки́м пробле́мам уделя́ют внима́ние на у́ровне мини́стров торго́вли?
5.   Каки́е вопро́сы обсужда́ет Совеща́ние по безопа́сности и сотру́дничеству в Евро́пе?
6.   Что на пове́стке дня перегово́ров в Ве́не?
7.   Что бы́ло на пове́стке дня на неда́вней встре́че в верхах?
8.   Каки́е райо́ны ми́ра ча́ще всего́ обсужда́ются на встре́чах по междунаро́дной безопа́сности?
9.   Чего́ пыта́ется доби́ться америка́нская сторона́ на перегово́рах в Жене́ве?
10.   Каки́е де́йствия спосо́бствуют улучше́нию междунаро́дной обстано́вки?
11.   Каки́е де́йствия спосо́бствуют её ухудше́нию?
12.   На како́м контине́нте нахо́дится Аргенти́на?
13.   Кто живёт в Ли́вии?
14.   Кто живёт в Лива́не?
15.   На како́м языке́ говоря́т в э́тих стра́нах?

GRAMMAR: GENITIVE CASE

The genitive is used as follows:

1. **Possession ("of").** Угроза ядерной войны – threat *of* nuclear war; проект призидента – the president*'s* project; группировка сепаратистов – factions *of* separatists.

2. **"Have" constructions.** У учёных уже есть научные данные – The scientists already have the necessary data. *Lit: At the researchers already is the necessary data.* In other words those who "have" are in *genitive*; the object "had" is *in nominative.*

3. **Absence: НЕТ constructions for "doesn't have" and "isn't there."** Note these sentences:

    Нет (не было) договора.   There is/was no treaty.

    У нас **нет (не будет)**   We don't/won't have the
    средств.   means. (Lit.: At us aren't/
                                           won't be the means.)

4. **After prepositions.**

    A. **"From"** (ОТКУДА): ИЗ, С, ОТ.   These words are not interchangeable:

        из *(used with nouns that use* в *for* куда*)*
            Откуда? – Из библиотеки   Куда – в библиотеку

        с *(used with nouns that use* на *for* куда*)*
            Откуда? – С работы   Куда – на работу

        от *(used with nouns that use* к *for* куда*, usually people)*
            Откуда? – От друга   Куда – к другу

    B. **Other prepositions.**

        у – next to, by: Стояли у окна.
        около – near, apporoximately: Около Москвы – near Moscow; около ста
            человек – around (approximately) 100 people.
        мимо – past: Мы ехали мимо Белого дома – We drove by the White House.
        вокруг – around (in a circle) – вокруг Земли – around the Earth.
        среди – among: Среди специалистов
        вдоль – along down (a river): вдоль реки
        внутри, вне – inside, outside: внутри (вне) Советского Союза.

без – without: без помощи

кроме – besides, in addition to: кроме того – besides that

для – for (the benefit of) – Для всех и каждого – for each and every person.

до – up to, as far as: Ехали до Минска – They rode as far as Minsk.

против – against: Протесты против гонки вооружений

посреди – in the middle of: посреди зимы

помимо – in addition to: помимо того – in addition to that

C.   Time.

во время – during: во время войны

до – before, up till, as far as: до войны – before the war, up until the war. **после** – after: после войны

с – from, since: с девяти до пяти – from nine to five (o'clock); с прошлого года – since last year

от + date – from (a date, e.g. "In a March 6 article..."): в статье от шестого марта...

5. **Dates, months, years.**   Note where genitive is used (and just as importantly where it is *not* used in dates, months, and years.

Use genitive:

a.   **"On a date":** Это случилось **первого** мая. – This happened *on* May 1. *(NO preposition in Russian!)*

b.   **"On a date of a month":** Это случилось первого **мая.** – This happened on *May* 1.

c.   **"On a date (or in a month) of a year":** Это случилось в мае **шестьдесят первого года.** – This happened in May of *1961.*

Do NOT use genitive:

a.   **To "announce" a date "Yesterday was...":** Вчера было **первое мая.** *(Note that all dates are neuter adjectival "ordinal" numbers.)*

b.   **"In a (certain) month" (without a date):** Это случилось в **августе** (in August) восемьдесят седьмого года. (**В** + *prepositional*).

c.   **"In a (certain) year" (without a preceding month or date):** Это случилось в **семьдесят седьмом году.** – It happened in 1977. (**В** + *prepositional.*)

d.   **"On a day" (as opposed to a date):** Это случилось **в среду,** восьмого апреля. (**В** + *accusative.*)

GRAMMAR: -TO AND -НИБУ́ДЬ AND НИ- ... НЕ CONSTRUCTIONS

Look at the following sentences and their translations:

Она́ что-нибу́дь пи́шет?	Is she writing something?
Да, она́ что-то пи́шет.	Yes, she's writing something.
Нет, она́ ничего́ не пи́шет.	No, she's not writing anything.

As you can see there is *no direct correspondence* between **-то, -нибу́дь,** and **ни...не** on the one hand, and *some-, any-* and *-no-* on the other. Follow the rules below:

1. Use **ни...не(т)** in all negative constructions:

   У нас **нет ничего́** - We don't have anything. Она **никуда́ не** идёт - She's going nowhere.

2. Use **-нибу́дь**:

   a. Questions: Они́ **кого́-нибу́дь** зна́ют?
   b. Future tense: Мы **что-нибу́дь** сде́лаем.
   c. Imperatives: Сде́лайте **что-нибу́дь!**
   d. Sentences adverbs of repetition (**всегда́, всё вре́мя, ка́ждый день,** etc.):   Они́ всегда́ **что-нибу́дь** чита́ли. - They were always reading something (or another).

3. Use **-то** in all other present and past tense sentences:

   Он как-то вы́шел из положе́ния - He got out of that situation somehow.
   Мы где-то встреча́лись - We've met somewhere.

TABLE 10:   POSSESSION AND PRESENCE

	"possession" construction	"presence" construction
p o s i t i v e	У Кана́ды **есть** догово́р. (gen) **был** (nom) **бу́дет** Canada **has** a treaty. Canada **had** a treaty. Canada **will have** a treaty.	В По́льше **есть** свобо́да. (prep) **была́** (nom) **бу́дет** There **is** freedom in Poland. There **was** freedom in Poland. There **will be** freedom in Poland.
n e g a t i v e	У Кана́ды **нет** догово́ра. **не́ было** (gen) **не бу́дет** Canada **has no** treaty. Canada **had no** treaty. Canada **will not have** a treaty.	В По́льше **нет** свобо́ды. **не́ было** (gen) **не бу́дет** There **is no** freedom in Poland. There **was no** freedom in Poland. There **will be no** freedom Poland.
	Synonym: «**име́ть**»	Synonym: «**существова́ть**»
	Кана́да **име́ет** догово́р. (acc) Кана́да **не име́ет** догово́ра. (gen)	В По́льше **существу́ет** свобо́да. (nom) В По́льше **не существу́ет** свобо́ды. (gen)

TABLE 11: Куда? Где? Откуда?

КУДА?	ГДЕ?	ОТКУДА?
В Евро́пу (accusative) to Europe	В Евро́пе (locative) in Europe	ИЗ Евро́пы (genitive) from Europe
НА конфере́нцию (accusative) to the conference	НА конфере́нции (locative) at the conference	С конфере́нции (genitive) from the conference
К грани́це (dative) towards the border	У грани́цы (genitive) at the border	ОТ грани́цы (genitive) from the border
К сове́тнику (dative) to the adviser	У сове́тника (genitive) at the adviser's	ОТ сове́тника (genitive) from the adviser

GRAMMAR EXERCISES: GENITIVE CASE

A. Read over the grammar on genitive case for Lesson 5. Study Tables 10 and 11 above, as well as the chart and Table 13 at the end of Lesson 5. Then review the reading text. Find all the places where genitive is used and determine the reason for each occurence.

B. Translate the following "of" and "-'s" phrases.

    1.   American president's position
    2.   the head of your delegation
    3.   conditions of war
    4.   the desire of the Russian people

5.   the issue of peace in the Middle East
6.   the danger of nuclear proliferation
7.   exports of raw material
8.   position of strength
9.   round of wideranging questions

C.   **Russian often uses genitive "of" constructions in place of compressed English** *noun-noun* **constructions (e.g. "peace issue" ---> "issue of peace"** *вопрос мира*). **How would you expand the following phrases in Russian?**

1.   third world countries
2.   medium-range weapons
3.   The Reagan doctrine
4.   NATO Pact meeting
5.   White House policy statement
6.   Congressional approval
7.   delegation members
8.   security issues
9.   information exchange
10. deputy defense minister
11. export expansion
12. conventional weapons reduction

D.   **Review Table 11. Answer the questions using the words in the right-hand column. (Find the exercise on the tape)**

1.	Чего явно не было на переговорах?	–добрая воля –добрые намерения –желание достичь договорённости –настоящее понимание вопроса –бурные дискуссии
2.	Откуда этот текст? (из, с, от)	–ваша конференция –американские газеты –программа «Время» –глава делегации –сегодняшнее выступление
3.	Кроме чего?	–американские предложения –советские инициативы –неотложные вопросы –инспекция на месте –стратегические вооружения
4.	Без чего?	–участие Организации освобождения Палестины

–я́дерные боеголо́вки
–сверхсовреме́нная те́хника
–подде́ржка администра́ции

5.   Про́тив чего́?

–всё челове́чество
–раси́зм и дискримина́ция
–распростране́ние я́дерного ору́жия
–расшире́ние влия́ния вое́нно-
промы́шленного ко́мплекса

E.   **Combine the prepositions given below with each of the noun phrases in the blanks to complete the sentences.   Use as many prepositions with each noun phrase as make sense.**

до, после, у, около, мимо, вокруг, среди, вдоль, внутри, вне, для, против, кроме, помимо, посреди

1.   Спутник «Венера–2» вышел на орби́ту _____ _____ .
планета

2.   Такое мнение сейчас распространяется _____ _____ .
молодежь

3.   Ничего не сказав, заведующий отделом прошел _____ _____ .
лаборатория

4.   Средний советский гражданин зарабатывает _____ _____
двести пятьдесят
рублей в месяц.

5.   Демонстранты выступили _____ _____ .
ядерные испытания

6.   Что входит в договоренность _____ _____
портативные вычислительные
_____?
машины

7.   Такую технику можно увидеть лишь в США _____ _____ вы ее
Советский Союз
не увидите.

8.   Все это случилось еще _____ _____ .
война

9.   Ошибка была обнаружена только _____ _____ .
запуск   ракета

10.   _____ _____ военный бюджет в миллиард долларов
такая маленькая страна
в год нереален.

F. Review time-expressions from previous lessons and from the genitive case chart at the end of Lesson 5.   Translate these time expressions. (Write out all numbers)

1. On Wednesday, April 3, 1989
2. Yesterday was October 23, 1987.
3. Yesterday was Saturday.
4. In March, 1981
5. In 1966
6. By the beginning of next year
7. By the end of the month
8. Tomorrow will be January 22, 1988.
9. This happened June 22, 1941.
10. In June and July of this year
11. From November 12 until December 29, 1990
12. From two o'clock until four
13. Since 1974
14. From 1961 to 1983
15. Since last week
16. From 11 until 12
17. From fall until spring
18. Since the October Revolution
19. This month
20. Next week
21. During the war
22. Next year
23. On Sunday at 2:00pm
24. Until 1979
25. Before August 16, 1986

G. Fill in the blanks. Watch for absence or presence. Study Table 10.

1. Где вы нашли эти _____? Ведь _____ _____ в
   documents   *they*   *weren't*
   библиотеке. Нет, _____ _____ там, только не в том отделе.
                they   *were*

2. Где _____ _____? Почему _____ _____ на
   was   *the deputy minister*   *he*   *wasn't*
   выступлении министра?

3. У США _____ _____ с Кубой до шестьдесят первого
          had   *diplomatic relations*
   года.

4. Жена Горбачёва часто сопровождает его в поездках за границу, но на

предстоящей встрече _____ _____.
                      she   *will not be present*

5. У Никсона _____ _____, чтобы положить конец войне во
              had   *a secret plan*
Вьетнаме? Многие обозреватели считают, что у него _____
                                                              didn't have

_____.

   such a plan

6. У России _____ _____.
           has no   *space offensive weapons*

H. TO BE OR NOT TO BE. Translate the sentences. Then give their opposites ("There was" --> "There wasn't" and vice-versa.) (This exercise may involve engaging in some wishful thinking.)

1. The minister's statement was in the newspaper.
2. There was an exchange of information until 1975.
3. This question is on the agenda.
4. There can be a summit meeting under those conditions.
5. Many believe that there was parity between the US and Russia.
6. There was an article in the paper about SDI.
7. There will be no verification.
8. There was no conference on the Central African issue.
9. There are no citizens of Vietnam in the U.S.
10. There is no serious trade between the EEC and Albania.
11. There can be no agreement on the situation in Lebanon.
12. There was no improvement in the Nigerian economy.

I. HAVING: У + КОГО VERSUS В + ЧЕМ. So far "having" has been expressed only with an у + кого construction. That works nicely for people and for countries, which are often personified. But *things* often "have" with a в + чём construction.

У москвичей есть метро.   *BUT*   В Москве есть метро.
Moscovites have a metro.   Moscow has a metro.

With this in mind translate the sentences below.

1. The delegates have a new agreement.
2. The agreement had conditions for information exchange.
3. The embassy has no hidden microphones.
4. China has a people's army.
5. The Lenin Library has publications on U.S. weaponry.

6.   The deputy minister had a new proposal.
7.   Japan has no natural resources.
8.   The paper had an article on national security.
9.   The President had an interesting statement.
10. The magazine has an interesting editorial.

J.   TO HAVE AND TO HAVE NOT. Study Table 10 above and Table 13 at the end of Lesson 5.   Translate the sentences. Then restate them in the affirmative (engaging in occasional wishful thinking or unbridled pessimism).

1.   We have no diplomatic relations with North Korea.
2.   The black population of South Africa does not have the right to vote.
3.   We do not have time to negotiate a settlement.
4.   Libya does not have good relations with the U.S.
5.   Our armed forces do not have chemical weapons.
6.   Brezhnev did not have new ideas about the Soviet economy.
7.   Your group will not have the opportunity to visit NATO headquarters.
8.   Moscow did not have an air defense system.
9.   The laboratory does not have modern equipment.
10. The Nicaraguan government has no communists.

K.   Put the numbers and nouns into the correct form.   Consult the appendix.

1.   На конференцию приехали делегаты более, чем из _____.
                                                   thirty-five countries

2.   Средний рабочий работает с _____ утра до _____.
                                  nine o'clock   *five o'clock*

3.   Годовая экономическая эффективность проекта может дойти до

     _____.
     6,500 rubles

4.   В демонстрации приняло участие около _____ из
                                          54,000   people

     _____ _____.
     twenty-nine   countries

5.   От решений всего лишь _____ _____ зависят судьбы _____
                            two   people   *of millions*

     _____.
     of Africans

6. Около _____ _____ земли данной страны находится в руках
      80   *percent*

_____ _____.
of 41   *families*

7. На острове Диксон завершена работа группы _____ _____ из
                                              52   *geologists*

_____. Ученые перезимовали на острове, где температура
12 countries

ночью доходит до ____ _____ мороза.
                  65 *degrees*

8. Согласно данным США «ограниченный» советский военный контингент в

Афганистане состоял из _____ _____.
                       95,000   *troops*

9. В ядерных арсеналах обеих стран находится около _____ _____.
                                                   100,000   *warheads*

10. УПДК обслуживает сотрудников _____ _____.
                                 238   *embassies*

GRAMMAR EXERCISE: –ТО, –НИБУДЬ AND НИ– ... НЕ CONSTRUCTIONS

Fill in the blank with **–то**, **–нибу́дь**, or **–ни...не** constructions. Use the following words: **что-то, кто-то, как-то, почему́-то, где-то, куда́-то, когда́-то** or their **–нибу́дь** or **ни–...не** equivalents. Remember that the **что–** and **кто–** parts of these words decline.

1. Корреспонденты спрашивали _____ об этом?
                              someone

2. Блейк _____ был в Кремле.
         never

3. По-моему, _____ сообщили об изменении в повестке дня, но
             (to) someone

_____ _____ из нашей группы не знал об этом.
for some reason   *no one*

4. Вы _____ видели такое выступление?
     ever

5. У нас _____ были нерешённые вопросы.
         at one time

6. Не волнуйтесь, мы _____ решим этот вопрос.
                     somehow

7. В договоре есть _____ об обменах студентами?
    something

8. Вы ищете нашего партнёра? Он _____ не ушёл. Вот он сейчас
    anywhere
    идёт.

9. В договоре _____ необходимых условий.
    nowhere (are there to be found)

10. Напишите _____ о нашем проекте!
    something

GRAMMAR: VERBAL ADVERBS - INTRODUCTION

Verbal adverbs are a cross between a verb and an adverb. Therefore, they have some characteristics of both verbs (transitive/intransitive, case government, reflexive СЯ-ending, aspect), and adverb (no change for gender, number and case; it modifies the predicate verb).

Look at the phrases below:

Слуша	я

лекцию, они делали пометки.

Listening to the lecture, they were making notes.

Интересу	я	сь

политикой, он регулярно читает газеты.

Taking interest in politics, he regularly reads newspapers.

Подписа	в

договор, стороны откроют новую эру в советско-китайских отношениях.

(By) signing the treaty, both sides will open a new stage in Soviet-Chinese relations.

Verbal adverbs do not express tense. They indicate the *circumstances of action of the predicate*: when когда, why почему, under what circumstances при каком условии.

Слушая лекцию, они делали пометки.
Когда они делали пометки? Когда они слушали лекцию.

Интересуясь политикой, он регулярно читает газеты.
Почему он регулярно читает? Потому что он интересуется политикой.

Подписав договор, стороны откроют новую эру в советско-китайских отношениях.

При каком условии стóроны открóют нóвую эру в совéтско-китáйских отношéниях? Éсли онú *подпúшут* договóр.

IMPERFECTIVE VERBAL ADVERBS

Now look at the following sentences and their translations:

Отвечáя на многочúсленные вопрóсы, россúйский предстáвитель рассказáл о существýющих мéрах по охрáне окружáющей средý.	*While answering* numerous questions, the Russian spokesman recounted existing measures for environmental protection.
Не понимáя сýти перестрóйки, невозмóжно её провестú в жизнь.	It is impossible to implement "perestroika" *without understanding* its meaning.
Рассчúтывая на пост в нóвой администрáции, он зайгрывает с демокрáтами.	*Hoping* to get a position in the new administration, he flirts with Democrats.

Note that "without doing something" is always rendered with a verbal adverb as above.

These are **imperfective verbal adverbs**. They are made of imperfective verbs and denote *an action simultaneous with the action of the predicate.*

You can replace verbal adverbs by clauses of time: когдá, в то врéмя как..., cause: потомý что, так как..., and condition: éсли, etc.

В то врéмя, как (когдá) совéтский предстáвитель отвечáл на многочúсленные вопрóсы, он рассказáл о существýющих мéрах по охрáне окружáющей средý.

Éсли не понимáть сýти перестрóйки, её невозмóжно провестú в жизнь.

Он зайгрывает с демокрáтами, *так как (потомý что)* он рассчúтывает на пост в нóвой администрáции.

As you can see, both active participles (discussed in lesson 3) and imperfective verbal adverbs usually correspond to the -ing participles in English.

You can identify imperfective verbal adverbs by the - А, Я ending: сокращáя, добивáясь, слýша.

PERFECTIVE VERBAL ADVERBS

Now look at the following sentences and their translations.

В «торго́вой войне́»
пе́рвыми откры́ли огóнь США,
потре́бовав от ЕЭС значи́-
тельных усту́пок.

In the trade war the US was
the first to open fire,
*(by) requesting/ having
requested* considerable
concessions from EEC.

Размести́в необходи́мые си́лы
вдоль грани́цы, партиза́ны
смо́гут контроли́ровать
ситуа́цию.

Once necessary forces *are
deployed* along the border,
guerrillas will be able to
control the situation.

These are **perfective verbal adverbs**.   They are made of perfective verbs
and denote *an action prior to the action of the predicate*.   They frequently
correspond to "having done," "after..., upon..., once..." constructions in
English.

However, Russian is usually more exact that English.   Hence perfective
verbal adverbs are more frequent in Russian than such English constructions as
"having done."   English often uses an –ing form even when the action described
precedes the action of the predicate.

Отказа́вшись от морато́рия
на испыта́ния я́дерного
ору́жия, США по́лностью
разоблачи́ли себя́.

The US has shown its true
nature *by turning down* the
moratorium on nuclear testing.

You can replace verbal adverbs by clauses of time: **когда́, по́сле того́,
как...,** cause **потому́ что..., так как...** , and condition: **е́сли,** etc.

В «торго́вой войне́» пе́рвыми откры́ли огóнь США *по́сле того́, как* они́
потре́бовали от ЕЭС значи́тельных усту́пок.

США по́лностью разоблачи́ли себя́, *когда́* они́ *отказа́лись* от морато́рия на
испыта́ния я́дерного ору́жия.

or (depending on the context)

США по́лностью разоблачи́ли себя́, *так как* они отказа́лись от морато́рия на
испыта́ния я́дерного ору́жия.

Партиза́ны смо́гут контроли́ровать грани́цу, *е́сли* они́ *разместа́т* вдоль неё
необходи́мые си́лы.

You can identify perfective verbal adverbs by the - В(ШИ) ending: сыгра́в,
заинтересова́вшись.

TABLE 12:   VERBAL ADVERBS

denote an action...

	...simultaneous with action of the predicate	...preceding the action of the predicate
i m p e r f e c t i v e	**ЧИТАТЬ** (они) ЧИТА ЮТ ЧИТА Я (while reading) **ПОЛЬЗОВАТЬСЯ** (они) ПОЛЬЗУ ЮТ СЯ ПОЛЬЗУ Я СЬ (while using) *BUT*: дава́ть ⟶ дава́я признава́ть ⟶ признава́я	NONE
p e r f e c t i v e	NONE	**ПРОЧИТА ТЬ** ПРОЧИТА В(ШИ) (having read) **ВОСПОЛЬЗОВА ТЬ СЯ** ВОСПОЛЬЗОВА ВШИ СЬ (having used) *BUT*: провести́ ⟶ проведя́ пройти́ ⟶ пройдя́ помо́чь ⟶ помо́гши

GRAMMAR EXERCISES: VERBAL ADVERBS

A. Read all the grammar on verbal adverbs. Review their formation. Find verbal adverbs in the text and determine the reason for their occurrence.

B. 1) Make imperfective verbal adverbs out of the verbs in the right-hand column.

сокращать/сократить
включать/включить
ставить/поставить
заявлять/заявить
добиваться/добиться

2) Now make perfective verbal adverbs out of the same verbs.

проявлять/проявить
способствовать
покупать/купить
продавать/продать
предоставлять/предоставить

C. Make one sentence out of two by forming a verbal adverb out of the italicized verb; make necessary changes. Be able to translate your sentence.

Example: Великобритания *начала* сокращать свои стратегические силы. Тем самым она поставила под угрозу безопасность своей территории.
    ⟶ *Начав* сокращать свои стратегические силы, Великобритания поставила под угрозу безопасность своей территории.

1. В «торговой войне» первыми открыли огонь Соединённые Штаты. Они *потребовали* от ЕЭС значительных уступок.
2. За последнее время США усилили нажим на партнёров по ГАТТ. Они *стремятся* заставить их добровольно оплачивать свой огромный торговый дефицит.
3. Япония уже выкрутила руки Сингапуру. Она *добилась* «добровольного» сокращения текстильного экспорта.
4. Дж. Шульц *рассказывал* об исландской встрече. Он сказал, что обе стороны искренне стремились к успешному завершению её.
5. Т. Трентон *говорил* об отношении Англии к вопросам обороны. Он отметил, что позиция Англии к ним не изменилась.
6. Сначала ОПЕК *отказалась* от фиксированных цен на нефть. Вскоре же она была вынуждена снизить цены до 9 долларов за баррель.

D. Replace adverbial clauses in the sentences below with verbal adverbial constructions. Be able to translate the latter into English.

Example: *В то время, как* нефтедобывающие страны *пытаются* найти выход из создавшегося положения, они переходят к займам на ещё более жестких условиях.

    ——→ *Пытаясь* найти выход из создавшегося положения, нефтедобывающие страны переходят к займам на ещё более жёстких условиях.

1. Переговоры он ведёт «спустя рукава», т.е плохо, *так как* он не *собирается* заключать соглашения.
2. *После того как* администрация *сослалась* на этот факт, она решила компенсировать свои неудачи нажимом на штаб-квартиру ЕЭС.
3. *В то время как* президент *подчёркивал* мирное назначение этих противоракетных космических станций, он сказал, что он готов поделиться новой техникой с русскими.
4. *Когда* военные-учёные *возражали* президенту, они говорили о наступательном потенциале «звёздных войн».
5. *Так как* мы *предполагаем*, что это заявление верно отражает позицию президента, мы хотели бы задать три вопроса.
6. *В то время как* Р.Рейган *оценивал* общие результаты встречи, он сказал, что в Рейкьявике был достигнут значительный прогресс.

E. Fill in the blanks. Be able to translate these sentences into English.

1. _____ на повестку дня вопрос о контроле над вооружениями, СССР
   (putting)

   продемонстрировал свою решимость бороться за мир.

2. _____ СССР в переговоры, США исключили
   (having failed to include)

   возможность решения ближневосточной проблемы.

3. Во время обмена мнениями стороны, _____ о своей
                                      (having announced)

   заинтересованности подписать соглашение, назначили дату следующей

   встречи.

4. _____ с приветственной речью, президент отметил недавний
   (giving a speech)

   прогресс в американо-российских отношениях.

5. Мы ставим под угрозу нашу национальную безопасность, постоянно

    _____ высокосовременную технику из Японии.
    (importing)

G. Translation.

1. Addressing a session of European Parliament, the French representative paid special attention to the new EEC agricultural policy.
2. By not having paid attention to the energy problem in the 70's, we now have to buy much foreign oil.
3. Having reduced its nuclear arsenal, the US will increase its conventional forces.
4. Will the Department of Commerce demonstrate its good will by granting long-term credits to China?
5. Ambassador Lawrence can contribute to the improvement of the political climate only by achieving success in the forthcoming negotiations.

RENDERING

A. *Render* the following sentences. Do not translate word for word. Rather, give the idea expressed.

1. Russia has agreed to open trade negotiations with South Korea, although the future relationship is as yet unclear.
2. Before Reagan's announcement of SDI in 1983, political observers from the third world had hoped for better U.S.-Soviet relations, leading to a reduction in world tension.
3. From 1972 to 1978 there existed a relaxation of tensions between the US and the USSR. During detente trade contacts were broadened. American firms such as IBM and Holiday Inn were negotiating major trade deals with the Soviets.
4. The international situation sharpened considerably after the events of 1979, when the Soviet Army entered Afghanistan.
5. Among other issues of the period were the situation in Poland, the matter of Jewish emigration from the Soviet Union, and the boycott of the Olympic Games of 1980.

B.   Write a paragraph or two in *simple* Russian using the grammar and vocabulary you have learned so far to convey the following facts. Do *not* translate word for word. Use what you know to *render* all the information you can.

>   *The Chernenian People's Democratic Republic, closed off from both CMEA and the Western economic community (IMF, World Bank, EEC, etc.) for nearly four decades, has suddenly and unexpectedly announced its willingness to talk trade -- with its neighbors in the immediate future, and with other countries perhaps several years down the road. Specifically, Leonarz Melijtyz, general secretary of the Chernenian United Workers' Party, has invited the prime minister of the largest neighboring country (you make up the name) to come to the capital, Pustovilja, for the first-ever talks on trade and mutual security.*
>
>   *The landmark negotiations are unprecedented; the CPDR has no diplomatic relations with its neighbors; for that matter, most diplomats scratch their heads when asked to name any other country with an embassy in Pustovilja.*
>
>   *Nevertheless, the two heads of state remain undaunted. On the agenda are dozens of trade issues; the PDR's possible export of raw materials, the expansion of tourism (now non-existent), and scientific-technical exchanges are included in the agenda. Even the possibility of setting up joint ventures is not out of the question.*
>
>   *Mutual security is also to play a significant role in the talks. General Secretary Melijtyz is thought to be toying with the idea of relaxing his country's strict border control. He is likely to propose a reduction of the troops facing each other on both sides of the border. He would also like his neighbor to join with him in a mutual call to both superpowers to reduce the number of nuclear weapons in Europe.*
>
>   *While outsiders can only guess at the motivations for Chernenia's about-face, few doubt that the mere fact that some contacts are now at last taking place is sure to promote the development of mutually beneficial relations with other countries as well.*

QUOTING SOURCES:

In English "sources" can speak:

Well informed sources said yesterday that...

In Russian «исто́чники» can not «говори́ть»:

ИЗ	журнали́стских		
ИЗ	вое́нных		
ИЗ	секре́тных	исто́чников ста́ло изве́стно, что...	
ИЗ	америка́нских		о...

ИЗ	исто́чников	Пентаго́на	
		Бе́лого до́ма	ста́ло изве́стно, что...
		ЦРУ	о...

SPEAKING EXERCISES

A.   Отве́тьте на сле́дующие вопро́сы по те́ксту уро́ка.

1. Како́й пробле́ме бы́ло предло́жено удели́ть наибо́льшее внима́ние на встре́че мини́стров иностра́нных дел Росси́и США?
2. Каки́е други́е вопро́сы бу́дут обсужда́ться на э́той встре́че?
3. Во и́мя чего́ Росси́я гото́ва добива́ться разря́дки междунаро́дной напряжённости?
4. Как америка́нская сторона́ смо́жет, по слова́м сове́тского представи́теля, спосо́бствовать улучше́нию междунаро́дной обстано́вки?

B. 1)   Расскажи́те текст, испо́льзуя слова́рь уро́ка 5.

    2)   Измени́те расска́з, испо́льзуя слова́рь уро́ка.

C. Соста́вьте ситуа́цию, испо́льзуя сле́дующие выраже́ния.

...sources said that..., to put the question of...on the agenda, to achieve ... in forthcoming negotiations, prevention of a threat of a new war, to contribute to...in international relations

D. Опиши́те пресс-конфере́нцию Ельцина об ограниче́нии стратеги́ческих вооруже́ний.

E. Расскажи́те, каки́е разногла́сия сохрани́лись ме́жду Росси́ей и Украи́ной по вопро́су я́дерных вооруже́ний.

F. Речь главы́ америка́нской делега́ции на перегово́рах по сокраще́нию обы́чных вооруже́ний в Центра́льной Евро́пе.

G. Заседа́ние изра́ильского кабине́та мини́стров.   Приведи́те аргуме́нты премье́р-мини́стра Изра́иля за предоставле́ние Росси́и ро́ли в ближневосто́чном ми́рном урегули́ровании.

READING EXERCISE 1

PRE-TEXT:

A.   The Korean cease-fire, signed in 1953, did not end the technical state of war between the North and the South that persisted for decades afterwards leading the U.S. to keep thousands of troops stationed on the peninsula. Read this *Izvestia* article to find out how the situation might be changing. Keep in mind that at press time, by Russian standards, *Izvestia* was generally considered an independent liberal newspaper, anti-Communist (but not rabid) and pro-Western.

B.   Reading the first paragraph tells us what and how many. Find out:
     1.   Who is quoted?
     2.   To what does the figure 6,000 troops refer?
     3.   What was said about 30,000 troops?

C.   The next paragraph fills us in on who made the decision and how. Find out:
     1.   Who is quoted?
     2.   Who made the preliminary decision?
     3.   When and where was the decision made?

D.   In the next paragraph we get some background and analysis. Before reading this paragraph try to predict the sorts of statements you might see. Pick likely candidates from the list below. *After* you make your predictions, read the article to see if you were correct.

     1.   This is an important event for Korea.
     2.   Many South Koreans resent the American presence.
     3.   The North's bark has usually been worse than its bite.
     4.   South Korea has always braced itself for a possible attack from the North.
     5.   Washington has been trying to cut troop strength in Korea for a number of years.
     6.   Washington has always stood by this Asian ally.
     7.   The Korean crisis is likely to remain a stalemate.

E.   The next three paragraphs give us more information on how a final decision will be made, as well as some background on the current situation.

     1.   When will that happen and who will be involved?
     2.   What did the brass have to say about press speculation on the expected upcoming events?
     3.   What is the current U.S. troop level in South Korea?
     4.   What changes are already scheduled to occur by the end of 1992?

F. South Korean students have always figured prominently in that country's national politics. Before reading the last paragraph, be ready to state what their attitude has been towards the American presence. What stand has North Korea taken vis-a-vis American troops and peace on the peninsula? After stating your hypothesis, read the last paragraph to see if you were correct.

Американские войска покидают базы

Согласно данным, которые привел представитель министерства обороны Южной Кореи, Соединенные Штаты планируют вывести с юга Корейского полуострова еще 6 тысяч своих военнослужащих. Всего таким образом из Южной Кореи к концу 1992 года будет выведено около 13 тысяч американских военных. Всего же к 1995 году их число сократится до 30 тысяч человек.

По словам одного должностного лица, пожелавшего остаться неизвестным, такое решение было принято в ходе двусторонней американо-южнокорейской встречи высших военных чинов на Гавайских островах 7—9 октября.

Планируемое сокращение американского воинского контингента является заметным политическим событием для Кореи, так как занимающий прозападные позиции Сеул находится в постоянной боевой готовности против коммунистов Севера. Вашингтон постоянно оказывает поддержку сеульскому правительству и неоднократно заявлял, что не допустит какого-либо сокращения вооруженных сил, расположенных на Юге, способного ослабить его ближайшего союзника в Азии.

Окончательное решение по вопросу о сокращении численности американского воинского контингента находится сейчас в стадии проработки и, по всей вероятности, будет принято во время предстоящих двусторонних консультаций по безопасности. Традиционная встреча такого рода намечена на конец ноября в Сеуле, куда прибудет министр обороны США Р. Чейни. Ожидается, что в это же время Южную Корею посетит президент США Дж. Буш.

Военные представители Соединенных Штатов в Южной Корее отказались комментировать эти сообщения.

В настоящее время на юге расквартировано около 43 тысяч американских войск, однако ранее Вашингтон объявил, что уже к концу 1992 года свои базы покинут 7 тысяч военнослужащих— главным образом обслуживающий персонал.

Радикально настроенные студенты провели акции протеста, требуя полного вывода с территории страны американских войск, которые, по их словам, поддерживают марионеточное правительство Сеула. КНДР также считает одним из важнейших условий ослабления политической и военной напряженности между Севером и Югом полную ликвидацию американского военного присутствия в Южной Корее.

POST-TEXT (using sentence structure):

Reference words: Sometimes a sentence contains words, often pronouns or conjunctions, which point to things or events from the previous sentence or paragraph.   These words signal that you should look back to find out what is being **referred** to.

1.   In the first sentence, circle the word to which *которые* refers.
2.   In the last sentence of the first paragraph, find the words to which *их число* refers.
3.   Translate the entire paragraph.
4.   In the second paragraph, find the word modified by a participial phrase.
5.   A comma after *неизвестный* separates ... (check the correct answer):
   a.   the end of author's words from the main clause
   b.   the end of a participial construction from the continuation of author's words
6.   In the last sentence of paragraph 2, there are two participial phrases.   Which words do they modify?
7.   Translate paragraphs 2 and 3.
8.   To which words in the first sentence does *такого рода* in the second sentence of paragraph 4, refer?
9.   Find the words to which *куда* refers.
10.   Translate paragraph 4.
11.   In the last paragraph, circle the word to which *которые* refer.
12.   Translate this sentence.

POST-TEXT (using context):

1.   What are the English words for:

> *to withdraw military personnel*
> *to be on constant alert*
> *military bases*

2.   Make a list of words that you can use to talk about armed forces.

READING EXERCISE 2

PRE-TEXT:

A.   In Reading Exercise 1, you were given the structural essence of each paragraph and were required to supply the details. In this exercise, you are asked to figure out the intent of each paragraph first. Mentally check off the appropriate boxes in the chart on the following page. Be ready to quote the sentence(s) that support your conclusions.

Paragraph	Author's intent			
	Summary	Facts	Quoted Analysis	Author's Analysis
1 (lead, bold type				
2 and 3				
4				
5				
6				
7 and 8				

B. Now go back and determine the main idea of each paragraph.

Обращение России застало НАТО врасплох

Послание Бориса Ельцина первой сессии Североатлантического совета сотрудничества с участием министров иностранных дел 16 государств—членов НАТО и 9 восточноевропейских стран, в котором ставится вопрос о присоединении России к НАТО, было встречено в Брюсселе не без удивления и даже с некоторой растерянностью.

Это обращение будет рассмотрено, сказал французский министр иностранных дел Р. Дюма, но едва ли мы сможем дать быстрый ответ. Для его британского коллеги Д. Хэрда в настоящее время «не может быть и речи» о том, чтобы открыть НАТО для восточноевропейских стран.

Вместе с тем западные союзники с удовлетворением отметили, что в послании Ельцина подтверждается готовность России и других республик обеспечить единый контроль над ядерным оружием и не допустить его расползания, а также соблюдать все договоры по разоружению, подписанные в свое время Советским Союзом.

Обращение Президента России, который особо подчеркнул возникновение «новой системы безопасности от Ванкувера до Владивостока», констатируют обозреватели, застигла врасплох и высших чиновников западного альянса во главе с его генеральным секретарем Манфредом Вёрнером. «Я видел письмо,— сказал он на пресс-конференции,— но в нем Ельцин не просит принять Россию, а только ставит вопрос и считает это долгосрочной политической целью»...

Такая нерешительность со строны лидеров НАТО вполне понятна. Принять в ряды альянса Россию — значит либо полностью пересмотреть его цели, либо фактически положить ему конец в том виде, в каком он ныне существует. К этому НАТО сегодня не готова.

Тем не менее в Брюсселе 25 стран достигли согласия о налаживании «подлинного партнерства» между бывшими противниками и развитии сотрудничества в разных направлениях. Наряду с ежегодными встречами глав внешнеполитических ведомств это проведение регулярных консультаций по вопросам безопасности, посвященных таким вопросам, как планирование обороны, конверсия, новые подходы к разоружению.

Первые из серии консультаций в рамках Совета на уровне послов состоятся уже в феврале 1992 года, а на уровне министров — в июне 1992 года в Осло.

Сколько же государств примет в них участие? Не боясь ошибиться, Ролан Дюма считает, что значительно больше, чем 25 стран. В пятницу сразу после окончания сессии Совета министры иностранных дел 12 государств — членов ЕС провели совещание, посвященное признанию независимых республик бывшего СССР.

На нем обсуждались критерии этого признания — в частности, соблюдение обязательств, принятых в рамках международных соглашений, единый контроль за ядерным оружием, уважение прав человека и национальных меньшинств, сохранение существующих границ. В целом точки зрения западных стран по этому вопросу совпадают, и, возможно, официальное признание Содружества независимых государств и отдельных республик случится в ближайшие дни.

Ю. КОВАЛЕНКО,
соб. корр. «Известий».
ПАРИЖ.

POST-TEXT (using sentence structure):

1. In the first sentence of the first paragraph, circle the word to which *в котором* refers.
2. Find the word in the first paragraph to which *мы* in the second paragraph refers.
3. In the third paragraph, which words does **его** *расползание* refer to?
4. In the first sentence of the next paragraph, circle the word to which *который* refer.
5. In the second sentence of paragraph 5, to which **его** *цели* refer to.
6. In the same sentence, circle the word to which *в каком* refers.
7. Translate the first five paragraphs.
8. In the last sentence of paragraph 7, find the words to which *на нём* refers.

POST-TEXT (using context):

1.   What is the English for:

a session of the North Atlantic Council
to   guarantee   control   over   nuclear
weapons
disarmament treaties
defense planning

2.   Make a list of abbreviations used in this article.   Explain what
each one stands for.
3.   Make a list of words that you can use to talk about national
security.

READING EXERCISE 3

PRE-TEXT:

A. This report was filed two days before the Soviet Union ceased to exist as a
legal entity. Read the article for the following details.

1.   The headline and first paragraph mentions **советская символика** in connection
with the U.N. Judging from your knowledge of the last days of the existence
of the Soviet Union, what English word best corresponds to **символика**? What
is this article going to be about?

a. symbolism
b. ensignia and flags
c. radio and computer codes
d. espionage activities

Now read the headline, lead and second paragraphs to determine if you were
correct.

2.   What did U.N. guards prevent from happening in the hall where the Security
Council meets?
3.   Name at least three things that could have been considered souvenirs.
4.   With what were the missing "souvenirs" replaced?
5.   *Izvestia's* correspondent notes that there is no official diplomatic
documentation for the change about to take place. What change is being
discussed?
6.   When is official diplomatic notice expected?
7.   The correspondent says that the procedure for the imminent change is
comparatively easy. To whom is the note to be addressed, and what will it
say?

8. *Izvestia* says that everyone else in the U.N. has given assurances that no procedural objections will be raised. But such objections are possible in theory. From whom?

9. The *Izvestia* article notes that no change in the U.N. Charter is needed. What previous near-analogous event is mentioned?

10. What, according to the correspondent, did Security Council members did wonder about out loud? What U.S. action helped to erase lingering doubts on this question?

Советской символики в Объединенных Нациях больше нет

Ее заменили на российскую, а частично расхватали на сувениры.

Практически из всех залов, где проходят заседания различных оововских комитетов, исчезли таблички с надписью «Союз Советских Социалистических Республик». Даже из зала заседаний Генеральной Ассамблеи. Вот только в помещении Совета Безопасности табличка еще осталась—по той простой причине, что там постоянно есть кто-то из службы оововской охраны.

Таблички расхватали на сувениры: ведь еще несколько дней, и появятся новые, с надписью «Россия».

На все с обозначением «советский» идет настоящая охота. Говорят, что в нашу миссию при ООН уже звонили желающие приобрести за любую цену многоцветный герб СССР, пока украшающий приемный вестибюль, а заодно и бронзовую табличку с обозначением, что в этом здании размещена миссия Советского Союза.

В понедельник флаг СССР, стоявший в холле миссии, сменился трехцветным флагом России. Однако член ООН и постоянный член Совета Безопасности, председательствующий, кстати, на его заседаниях в нынешнем месяце,—по-прежнему Советский Союз.

Из Москвы, судя по всему, еще не поступало по состоянию на конец нью-йоркского рабочего дня двадцать третьего декабря какой-либо ноты или другого официального документа, который мог бы стать основанием для того, чтобы ООН занялась решением вопроса о членстве России, в оововских кулуарах ожидают, правда, что это произойдет во вторник.

Согласно полученным разъяснениям, процедура будет сравнительно легкой: будет вполне достаточно того, чтобы в этой ноте на имя генерального секретаря ООН Россия провозглашалась правопреемником Советского Союза. Ни одно из государств—постоянных членов Совбеза возражать против того, чтобы Россия сразу же заняла тогда место СССР, не станет. На этот счет уже есть соответствующие заверения.

Устава ООН, в статье которого фигурирует СССР, менять, по всей видимости, не придется. Между прочим, после того, как место в ООН заняла в свое время КНР, в уставе все равно осталось—и до сих пор остается—упоминание Китайской Республики, то есть упоминание Тайваня.

Одно время в кулуарах Совбеза поговаривали, что пока мир не получит железных гарантий относительно того, в чьих руках контроль над ядерным оружием в бывшем СССР, России придется подождать с наследованием союзного места. Однако принятое в понедельник президентом Бушем решение признать независимость одиннадцати республик и установить дипотношения с шестью из них, включая Россию, сомнения, надо полагать, сняло.

Теперь дело—только за письмом из Москвы.

А. ШАЛЬНЕВ,
соб. корр. «Известий».
НЬЮ-ЙОРК.

POST–TEXT   (using sentence structure):

1.   Explain the absence of a subject in the title.
2.   Find *ee* in the sentence between the title and the first paragraph. To what does it refer?
3.   The subject of this sentence is ... (check the correct answer):
     a.   impersonal
     b.   "disguised" into genitive case.
     c.   *они* omitted.
4.   In the first sentence of paragraph 1, circle the words to which *где* refers.
5.   The next sentence does not have either a subject or a predicate. Explain why.
6.   Translate the title and the first paragraph.
7.   In paragraph 5, circle the words to which *который* refer.
8.   Find *это* at the end of this paragraph. What does it refer to?
9.   Translate this paragraph into English.
10. In the last sentence of paragraph 7, determine to which words *c шестью из* **них** refer.
11. Find the reference which explains **письмо** *из Москвы* at the very end of the article.

POST–TEXT   (using context):

1.   Find a derivative adjective to *ООН.* Explain how it was formed.
2.   Make a list of words that you can use to talk about the U.N.

READING EXERCISE 4

PRE–TEXT:

A. The breakup of Yugoslavia began in the early 1990s. This report is about a peace conference between warring Serbian and Croatian factions in the Hague. The attempt failed. Before you read the article, based on your knowledge of that part of the world, try to predict what the article can be expected to say. Then check to see if you were correct. Find the statements in the article that support your conclusions.

Before reading	After reading
Pre-diction: Likely to be said	Fact: Was said?

1. Lord Carrington said he could not chair the conference, given the ongoing violence.
2. Cyrus Vance supports Serbian calls for sanctions against Croatia by November 8.
3. Vance is an old hand at diplomacy.
4. Federal Yugoslav troops are trying to dislodge Croatian guard units from a Croatian city with a large Serbian population.
5. Šid is a Serbian city just across the border from Croatia.
6. Serbian television is giving much coverage to Federal efforts to keep Croatia under control.
7. TASS reporter Kondrashov says that the war has escalated because of Croatian attacks on Serbian towns.
8. So far Serbian units have not engaged Croatian guards in an official capacity. This job has been left to the Yugoslav Federal army.
9. Prince Charles and Princess Di had to be evacuated from the ancient city of Dubrovnik.
10. Many foreign nationals are trapped in war-torn Yugoslavia.

ОБСТРЕЛЫ СЕРБСКИХ ГОРОДОВ УГРОЖАЮТ НОВОЙ ЭСКАЛАЦИЕЙ КОНФЛИКТА

Некоторое сближение конфликтующих сторон в Югославии, которое, казалось бы, наметилось в связи со смягчением позиции Сербии на мирной конференции в Гааге (см. «Известия» № 264), увы, не удалось реализовать. Несмотря на торжественные обязательства соблюдать очередное соглашение о прекращении огня, стороны продолжали эскалацию боевых действий, что поставило конференцию в Гааге на грань провала.

Как сообщила германская телепрограмма АРД, председательствующий лорд Каррингтон прервал работу конференции, заявив: становится совершенно ясно, что продолжать мирную конференцию невозможно в то время, как насилие продолжается. Он добавил, что если до 8 ноября сербское руководство не согласится с условиями, поставленными ЕС, будет приведен в действие механизм санкций. Этот вопрос, судя по всему, будет рассмотрен в рамках предстоящего заседания совета НАТО в Риме.

Одновременно в Белград с рабочим визитом прибыл специальный представитель генерального секретаря ООН Сайрус Вэнс. Как сообщает ТАСС, в течение дня 6 ноября он встретится с руководителями федерального правительства, военного ведомства и армии, с президентом Сербии. По прибытии в Белград опытный американский дипломат подчеркнул, что самое важное сейчас добиться реального прекращения огня.

Между тем информационные агентства продолжали публиковать боевые сводки. В то время, как элитные части федеральной армии продолжали вытеснять хорватских гвардейцев с их последних рубежей в центре Вуковара, в 40 километрах от этого хорватского города, населенного большей частью сербами, подвергся артиллерийскому обстрелу сербский приграничный городок Шид. Это первый случай переноса военных действий на территорию Республики Сербии. Хорватские представители назвали фальсификацией показанные по Белградскому телевидению кадры о жертвах и разрушениях в Шиде. Однако позднее, в ночь на среду, был обстрелян также сербский город Апатин на границе между Сербией и Хорватией. По утверждению федеральной армии, 9 артиллерийских снарядов крупного калибра было выпущено на город с позиций хорватских формирований.

Обстрелы сербских городов грозят новым витком эскалации войны в Югославии, передает корр. ТАСС А. Кондрашов из Белграда. До сих пор Сербия формально не участвовала в боевых действиях между федеральной армией, ополченцами сербских автономий на территории Хорватии и хорватскими вооруженными формированиями. Нападения на приграничные города могут дать повод для объявления в Сербии мобилизации и посылки чисто сербских войск на фронты.

Сравнительное затишье сейчас в Дубровнике. Как пришедшему с неба спасению, обрадовались жители долгожданному дождю, запасая воду для домашних нужд, сообщило агентство Рейтер. Это агентство передало также информацию о том, что мэр Дубровника пригласил в город британского принца Чарльза и его супругу принцессу Диану, видя в их приезде гарантию спасения древностей Дубровника.

Нарастает поток беженцев из Югославии. Министр внутренних дел ФРГ объявил, что на эту страну приходится почти половина из 33.500 иностранцев, просивших политического убежища в Германии в октябре.

Пресс-служба «Известий».

POST–TEXT (using context and structure):

1.   In the first sentence of paragraph one, find the word(s) to which *которое* refers.

2.   The predicate in the first sentence is *не удалось реализовать.* Find the object to it.

3.   The subject of this sentence is ... (check the correct answer):
    a.   "disguised" into genitive case
    b.   *они* omitted
    c.   impersonal

4.   In the last sentence of the same paragraph, to which words does *что* refer?

5.   Translate this paragraph into English.

6.   In second sentence of paragraph 3, find the words to which *он* refer.

7.   *Опытный американский дипломат* in the last sentence of this paragraph, in English will be *the experienced American diplomate.* Explain the use of the definite article in the translation.

8.   Make a list of geographical names used in this article.

9.   Find the Russian for:

> *peace conference*
> *agreement on cease-fire*
> *escalation of hostilities*
> *violence continues*
> *combat reports*
> *large calibre artillery shells*

10.   Make a list of words which you can use talking about military conflicts.

GENITIVE CASE

USES	PREPOSITIONS:	QUESTION:
Ownership	English "of", "-'s"	Кого́? Чего́?
"have"	у	У кого́? У чего́?
Absence	у	У кого́ нет? У чего́ нет? Кого́ нет? Чего́ нет?
From a place	из С от	Отку́да?
Other prepositions	во вре́мя до - till - as far as по́сле у о́коло - near + a number =approximately ми́мо вокру́г среди́ вдоль внутри́ вне без кро́ме для про́тив посреди́ поми́мо вме́сто	Во вре́мя чего́? Без кого́?

TIME-EXPRESSIONS:	OTHER USES:
второе мая второго мая с середины года до конца квартала статья от первого декабря	1. after numerals: 2(3,4) крылатых ракеты 5(6-20) крылатых ракет - cruise missiles 2. after simple comparatives: больше нашей армии меньше ваших расходов 3. Genitive plural after: сколько, много, мало, столько, достаточно, большинство, один из, одна из, одно из, одни из 4. after: достигать - to achieve бояться - to fear требовать - to demand ждать (with inanimate) ожидать (with inanimate) избегать - to avoid

TABLE 13: CONSTRUCTION OF POSSESSION

```
┌─────────────────────────┐
│      Affirmative        │
└─────────────────────────┘
```

Present:

	меня́		план
у	нас	есть	ка́рта
			вре́мя
	них		де́ньги

possessor in genitive	possession in nominative

Past:

	меня́	бы́л	план (masc)
у	нас	была́	ка́рта (fem)
		бы́ло	вре́мя (neut)
	них	бы́ли	де́ньги (plur)

the VERB is in the gender of the possession.

Future:

	меня́		вре́мя (sing)
		бу́дет	план (sing)
у	нас		ка́рта (sing)
	них	бу́дут	де́ньги (plur)

the VERB is in the number of the possession.

```
┌─────────────────────────┐
│      Negative           │
└─────────────────────────┘
```

	тебя́		
			пла́на
У	вас	нет	ка́рты
			вре́мени
	неё		де́нег

possessor in genitive		possession in genitive

	тебя́		
			пла́на
У	вас	не́ было	ка́рты
			вре́мени
	него́		де́нег

the VERB is always neuter

	тебя́		
			де́нег
У	вас	не бу́дет	пла́на
			ка́рты
	них		вре́мени

the VERB is always singular

CIRCLE ONE

LESSON SIX

AUDIO–COMPREHENSION EXERCISE

You are about to hear a text about an appeal of the Russian President. You will probably easily recognize the cognates given below. Look through words and expressions listed after the cognates. Then listen to the text with the following questions in mind. Afterwards, listen to the text again, and write down the answers.

1. What in your view can they be expected to say about American and Russian nuclear weapons? What is the official Russian attitute towards this issue?
2. To which country did Russia appeal?
3. What kinds of weapons were mentioned?
4. To which body of the government was the appeal directed?
5. The President referred to a disarmament proposal already on the table. Whose?
6. And now, exactly what does the President want?
7. Which American politician commented on the President's statement? What did he say?
8. Did his statement match your expectations of what a person in his position could have said?

Cognates

конгре́сс
хими́ческий
биологи́ческий
рекомендова́ть
центра́льный
специа́льный мемора́ндум
ко́мплекс
реакцио́нный
комменти́ровать
республика́нский
сена́т
сена́тор
контроли́роваться
критикова́ть
агресси́вный блок

WORDS AND EXPRESSIONS (on the tape)

	(к кому?)	
обраща́ться/обрати́ться	к Конгре́ссу	ратифици́ровать догово́р
-ются -я́тся	к Росси́и	добива́ться разря́дки
	к президе́нту	оказа́ть по́мощь
обращённый		
обраще́ние		

запреща́ть/запрети́ть а́томное	ору́жие
-ют -ят я́дерное	
хими́ческое	
биологи́ческое	
обы́чное	
уда́рное косми́ческое	
запрещённый	
запреще́ние	

ока́зывать/ влия́ние (на что/кого?)	
-ют	на администра́цию приня́ть предложе́ние Росси́и
оказа́ть	на Соединённые Шта́ты обрати́ться к ООН
ока́жут	на росси́йскую сто́рону заключи́ть соглаше́ние
ока́занный	
оказа́ние	

принима́ть/ предложе́ние	прекрати́ть все испыта́ния я́дерного ору́жия
-ют	запрети́ть хими́ческое ору́жие
приня́ть	сократи́ть стратеги́ческие вооруже́ния
при́мут	обы́чные вооружённые си́лы в ФРГ
при́нятый	

в призы́ве	говори́тся о ... (о чём?)
в мемора́ндуме	говори́тся, что ...
в протоко́ле	

	(imperfective)
прекраща́ть/прекрати́ть	нагнета́ть междунаро́дную обстано́вку
-ют -я́т	развя́зывать го́нку вооруже́ний – to unleash
	the arms race
	испо́льзование я́дерной эне́ргии
прекращённый	
прекраще́ние	

комменти́ровать	мемора́ндум – to comment upon the memorandum
-уют	догово́р
прокомменти́ровать	

по́длинная   незави́симость – genuine independence
полити́ческая
экономи́ческая

подде́рживать/поддержа́ть   Североатланти́ческий сою́з/НАТО
    -ют поддержа́т   Варша́вский догово́р (ceased to exist in 1991)
             нагнета́ние напряжённости
подде́ржанный

подрыва́ть/подорва́ть   еди́нство За́пада
    -ют   -ут   вое́нный сою́з
          ми́рный догово́р
подо́рванный
подры́в

Аргенти́на, аргенти́нский, аргенти́нцы, Буэ́нос-Айрес
Брази́лия, брази́льский, брази́льцы, Брази́лия
Ме́ксика, мексика́нский, мексика́нцы, Ме́хико
Сомали́, сомали́йский, сомали́йцы, Могади́шо
Вьетна́м, вьетна́мский, вьетна́мцы, Хано́й, говори́ть по-вьетна́мски
Австра́лия, австрали́йский, австрали́йцы, Ка́нберра
Но́вая Зела́ндия, новозела́ндский, новозела́ндцы, Веллингто́н

TEXT: **Read the following text; be able to translate it into English in written form.**

Призы́в Росси́йского президе́нта

Росси́йский президе́нт обрати́лся к гла́вам госуда́рств и прави́тельств 15-ти стран-чле́нов Сове́та Безопа́сности ООН с призы́вом добива́ться запреще́ния а́томного, хими́ческого и биологи́ческого ору́жия. Президе́нт Росси́и рекоменду́ет, что́бы ООН оказа́ла влия́ние на Великобрита́нию, Фра́нцию и Кита́й, входя́щие в так называ́емый я́дерный клуб, приня́ть росси́йское предложе́ние прекрати́ть все испыта́ния я́дерного ору́жия, а та́кже пойти́ навстре́чу росси́йскому предложе́нию о радика́льном сокраще́нии я́дерных арсена́лов, также как и обы́чных (нея́дерных) вооружённых сил в Евро́пе. В призы́ве Президе́нта, заключа́вшемся в специа́льном мемора́ндуме на и́мя Генера́льного Секретаря́ ООН говори́тся: «необходи́мо, что́бы вое́нно-промы́шленный ко́мплекс э́тих стран прекрати́л бесконтро́льно увели́чивать свои́ я́дерные арсена́лы, что мо́жет, по мне́нию президе́нта, спосо́бствовать нагнета́нию междунаро́дной обстано́вки.

Комменти́руя росси́йскую инициати́ву, ли́дер республика́нского большинства́ в сена́те США подчеркну́л: «Холо́дная война́ ко́нчилась, что ликвиди́ровало возмо́жность развя́зать но́вую го́нку вооруже́ний. Одна́ко у Москвы́ нет по́длинной незави́симости в ра́мках содру́жества для реше́ния таки́х вопро́сов». Одна́ из це́лей но́вой инициати́вы, соотве́тственно, прекрати́ть го́нку вооруже́ний, а та́кже помеша́ть агресси́вным си́лам принима́ть ме́ры по укрепле́нию свое́й я́дерной мо́щи. «Эти си́лы, -- по мне́нию сена́тора,-- стремя́тся к тому́, чтобы подорва́ть еди́нство стран, включи́вшихся в проце́сс я́дерного разоруже́ния».

VOCABULARY EXERCISES

Look through the vocabulary for the text «*Призы́в росси́йского президе́нта*». Do the following exercises.

A. Give perfective forms for the following verbs. Conjugate the italicized ones. Mark the stress.

подде́рживать
прекраща́ть
подрыва́ть
принима́ть
запреща́ть
обраща́ться
ока́зывать

B. Give derivative forms for the following words.

подрыва́ть   заключи́ть
коммента́рий   обраще́ние
прекраще́ние
влия́ние
оказа́ть

C. Paraphrase the italicized words.

поддéрживать Варшáвский договóр
оказáть пóмощь
ухудшáть международную обстанóвку
влиять на администрáцию
остановить все испытáния
настоящая незавйсимость
начáть гóнку вооружéний

D. Give the opposite for the italicized words.

увелйчить стратегйческие вооружéния
ядерные сйлы
начáть гóнку вооружéний
укрепйть едйнство Зáпада

E. Give Russian equivalents for the following English phrases.

- to address the US Congress to ratify the treaty
- to reduce conventional forces
- to cease all nuclear testing
- to exert influence on the administration to sign the treaty
- to unleash the arms race
- to comment on the memorandum
- to increase international tension
- to undermine the unity of the West
- to support the Warsaw pact

F. Fill in the blanks with the appropriate prepositions.   Write Ø if no preposition is necessary.

1. Конгрéсс обратйлся ____ президéнту с предложéнием оказáть пóмощь жéртвам землетрясéния.
2. ____ призы́ве говорйтся, что необходймо добивáться разря́дки.
3. ____ повéстку дня постáвили вопрóс ____ стратегйческих вооружéний ____ европéйском континéнте.
4. Мировáя общéственность пытáется оказáть влия́ние ____ сверхдержáвы, чтóбы остановйть ____ гóнку вооружéний.
5. Осóбое внимáние уделйли ____ запрещéнию химйческого орýжия.

G. List cognates from the text of lesson 6.

H. Fill in the blanks with the appropriate words.

                             (какóе?)

1.   Договóр запрещáет _____ орýжие
                          _____
                          _____

                             (сдéлать что?)

2.   Совéт мйра прйнял предложéние _____
                             _____
                             _____

                             (что?)

3.   Общéственность поддéрживает _____
                             _____
                             _____

                             (что?)

4.   Гóнка вооружéний подрывáет _____
                             _____
                             _____

I. Make several sentences following the pattern below. Be able to translate your sentences.

1.   (кто?)   обратйлся   (к комý?)   (сдéлать что?)

2.   (кто?)   окáзывает влияние (на когó?)   (сдéлать что?)

3.   (кто?)   комментйрует   (что?)

K. Answer the following questions. (on the tape)

1.   К какйм óрганам влáсти америкáнского правйтельства чáсто обращáется президéнт?
2.   Какóй óрган влáсти ратифицйрует договóры в США?
3.   Какóй óрган влáсти ратифицйрует договóры в Великобритáнии?
4.   Какóй óрган влáсти ратифицйрует договóры во Фрáнции?
5.   Какóй óрган влáсти ратифицйрует договóры в Россйи.?
6.   На что общéственное мнéние мóжет окáзывать влияние в демократйческих стрáнах?
7.   Какйе вйды орýжия пытáются сократйть на переговóрах в Вéне?
8.   Какйе вйды орýжия пытáются запретйть на переговóрах в Женéве?
9.   Какйе áкции мóгут нагнетáть междунарóдную обстанóвку?
10. Какóй незавйсимости добивáются стрáны трéтьего мйра?

11. Что включа́ет в себя́ по́длинная незави́симость?

12. Каки́е де́йствия подрыва́ют еди́нство стран, включи́вшихся в проце́сс ядерного разоружения?

13. Брази́лия нахо́дится на североамерика́нском континé́нте?

14. Сомали́ - это азиа́тская стра́на?

15. На како́м континé́нте нахо́дится Австра́лия?

16. На како́м языке́ говоря́т в Но́вой Зела́ндии?

17. В Аргенти́не говоря́т по-аргенти́нски?

18. Как называ́ется столи́ца э́той страны́?

GRAMMAR: COMPARATIVE AND SUPERLATIVE DEGREES OF ADJECTIVES

Note: Only *qualitative* adjectives have degrees of comparison.

Look at the sentences below and their translations:

Ваш вопро́с тру́дный.	Your question is hard.

Comparative:

Её вопро́с трудне́е.	Her question is hard*er*.

Superlative:

Их вопро́с **са́мый тру́дный**.	Their question is the hard*est*.

Comparisons are made by using **чем** separated by a comma:

Э́тот план эконо́мнее, **чем** тот план.	This plan is more economical than that plan.
Она́ говори́т быстре́е, **чем** он.	She speaks faster than he does.

Important note: The *short-form* comparatives you have seen so far cannot decline.   Therefore they may be adverbs, or they may occur only *after some form of the verb "to be."*   In other words they must be predicate adjectives:

Adverb:

Во́лков писа́л ме́длен**ее**.	Volkov wrote more slowly.

Predicate adjective:

Её отве́т **про́ще**.	Her answer *is* simpler.
Её отве́т был **про́ще**.	Her answer *was* simpler.
Её отве́т бу́дет **про́ще**.	Her answer *will be* simpler.

But what if you want to say: "She gave a simpler answer"?   Look at the sentences below:

Она́ дала́ **бо́лее просто́й** отве́т.
Мы говори́ли о **бо́лее ва́жных** дела́х.
Вопро́с был решён **бо́лее жёсткими** ме́тодами.
Э́то **бо́лее серьёзный** вопро́с.

In other words, when a comparative is placed in a *declinable position* (that is, anywhere *not* immediately after a "to be" verb), you must use the *long-form* construction **бóлее + regular adjective + correct ending for gender, number and case.**

Now check yourself to see that you have understood the difference between *short form* and *long form* comparatives. Look at the English sentences below and determine which in Russian would require long-form comparatives (**бóлее**):

1.   These terms are *more difficult* than the ones we we had hoped for.

2.   We have to take a *more positive* attitute in the future.

If you said that #1 takes a short form, while #2 requires the long form **бóлее** construction, you were right.

Replacement of ЧЕМ + nominative with genitive case:

Look at the two synonymous sentences below:

Сегóдняшние обстоя́тельства
сложнéе, чем вчера́шние.

Today's circumstances are
more complicated than yesterday's.

Сегóдняшние обстоя́тельства
сложнéе вчера́шних.

As you can see, the comparative **чем** + nominative can be replaced by a genitive without **чем.**

Comparisons with numbers

Look at the sentences below and their translations:

Эта дорóга **на пять
киломéтров длиннéе** той.

This road is longer than
that one *by five kilometers.*

Он **на два гóда молóже** её.

He's two years younger than she
is.

Этот план **в пять раз лу́чше.**

This plan is five times better.

Note that in comparisons the numerical expressions are expressed by **на** + numerical expression. The exception is *x number of times (better, cheaper, taller, etc.):* **в два ра́за (в пять раз) лу́чше, дешéвле, вы́ше,** etc.

Formation of the superlative

Superlative adjectives ("the most...") are formed by the construction **са́мый** + an adjective. Both **самый** and the adjective decline in gender, number, and case:

Это са́мая сканда́льная програ́мма.
Одна́ из са́мых сканда́льных програ́мм...
О са́мой сканда́льной програ́мме...

Superlative adverbs (e.g. "She works the fastest") are formed by means of the comparative plus **всех:**

Она́ рабо́тает **быстре́е всех.**   She worked the fastest.
Мы говори́ли **ме́дленнее всех.**   We talked the slowest.

GRAMMAR: GENITIVE CASE (Continued)

1. QUANTITIES

After **мно́го, ма́ло, не́сколько, ско́лько, сто́лько, доста́точно, большинство́, оди́н (одна́,одно́,одни́) из.., ряд..**

ско́лько догово́ров, большинство́ вое́нных сою́зов, доста́точно я́дерного ору́жия.

BUT!

мно́гие (немно́гие) ду́мают (счита́ют, говоря́т, пи́шут, etc.) – Many (fewer) believe (think, say, write, etc.)
Не́которые ду́мают... – Some believe..., etc.

2. NUMBERS:

A. Look at the model:

три́дцать **два** интере́сных сообще́ния

The formula is: Numbers ending in...
два / две **три четы́ре** + gen. pl. adj. + gen. sg. noun

Note: **два** + masculine or neuter nouns: **два вопро́са**
две + feminine nouns: **две пробле́мы**

B.   Look at the model:

$$\overset{\displaystyle /\overline{\qquad\qquad}\diagdown\overline{\qquad\qquad}\diagdown}{}$$

три́дцать **пять** интере́сных сообще́ний

Numbers ending in **пять, шесть, семь, во́семь, де́вять**, as well as zero-digit numbers (**два́дцать, три́дцать**, etc.) and teens (**оди́ннадцать, двена́дцать**) take both adjectives and nouns in genitive plural.

C.   *BUT!*

If the number itself is not in nominative (or a form of accusative which looks like nominative), then the thing being counted reverts to the plural form of whatever case would be expected in that particular construction.   Compare:

Приду́т   в   **два**   часа́.

acc. form   dictates
like nom.   gen.

Приду́т   к   **двум**   часа́м.

dat. for   dat. for
number   noun

D.   Numbers ending in "one" are more like adjectives.   They always take *singular* adjective-noun combinations:

В делега́ции два́дцать **оди́н** челове́к.
Была́ одна́ пробле́ма.   Без одно́й пробле́мы...
Бы́ло одно́ сообще́ние.   В одно́м сообще́нии...

3.   **After comparatives as a synonym for чем + nominative: бо́льше, чем Сове́тский Сою́з = бо́льше Сове́тского Сою́за.**

4.   **After certain verbs: боя́ться** *to fear,* **достига́ть/дости́гнуть** *to achieve,* **добива́ться/доби́ться** *to strive for/to accomplish,* **тре́бовать/потре́бовать** *to demand.*

Ждать *to await* and **ожида́ть** *to expect* take masculine inanimate objects in genitive; feminine in accusative: **ждать отве́та** but **ожида́ть програ́мму.**

GRAMMAR EXERCISES: COMPARATIVES AND SUPERLATIVES

A. **Read grammar on comparitives and superlatives. Change comparative genitive constructions into comparative чем + nominative constructions.**

1. больше нас
2. ниже положенной суммы
3. выше нормы
4. громче других
5. хуже обычного результата
6. моложе нашего президента
7. старше него
8. лучше других
9. старее той церкви
10. легче того разговора

B. **Now use the phrases above in complete sentences.**

C. **Make the following into comparitives and superlatives following the model.**

Example: Эти цены... низкие... объявленные цены
⟶ *Эти цены ниже объявленных цен.*
⟶ *Эти цены самые низкие.*
⟶ *Я никогда не слышал о более низких ценах.*

1. Москва...старая...Ленинград
2. Наши цифры... точные... эти
3. Связи с КНР... крепкие... обычные
4. Это решение... хорошее... ваше решение
5. Наша программа... плохая... ваша программа
6. ВВС... сильные... пехота
7. Этот обзор... широкий... тот обзор
8. Ваш план... простой... данный проект.

D. **Review genitive forms of numbers in the appendix. Then change the following чем-type comparisons into genitive constructions according to the model.**

Example: меньше, чем четыре человека ⟶ меньше *четырёх человек*

1. Больше, чем 25 предприятий
2. Меньше, чем 4 солдата
3. Больше, чем 1200 рублей

4. Меньше, чем 12 сантиметров
5. Больше, чем 24000 километров
6. Больше, чем 125 видных деятелей
7. Чуть меньше, чем 2200 боеголовок
8. Свыше, чем 362 рабочих дня
9. Больше, чем 45 лет
10. Меньше, чем 3 месяца

E. Translate the following sentences.

1. This building is 25 meters taller than that one.
2. This plan is 200 pages longer than that one.
3. This plant is a million rubles more expensive than that one.
4. This formula is ten times stronger than that one.
5. Our plane flies three times faster than theirs.

GRAMMAR EXERCISES: GENITIVE CASE (Continued)

Review the grammar on the genitive case. Look over the genitive case chart at the end of Lesson 5. Then complete the exercises below.

A. Put the words in parentheses into the correct form according to the model.

Example: На собрании (был... много... москвич)
⟶ *На собрании было много москвичей.*

Remember the difference between countable nouns and uncountable nouns.

1. Такой план (поддерживал... большинство... население).
2. На приёме в посольстве (находился... несколько... представитель...) вашей страны.
3. Уже (опубликован... немало... интересная статья) о будущих космических станциях.
4. К концу года (будет принят... много... необходимая мера) по укреплению обороны.
5. В статье говорится, что обе стороны проводят слишком (много... ненужное испытание).
6. Нефтяные месторождения Кавказа дают (много... высококачественная нефть).
7. Пока сдана только первая очередь новой станции, и поэтому она даёт (меньше... газ), чем планировалось.
8. В Москве (был подписан... несколько... многообещающая договорённость) об использовании космоса в мирных целях.

9.   В   Варшавский   договор   (входить...   меньшинство...   страна...,
     находящаяся) в Центральной Европе.
10. Россия издаёт (больше... научная публикация), чем любая другая страна
     мира.

B.   Fill in the blanks.

1.   На съезде _____ из США.
     there were many delegates

2.   С тех пор _____.
     there have been achieved few agreements

3.   После провала на переговорах в верхах _____.
     there was little hope

4.   _____ за этот законопроект?
     How many Congressmen

5.   Этой теме посвящён _____.
     a number of articles

**C.   Unlike other quantities весь, вся, всё (*all of* + singular) and все (*all*
plus plural) do *not* take genitive.   Rather they function like adjectives.
With that in mind, change the sentences below according to the model.**

Examples: Там было мало студентов. ——→ Там *были все студенты.*
              Мы продали мало водки. ——→ Мы продали *всю водку.*

1.   В Ленинской библиотеке мало зарубежных изданий.
2.   Мы заметили меньше перемен.
3.   Мы осмотрели три научно-исследовательских института.
4.   На пленуме присутствовало несколько членов зарубежных компартий.
5.   На съезде было принято много важных решений.
6.   СССР покупал у Кубы много сахара.
7.   Большинство молодёжи поддерживает перестройку.
8.   Договор запрещает ряд испытаний ядерного оружия.

**D.   Translate the following phrases using все, многие, немногие, некоторые, as
well as the grammatically singular forms большинство, ряд and никто не, as
appropriate.**

1.   Everyone thought that...
2.   Many believe that...
3.   No one would say that...
4.   Few would say that...

5.   A number of people consider...
6.   Nearly all agree that...
7.   Some continue to say that...
8.   No one thinks that...
9.   The majority says that ...
10. Certain people might say that...
11. Most feel that...

E.   **Write out the forms of the numbers along with the phrase that follows. Watch for the correct form of два/две.**

Reminder: No number has more than one ь. *In teens the* ь *is at the end. In "-ties" it is in the middle:* пятнадцать *but* пятьдесят.

1.   2...   важный вопрос
2.   12...   обещающая область
3.   116... известная фирма
4.   242... золотая монета
5.   351... подписанное соглашение
6.   490... убеждённый коммунист
7.   502... маленькая деревня
8.   644... серьёзный ответ
9.   782... открытое место
10. 821... советский учёный
11. 900... тяжёлый день

F.   **Put each of the phrases above into genitive, dative, and prepositional case. Consult the appendix.**

G.   **Write out the prices and percentages.**

1. $2,530,000.00	2. R.110.82	3. $2,200.00
4. R.2,534	5. $0.22	6. R.52,000.00
7. $454.00	8. R.1,229.45	9. $180,000
10. R.119.90	11. 22%	12. 50%
13. 76%	14. 91%	15. 100%

H.   **Fill in the blanks.**

1.   В Австралии примерно _____.
                                    16 million inhabitants

2.   Договорённость предусматривает _____.
                                    2000 warheads

3.   Выступление Генсека продолжалось всего _____.
                                                          22 minutes

4.   В СССР было ___ _____ _____.
                       7   general   secretaries

I.   Decide whether the numbers and nouns below follow the "number plus genitive" pattern, or whether the entire expression declines. Fill in the blanks.

1.   Мы знаем всего о _____ _____ _____.
                            два/две   такие   случай

2.   На совещании было ____ _____ _____.
                             32   видные   ученые

3.   В конференции принимали участие представители ____ _____
                                                        8   африканские

      _____.
      страны

4.   У нас нет ни ___ _____ на чужой территории.
                        1   солдат

5.   Выступление президента было передано по всем ____ _____
                                                         4   программы

      телевидения.

6.   Мы познакомились с делегатами из _____ _____ _____.
                                            35   крупные   города

7.   На собрании было около _____ _____ президента.
                                 250   гости

8.   Наши успехи полностью зависят от ____ пока _____
                                            2   неизвестные

      _____.
      факторы

J.   Make up sentences, each with one of the following verbs.

      *бояться, достигать/достигнуть, добиваться/добиться
      требовать/потребовать, ждать, ожидать*

Where both aspects are given make up a sentence for each aspect.

GRAMMAR: SUBJUNCTIVE AND CONDITIONAL

Subjunctive indicates that the action is viewed not as a real fact but as something possible or desirable.

I wish I *were* an ambassador!	*Была бы* я послóм!
It is important that he *go* to the conference.	Вáжно, *чтóбы* он *поéхал* на конферéнцию.
If we *had worked* hard, we *might have resolved* these problems.	Éсли *бы* мы *порабóтали* как слéдует, мы *бы могли* разрешйть эти проблéмы.

As you see, English subjunctive has many forms.

Russian subjunctive has only one form: the verb in the past and either **БЫ** or **ЧТОБЫ**, depending on context.

Subjunctive is used in "ЧТОБЫ" Clauses:

1. **After the following impersonal phrases expressing desirability of action:**

> **нáдо, нýжно** – it is necessary,
> **вáжно** – it is important,
> **необходймо** – it is vital,
> **желáтельно** – it is desirable.
> **порá** – it is time.

Бы́ло вáжно, чтóбы стóроны *подписáли* договóр.	It was important that the sides sign the treary.
or	It was important for the sides to sign the treaty.
Бýдет желáтельно, чтóбы лйдеры стран Зáпада регуля́рно *встречáлись.*	It will be desirable that the leaders of western countries get together on a regular basis.

Note that that the tense in the main clause has no effect on subjunctive.

2. **After the following verbs expressing order, demand or suggestion:**

> хотéть – to want,
> трéбовать – to demand,
> рекомендовáть – to recommend,
> предпочитáть – to prefer.

Президéнт *хóчет, чтóбы* Конгрéсс *ратифицировал* договóр.	The President wants the Congress to ratify the treaty.
Мы *хотим, чтóбы* сверхдержáвы в Женéве *достигли* какóго-нибýдь прогрéсса.	We want the superpowers to achieve some progress in Geneva.

хотéть + чтóбы Subjunctive is translated into English as **"to want somebody to do something"**

Мировáя общéственность *трéбует, чтóбы* СССР *вывел* войскá из Афганистáна.	World public demands that the USSR withdraw its troops from Afganistan

Note that subjunctive is necessary after these verbs only when the doer in the main clause is different from the doer in the "ЧТОБЫ" clause.   Otherwise, there is no need for a subordinate clause.

Мировáя общéственность *трéбует вывода* совéтских войск из Афганистáна.

The world public demands Soviet troops' withdrawal from Afganistan.

3. **In clauses of purpose when the doer of the main clause has the doer of the "ЧТОБЫ" clause do something.**

Эту попрáвку ввели *для тогó, чтóбы* эмигрáция из Росси́и *продолжáлась.*	This ammendment was introduced so that emigration from Russia would continue.

Note that if the doer in both clauses is the same, a "ЧТОБЫ" + infinitive phrase is sufficient.

Эту попрáвку ввели *для тогó, чтóбы продóлжить* эмигрáцию из Росси́и.	This ammendment was introduced to prolong the emigration from Russia.

Conditional indicates:

1. **An action which may take place under certain circumstances in "ЕСЛИ" clauses.**

    Если бы X. ..., то Y. бы....

Телесе́рия «Аме́рика» *могла́ бы* нанести́ вред, *е́сли бы* лю́ди *воспринима́ли* её серьёзно.	The TV series "Amerika" could have been harmful if people had taken it seriously.
А *е́сли бы* президе́нт *подписа́л* что-нибу́дь, как *бы* хозя́ева Аме́рики *поступи́ли* с догово́ром?	And if the President were to sign something, how would the bosses of America treat the agreement?

English clauses with indirect speech in the past ought not to be confused with unreal condition.

Indirect speech:

The White House spokesman *said that* if Secretary of State *went* to Moscow, he *would talk* about Jewish emigration as well.

Direct speech:

The White House spokesman said: "If Secretary of State goes to Moscow, he will talk about Jewish emigration."

Russian translation of "false subjunctive":

Представи́тель Бе́лого до́ма сказа́л, что, е́сли Госсекрета́рь пое́дет в Москву́, то он бу́дет говори́ть о «евре́йской эмигра́ции».

Now look at the same sentence with "true subjunctive":

Представи́тель Бе́лого до́ма сказа́л, что, е́сли бы Госсекрета́рь *пое́хал* в Москву́, то он *говори́л бы* о «евре́йской эмигра́ции».

The White House spokesman said that if the Secretary of State *were to go* to Moscow, he *would talk* about Jewish emigration as well.

2. **An action which is desired or planned or to express request without "ЕСЛИ".**

Бы́ло бы жела́тельно встре́титься
в ближа́йшем бу́дущем.

It would be desirable to get
together in the very near furure.

В програ́мме предлага́ется тако́й
поря́док, при кото́ром *понижа́лся*
бы у́ровень вое́нного
противостоя́ния.

Under the arrangements provided
by the program, the level of
military confrontation would
decrease.

GRAMMAR EXERCISES: SUBJUNCTIVE AND CONDITIONAL

A. **Read over the grammar on subjunctive in this lesson. Then review the text. Find all the places where subjunctive is used and determine the reason for each occurrence.**

Subjunctive after impersonals:

B. **Put the verbs in the infinitive into a proper form. Be able to translate these sentences into English.**

1. Важно, чтобы наши экономические отношения_____ быстрее.
    (*развиваться*)

2. Было желательно, чтобы банки _____ долгосрочный кредит
    (*предоставить*)
    Польше.

3. Надо, чтобы США _____ меньше нефти.
    (*импортировать*)

4. Будет нужно, чтобы наш представитель _____ об опасности
    (*заявить*)
    настоящей ситуации.

5. Пора, чтобы переговоры _____ более конструктивный характер.
    (*носить*)

C. **Fill in the blanks using subjunctive.**

1. Надо, _____ по этому животрепещущему вопросу.
    that we exchange opinions

2.   Будет важно, _____

that the memorandum indicate our determination

укреплять международную финансовую систему.

3.   Было бы желательно,_____

that the US and the USSR would develop space

в мирных целях.

4.   Пора, _____ на основе доверия.

that relations between allies be built

Subjunctive after verbs expressing order:

D. Fill in the blanks using subjunctive.   Be able to translate these sentences into English.

1.   Госсекретарь не захочет, _____ в Хельсинки.

the meeting to take place

_____ из ЮАР.

US firms to import diamonds

_____ Китаю.

West-Europeans to sell hi-tech

2.   Меморандум требует,   _____

that members of IMF pay more attention

более реалистическому курсу обмена валют.

_____

that representatives of both sides

_____ как можно скорее.

conduct negotiations

_____

that superpowers show some good-will

на предстоящих переговорах.

3.   Доклад рекомендовал,

_____

that the Congress exert its influence

на настоящую администрацию.

_____

the new treaty ban the development

биологического оружия.

_____

socialist countries open the door

новому этапу в отношениях между Востоком и Западом.

Subjunctive in "ЧТОБЫ" clauses:

E. Change the following sentences using subjunctive.   Make necessary adjustments.   Translate these sentences into English.

Пример: Министр обороны *сказал* своему помощнику *подготовить* доклад.
            ——→ Министр обороны *сказал, чтобы* его помощник *подготовил* доклад.

1.   Глава российской делегации попросил представителя Болгарии принять участие в переговорах.
2.   Главнокомандующий приказал войскам прекратить наступление.
3.   Президент обратился к Конгрессу ратифицировать договор об ОСВ-2.
4.   Пресса оказала влияние на администрацию принять предложение России.

F. Translate the following sentences into English.

1.   Нужно продолжать осуществление «стратегической оборонной инициативы», чтобы русские нас не обогнали.
2.   Важно, чтобы высказанные идеи были развиты дальше.
3.   Мы хотели бы, чтобы на переговорах в Женеве был достигнут прогресс.
4.   Необходимо, чтобы существующие соглашения были подписаны не позднее 1993-го года.
5.   Важно, чтобы эти вопросы были вынесены на более видное место.
6.   Комитет настаивает на том, чтобы Госдепартамент немедленно отозвал наших дипломатов.
7.   Надо, чтобы в Европе не оставалось никаких ракет средней дальности.

8. Министры иностранных дел арабских стран встретились на конференции, чтобы мировая общественность признала важность урегулирования в этой части мира.

9. Мы ожидаем существенного сокращения в обычных вооружениях, чтобы имеющаяся ныне диспропорция в   пользу СНГ была ликвидирована.

10. Они настаивали на том, чтобы был достигнут «тотальный пакет».

11. Договаривающиеся заявили о своей заинтересованности в том, чтобы обе стороны соблюдали ОСВ-2.

12. На повестку дня поставили предложение Польши о том, чтобы на последнем этапе Стокгольмской конференции обсуждались меры укрепления доверия.

13. Не существует ни одной проблемы в мире, которая стоила бы того, чтобы из-за неё началась ядерная война.

Subjunctive in clauses of unreal condition and to express wish or probability.

G. Change the following sentences in the indicative into subjunctive. Be able to translate both.

1. Если найдут новые источники энергии, можно будет улучшить состояние платёжного баланса.

2. В целях ускорения процесса можно использовать любые формы работы.

3. Если эта страна достигнет более высокого уровня экономического развития, она не позволит проникновение иностранного капитала в свою экономику.

4. Если Великобритания признает этот режим белого меньшинства, она предаст тем самым дело освобождения Чёрной Африки от колониализма.

5. Если администрация не окажет поддержку нашим союзникам по блоку, мы встанем перед лицом реальной возможности локальной войны в этом стратегически важном районе мира.

6. Если удастся договориться по процедурам контроля и инспекции, это будет важным шагом вперёд.

7. Мы против перенесения СС-20 по другую сторону Урала, откуда они могут быть возвращены обратно.

H. Write ten sentences to illustrate the use of subjunctive.

I. Translate the following sentences into Russian.

1. It is important that Latin American governments carry out agrarian (аграрный) reforms in their countries.

2. Brazil wants western banks to extend long-term credits to it.

3. If they reached an agreement on further reductions of interest rates, that would strengthen the world monetary system.

4. This report would include a variety of issues.
5. Israel announced its readiness to negotiate with the PLO so that Arab moderates (умеренные) would attend the conference.
6. The former Soviet Union prefered for the NATO members themselves to undermine the unity of the alliance.
7. It would be essential that our negotiating team achieve success at the forthcoming arms control talks.
8. Would the US, before the end of the Cold War, be ready to sell strategically important equipment to the Soviet Union if Moscow had opened its doors to emigration?
9. Would he take a stand on the issue of apartheid? (апартеид)
10. In the 80s, the Soviets demanded that the US drop the development of SDI.
11. President Truman supported the Marshall Plan so that post-war Europe could rebuild (восстановить) its economy.
12. It is desirable that current changes contribute to the relaxation of international tension.
13. The Secretary of Commerce demanded that our trading partners put an end to the artificial export encouragement so that our economy would get stronger.
14. Several members of Congress addressed the President so that he would put the Russia's arms control violations on the agenda.

RENDERING

Use what you know to render, not translate, the following information as best you can. If you find you cannot say something, edit it down to some thing you are capable of. You should review this chapter but you should *not* use a dictionary.

President Haglund is expecting a victory in Congress on the issue of the ratification of the ABM-2 Treaty, which the previous Congress voted down in 1982. While American conservatives are optimistic that Hagland cannot get Congressional approval, many feel that the grass-roots demand for passage is growing.

Support for the treaty is stronger in Europe. Many there feel that that issue is more important than all others. Just last week more than 200,000 Germans took part in a massive demonstration urging the Haglund administration and the American Congress to approve the treaty and get on with negotiating SALT III, whose success depends on the continuation of ABM.

Most observers believe that a succesful SALT III negotiation would reduce the total number of warheads by 85%.

SPEAKING EXERCISES

A. **Отвéтьте на слéдующие вопрóсы по тéксту урóка.**

1. С какѝм призы́вом обратѝлся российский президент к америкáнскому конгрéссу?
2. Что он рекомендýет америкáнскому конгрéссу?
3. Почемý у Москвы́, по словáм лѝдера республикáнского большинствá в сенáте, нет пóдлинной незавѝсимости?
4. Что явля́ется цéлью э́той инициатѝвы, по мнéнию америкáнского сенáтора?

B. 1) **Расскажѝте текст, испóльзуя словáрь урóка 6.**

2) **Изменѝте текст, испóльзуя словáрь урóка.**

C. **Состáвьте ситуáцию, испóльзуя слéдующие выражéния.**

according to... sources; to exert influnce on...; to undermine the unity of; a ban on...; to address...to support...; to increase international tension; to comment on the treaty

D. **Расскажѝте, когдá и при какѝх обстоя́тельствах был сóздан Сéверо-атлантѝческий со^юз (НАТО).**

E. **Вы – главы́ америкáнской и российской делегáций на переговóрах по я́дерным и космѝческим вооружéниям в Женéве. Обсудѝте проблéму продлéния дéйствия договóра ПРО.**

F. **Происхóдит очереднáя сéссия переговóров об ограничéнии обы́чных и нея́дерных вооружéний в Вéне. Изложѝте позѝции сторóн относѝтельно чѝсленности войск НАТО и СНГ в Еврóпе.**

G. **Вы российский минѝстр инострáнных дел и америкáнский госсекретáрь. Обменя́йтесь мнéниями относѝтельно прекращéния испытáний я́дерного орýжия.**

READING EXERCISE 1

PRE-TEXT:

A. This report appeared in 1991. It starts out with a long quotation.

   1. Before reading this article, look at the headline. Determine what country is being talked about and the specific issue at hand. Who do you think the principal parties are?
   2. Look beyond the first paragraph to find out who is quoted. Then be ready to summarize what was said.
   3. The statement quoted in the lead is characterized as "sensational." Which of the following statements is the most accurate explanation for that characterization?
       a. The speaker had vowed a fight for full independence.
       b. The speaker had promised to crush the enemy.
       c. The speaker broke his promise to negotiate.
       d. The speaker caved in on all demands.

   4. Which paragraph sums up the historical background of this issue? Be ready to list two or three pieces of historical data from this paragraph.

   5. Which paragraphs would you read to find three underlying factors that help mold the shape of events today? Which of the following factor(s) did you find?
       a. The government's hard line has been quite successful.
       b. Bad press has forced both sides to seek an accord.
       c. The movement did not garner enough Western aid.
       d. The government has moved towards compromise.
       e. Political support in the region has faded.
       f. Loss of support has led to conscription.

B. A number of paragraphs are interlaced with the commentator's speculation as to who helped fan the flames of conflict in the past. Identify these paragraphs. Then match the countries mentioned with the actions that each may have taken. (Warning! There are more countries and actions in each list than are actually mentioned in the article, and some answers are used more than once!)

   _____ Bekaa Valley   a. Presidential adviser ran illegal arms deal.
   _____ Germany   b. Openly ran newspapers supporting terrorism.
   _____ K.R.P.   c. Had secret dealings with Ojalan's people.
   _____ Lebanon   d. Refused to have meetings with Ojalan.
   _____ Libya   e. Hosted one of rebels' branch offices.
   _____ Syria   f. Served as military training area.
   _____ U.S.   g. Supplied terrorist training.
   _____ U.S.S.R.   h. Lavished funds on rebels.

C. By now you have pieced together quite a few details. Now put it all together.

1. Name all the actors and the factions each represents.
2. Name all the political groups (and their home countries cited) and their positions.
3. Identify dates and their events and numbers pertaining to people.
3. Identify all abbreviations.
4. Retell the story line in English without looking at the text.

В ТУРЕЦКОМ КУРДИСТАНЕ ПРЕКРАЩАЮТСЯ БОЕВЫЕ ДЕЙСТВИЯ

«Мы приостанавливаем проведение боевых операций на территории Турции до 21 марта 1992 г. Но в течение этого периода руководство Курдской рабочей партии будет внимательно следить за политикой правительства Сулеймана Демиреля по вопросу урегулирования курдской проблемы».

Это сенсационное заявление прозвучало из уст Абдуллаха Оджалана — лидера КРП, самого непримиримого бойца за создание независимого Курдистана. Тем самым Оджалан и его сподвижники по партии отказываются от главного принципа этой организации — «войны до победы», то есть отделения турецкого юго-востока от Турции.

Напомним, что КРП, основанная в 1978 году, начала боевые действия против турецких вооруженных сил в 1984 году. За это время в горах Турецкого Курдистана погибло около 4 тысяч человек. Причем большинство из них — мирные жители. Однако не сегодня, даже не вчера, стало ясно — вооруженная борьба не решит курдскую проблему. Пусть поздно, но и руководство КРП осознало это, правда, под давлением конкретных обстоятельств.

Во-первых, у КРП остается все меньше сторонников среди турецких курдов. Дошло до того, что молодых людей боевики Оджалана силой загоняют в свои отряды.

Во-вторых, руководство курдов Ирана, Ирака и Сирии уже давно отмежевалось от действий КРП. Их позицию четко выразил лидер иракского Патриотического союза Курдистана Джаляль ат-Талабани: «Деятельность КРП наносит вред всему курдскому движению».

И, наконец, политика официальной Анкары по отношению к 12-миллионному курдскому меньшинству Турции в последнее время изменилась. Признав, что курдская проблема — это реальность, правительство видит выход из затянувшегося кризиса в экономическом и политическом его решении. Более того, совершая поездку по юго-восточным районам страны, премьер С. Демирель заявил о том, что новый кабинет министров считает «курдский вопрос» одним из самых важных.

Что ж, по всей видимости, исчезает еще один очаг локальной войны.

Однако это могло произойти и раньше, если бы повсюду в мире не находились силы, потакающие террористам.

Известно, что все эти годы боевиков для КРП специально готовили в долине Бекаа, в Восточном Ливане. Дело было поставлено на поток. Остается неясным, правда, кто из правителей Ливана или Сирии давал и дает карт-бланш на учебу террористов?

На Западе существуют определенные симпатии к курдскому движению, ему оказывается поддержка. Большинство организаций этого движения — за мирное, цивилизованное разрешение курдской проблемы. Не удивительно ли, что на территории Германии легально функционирует штаб-квартира КРП, издающая две газеты, где откровенно пропагандируется терроризм? Не до конца было понятно и отношение к этой проблеме нашего государства. Интересно, что именно в бывшем союзном МИДе в начале этого года меня попросили «не отказываться» от встречи с членом политбюро КРП Рюзгяром Айдыном. Что связывало эти две организации? — внятного ответа на этот мой вопрос я тогда получить не смог.

Оджалан заявил о прекращении вооруженной борьбы. Но до тех пор, пока турецкие солдаты первыми не «нажмут на спусковой крючок». «Иначе...» продолжил он.

В. ХОВРАТОВИЧ.

POST-TEXT   (using sentence structure):

Comment - Topic: You already have learned to analyze sentences grammatically in terms of subject and predicate.   But sentences can also be looked at from a "thematic" point of view.   Nearly all Russian sentences contain two parts: a **topic** and a **comment** on that topic (when, where, why, how, etc:)

topic	*comment*
Лететь самолётом	всегда удобно

In purely *neutral* style topic precedes comment.   Topic usually represents **known information,** something that the reader either already knows about or has read about in a previous sentence:

topic	*comment*
В Тибет	введена армия.

topic	*comment*
Армия	будет работать, чтобы обеспечить...

Nevertheless, word order is never a sure thing.   Therefore, you should learn to find topic and comment to keep track of who is doing what to whom when, how, and why.

Do the following exercises:

1.   This article is a good example of an *emphatic* style of journalism. Therefore, it is full of sentences with inverted word order. Paragraphs 3, 4 and 5 each have such sentences.   Find them and underline in them the topic and the statement.

2.   Rewrite these sentences into sentences following the pattern: *subject-(modifiers)-predicate-(modifiers)-object(s)-(modifiers)*

   Spell out any reference words. (see **Reading rule 4** in lesson 5.)

3.   Translate these sentences into English.

4.   Rewrite paragraphs 7 and 8 two using direct word order (see assignment 2, above).   Make the necessary changes.

5.   Translate them into English.

6.   Paragraph 10 contains 5 sentences with inverted word order. Rewrite them using direct word order.

7.   In sentence five, the subjects of both the main and the subordinate clauses, are missing because they are ... (check the correct answers):
   a.   "disguised" into genitive
   b.   impersonal
   c.   «они» is omitted

8.   Translate the entire paragraph into English.

POST–TEXT   (using context):

1.   There are two uses of abbreviations. Find them and state what they stand for.
2.   Make a list of geographical names.
3.   What is the Russian for:
     solution of the kurdish problem
     civilian population
     to advocate terrorism
4.   What is the opposite of *локальная война*?
5.   Make a list of useful military terminology in the text.

READING EXERCISE 2

PRE–TEXT:

A.   This report is on a non-aggression pact between North and South Korea. Before reading this article, review the text you read in Reading Exercise 1 of Lesson 5. Then read the lead paragraph so that you can summarize it without looking at it. How is it characterized?

B.   Summarize the seven points of the pact. Is it a final peace treaty putting an end to the technical state of war between the two countries? Be ready to support your conclusion.

C.   Read the rest of the article to be able to provide the following information:
1.   Which paragraph best dovetails with the article on Korea you read in Lesson 5?
2.   The Japanese were particularly happy about the pact. What will the pact do? Find the passage that supports your conclusion.
     a.   It will help Japan's relations with this historical enemy.
     b.   It signals an end to nuclear arms stationed close to home.
     d.   It might lead to a new, cheap pool of North Korean labor.
     c.   It might allow the opening of new markets in North Korea.

3.   What will happen once the U.S. completes operations that it has slated for Korea?
     a.   The South will recognize the Pyongyang government.
     b.   The North will have no reason to build a bomb.
     c.   The North will allow limited border crossings.
     d.   The North and South will sign a trade pact.

4.   Judging from context, what is **МАГАТЭ**?
     a.   The cease–fire commission set up at the 38th parallel.
     b.   A world atomic energy control commission.
     c.   A trade commission set up by ASEAN.
     d.   A division of Japan's MITI agency.

5. What statement best summarizes the attitude of Russia towards the pact?
   a. Approval for the South's willingness to compromise.
   b. Approval for the North's willingness to compromise.
   c. Complete approval for steps taken on both sides.
   d. Surprise that a pact was reached so quickly.

6. Summarize the last paragraph without referring to the text.

Пакт о ненападении между двумя Кореями

В пятницу, 13 декабря, КНДР и Республика Корея подписали в Сеуле Соглашение о примирении, ненападении, двусторонних обменах и сотрудничестве. Названное средствами массовой информации мира «эпохальным» и «историческим», оно стало первым межправительственным договором, подписанным Севером и Югом с 1945 года.

Основные пункты документа:
— обе стороны обязуются уважать политические и общественные системы друг друга, положить конец клевете и очернению;
— работать над мирным договором, который заменит Соглашение о перемирии 1953 года, положившего конец корейской войне 1950—1953 гг.;
— учредить центр по связи Север—Юг в Пханмунджоме в трехмесячный срок;
— решать спорные вопросы исключительно путем диалога;
— создать совместную комиссию по военным вопросам и установить прямую телефонную связь между военным командованием двух стран;
— регулярно обмениваться военной информацией, уведомлять друг друга о крупных передислокациях войск и работать в направлении сокращения вооружений, включая оружие массового уничтожения;

— осуществлять экономическое сотрудничество, включая совместную разработку полезных ископаемых.

«Соглашение между Севером и Югом Кореи — эпохальное событие, оно уменьшит напряженность, существующую между двумя странами, и мы приветствуем его»,— заявил министр иностранных дел Японии Митио Ватанабэ, первым среди официальных лиц Запада отреагировавший на новость. Неудивительно — для Японии, рядом с которой столь долгое время существует последний, пожалуй, район военно-идеологического противостояния, тлеющий уголек из давно погасшего костра «холодной войны», подписание соглашения важно как ни для кого. Япония не раз высказывалась за окончательное урегулирование отношений между КНДР и Южной Кореей, ее беспокоили слухи о ведущихся в КНДР разработках ядерного оружия, но

еще более — то, что американцы держат в Южной Корее свои ядерные боеприпасы. Но недавно США начали выводить их оттуда, а Пхеньян заявил, что если это подтвердится, то он пустит международных инспекторов на свои ядерные объекты. И вот теперь — межправительственное соглашение. Неужели заклятые враги становятся добрыми партнерами?

Геополитическая обстановка в азиатско-тихоокеанском регионе начинает меняться. Когда завершится вывод ядерного оружия США с Юга Корейского полуострова и когда международные эксперты подтвердят это, Северной Корее уже нечем будет оправдывать создание собственной атомной бомбы.

Ну а как относится к тому, что произошло 13 декабря в Сеуле, наша страна? Комментарий дает эксперт Министерства внешних сношений Владимир Рахманин: «В Москве исходят из чрезвычайной важности снижения напряженности на Корейском полуострове. Последняя встреча премьеров и достигнутое между ними соглашение — огромный шаг на пути укрепления доверия между Пхеньяном и Сеулом. И мы это безоговорочно приветствуем. Результаты встречи на фоне появившихся сообщений о выводе американских ядерных вооружений с Юга полуострова вселяют уверенность в том, что в ближайшее время Пхеньян пойдет на подписание соглашения о гарантиях с МАГАТЭ, будет достигнут прогресс в деле денуклеаризации Корейского полуострова».

И еще одно сообщение. Как передал Рейтер, президент Республики Корея Ро Дэ У выступил с призывом к проведению в ближайшее время межкорейской встречи на высшем уровне — первой в истории двух Корей.

Г. СТЕПАНОВ.

POST–TEXT (using sentence structure):

1.   This article is a good example of *neutral* style.   Find uses of inverted word order and rewrite them using direct word order.
2.   In sentence 2 of paragraph 1, find the word to which *оно* refers.
3.   Translate the paragraph into English.
4.   Find the words to which *который*–clause in paragraph 5, refers.
5.   In the second column of this article, there are three uses of *это*. Find these three sentences and determine to which words above they refer.
6.   Translate the last two paragraphs into English.

POST–TEXT (using context):

1.   Spell out the name of an agreement which was signed in Seoul.   What is the English for it?
2.   List names of countries and capitals mentioned in this article.
3.   What is the Russian for:

> *mass media*
> *to put an end to slander*
> *to have nothing to justify the creation*
> *of ...*

4.   Make a list of vocabulary that can be used to talk about peace treaties and national security.

READING EXERCISE 3

PRE–TEXT:

A.   This article was written immediately after the breakup of the Soviet Union. Look at the headline to determine what the article is about.

B.   What concrete information can you derive at a glance from the lead paragraph?

C.   Look at the first two pages under the heading **МИЛЛИАРДЫ НА САМОУНИЧТОЖЕНИЕ.**

1.   What rhetorical question begins the section?
2.   What budgetary figures are cited?
   a.   Ex–USSR's revenues
   b.   Military expenditures
   c.   Current projected budget

3.   Whom does the author blame for the current state of affairs?

D. Now read through the last two paragraphs of this section.

1. What, according to the author, has not been factored into the 1992 budget requests?
2. What have the newly independent states of Ukraine and Azerbaijan agreed to do?
3. What percentage of the military budget goes to maintain troops, as opposed to weapons development and deployment?
4. How much of the military infrastructure of the Commonwealth of Independent States is located on Russian territory?
5. What will happen to the military if the Commonwealth cannot coordinate a long-term budget?
6. Summarize the main ideas in this section.

E. Look at the section labeled **ВЗЯТЬ И ПОДЕЛИТЬ НЕЛЬЗЯ**. Decide whether or not the following statements were made. Be prepared to support your conclusions.

a. Many want to divide up the remains of the Soviet army among the republics.
b. Under old conventional arms agreements with the West, Ukraine and Belarus ended up with a disproportionate number of tanks stationed on their territory.
c. Most republics still see the West as a greater military threat than that emanating from other ex-Soviet republics.
d. When the leaders of the Commonwealth met in Alma-Ata, they were able to reach agreement on a unified military only until the year's end.

СНГ НУЖЕН ВОЕННЫЙ АЛЬЯНС ТИПА НАТО

Союза Советских Социалистических Республик больше нет, а Вооруженные Силы СССР существуют, и не замечать этого невозможно. Мы превосходим по количеству сухопутных вооружений весь мир, да и по другим выглядим весьма внушительно.

Сегодня наша армия насчитывает примерно четыре миллиона военнослужащих (без учета внутренних, пограничных и железнодорожных войск), сотню дивизий Сухопутных войск и еще столько же дивизий и корпусов ВВС, ПВО, РВСН и ВДВ. В нашем арсенале свыше 10,5 тысячи боевых самолетов (не считая 162 стратегических тяжелых бомбардировщиков), около 56 тысяч танков, почти 65 тысяч боевых бронированных машин, чуть меньше 90 тысяч артиллерийских стволов, более 700 боевых кораблей и 59 стратегических подводных лодок, а также свыше 1.300 МБР. На нашей земле — примерно 10 тысяч стратегических и в два раза больше тактических ядерных боеголовок.

● МИЛЛИАРДЫ НА САМОУНИЧТОЖЕНИЕ

Может ли одна страна противостоять всему мировому сообществу? Нет, конечно, такого перенапряжения сил никто не выдержит. Вот и наша экономика в конце концов сломалась. За девять месяцев 1991 года доходы покойного Союза составили примерно 80 миллиардов рублей, а официальные военные расходы — 73 миллиарда. Всего же в нынешнем году оборонный бюджет должен достичь более 108 миллиардов рублей.

В том, что возникла такая ситуация, виноваты прежние руководители Министерства обороны и военной промышленности, противившиеся любым сокращениям своих программ. Сегодня оборонные расходы обязалась взять на себя Россия, но в состоянии ли она в одиночку вынести бремя, оказавшееся не под силу всем 15 бывшим союзным республикам?

Бюджетный запрос Министерства обороны бывшего СССР на 1992 год предусматривал выделение 105 миллиардов рублей. Но это — в ценах 1991 года. При намеченной либерализации эту сумму придется увеличить по крайней мере в 4—5 раз. Правда, Украина, Азербайджан и некоторые другие государства выразили готовность участвовать в финансировании войск, размещенных на их территориях.

Но ведь у нас на довольствие военнослужащих приходится чуть больше 10 процентов военных расходов, остальное уходит на закупки вооружений и техники, научные исследования и конструкторские работы, строительство. Так что основная тяжесть все равно ложится на Россию, на территории которой находится почти 80 процентов инфраструктуры военно-промышленного комплекса.

Проблема настолько сложна, что главы правительств СНГ смогли договориться о финансировании военных программ всего на один месяц. А дальше—каждый за себя? Не означает ли это, что придется делить вооруженные силы.

● ВЗЯТЬ И ПОДЕЛИТЬ НЕЛЬЗЯ

Кстати, эта идея становится все более популярной. Похоже, бывшие республики дороговизна содержания собственных армий не пугает. В мире сотня государств, уступающих по своему экономическому потенциалу Украине или Узбекистану, но тем не менее владеющих своими собственными армиями, по-видимому, рассуждают в республиках.

С другой стороны, по условиям, скажем, Договора об обычных вооруженных силах в Европе (ОВСЕ) Советскому Союзу разрешено на европейской части страны иметь 13 тыс. танков.

Так вот 10 тысяч из них находятся на западных границах СССР, то есть на Украине и в Беларуси. Как распределить советскую квоту при столь неравномерном их распределении? Очевидно, придется подсчитывать баланс сил между ныне независимыми государствами. Занятие, которое способно взорвать договор.

Аргументов против создания собственных армий немало, но они, кажется, не производят должного впечатления на многих членов Содружества. В гипотетическую внешнюю угрозу, похоже, никто не верит. А вот Советскую Армию на своей земле они воспринимают как угрозу вполне реальную. Январь и август, когда танки двинулись против конституционных правительств, усиливают их подозрения.

Поэтому в ряде республик процесс формирования собственных вооруженных сил (национальной или республиканской гвардии, карабинеров и т. п.) идет полным ходом. И опять не случайно в Алма-Ате руководители СНГ смогли договориться о сохранении единого командования вооруженными силами бывшего СССР лишь до конца нынешнего года.

POST-TEXT (using sentence structure):

1. In the first sentence, there are two commas. The first one separates ... (check the correct answer):
   a. an independent clause
   b. a subordinate clause
2. The second comma separates ... (check the correct answer):
   a. an independent clause
   b. a subordinate clause
3. In the same sentence, two clauses have no subject because they are ... (check the correct answers):
   a. impersonal
   b. "disguised" into genitive
   c. *они* is omitted
4. Rewrite the last clause using the direct word order.
5. In the second sentence a comma separates ... (check the correct answer):
   a. detached words
   b. an enumeration
6. Translate the first paragraph into English.
7. In the last sentence of paragraph 5, find the word to which the *которой*-clause refers.
8. Translate paragraph 5 into English.
9. In the second sentence of paragraph 7, the object to the predicate *не пугает* is ... (check the correct answer):
   a. direct
   b. indirect
10. Rewrite the sentence using a direct word order.
11. Explain the use of commas in the next sentence and translate the entire paragraph.
12. In paragraph 6, explain the use of *dative case* in *Советскому Союзу*.
13. Translate this sentence into English.
14. Underline the topic and the statement in sentences 2 and 3 of paragraph 7 and translate them into English.

POST-TEXT (using context):

1. What is the English for:

   Ракетные войска стратегического назначения
   Противовоздушная оборона
   Воздушно-дессантные войска
2. Make a list of abbreviations used in this text and spell them out.
3. Make a list of words that you can use to talk about arms control.

READING EXERCISE 4

PRE-TEXT:

A. In the first paragraph, the author says that the proposal for the future of the Commonwealth military is in fact a NATO-style alliance. What are three main features of the proposal for a Commonwealth military force?

B. The next two paragraphs provide a detailed description of NATO. Before reading the paragraph, decide what information the author is likely to give on each of the following topics. Then go back to see if you were correct:
    1. Command decisions: how reached, by majority vote or consensus, or some other formula?
    2. Consultations: which levels are involved?
    3. Troop make-up: how are troops distributed among members?
        a. Role cited for Iceland?
        b. For France?
    4. Who has command of troops during periods of non-crisis?

C. What need is cited for a unified Commonwealth command in the next paragraph?

D. Having stated a basic need, the author cities four reasons a unified command will help. Before reading on, decide which of the following reasons seem logical. Then read to see if you were correct:

    A unified command will...

    1. Prevent a political power vacuum during a time of change.
    2. Prevent a right-wing takeover.
    3. Prevent the break-up of the military into warring factions.
    4. Keep the nuclear arsenal in safe hands.
    5. Serve as a counterbalance to the growing American military presence.
    6. Serve as a counterbalance to increasing Islamic influence within and without the Commonwealth.
    7. Keep up the morale of soldiers who would otherwise have nothing to do with their weapons.
    8. Put down potential rebellions due to economic chaos.

E. The rest of the passage discusses a hypothetical unified military command for the Commonwealth as proposed by Boris Yeltsin. Before reading, make educated guesses at the answers to the questions below. Then read to see if you were correct.
    1. What kinds of armed forces might be involved in such an alliance?
    2. Which countries could be expected to join?
    3. What body would head such an organization?
    4. Would decisions be reached by majority rule or by consensus?
    5. Which members would have responsibility for nuclear policy?
    6. Whose finger would be on the nuclear trigger?
    7. Which republic would end up as being the only nuclear military power in the Commonwealth?

● ИДЕЯ «НАТО» ВИТАЕТ В ВОЗДУХЕ

Есть ли альтернатива разделу Вооруженных Сил СССР? В Заявлении о создании СНГ говорится о сохранении общего военно-стратегического пространства под единым командованием, о согласии сторон гарантировать деятельность стратегических вооруженных сил, о едином контроле над ядерным оружием. Если расшифровать дипломатический язык документа, то речь идет о создании оборонительного союза, военно-политического альянса типа НАТО.

Что же такое Североатлантический альянс? Прежде всего это равноправие всех участников союза, принятие всех решений по принципу единогласия. Это обеспечивает выполнение принятых решений всеми членами альянса. Далее — это наличие координационных политических органов, таких, как Совет НАТО, которые контролируют военную структуру организации, назначают Верховного Главнокомандующего войсками НАТО в Европе и других высших военных руководителей. Принцип коллективности сохраняется и в высших военно-политических органах, включая Комитет военного планирования и Группу ядерного планирования.

Сами вооруженные силы состоят из войск, переданных под Объединенное командование, и тех войск, которые находятся под национальным командованием. При этом Исландия вообще не имеет армии, а Франция не входит в военную организацию Североатлантического блока и сохраняет все свои вооруженные силы под национальным командованием, но полностью признает обязательства по взаимопомощи в случае агрессии.

«Холодная война» кончилась, но новые механизмы безопасности для многополярного мира пока еще не созданы. Конечно, на нас никто как будто нападать не собирается. Но если «общее военно-стратегическое пространство» (СНГ) не будет заполнено соответствующими структурами, возникнет опасный вакуум и перспектива «балканизации» бывшего Советского Союза. Содружеству придется выработать какой-то тип взаимодействия на основе координации между равноправными партнерами и создания структуры оборонительного союза.

Во-первых, такая структура должна обеспечить в переходный период гражданский политический контроль над Вооруженными Силами, оставшимися «бесхозными» в результате прекращения деятельности высших государственных органов СССР.

Во-вторых, необходимо избежать самостийного захвата компонентов военной структуры, конфронтации между войсками, оказавшимися в различном подчинении. Пример Югославии (и, увы, Грузии) наглядно свидетельствует, к чему приводит такой «плюрализм».

В-третьих, мы должны обеспечить единый контроль над всеми ядерными вооружениями как тактическими, так и стратегическими.

В-четвертых, надо гарантировать «человеку с ружьем» правовой статус и социальную защиту, не превращать его в изгоя в своей стране. Бунт деморализованных и отчаявшихся людей, сознающих, что они никому не нужны, — это реальная опасность.

Военно-политический альянс по типу НАТО просматривается также и в недавних заявлениях Б. Н. Ельцина. Он выступил за создание Объединенных стратегических вооруженных сил (ОСВС) в состав которых, помимо всех стратегических компонентов и тактических ядерных вооружений, должны входить ВМФ, ВВС, ВДВ, а также Сухопутные войска, находящиеся на территории России и, возможно, некоторых других государств. Они образуют стратегический мобильный резерв системы обороны Содружества. В состав ОСВС должны войти и советские войска, находящиеся на территории иностранных государств—Германии, Польши, Балтии.

Высшим органом такого альянса станет Совет глав государств СНГ, под руководством которого могли бы работать координационные органы по планированию и осуществлению совместной военной политики. Бывшие республики были бы представлены в них на паритетных началах и принимали решения единогласно. Что касается ядерного планирования, то обсуждение этих вопросов могло бы (как в НАТО) проводиться с участием представителей всех государств—членов СНГ, хотя непосредственная ответственность за проведение ядерной политики будет возложена на Россию, Казахстан, Украину и Беларусь, а контроль над ядерной кнопкой—на Президента России, которая в ходе сокращений стратегического и тактического ядерного оружия превратилась бы в единственное ядерное государство в составе СНГ.

POST-TEXT (using context and structure):

1.   Explain the use of commas in the second sentence of paragraph 1.
2.   In the third sentence of the same paragraph, a comma before *военно-политического альянса* separates ... (check the correct answer):
     a.   an enumeration
     b.   detached words
3.   Translate the first paragraph.
4.   There are four *который*-clauses in this article.   Find them and determine to which words these clauses refer.
5.   Translate these sentences into English.
6.   Make a list of geographical names used in this text.
7.   Write out in full all the abbreviations which appear in the text.
8.   Make a list of words which you can use talking about national security issues.

CIRCLE ONE

LESSON SEVEN

AUDIO-COMPREHENSION EXERCISE

You are about to hear a text about U.S. elections. You will probably easily recognize the cognates given below. Look through words and expressions listed after the cognates. Then listen to the text with the following questions in mind. Afterwards, listen to the text again, and write down the answers.

1. Soviet audiences have only a primitive understanding of the American electoral system. How would you explain the significance of a midterm election as opposed to a full blown presidential and congressional campaign? How would you characterize the Democratic and Republican positions on main issues of economic and foreign policy?
2. Who is up for re-election? Is this a presidential race or a midterm one?
3. What does the author say about the connection between the Senate races and the presidential election?
4. According to the report, what is the main issue in this campaign? Is it the only issue?
5. Which party now controls the White House?
6. What is the main complaint of the opposition party?

Cognates

па́ртия
губерна́тор
муниципа́льный о́рган
шанс
центр
диску́ссия
кандида́т
пози́ции
авторите́т
либера́льный
авторита́рный режи́м
платфо́рма
ассигнова́ние
социа́льный

WORDS AND EXPRESSIONS (on the tape)

(кака́я?)   па́ртия
республика́нская
демократи́ческая
социалисти́ческая
социа́л-демократи́ческая
коммунисти́ческая
лейбори́стская
па́ртия труда́ (трудова́я па́ртия)

гото́вится/подгото́виться   (к чему?)
    -ятся   к предстоя́щим вы́борам – forthcoming elections
                          к президе́нтским
                          к муниципа́льным
                          к областны́м
                          к провинциа́льным
                          к губерна́торским
                          к перви́чным – primaries
подгото́вленный
подгото́вка к вы́борам

вы́боры – elections, вы́бор – choice
избра́ние

вы́боры   (куда?)
кандида́т   в пала́ту представи́телей
               в сена́т от республика́нской па́ртии
               в парла́мент от лейбори́стской па́ртии
               в Верхо́вный Сове́т
               в о́рганы ме́стного управле́ния – local government
               в о́рганы вла́сти
               в Конгре́сс

вы́боры   (на каку́ю до́лжность?)
кандида́т   в су́дьи (судья́ – sing.)
                            в губерна́торы – gubernatorial candidate
                            в чле́ны пала́ты представи́телей
                            в конгрессме́ны

выбира́ть/вы́брать кандида́та на срок в 5 лет/4 го́да/1 год
    -ют вы́берут
вы́бранный

исхо́д вы́боров
    диску́ссии
    перегово́ров

определя́ть/определи́ть   расстано́вку полити́ческих сил
     -ют   -я́т   исхо́д президе́нтских вы́боров
                         результа́ты встре́чи
определённый

показа́тель   ша́нсов па́ртии на вы́борах
             экономи́ческого положе́ния

восстана́вливать/восстанови́ть междунаро́дные пози́ции
         -ют восстано́вят авторите́т администра́ции
восстано́вленный

затра́чивать/затра́тить   (что?)   (на что?)
     -ют   -я́т
                         сре́дства   на оборо́ну
                         де́ньги   на социа́льное обеспе́чение
затра́ченный

за счёт нужда́ющихся
        избира́телей
        разли́чных програ́мм
        ассигнова́ний на подде́ржку пра́вых режи́мов

либера́льные круги́
консервати́вные

предвы́борная платфо́рма – election platform
             кампа́ния
             програ́мма

выража́ть/вы́разить интере́сы свои́х сторо́нников
     -ют   -ят   избира́телей – electorate
                             америка́нского наро́да
                             демократи́ческой па́ртии
вы́раженный
выраже́ние

всео́бщие вы́боры – general elections

та́йное голосова́ние – secret ballot

Швейца́рия, швейца́рский, швейца́рцы, Берн
Финля́ндия, фи́нский, фи́нны, говори́ть по-фи́нски, Хе́льсинки (indecl.)
Кана́да, кана́дский, кана́дцы, Отта́ва
Пакиста́н, пакиста́нский, пакиста́нцы, Исламаба́д
Зимба́бве (indecl.), зимбабви́йский, зимбабви́йцы, Хара́ре (indecl.)
Никара́гуа (indecl.), никарагуа́нский, никарагуа́нцы, Мана́гуа indecl.)

Антаркти́да
анта́рктика, ю́жная поля́рная о́бласть земли́, ю́жный поля́рный круг, антаркти́ческий
а́рктика, се́верная поля́рная о́бласть земли́, се́верный поля́рный круг, аркти́ческий

TEXT: Read the following text; be able to translate it into English in written form.

Предстоя́щие в США вы́боры

Республика́нская и демократи́ческая па́ртии гото́вятся к предстоя́щим вы́борам. Переизбраны бу́дут одна́ треть чле́нов сена́та, все чле́ны пала́ты представи́телей, а также мно́гие губерна́торы, су́дьи и руково́дство муниципа́льных о́рганов вла́сти.

Полити́ческие обозрева́тели отмеча́ют, что исхо́д вы́боров, кото́рые определя́т, кака́я па́ртия бу́дет контроли́ровать сена́т США, неизбе́жно ока́жет влия́ние не то́лько на ны́нешнюю расстано́вку полити́ческих сил в Аме́рике, но и бу́дет явля́ться показа́телем ша́нсов обе́их па́ртий на сле́дующих президе́нтских вы́борах.

Очеви́дно, что це́нтром полити́ческой диску́ссии бу́дет экономи́ческое положе́ние в стране́. В си́лу того́, что оно́ явля́ется весьма́ неопределённым, вопро́сы вне́шней поли́тики приобрету́т осо́бое значе́ние.

Кандида́ты в Конгре́сс от республика́нской па́ртии подчёркивают, что и́менно реши́мость их администра́ции помогла́ восстанови́ть междунаро́дные пози́ции и авторите́т Аме́рики. Мно́гие же представи́тели демократи́ческой па́ртии говоря́т, что сли́шком мно́го средств бы́ло затра́чено на оборо́ну за счёт нужда́ющихся в сами́х Соединённых Шта́тах. Либера́льные круги́ та́кже критику́ют подде́ржку республика́нской администра́цией пра́вых авторита́рных режи́мов в ми́ре.

Предвы́борная платфо́рма демокра́тов обеща́ет незамедли́тельное соглаше́ние с СНГ об ограниче́нии я́дерных вооруже́ний. Кро́ме того, выража́я интере́сы свои́х сторо́нников, демокра́ты обеща́ют расши́рить ассигнова́ния на разли́чные програ́ммы

социа́льного обеспе́чения.

VOCABULARY EXERCISES

Look through the vocabulary for the text «*Предстоя́щие в США вы́боры*». Do the following exercises.

A.   **Give the plural forms for the following nouns.   Mark the stress.**

па́ртия, представи́тель, судья́, пози́ция, оборо́на, нужда́ющийся, обеспе́чение

B.   **Give perfective forms for the following verbs.   Conjugate the italicized ones both in perfective and imperfective.   Mark the stress.**

выбира́ть   выража́ть
определя́ть   гото́виться
восстана́вливать

C.   **Give related forms for the following words.**

нужда́ющиеся   сре́дства
подгото́вка   вы́боры
расстано́вка   обеспече́ние
исхо́д   голосова́ние
показа́тель

D.   **Explain the following words through their composition.**

предстоя́щий   представи́тель
самоуправле́ние   всео́бщий

E.   **Paraphrase the italicized words.**

результа́ты перегово́ров
выбира́ть на *пери́од* в 5 лет
вы́боры в *пала́ту представи́телей*
бе́дные
сре́дства

F. Give the opposite for the italicized words.

противники
открытое голосование
либеральный
состоявшиеся выборы

G. Give Russian equivalents for the following English phrases.

- an election campaign
- to determine the balance of power
- at the expense of the needy
- a senatorial candidate (2 variants)
- to spend the allocation for social welfare
- secret ballot
- to prepare for primaries
- elections for local government
- support of rightist regimes

H. Fill in the blanks with the appropriate prepositions.

1. Этот кандидат ____ Конгресс обещает увеличить ассигнования в поддержку «контрас».
2. Американский президент избирается ____ срок ____ 4 года.
3. Сколько волонтёров занимается подготовкой ____ выборам?
4. Новые кандидаты ____ демократической партии имеют шансы победить.
5. Новые смертоносные системы строятся ____ счёт программ социального обеспечения.

I. Write sentences following the patterns below. Be able to translate your sentences.

1. Население готовится   (к чему?)
   _____
   _____

2. Пора затратить больше средств   (на что?)
   _____
   _____

3. Опрос общественного мнения определит   (что?)
   _____
   _____

_____

4. Справедлив ли прогресс   (за счёт кого?)

                                             _____?
                                             _____?
                                             _____?

5. В соответствии   (с кем? с чем?)   (что произошло?)

          _____   _____
          _____   _____
          _____   _____

J. Answer the following questions. (on the tape)

1. Какие различные типы выборов вы знаете? Объясните, кого избирают на них.
2. Как часто происходят выборы в сенат США?
3. Какая часть палаты представителей переизбирается на выборах?
4. На какой срок избирается президент в США?
5. Когда президент не может контролировать Конгресс?
6. Какие факторы часто влияют на исход выборов?
7. Какие вопросы обычно являются центром политической дискуссии во время предвыборной кампании?
8. Какую традиционную платформу занимают республиканцы по внутренней политике?
9. За что обычно выступает демократическая партия по вопросам внешней политики?
10. На что обещают демократы затрачивать бо́льшую часть средств?
11. Какие крупные европейские партии вы знаете? Что вы знаете о них?
12. В каких странах партию труда называют лейбористской? Почему?
13. На каком языке говорят в Канаде?
14. Пакистан находится в Юго-Восточной Азии?
15. Как называются жители Зимбабве?
16. На каком континенте находится эта страна?
17. Кто живёт в Антарктиде?
18. В каком городе находится столица Никарагуа?
19. Где живут финны?
20. Швейцария находится на севере Европы?
21. Перечислите названия существующих континентов.
22. Чем отличается арктика от антарктики?

GRAMMAR: INSTRUMENTAL CASE

Instrumental case has the following uses:

1. To denote **a tool**, a means by or with which the action is performed. It answers the question "**кем?, чем?**" and takes no preposition. (English **"by", with"**)

   стрелять катюшами   to shoot with Katushas

2. After the preposition **C "together with"** to answer the question "**с кем? с чем?**"

   советоваться с судьёй   to consult with a judge

Note: **C "since, from"** requires genetive case.

3. After the prepositions **над** "above", **под** "under", **за** "behind", **перед** "before", **между** "between" to answer the question "**где?**"

   проводить испытания   to conduct tests under the
   под землёй.   ground.

Note: **за** "behind", "beyond" requires accusative case to answer the question "**куда?**"

4. As a part of a predicate to answer the question "**кем?, чем?**" after "**быть**" in the past, future or infinitive form, "**стать**", "**являться**", "**считаться**", "**называться**" etc.

   Одной из проблем   The arms race is one of the
   является гонка вооружений.   problems.

5. After some verbs which indicate the object which "keeps the subject busy". (see the table)

   руководить выборами   To run the elections.
   заниматься экономикой.   To study economics.

6. To indicate the "doer" of the action in a passive type construction.

   Они выбраны гражданами.   They are elected by citizens.
      (past passive participle)
   Они выбираются гражданами.   They are elected by citizens.
      ("СЯ" verb)

GRAMMAR EXERCISES: INSTRUMENTAL CASE

Read through the materials on instrumental case.   Look through the reference chart at the end of Lesson 7 and the appendix.

A.   Find the forms of the instrumental in the text.   Explain their use.

B.   Answer the following questions using the words given below each question. (Find the exercise on the tape)

1.   С кем говорит губернатор?
- эти общественные деятели
- тот республиканский лидер
- все, желающие мира на земле
- некоторые официальные лица
- первый заместитель министра

2.   Чем обстреляли эту дивизию?
- пули
- ракеты
- снаряды
- артиллерия

3.   Перед кем выступил представитель комитета?
- новые граждане
- журналисты из разных агенств
- люди, потерявшие родственников
- те английские либералы

4.   Кем был избран президент Рейган?
- американский народ
- консервативные элементы
- вся Америка
- подавляющее большинство

5.   Какой становится лейбористская партия?
- партия национального освобождения
- более либеральная партия
- более консервативная партия
- ведущий представитель трудящихся

6.   Чем определится исход голосования?
- влияние прессы
- количество избирателей
- время и деньги
- нажим, оказываемый Советским Союзом

7. Над чем летит снаряд?

    - огромная толпа
    - южноамериканская территория
    - столица Ливии
    - идущий в Персидский залив фрегат

8. С кем советуется президент?

    - Папа Римский
    - свой советник
    - директор ЦРУ
    - жена
    - японский министр торговли

9. Чем торгует Португалия?

    - сельскохозяйственные продукты
    - красная рыба
    - жизнь своих заложников

10. С какими странами она торгует?

    - Никарагуа
    - Мексика
    - Ливия
    - Вьетнам

C. Substitute the italicized words with the appropriate question word.

1. Лейбористская партия стала *крайне левой*.
2. Встреча в верхах состоится *осенью*.
3. Выборы в той стране контролируются *партией*.
4. ЮАР считается *самой расистской страной на африканском континенте*.
5. Этот план поддержан *общественными организациями*.
6. Такие перемены ещё недавно казались *невозможными*.
7. Встретившись *с дипломатами*, премьер-министр ушел на приём.
8. Переговоры продолжались *неделями*.
9. Партнёры по переговорам сидели *за столом*.
10. Теперь Хрущёв сам стал *объектом критики*.
11. Будучи Генеральным секретарём, Брежнев обладал *почти неограниченной властью*.

D. Fill in the blanks with the correct prepositions.   Write Ø if no preposition is needed.

1. Буш встречал _____ высокопоставленных гостей в аэропорту.
2. Рейган встречался _____ Горбачёвым в Белом доме.
3. Деревня обстреливалась _____ катюшами.
4. _____ сторонами состоялась двухчасовая встреча.
5. Делегация во главе _____ замминистра прибыла в Афины на переговоры.
6. Отношения _____ этими странами обострились.

7. Нацисты остались ответственными _____ народом.
8. Прогрессивная общественность _____ рубежом также отрицательно оценили эти акции со стороны США.
9. Сообщение было встречено _____ негодованием.

E. Instrumental case versus genitive after *С*. Fill in the blanks.

1. Сколько времени прошло с _____ в Рейкьявике?
    the summit

2. Журналисты познакомились с _____ от партии Ликуд.
    the candidates

3. С _____ правительство начало репрессии.
    its first days

4. Город был окружён с _____.
    all sides

5. Он поздравил их с _____ в экономике страны.
    the new phase

6. Именно с _____ Горбачёв связывал престиж Советского Союза.
    this

7. Страны третьего мира никак не могут согласиться с_____.
    such a position

8. Конституцию надо было перевести с _____ на языки этих народов.
    Russian

9. Новая программа реформ осуществляется с_____ года.
    the end

F. Instrumental case versus accusative after *ПОД* and *ЗА*. Fill in the blanks.

1. В конце концов микроплёнка была найдена под _____ около двери.
    the snow

2. Самолет с официальными лицами на борту упал под_____ .
    the ice

3. Вся армия находится под _____ иностранных советников.
    the influence

4. Мать послала его стоять в очереди за _____ .
    groceries

5. В печати открылась кампания за _____ к требованиям
    more attention
    трудящихся.

6. Самолет полетел за _____ .
    the Berlin Wall

7. Партизаны стояли за _____ .
    the truck

8. Этим заявлением канцлер поставил весь народ под _____.
    threat

G. Write your own sentences to illustrate the use of instrumental versus genitive and accusative.

H. Change each sentence below following the pattern.

Example: *Он представитель* американского народа.
> ——→ *Он был представителем* американского народа.
> ——→ *Он будет представителем* американского народа.
> ——→ *Он должен быть представителем* американского народа.
> ——→ *Он является представителем* американского народа.

1. Хрущёв – Генеральный секретарь.
2. М. Тачер – премьер-министр Великобритании.
3. М. С. Горбачёв – глава КПСС.
4. Этот человек – гость МИД.
5. Члены делегации – трудящиеся Р.Ф.

I. Review the use of Russian passive construction. Consult Table 8 in Lesson 4. Change each sentence below following the pattern.

Example: *Народ переизбирает* президента.
> ——→ Президент *переизбирается народом.*
> *Исход* дискуссии *определит* результаты встречи.
> ——→ Результаты встречи *будут определены исходом* дискуссии.

1. Представители демократической партии готовят этот законопроект.
2. Министр торговли затратит большие средства на закупку новейшей техники.
3. Американские учёные разрабатывают программу СОИ.
4. Французский дипломат выразил позицию всех стран-членов ЕЭС.
5. Лейбористская партия поддерживает политику гласности.
6. Зимбабвийские танки открыли огонь по столице.

J. **Review cardinal numerals in the instrumental case. Consult the appendix. Form phrases according to the model. (Write out all numerals)**

Example: перед/ 5/ английский парламентарий
⟶ перед пятью английскими парламентариями

1. руководить/ 3/ сенатский комитет
2. встречаться/ с/ 254/ иностранный гость
3. быть довольным/ 2/ новое соглашение
4. видеться с/ 16/ политический деятель
5. интересоваться/ 1/ партийный представитель

K. **Review idomatic uses and time expressions in the instrumental case chart at the end of Lesson 7. Give Russian equivalents for the following expressions.**

–from time to time
–to work on the SDI program
–to be rich in natural resources
–in that way
–to confer with the workers on the outcome of the talks
–to direct the further development of the country's economy
–at night
–in the winter
–to be involved with the upcoming elections
–to be considered the best candidate for the Supreme Soviet

L. **Translate the sentences.**

1. The election [избрание] of Kaifu by the majority of the population greatly changed the configuration of political forces in Japan.
2. The publication of all materials was controlled by GLAVLIT.
3. The Minister of Defense was dissatisfied that the issue of ICBMs in Antarctica had not even been placed on the agenda.
4. Although that region is not rich in oil, the situation with natural gas is quite different.
5. At first it seemed that those two candidates represented different points of view [точки зрения], but in the spring it became clear that the difference between them was only slight.
6. The Social Democratic Party tried to restore its authority in Parliament by means of reforms.
7. Allocations for social welfare programs were reduced by the Congress for a period of 5-1/2 years.
8. In his nationwide televised announcement, the dictator announced that elections would not be held in the winter as planned.
9. As a result of the administration's work on agricultural policies, the old laws assume new importance.

GRAMMAR: SUBORDINATE CLAUSES

A note on clauses:

Much of the grammar of this chapter has to do with the concept of clauses. Before going on, make sure you know the difference between a clause and a phrase:

A *phrase* is *any* group of words:

>*flying high   beyond the pale   greetings all   after dinner*

A *clause* is any group of words with both a subject and predicate:

Clause 1:	*Clause 2:*
subj. predicate They went back to the apartment	*subj. predicate* after they killed him.

In English prepositions may begin entire *clauses*. For example:

>They told me **about** *how the doctors cured her.*
>We cannot agree **with** *what you said.*

However, in Russian prepositions may NOT precede entire clauses! Therein lies the problem.

"Before," "after," and "since" plus a clause:
«До того, как» «перед тем, как» «после того, как» «с тех пор, как»

Note what happens to **до, перед,** and **после** when they combine with clauses:

NO CLAUSE BOUNDARY	CLAUSE BOUNDARY
До войны всё было спокойно.	**До того, как** началась война, всё было спокойно.
Перед войной всё было спокойно.	**Перед тем, как** началась война, всё было спокойно.
Everything was calm before the war.	*Everything was calm before the war began.*
Everything was calm right before the war.	*Everything was calm right before the war began.*

После войны всё было спокойно.

По́сле того́, как начала́сь война́, всё бы́ло споко́йно.

Everything was calm after the war.

Everything was calm after the war began.

План действует с прошлого года.

План де́йствует с тех пор, как он был одо́брен.

The plan has been in effect since last year.

The plan has been in effect ever since it was approved.

In short, when *before*, *after*, and *since* precede clauses, use

до того́, как	*before*
пе́ред тем, как	*immediately before*
по́сле того́, как	*after*
с тех пор, как	*since*

Note the comma preceding **как**.   In Russian, all clauses within sentences are set off by commas.

Note that **по́сле того́, как** can usually be replaced by **когда́** plus perfective:

По́сле того́, как всё ста́нет я́сно, мы начнём принима́ть ме́ры.

After everything becomes clear, we'll start taking measures.

Когда́ всё ста́нет я́сно, мы начнём принима́ть ме́ры.

Once everything becomes clear, we'll start taking measures.

ТО, ЧТО ("that which") Constructions

Now look at this sentence:

> *We cannot agree with what you said.*

Notice that *what* has two functions.   It is the object of the preposition *with*, but it is also the direct object of *you said*.   What is its case?

By now you may have guessed that the *what* in this sentence is really a contract form for the formal *that which:*

> *We cannot agree with that which you have said.*

Now look at how Russian divides up these two clauses, using **то, что** to straddle the clause boundary.

	obj. of *prep.* **с**	*dir. obj.* *of "сказа́ли"*	
Мы не согла́сны **с**	**тем,**	**что**	вы сказа́ли.

Now look at these Russian sentences and their English equivalents. See if the Russian now makes grammatical sense to you:

1. Вы уве́рены **в том, что** вы де́лаете?

   Are you sure of what you're doing?

2. Мы не бои́мся **того́, чего́** бои́тесь вы.

   We don't fear what you fear.

3. Вы не дово́льны **тем, что** я вам показа́л?

   Are you not satisfied with what I've showed you?

4. Мы уважа́ем **то, к чему́** вы стреми́тесь.

   We respect what you're striving for.

5. Все гото́вятся **к тому́, что** произойдёт за́втра.

   Everyone is preparing for what will happen tomorrow.

ТО, КАК Constructions

Look at the following sentences:

Избира́тели ничего́ не зна́ют **о том, как** фунциони́руют «перви́чные» вы́боры.

The voters know nothing about how the primaries work.

As you can see, when "how" straddles a clause, Russian uses **то, как**. Just as in **то, что** clause-straddlers the **то** declines according to its position in its own clause. **Как** of course is indeclinable.

Subordinate clauses and tense

Look at the following sentences. Pay attention to the tense used in the subordinate clause (**Когда** ... or **Если** ...)

Если республиканцы **вы́играют** в обе́их пала́тах, на́ша фина́нсовая поли́тика ре́зко **изме́нится**.	If the Republicans win in both houses, our budgetary policy will change drastically.
Что **произойдёт** в Р.Ф. **когда́** Ельцин **уйдёт** в отста́вку?	What will happen in Russia when Yeltsin leaves office?

Notice that English uses *present* tense in subordinate clauses, even when future events are referred to ("What *will* happen when Yeltsin *leaves*..."). In Russian, if the main clause is in the future, then the subordinate clause is also nearly always in the future tense.

GRAMMAR EXERCISES: SUBORDINATE CLAUSES

Read through the material on subordinate clauses. Then do the exercises below.

A. Translate the clauses below using *до того, как; перед тем, как; после того, как;* and *с тех пор, как.*

1. Right before Gorbachev spoke [выступил]...,
2. Ever since we helped to restore the authority of the U.S...,
3. Before the polls began to influence election outcomes...,
4. After Congress increased appropriations...,
5. Before the Republicans won the Senate...,

B. Replace *после того, как* clauses with *когда* clauses.

1. Сенат будет решать этот вопрос после того, как президент вернётся из Пакистана.
2. Американцы смогут ездить в Северную Корею только после того, как Конгресс одобрит соответствующий законопроект.
3. Мы узнаем результаты выборов только после того, как об этом сообщат средства массовой информации.
4. Избиратели решат, за кого голосовать после того, как выступят все кандидаты.

C. Fill in the blanks with the verbs below. Pay attention to tense.

1. Если _____ отношения между США и СССР, то
   улучша́ться / улу́чшиться

   следует ожидать победу республиканцев в ноябре.

2. Если Конгресс США _____ законопроект о торговле
   одобря́ть / одо́брить

   с Россией, тогда увеличатся возможности для совместных российско-

   американских предприятий.

3. Когда средства массовой информации_____
   переставать / перестать

   публиковать результаты опросов общественного мнения, у нас резко

   изменится стиль предвыборных кампаний.

4. Женщина будет избрана президентом США, только если

   _____ система первичных выборов.
   изменяться / измениться

5. Если президент США открыто _____, что он думает
   высказывать / высказать

   по этому вопросу, он вряд ли будет переизбран.

D. Rewrite the sentences following the models below.

Example: Социалистическая партия провела много перемен. Консерваторы
этим недовольны.
   ——→ The Socialist Party made many changes. The conservatives are
disturbed by that.
      Консерваторы недовольны тем, что сделала социалистическая партия.
      ——→ The conservatives are disturbed by what the Socialist Party
did.

1. Наши лидеры обещают слишком много. Мы беспокоимся об этом.
2. Консерваторы утверждали, что налоги нанесут ущерб экономическому
   балансу страны. Либерали не согласны с этим.
3. Избиратели были против космической программы. Кандидат голосовал за
   неё.

4.   Конгрессмен высказывал свою позицию.   Он был в ней уверен.

5.   Лектор обсуждал неприятные вопросы.   Никто не хотел думать о них.

6.   Стороны не достигли взаимопонимания.   Договор не подписали из-за этого.

7.   Он выступил за ратификацию.   Потом его все обвинили в этом.

8.   Как люди будут жить без войн?   Он не мог этого понять.

9.   Избирательная кампания будет трудной.   Мы готовы к этому.

10.   Администрация Рейгана пришла к власти в 1980 году.   США восстановили свои международные позиции с тех пор.

11.   Расстановка политических сил определится в ходе кампании.   Шансы Демократической партии вырастут после этого.

12.   Кандидат в президенты получил необходимое большинство.   Его друзья и соратники поздравляют его с этим.

RENDERING

1.   Imagine that you are describing the second Eisenhower–Stevenson election to a Soviet analyst.   Be sure to mention the following facts.   You may, of course, add any extra information you wish, as well as your own interpretation:

> Dwight D. Eisenhower had returned from postwar Europe a hero.   Both Democrats and Republicans had courted him as their presidential nominee for the 1952 election.   Eisenhower's first term had seen the end of the Korean War, the rise and fall of McCarthyism, as well as the expansion of the American peacetime economy. In 1956, the year after polio was conquered, the country felt good about itself.
>
> In 1956, the Democrats nominated their previous standard-bearer, Adlai Stevenson.   Stevenson was a hero to liberal intellectuals, but Eisenhower was hero to the mass   of   voters.   Stevenson's   issues,   racial discrimination,   poverty,   and   social   injustice,   simply failed to attract the attention of voters who, after two and a half tumultuous decades, spanning the Depression, World War II, and the Korean War, wanted a breather to feel   good   about   living   in   a   country   that   for   once appeared to be economically and militarily secure.   The issues that the Democrats raised in 1956 would not come to have an impact on the voting public for another four years.

2.   Describe any other election campaign with which you are thoroughly familiar.   Give a short chronology of the campaign, and state why you think the victorious candidate won.

QUOTING SOURCES

ЛЮДИ:

в соотвéтствии с

áвтором статьú

представúтелем Бéлого дóма

лúдером бéлого меньшинствá

главóй делегáции

совéтником по делáм...

госсекретарём

ANY SOURCES:

в соотвéтствии с

журналúстскими истóчниками

передáчей радиостáнции
   «Гóлос Амéрики»

нóвой конститýцией

договóром о
   нераспространéнии...

вчерáшней передовúцей

выступлéнием замминúстра

тéкстом коммюникé

закóном о тунеядстве

SPEAKING EXERCISES

A. Отве́тьте на сле́дующие вопро́сы по те́ксту.

1. К каки́м вы́борам гото́вятся о́бе па́ртии?
2. Что определи́т исхо́д вы́боров?
3. Показа́телем чего́ я́вится исхо́д вы́боров?
4. К чему́ приведёт неопределённое экономи́ческое положе́ние в стране́?
5. Что восстанови́ло междунаро́дные пози́ции и авторите́т Аме́рики?
6. За чей счёт э́тот авторите́т был восстано́влен?
7. Чем отлича́ется платфо́рма демокра́тов от платфо́рмы республика́нцев?

B. 1) Расскажи́те текст, испо́льзуя слова́рь Уро́ка 7.

2) Расскажи́те тот же текст, замени́в страну́ вы́боров.

C. Соста́вьте ситуа́цию, испо́льзуя сле́дующие выраже́ния.

according to the spokesman for the Democratic election campaign...; to be preparing for...; an outcome; a pre-election platform; to spend...for...; at the expense of; a candidate to...for the term of...

D. Опиши́те аргуме́нты республика́нской администра́ции про́тив предложе́ния демократи́ческого большинства́ конгре́сса ре́зко сократи́ть вое́нный бюдже́т США.

E. Проведи́те деба́ты ме́жду республика́нским и демократи́ческим кандида́том о внутриполити́ческих приорите́тах США.

F. Расскажи́те, почему́ Дже́си Дже́ксон, да́же не бу́дучи кандида́том в президе́нты, мо́жет оказа́ть большо́е влия́ние на предвы́борную платфо́рму демокра́тов.

G. Расскажи́те о докла́де сове́тских экспе́ртов Ельцину, о том, чья побе́да – республика́нцев или демокра́тов – бу́дет бо́льше спосо́бствовать росси́йским интере́сам.

READING EXERCISE 1

A.   This report is about elections in Taiwan.   Read the lead and the following paragraph for the following basic information.

  1.   How many parties were involved?
  2.   Which party won and with what percent of the vote?
  3.   To what extent has the winning party held power in Taiwan over the last forty years?
  4.   If you are familiar with twentieth-century Chinese history, the English spelling for the name of the winning party should now be apparent. If not, ask your instructor.

B.   The next two paragraphs deal with campaign issues. From the list below, pick the main issue at stake and the possible outcome of a change in the issue.

Which Issue?

  1.   Declaration of independence from Mainland China
  2.   Propaganda campaign against Mainland China
  3.   Increase in commercial exports to Mainland China
  4.   Reunification with Mainland China

Which Consequence?

  1.   Could provoke the Mainland government
  2.   Could help improve relations
  3.   Could increase the Taiwanese economy
  4.   Could ruin the Taiwanese economy

Which party came down on which side of which issue? Which party would you characterize as being the more cautious and conservative? What in the text led you to that conclusion?

C.   From the moment of the Communist victory in 1949, the Chinese who fled to Taiwan vowed to free the Mainland of Communist rule by any means necessary. Read the next paragraph to find out:

  1.   What is the prevailing current attitude today?
  2.   What did Zhou Enlai say about the possibility of reunification before his death? How does the author characterize the attitude of non-Mainland Chinese towards the late Chinese premier?

D.   Read the next paragraph to find out how each side campaigned. Name one main claim made by each side.

E. Finally, the author discusses the meaning of the elections for the future of China. Which choices best completes each of the statements?

1. The ruling party controls 75% of the National Assembly because it ...
    a. retained some seats from the previous session.
    b. retained the right to appoint some members.
    c. changed the structure of the Assembly.
    d. won a number of seats through fraud.

2. In the past, the president of Taiwan was chosen...
    a. by popular vote.
    b. by his predecessor.
    c. by a secretive committee.
    d. by the National Assembly.

3. The ruling party will now decide ...
    a. Who is to be elected the new president.
    b. How the new president is to be elected.
    c. Whether a new president is to be elected.
    d. What powers a newly elected president should have.

4. What is the significance of the slogan "One country, two governments"? (Pick *all* the correct answers.)
    a. It represents *de facto* independence from the Mainland.
    b. It is the formula supported by the president of Taiwan.
    c. It is the formula supported by the Mainland's Deng Xiaoping.
    d. It represents *de facto* unification with the mainland.
    e. It is not a workable formula for the future of China.

5. What is said about the two main opposing parties in Taiwan.
    a. They both agree the unification is the wave of the future.
    b. They will never agree on policy towards the Mainland.
    c. They both agree that democratization is unavoidable.
    d. They will never agree to a dual-China policy.

Избиратели Тайваня отвергли независимость ▬ ▬ ▬ ▬

Победа Гоминьдана на выборах

Гоминьдан, правящая партия на Тайване, одержал победу на первых всеобщих выборах в Национальную ассамблею за последние сорок лет.

В голосовании участвовали две трети избирателей (население острова — двадцать миллионов), за Гоминьдан проголосовало более 71 процента, главная оппозиционная сила — Демократическая прогрессивная партия (ДПП) получила 24 процента голосов. Из 15 других маленьких партий ни одна не набрала более трех процентов голосов.

Поскольку главным козырем политических платформ ДПП было провозглашение независимой республики Тайвань, выборы воспринимались как референдум по вопросу об отношении населения к идее независимости. Аналитики считают: оппозиции не удалось найти убедительных доводов, чтобы склонить избирателей к декларации независимости от континентального Китая. Напротив, программа правящей партии оказалась убедительной: реформы должны проводиться в условиях сохранения стабильности и процветания. Жители Тайваня предпочли стабильность резким непредсказуемым изменениям, которые может принести декларация о независимости.

В предвыборной кампании Гоминьдан активно использовал такой тезис: сепаратистская платформа ДПП провоцирует военную акцию Пекина, а значит, угрозу каждому тайваньцу.

Напомню, что Пекин, выступая за мирное воссоединение родины, формально не отказывается от возможности применения силы.

Многие обозреватели считают вероятность военного решения тайваньской проблемы («это было бы равносильно братоубийству»,— говорил Председатель КНР Ян Шанькунь в интервью тайваньской газете), скорее, как психологическое давление, косвенное приглашение Тайбея к скорейшему диалогу. Недавно, кстати, пекинская газета «Жэньминь жибао» сделала достоянием гласности последние слова умиравшего премьера Чжоу Эньлая, человека авторитетного среди китайцев, в том числе зарубежных: «Я говорил моим старым друзьям на Тайване, что мы скоро встретимся, для меня это уже невозможно, но настанет день, когда родина воссоединится».

К духам прошлого обращались и претенденты на победу на Тайване. Призывая избирателей голосовать за стабильность, премьер Хао Пэйцунь говорил о том, что никогда за пять тысяч лет китайской цивилизации китайцы не были столь процветающими, как теперь на Тайване. А предвыборный плакат оппозиционной ДПП изображал 41 «китайского императора», включая нынешнего президента Ли Дэнхуэя. «Все они «сына неба», а не представители народа»,— гласила надпись.

Итак, Гоминьдан получил свыше трех четвертей голосов в Национальной ассамблее (если присоединить к местам, завоеванным на выборах те, что уже были гарантированы предыдущей структурой). Это значит, что от Гоминьдана зависит: объявить ли следующие выборы президента всенародными. До сих пор он получал мандат от Национальной ассамблеи. Сама партия Гоминьдан не столь едина (группа президента Ли Дэнхуэя выступает, например, за формулу: «одна страна, два правительства», т. е. независимости де-факто; старая гвардия больше склоняется к воссоединению на основе формулы Дэн Сяопина «одна страна — две системы»). В одном Гоминьдан и оппозиция едины: демократический путь развития неизбежен.

Ю. САВЕНКОВ.
ПЕКИН.

POST-TEXT (using sentence structure):

1.   In the second paragraph, indirect word order is used three times.
     Find these sentences and underline *topic - comment* in each one.
2.   Translate this paragraph into English.
3.   In the last sentence of paragraph 3, find the objects to the
     predicate *предпочли.*
4.   Circle the word to which *которые*-clause refers, and translate the
     entire sentence into English
5.   In paragraph 4, comma before *a* separates an enumeration of ...
     (check the correct answer):
     a.   direct objects
     b.   indirect objects
     c.   prepositional objects
6.   Draw a table of paragraph 5.   (see **Reading exercise 3, lesson
     Three)**   Above arrows, indicate which words are modified by
     each clause or phrase.
7.   Translate paragraphs 4 and 5 into English.
8.   In the first sentence of paragraph 7, *u* is used for ... (check the
     correct answer):
     a.   enumeration
     b.   emphasis
9.   Underline *comment - topic* in this sentence.

POST-TEXT (using context):

1.   What is the English for *правящая партия?   Правящая* is a
     participle.   Which verb is it formed from?
2.   What is the English for:

                         to chose stability over unpredictable
                                                    changes

                    to make public
                    election poster
                    reunification
3.   Make a list of words that you can use to talk about elections.

READING EXERCISE 2

PRE-TEXT:

A. In December 1991 Algeria held its first multi-party elections.   This article
    provides the background leading up to the elections.   First, scan the entire
    article looking for the following information.

    The party in power before the elections were held:
    The main opposition party:

The opposition's socio-political profile:
Year of national independence:
Month and year of a major social-political crisis:
Results of the 1990 municipal elections:

B. Now look at the questions below. Try to pick a logical answer *before* re-reading the text. Then re-read the first column to see if you were correct.

1. Why were the June 27 elections delayed until December?
   a. The party in power wasn't ready.
   b. The opposition party wasn't ready.
   c. The government declared a state of siege.
   d. Third parties demanded a place on the ballot.

2. Which of the following accusations was NOT made against the opposition?
   a. Conspiracy to armed revolt
   b. Paramilitary operations
   c. Fratricidal war-making
   d. Murder by death-squads

C. The second column provides some background as to why the government acceded to multi-party elections. Then-president Shadli Benjedid is said to have opposed multi-party politics as a threat to national unity. Name one factor that made the government change its mind and rewrite the constitution. According to the author, did this move work to the government's advantage?

D. The final column gives us some information on smaller political entities. Name all the rest of the players.

E. In the final column the author speculates on what the main opposition party might do if elected, as well as the possible role of the military. Which of the following action(s) might each take. Make educated guesses. Then re-read the appropriate part of the article to confirm your assumptions.

Possible courses of action:
— Use parliamentary means to destroy parliamentary democracy
— "Protect" the process of democratization
— Set up a theocracy
— Permit the development of a free exchange of opinions
— Enforce new laws by whatever means necessary
— Westernize the constitution
— Introduce rule of law
— Support the break-up of huge state monopolies
— Look for support among the disfranchised

ПЕРВЫЕ СВОБОДНЫЕ ВЫБОРЫ В ИСТОРИИ АЛЖИРА

26 декабря в Алжире пройдут первые в истории страны свободные выборы в Национальное народное собрание (ННС). Проведение этих выборов считает главной целью своего правительства премьер-министр Сид Ахмед Гозали.

Первоначально выборы на многопартийной основе были намечены на 27 июня. Однако спровоцированные активистами главной оппозиционной партии Исламский фронт спасения (ИФС) беспорядки в конце мая — начале июня вынудили власти ввести осадное положение и перенести установленную дату выборов на неопределенный срок. Одной из основных причин недовольства исламистов был новый закон о выборах, обеспечивавший, по их мнению, односторонние преимущества правящей партии Фронт национального освобождения (ФНО). Военное следствие обвинило исламистов в подстрекательстве к вооруженному восстанию против государственной власти, саботажу, братоубийственной войне, в формировании незаконных вооруженных формирований. Лидеры ИФС были арестованы.

Существовавшему с момента достижения независимости в 1962 году однопартийному режиму в Алжире был нанесен ошутимый удар во время октябрьских событий 1988 года, когда страну охватил острейший социально-политический кризис и она оказалась на грани гражданской войны. После этого политический пейзаж начал меняться удивительно быстро. Если в ноябре 1988 года президент Шадли Бенджедид говорил о многопартийности как об угрозе для национального единства, то уже в феврале 1989-го была принята новая конституция, создавшая основу для образования оппозиционных политических партий.

Напуганные октябрьскими событиями 1988 года, власти пошли на легализацию ИФС (что, строго говоря, противоречило закону о политических организациях)', желая вовлечь исламистов в выгодную режиму политическую игру. Этот шаг многие наблюдатели расценили как серьезную ошибку президента. Оценка вскоре подтвердилась: в июне 1990 года ИФС одержал победу на первых свободных муниципальных выборах, использовав недовольство народа правящей партией, а также благодаря беспрецедентным нарушениям процедуры голосования.

Из 57 официально зарегистрированных в Алжире на сегодняшний день политических партий на представительство в парламенте могут рассчитывать: Фронт социалистических сил Х. Аит Ахмеда, Движение за демократию в Алжире бывшего президента А. Бен Беллы и некоторые другие партии. Главной оппозиционной силой, способной заметно потеснить правящий ФНО, остается ИФС, играющий на недовольстве малоимущих слоев населения политикой режима, не способного вывести страну из длительного экономического кризиса.

Алжирские исламисты не скрывают своей конечной политической цели — установления в стране исламской республики, что автоматически повлечет за собой ликвидацию парламентской демократии, сделавшей в АНДР лишь первые шаги. А для достижения поставленной цели ИФС как раз использует механизм парламентской демократии.

Рано пока сбрасывать со счетов и военных. Покинув два года назад высшие партийные инстанции правящей партии, они продолжают «присматривать» за процессом демократизации в стране. Их задача, согласно официальным высказываниям,— воспрепятствовать установлению в Алжире гегемонистского режима, под которым подразумевается власть исламских экстремистов.

А. ПОРТАНСКИЙ.

POST-TEXT   (using context and structure):

1.   Re-write the second sentence using direct word order.   (see **Reading exercise 1**, lesson 6)
2.   Translate the first paragraph into English.
3.   Re-write the third sentence of paragraph 2 using direct word order.
4.   Translate this paragraph into English.
5.   Re-write the first sentence of paragraph 3 using direct word order.
6.   Translate this sentence into English.
7.   Re-write paragraph 5 using direct word order.
8.   Translate this paragraph into English.
9.   In the last sentence of the article, circle the word to which *под которым* - clause refer.
10.   List the cognates used in paragraph 6.
11.   What is the English for:

> *to postpone the date of election*
> *indefinitely*
> *the law providing for the unilateral*
> *advantage to ...*
> *national unity*

12.   Make a list of words that you will need to talk about a government crisis.

READING EXERCISE 3

PRE-TEXT:

Read the text with the following questions in mind:

1.   What is the main idea of the article?
2.   How many parties qualified for the elections?
3.   How many parties will have seats in Parliament?
4.   Changes will favor the ... (true or false for each):
   a.   CDU/CSU
   b.   SPD
   c.   FDP
   d.   the Greens

5.   Which party considerably strengthened its position?
6.   Which issues were of primary importance for the Greens in the pre-election campaign?
7.   Why couldn't the Christian Democrats achieve their secret goal?
8.   What was Strauss's reaction to the outcome of the elections?
9.   The Social Democrats suceeded in ... (true or false for each):
   a.   consolidation of the party base after the defeat in elections in Hamburg.
   b.   giving the FRG a new chancellor.
   c.   stopping the "victory march" of the CDU/CSU
   d.   strengthening the "ost politik".

БЛОК ХДС-ХСС ТЕРЯЕТ ГОЛОСА

БОНН. (Соб. корр. «Известий»). Когда на мониторах и телевизорах, установленных в залах Дома Конрада Аденауэра — партийной «диспетчерской» ХДС — вечером минувшего воскресенья появились первые предварительные цифры, хозяевам и гостям — многочисленным журналистам нетрудно было увидеть окончательный итог голосования.

Как и предполагалось, из шестнадцати политических партий, допущенных к участию в выборах в парламент, прошли пять: христианско-демократический и христианско-социальный союзы (ХДС и ХСС), свободная демократическая (СвДП), социал-демократическая (СДПГ) и «зеленые».

Большинство осталось за правящей коалицией. Изменение произойдет лишь при распределении мандатов, причем не в пользу консерваторов. Блок ХДС/ХСС потерял 22 депутатских места (4,6 процента), столь низких показателей (44,2 процента голосов) обе партии не имели с 1949 года. Более полутора миллионов сторонников ХДС/ХСС отвернулись от них, проголосовав за СДПГ, почти сохранившую свой прежний результат (37,3 процента) и за СвДП (9,1 процента).

Свободные демократы сумели при этом существенно укрепить позиции в правительстве и будут теперь располагать значительно большим числом мандатов, а возможно, и министерских постов.

Партия «зеленых», выдвинувшая на первое место в своей предвыборной программе проблемы экологии и разрядки, добилась, по словам их представительницы Ю. Дитфурт, «исторического успеха» (8,2 процента), в отдельных округах она набрала более 11 процентов.

Итак, христианские демократы не осуществили своей тайной цели — достижения абсолютного большинства. Несмотря на поддержку крупного капитала, выгодную экономическую конъюнктуру и усилия мощного пропагандистского аппарата, многие ее избиратели, видимо, не простили канцлеру опрометчивых демаршей, подрывавших восточную политику и ставивших под сомнение международный престиж ФРГ. Даже генеральный секретарь ХДС Х. Гайслер вынужден был признать: одна из главных причин неудачи заключается в том, что «некоторые правительственные политики поставили под вопрос продолжение политики разрядки».

Своеобразно реагировали на потерю очков в Баварии. Ф.-Й. Штраус, возглавляющий ХСС и усиленно толкавший всю коалицию вправо, недвусмысленно объявил, что во всем виноваты его старшие партнеры в Бонне, проводившие, по его мнению, «недостаточно жесткую» политику.

Социал-демократы не смогли дать Федеративной Республике нового канцлера Й. Рау, хотя он и боролся за этот пост с удивительным упорством и настойчивостью. Однако они выполнили другую важную задачу — добились консолидации партийного базиса после тяжелого поражения на земельных выборах в Гамбурге и совместно с «зелеными» остановили пропагандируемое «триумфальное шествие» ХДС/ХСС.

Е. БОВКУН.

POST-TEXT (using sentence structure):

1. In the first sentence of the article there is no "doer" in the nominative case because ... (mark the correct answer):
   a. it is an *они-* construction.
   b. an impersonal construction.
   c. a "disguised" doer in the genitive.

2. Rewrite this sentence using direct word order. (see **Reading exercise 1,** lesson 6.)

3. Translate it into English.

4. In the first sentence of the next paragraph, find the word to which *пять* refers.

5. Rewrite this sentence using direct word order. (You can exclude the names of parties which follow the colon.)

6. Translate it into English.

7. Rewrite the second sentence of paragraph 6 using direct order.

8. Translate this sentence into English.

9. The first sentence of paragraph 7 has no "doer" in the nominative case because ...(mark the correct answer):
   a. an impersonal construction is used.
   b. an *они*-construction is used.
   c. a "disguised" subject in the genitive case is used.

POST-TEXT (using context):

1. What is the English for *диспетчерская*?

2. Find the antonym for *минувший*.

3. Find the word *хозяева* in the text. What is the English equivalent for it in this context? Think of an antonym for it.

4. Make a list of word that you will need to talk about elections.

READING EXERCISE 4

PRE-TEXT:

Read the text with the following questions in mind:

1. What is the main idea of the article?

2. The elections in Austria were ... (true or false for each):
   a. regular elections.
   b. early elections.
   c. elections to both chambers of Parliament.
   d. elections to one chamber of Parliament.

3.   How many seats did the Socialists have before the elections?
4.   Which other parties lost seats?
5.   The parties which improved their positions were ...   (true or false for each):
     a.   the Austrian People's Party.
     b.   the Greens
     c.   the Austrian Freedom Party.
     d.   the Communist Party.

6.   Which party formed a coalition with the Socialist Party?.
7.   List the reasons for the decision to break up the previously existing coalition.   What was its name?
8.   Summarize paragraph 6.
9.   What could create the basis for "the Grand Coalition"?
10.   Is it a new idea?

Что показали выборы

Социалисты сохранили большинство в парламенте Австрии

Итак, короткая и в то же время горячая пора избирательной кампании в Австрии позади. Расчеты руководства правящей социалистической партии, связанные с проведением досрочных выборов в национальный совет—одну из двух палат парламента страны, в какой-то мере оправдались. Хотя они и не принесли СПА успеха (партия потеряла десять мест и будет теперь располагать лишь 80 мандатами из 183), тем не менее социалисты сохранили относительное большинство, а значит, и право возглавить новое правительство.

Ощутимые потери на выборах понесла и другая крупнейшая партия — австрийская народная (АНП): консерваторы имеют теперь 77. Австрийская партия свободы (АПС) на 6 мест увеличила свое представительство в национальном совете и имеет теперь 18 мандатов. Впервые в парламент избраны 8 представителей движения «зеленых» — сторонников охраны окружающей среды, которое возглавляет Ф. Майснер-Блау, ранее состоявшая в СПА.

Определенного успеха добилась Коммунистическая партия Австрии, хотя она и была лишена возможности использовать в ходе предвыборной кампании радио и телевидение, которыми распоряжались по сути дела буржуазные партии. Тем не менее за кандидатов-коммунистов в целом по стране было отдано несколько больше голосов, чем на предыдущих выборах.

Как уже отмечалось, прошедшие выборы — досрочные. Решение об их проведении 23 ноября, а не в апреле будущего года, как положено по конституции, было принято после того, как руководство правящей соцпартии разорвало существовавшую с 1983 года коалицию с партией свободы. Основанием для принятия такого решения послужило резкое поправение руководства АПС. Председателем этой партии стал 36-летний мультимиллионер Й. Хайдер, потеснивший Н. Штегера, который занимал в «малой коалиции» пост вице-канцлера, а также федерального министра торговли, ремесел и промышленности. Объясняя решение о разрыве «малой коалиции», федеральный канцлер социалист Ф. Враницкий заявил, что новый председатель АПС «не может гарантировать преемственность федерального курса», который проводил его предшественник на посту лидера партии.

Однако, как считают здесь, изменение в руководстве АПС — младшего партнера по коалиции—стало лишь одной из причин для роспуска кабинета и назначения досрочных выборов. Перенесением выборов на 23 ноября соцпартия стремилась в какой-то мере сохранить свой авторитет среди избирателей, удержать хотя бы относительное большинство мест в парламенте. Ибо время работало против социалистов.

Как известно, социалистическая партия около 16 лет находится у руля правления. За это время внутриполитическая ситуация в стране обострилась. Резко подскочило число безработных, особенно среди молодежи и женщин. Из года в год увеличивается бюджетный дефицит. Растут цены на продукты питания, товары первой необходимости. Трудные времена переживает национализированный сектор промышленности. В поисках выхода правящая соцпартия предложила методы «оздоровления» экономики, и в частности национализированного сектора промышленности. Эти методы известны: сокращение занятости на государственных предприятиях, передача части из них в руки частного капитала, урезывание социальных завоеваний трудящихся. Иными словами, «оздоровление» предполагается провести целиком за счет трудящихся.

Естественно, принимать в одиночку столь непопулярное решение социалисты опасаются. Поэтому, идя на досрочные выборы, СПА рассчитывала (хотя об этом на первом этапе предвыборной кампании из тактических соображений вслух не говорилось) если не увеличить, то во всяком случае сохранить число мест в парламенте. Тем самым это создавало базу для сформирования правительства «большой коалиции» СПА — АНП.

Нет недостатков в прогнозах по поводу сформирования нового кабинета. «Я рад результатам выборов,— заявил федеральный канцлер Ф. Враницкий.— Социалистическая партия остается сильнейшей в стране». Отвечая на вопрос о составе будущего правительства, Ф. Враницкий подчеркнул, что «коалиция с Й. Хайдером исключается».

Остается единственное решение — это «большая коалиция», иными словами, правительство из представителей двух партий — СПА и АНП. Такая коалиция последний раз создавалась два десятилетия назад—с 1964 по 1966 год, когда представитель АНП Й. Клаус возглавлял правительство.

Но не будем торопиться с выводами. Пройдет несколько дней, и новое правительство Австрии будет сформировано и представлено на утверждение федеральному президенту.

Б. ДУБРОВИН.
(Соб. корр. «Правды»).
Вена, 25 ноября.

POST-TEXT (using sentence structure):

1. Explain the inverted word order in the first sentence of paragraph two.
2. Re-write sentences three and four of paragraph four using direct word order. (see **Reading exercise 1**, lesson 6)
3. Translate these sentences into English.
4. Paragraph 4 contains an ... (Mark the correct answer):
   a. introduction of the problem described in paragraph 3.
   b. illustration of the problem described in paragraph 3.

5. Explain the absence of the "doer" in the nominative case in the last sentence of paragraph 4.
6. Re-write the first sentence of the fifth paragraph using direct word order.
7. Translate this sentence into English.
8. Sentence one of paragraph 6 has no subject because ... (mark the correct answer):
   a. it contains an impersonal construction.
   b. it contains the *они*-construction.
   c. the doer is "disguised" in genitive clothing.

POST-TEXT (using context):

1. Find the Russian equivalent for *early elections.*
2. What case is used after the word *выборы?* Provide further illustrations of the use of this case in the text.
3. What is the meaning of **–ся** in *расчёты оправдались.*
4. Find the Russian equivalent for *to suffer losses.*
5. Give the English equivalent for *состоять в партии.* How can you say it differently?
6. Find the word *распоряжаться* in the text.
7. Spell out *36- летний.* Form some more expressions following the same pattern.
8. Find the Russian equivalent for *dismissal of the cabinet.*
9. What is the synonym for *у руля правления?*
10. Find the sentence beginning with *За годы правления.* What aspect is used in this sentence and the next one? Explain why.
11. What is the English for *предоставить на утверждение?*
12. Find all the uses of the instrumental case in the article.
13. Make a list of words that you will need to talk about elections.

INSTRUMENTAL CASE

USES:	PREPOSITIONS:	QUESTION:	VERBS:
Tool	English "by" "with"	Кем? Чем?	
Together with	С	С кем? С чем?	говори́ть познако́миться сове́товаться ви́деться
Location	НАД ПОД ЗА ПЕРЕД МЕЖДУ	Где? Над чем? За кем?	
A part of predicate		Кем? Чем?	быть (past, future, infinitive) явля́ться to be (no perf) станови́ться каза́ться счита́ть(ся) называ́ть(ся)
Other verbs		Кем? Чем?	занима́ться руководи́ть пра́вить интересова́ться торгова́ть облада́ть
The "doer" in a passive type construction		Кем? Чем? С кем?	

TIME-EXPRESSIONS: **USEFUL IDIOMS:**

лётом   After:
зимóй   поздрáвить с - to congratulate on
óсенью   рабóтать над - to work on
веснóй   послáть за - to send for

днём   отвéтственность пéред
ýтром   - responsibility before
вéчером   рáзница мéжду - difference betw.
нóчью   отношéния мéжду - relations betw.

порóй   богáтый нéфтью - rich in oil
                                            урáном - rich in uranium
часáми   бéдный ресýрсами - poor in
                                                     resources

недéлями   довóльный плáном - satisfied with
                                  соглáсный с плáном
мéсяцáми   соглáсен,-а,-о,-ы - in agreement
                                                     with

                                  какúм óбразом? - in what way?

                                  путём рефóрм - by means of
                                                     reforms
                                     нарáщивания вооружéний
                                     - arms build-up

                                  пять с половúной - five and a half
                                  пять с чéтвертью - five and
                                                     a quarter

CIRCLE
TWO

CIRCLE TWO

LESSON ONE

AUDIO-COMPREHENSION EXERCISE

part 1

You will now hear a text about a government crisis. Review the key words below. Then listen to the text with the following questions in mind. Afterwards, listen to the text again and write down the answers.

1. What do you already know about the stability of post-war parliamentary governments in Italy? How do changes of government usually occur in that country?
2. How many cabinet members deserted the coalition government? What party did they represent?
3. What motivated their action? What specific measure were they protesting?
4. The party in question had supported some economic belt-tightening measures. What were they designed to do?
5. What specifically did the measures consist of?

Key words

при́нято реше́ние о вы́ходе из прави́тельства – a decision to resign is made
наста́ивать на безотлага́тельных рефо́рмах – to insist on urgent reforms
в ито́ге та́йного голосова́ния – as a result of secret ballot
провали́ть законопрое́кт – to block a bill
предусма́тривать введе́ние нало́гов – to provide for new taxes
одо́брены ме́ры «жёсткой эконо́мии» – measures of "austerity policy" are approved
увеличе́ние ря́да прямы́х и ко́свенных нало́гов – an increase of a number of
                            direct and indirect taxes
расхо́ды на социа́льные ну́жды – expenses for social needs
рост цен на това́ры пе́рвой необходи́мости – growth of prices for first necessity
                            goods

TEXT: Read the following text. Be able to translate it in written form.

Прави́тельственный кри́зис в Ита́лии   Часть 1

Рим, 6 (ТАСС). В сообще́нии ТАСС говори́тся, что в Ита́лии нача́лся но́вый полити́ческий кри́зис. По́сле дли́тельного совеща́ния секретариа́та Италья́нской социалисти́ческой па́ртии мину́вшей но́чью при́нято реше́ние о вы́ходе из прави́тельства семи́ мини́стров-социали́стов, наста́ивавших на безотлага́тельных рефо́рмах. Это произошло́ по́сле того́, как два дня наза́д в пала́те депута́тов в ито́ге та́йного голосова́ния христиа́нским демокра́там удало́сь провали́ть законопрое́кт, предусма́тривающий введе́ние дополни́тельных нало́гов на нефтяны́е компа́нии.

Докуме́нт, разрабо́танный социали́стом, мини́стром фина́нсов Р. Форми́кой, представля́л собо́й составну́ю часть одо́бренных на днях прави́тельством мер «жёсткой эконо́мии», напра́вленных на сокраще́ние дефици́та бюдже́та. Они́ предусма́тривают увеличе́ние ря́да прямы́х и ко́свенных нало́гов, уменьше́ние госуда́рственных расхо́дов на социа́льные ну́жды, рост цен на това́ры пе́рвой необходи́мости. Р. Форми́ка и ра́нее подчёркивал, что Ита́лия нужда́ется в переме́нах.

Words and expressions to part 1

нача́лся	полити́ческий	кри́зис
ко́нчился	экономи́ческий	
продолжа́лся	прави́тельственный	

начина́ться/нача́ться
   -ются начну́тся
на́чатый
нача́ло

конча́ться/ко́нчиться
   -ются   -атся
ко́нченный
коне́ц

продолжа́ться/продо́лжиться
    -ются   -атся
продо́лженный
продолже́ние

социали́ст
социа́л-демокра́т
коммуни́ст
лейбори́ст
республика́нец
демокра́т
член социа́л-христиа́нской па́ртии
член па́ртии труда́

принима́ть/приня́ть -ют при́мут	реше́ние	о вы́ходе из прави́тельства - resignation from the government
	ме́ры	по но́вому законопрое́кту
	шаги́	в направле́нии урегули́рования - to take steps towards the settlement
принима́ть уча́стие	в голосова́нии - to participate in voting	

при́нятый
приня́тие

пала́та депута́тов   *house of deputies*
     представи́телей
     о́бщин   *commune, community*

кандида́т   в прави́тельство
баллоти́роваться   сена́т
   -у́ются   конгре́сс

             в президе́нты - a presidential candidate
             конгрессме́ны
             чле́ны политбюро́ - a candidate-member for the
                                Politbureau

кандида́т   на пост президе́нта
баллоти́роваться   сена́тора

пост (pl. посты́, посто́в)

наста́ивать/настоя́ть   на   вво́де войск   *войска́ troops*
   -ют   -я́т   введе́нии но́вых нало́гов
               introduction

в ито́ге та́йного голосова́ния - as a result of secret ballot
     встре́чи в верха́х   *summit conference*
                 совещание в верхах

голосова́ть/проголосова́ть
   -у́ют   -у́ют
голосова́ние

прова́ливать/провали́ть   законопрое́кт - to kill the draft of the bill
   -ют прова́лят   кандида́та   *bill*
              назначе́ние
прова́ленный
прова́л

зако́н предусма́тривает введе́ние дополни́тельных нало́гов
     - a law providing for additional taxes
                   коменда́нтского ча́са *(mil) curfew*
                   жёсткой эконо́мии *austerity policy*

нало́ги на компа́нии - corporate taxes
        и́мпорт
        э́кспорт
подохо́дный нало́г - income tax

(где?)

вводи́ть/ввести́ рефо́рмы в о́бласти промы́шленности *industry*
   -ят введу́т   экономи́ки
                        се́льского хозя́йства *agriculture*
          в образова́нии
          здравоохране́нии
          социа́льном обслу́живании *social services*

troops (куда?)
       войска́ в Афганиста́н
              на Ку́бу

введе́ние   рефо́рм
but:
ввод   войск

разраба́тывать/разрабо́тать   докуме́нт
      -ют   -ют   план отступле́ния
                       наступле́ния
                       бюдже́т на сле́дующий фина́нсовый год
разрабо́танный
разрабо́тка

to constitute / represent, be constituent

представля́ть/ собо́й   составну́ю часть мер по сокраще́нию бюдже́та
        -ют
представить   агре́ссию
     -ят   наруше́ние прав челове́ка
предста́вленный

одобря́ть/   ме́ры
    -ют
             increase
одо́брить   увеличе́ние расхо́дов на оборо́ну
    -ят   жили́щное строи́тельство - housing contruction
                      науч́ные иссле́дования
одо́бренный
одобре́ние

шаги́, напра́вленные   на увеличе́ние ря́да прямы́х и ко́свенных нало́гов
                      уменьше́ние госуда́рственных расхо́дов

рост цен   на   нефть
              това́ры пе́рвой необходи́мости - first necessity goods
              широ́кого потребле́ния - consumer goods
          сырьё *raw materials*

направля́ть/ движе́ние   за   неприсоедине́ние - non-aligned movement
    -ют   замора́живание расхо́дов
напра́вить   мир - peace movement
    -ят   неиспо́льзование я́дерного ору́жия пе́рвыми
          - to direct the No-First-Use Movement

направля́ть движе́ние   про́тив испыта́ний хими́ческого ору́жия
напра́вленный

(в чём?)
нужда́ться (imperf.)   в сырьё – to be in need of raw materials
поддержке – to be in need of support

VOCABULARY EXERCISES

Look through the vocabulary for part 1 of the text «*Прави́тельственный кри́зис в Ита́лии*». Do the following exercises.

A. Give the nominative and genitive plural for the following nouns. Mark the stress.

агре́ссия, челове́к, оборо́на, цена́, пра́во, эконо́мика, па́ртия, политбюро́, конгрессме́н, рефо́рма, и́мпорт, иссле́дование, ору́жие, сырьё, часть, э́кспорт, пост.

B. Paraphrase the italicized words.

уча́ствовать в движе́нии, *кандида́т в конгре́сс*, *реши́ть* вы́йти из сове́та, *приня́ть шаги́*, встре́ча *на вы́сшем у́ровне*, пала́та *представи́телей*, *ввоз* не́фти, движе́ние *про́тив испо́льзования*, *оста́вить на пре́жнем у́ровне* расхо́ды на оборо́ну, *сокраще́ние* бюдже́та, *быть во главе́* движе́ния.

C. Give the opposite for the italicized words.

прямы́е нало́ги, война́ *начала́сь*, *откры́тое* голосова́ние, *вход* в прави́тельство, *и́мпорт*, *увеличе́ние* расхо́дов, план *отступле́ния*, *одо́брить* ме́ры, движе́ние *за присоедине́ние*, това́ры *широ́кого потребле́ния*, *уваже́ние* прав челове́ка.

D. Form verbs out of the following nouns. Make necessary changes.

нача́ло кри́зиса, продолже́ние голосова́ния, коне́ц инфля́ции, вы́ход из прави́тельства, вход в коали́цию, приня́тие реше́ния, прова́л законопрое́кта, голосова́ние по законопрое́кту, введе́ние нало́гов, ввод войск, одобре́ние пла́на.

E. Give Russian equivalents for the following English phrases.

- prices for basic necessities
- No-First-Use Movement

- human rights violations
- to be in need of social services
- to insist on export tariffs
- to direct the non-aligned movement
- to draft a document
- housing construction
- budget for the next fiscal year
- to kill a bill
- Austerity Policy
- congressional candidate (3 variants)
- to block somebody's candidacy
- decrease of federal expenditures
- corporate taxes
- to run for President
- as a result of secret ballot
- a Social-Christian

F. Write sentences to fill in the blanks in each of the groups below. Be able to translate your sentences.

                                                 (что?)

1.   Администра́ция начала́ _____

                              _____

              продолжа́ла _____

                              _____

              ко́нчила _____

                              _____

Change the sentences above using the same verbs with «СЯ».

2.   Он явля́ется кандида́том   (куда?)

                                      _____

                                      _____

                             (на каку́ю до́лжность?)

                                      _____

                                      _____

                             (на какой пост?)

                                      _____

                                      _____

                              (на что?)

3.   Газе́ты писа́ли о нало́гах на_____

                                      _____

                                      _____

4.   Опя́ть наблюда́ется рост цен на (на что?)
    _____
    _____
    _____

5.   Расхо́ды на (на что?) _____ снижа́ются.
    _____

    _____ повыша́ются.
    _____

6.   Страна́ нужда́ется в (в чём?) _____
    _____
    _____

7.   Конгре́сс наста́ивает на (на чём?) _____
    _____
    _____

8.   Происхо́дит введе́ние   (чего́?)   (где?)
    _____ _____
    _____ _____

    ввод   (чего?)   (куда?)
    _____ _____
    _____ _____

9.   (кто? что?) _____ представля́ет собо́й (кого́? что?) _____
    _____   _____
    _____   _____

10.   Обще́ственность выража́ет уве́ренность (в чём?) _____
    _____
    _____

11.   Конгре́сс при́нял ме́ры, напра́вленные на (на что?) _____
    _____
    _____

GRAMMAR: TIME EXPRESSIONS

At such-and-such a moment, minute, hour, day

в + accusative:
    в э́тот моме́нт, в э́ту мину́ту, в э́тот час, в э́тот день, в сре́ду

Note also: в э́то вре́мя – at that time, meanwhile
        в настоя́щее вре́мя – at present

Such-and-such a week

на + prepositional:
    на э́той неде́ле, на про́шлой неде́ле, на сле́дующей неде́ле

Such-and-such a month

в + prepositional:
    в э́том ме́сяце, в про́шлом ме́сяце, в сле́дующем ме́сяце, в а́вгусте
    семидеся́того го́да

Such-and-such a year, decade, century

в + prepositional:
    в э́том году́, в про́шлом году́, в бу́дущем году́, в девяно́сто второ́м году́,
    в про́шлом десятиле́тии, в двадца́том ве́ке

In such-and-such a decade (in the eighties)

в восьмидеся́тых года́х   In the 80's

в нача́ле / в конце́   In the early / late 80's
восьмидеся́тых годо́в

Calendar dates

Это случи́лось...   It happened...

пя́того ма́я двадца́того го́да.   on May 5, 1920. Genitive alone
в ма́е двадца́того го́да.   in May, 1920. Prepositional + genitive
в двадца́том году́.   in 1920. Prepositional

From ... to

exclusive – с + genitive + до + genitive:
    с пя́того ма́я до пе́рвого ию́ня

inclusive – с + genitive + по + accusative:
    с пя́того ма́я по пе́рвое ию́ня

X

In the morning, in winter

Instrumental with *no preposition:*

Memorize the expressions:
 у́тром, днём, ве́чером, но́чью; зимо́й, весно́й, ле́том, осенью.

Note that но́чью really means "early morning": from about midnight to four in the morning.

O'clock a.m. and p.m.

genitive after an "o'clock" expression:
 де́вять часо́в утра́
 час дня
 шесть часо́в ве́чера
 два часа́ но́чи (*not* ве́чера! See the note in the category above.)

Note that for official schedules the 24-hour clock is used:
 6:00 pm = в восемна́дцать часо́в or even more officially, восемна́дцать-ноль-ноль.

In the mornings, on Wednesdays

по + dative: Memorize по утра́м, по вечера́м, по ноча́м, as well
  as по plus dative plural of days or the week, e.g. по сре́дам.
But note that "in the afternoons" is днём. There is no "по" equivalent.

Every (day, week, month, summer, etc.)

Ка́ждый + accusative with no preposition:
 Ка́ждый день, ка́ждую неде́лю, ка́ждый ме́сяц, ка́ждое ле́то

A certain amount of time before or after an event

before: За + accusative time expression + до + genitive:

 Всё случи́лось за два дня   It all happened two days
 до конфе́ренции.   before the conference.

after: Че́рез + accusative time expression + по́сле + genitive:

 Всё случи́лось че́рез два   It all happened two days
 дня по́сле конфере́нции.   after the conference.

Note that while English uses no prepositions, Russian requires за...до *and* через...по́сле.

By a certain time

к + dative:

    к двум часа́м – by two o'clock.

In an amount of time (After... amount of time)

че́рез + accusative or че́рез + number + genitive:

План бу́дет одо́брен че́рез неде́лю.	The plan will be passed after a week's time
Они́ отве́тят че́рез две мину́ты.	They will answer in two minute's time.

Note that че́рез literally means "after a certain amount of time," but it is usually used for "in a certain amount of time."

Within an amount of time, over a certain time

за + accusative or за + number + genitive:

План бу́дет одо́брен за неде́лю.	The plan will be approved within a week.
За после́дние два ме́сяца...	Over the last two months...

За + accusative is used only when "within" is heavily emphasized, and then almost always with perfective. In most situations use че́рез.

Duration: For an amount of time

Accusative without a preposition or number plus genitive:

Кри́зис продолжа́лся ме́сяц.	The crisis lasted for a month.
В а́рмии слу́жат два го́да.	People serve in the army for two years.

в тече́ние + genitive:

Кри́зис продолжа́лся в тече́ние двух неде́ль.	The crisis lasted for two weeks.

Planned events: For an amount of time

на + accusative or на + number + genitive:

Делега́ция отбыла́ на неде́лю.	The delegation left (now) for (a future period) of a week.

Note that English uses *for* in both durative (*worked for a week*) and planned-event (*will go for a week*) expressions. However durative time expressions can be replaced by constructions which omit the "for" (*worked for a week, spent a week working*). This is not true of expressions denoting planned events.

During

во вре́мя + genitive: во вре́мя войны́ – during the war

Under or during someone's rule

при + prepositional: при Ста́лине – under Stalin

Letter (newspaper, telegram) of such-and-such a date

от + genitive: газета от пя́того ма́я

—

GRAMMAR EXERCISE: TIME EXPRESSIONS

Read the review of time expressions and do the following exercises.   Fill in the blanks.   Be able to translate these sentences into English.

1. _В данный момент_ отношения между Алжиром и Морокко
    (At the present moment)

    остаются напряжёнными.

2. Совет Безопасности принял эту резолюцию _7 го сентября 1987_.
    on Sept 7, 1987

3. Только _____ возглавляемое им правительство установило
    (last spring)

    дипломатические отношения с КНР.

4. Война между Ираном и Ираком продолжается уже_____.
    (for seven years)

5. к _февралю_ Претория обещала перебросить в лагеря бандитов оружие
    (By February)

    и боеприпасы.

6. Ожидается, что конвой войдёт в Персидский залив _следующий день_
    (the next day)

    в полдень по местному времени.
    (at noon)

7. Уборка урожая начинается _на следующей неделей_ и будет продолжаться
    (next week)

    всю осень.
    (an entire fall)

8. На совести ди Карло и его сообщников убийство _в_ *-ом году* шефа
   (in 1979)

   палермской полиции.

9. _за несколько недель до_ описанного инцидента Карачи стали
   (Several weeks prior to)

   ареной кровопролитных столкновений.

10. Встречи с матерями воинов, оказавшихся в плену, будут происходить
    с 30го по четвертое
    (from May 30 through June 4)

11. _через 3 после_ переговоров с муджахиддинами наши военнопленные
    (Three months after)

    станут возвращаться домой.

12. Партизаны совершали налеты только _по ночам ночами_ под прикрытием темноты.
    (nights)

13. Следствие под кодовым названием «Оперейшн диванш» закончится
    через 6-7 месяцев
    (in 6–7 months)

14. Два кувейтских танкера _в первый раз впервые_ под американскими
    (for the first time)

    флагами пересекут Ормузский пролив.

15. _В 20ом веке_ произошёл полный распад старых колониальных
    (In the XX century)

    империй.

16. _каждую среду_ город сбрасывал в реку свыше *Двухсот* 200 тысяч кубометров
    (Every Wednesday)

    грязных вод.

17. Нации нашей планеты _в 80ых годах_ израсходуют около триллиона
    (in the 80s)

    долларов на военные расходы.

18.   В газетах сообщалось, что _во время зимних игр_ цены на
      (during the Winter Games)

      билеты на городской железной дороге, в метро и автобусах будут

      повышены.

19.   Помощник мэра часто уезжал в командировки _неопределённый_
                                                      (for an indefinite

      период/срок времени.
      period of time)

20.   _В понедельник в пять часов утра_ банда ворвалась в посёлок.
      (on Monday)   (at five a.m)

21.   В телеграмме_от 1-го апреля_ говорилось о никогда не
                     (dated by April 1)

      происходивших событиях.
                              в течение двух / за два часов
22.   _____ арестовали всех священнослужителей.
      (Within two hours)

23.   _при каком генеральном секретаре_ началась разработка новой конституции?
      (Under what General Secretary)

24.   Кооператив «Нарын» _в начале девяностых годов_ полностью перестанет зависеть
                          (in the early 90s)

      от госторговли.

GRAMMAR: VERBAL ASPECT

Imperfective aspect is used in the infinitive after:

1.   **начина́ться(ся), стать, продолжа́ть(ся), конча́ть(ся), привыка́ть/привы́кнуть, учи́ться/научи́ться or any other verb indicating beginning or ending.**

      Утром на́чали прибыва́ть делега́ции.
      Delegations began to arrive in the morning.

      Они́ не привы́кли соблюда́ть зако́ны.
      They are not used to observing laws.

2. нельзя́, when it means "musn't" or "not allowed"

> Нельзя́ называ́ть те́му диску́ссии.
> The topic of discussion is not to be announced!

3. **Nearly all negated infinitives.**

> Кабине́т реши́л не объявля́ть коменда́нтский час.
> The Cabinet decided against a curfew.
> Вла́сти проси́ли населе́ние не выходи́ть из домо́в.
> The authorities asked the population not to leave their homes.

4. **не на́до, не сто́ит, доста́точно, хва́тит, вре́дно, заче́м and избега́ть to express needlessness of action.**

> Не сто́ит обы́скивать всех прибыва́ющих пассажи́ров.
> It is not worth it to search all arriving passengers.

> Румы́ния избега́ет вводи́ть войска́ в Молдо́ву.
> Rumania avoids bringing its troops into Moldova.

Perfective aspect is used in the infinitive after:

1. **нельзя́, when it means "impossible."**

> Нельзя́ бу́дет обсуди́ть прое́кт.
> It will not be possible to discuss the project.

2. **забы́ть, уда́ться, успе́ть.**

> Войска́м удало́сь бы́стро оцепи́ть райо́н беспоря́дков.
> Troops succeeded quickly to cordon off the area of unrest.

GRAMMAR EXERCISES: VERBAL ASPECT

Review the use of verbal aspect as presented in Circle One, Lesson 1. Then review the grammar presentation in this lesson and do the following exercises.

A. **Give perfective forms for the following verbs. Conjugate both forms. Mark the stress.**

принима́ть, баллоти́роваться, прова́ливать, начина́ть, конча́ть, продолжа́ть, вводи́ть, одобря́ть, направля́ть, наста́ивать.

B. Fill in the blanks. Explain your choice of aspect. Be able to translate these sentences into English.

1. К этому моменту стюарду-конголезцу удалось_____
    обезвреживать/обезвредить

    пирата.

2. Недавно закончили _____ крупный посёлок
    строить/построить

    газодобытчиков. *gas line*

3. Пассажиры в панике_____ из самолёта по запасной
    броса́ться/бро́ситься

    лестнице, а потом _____ прямо
    начинать/начать   прыгать/прыгнуть

    на асфальт.

4. Советским судам нельзя_____ в эти порты для дозаправки
    заходить/зайти

    горючим и продовольствием.

5. В настоящее время эсминец находится в британском порту, куда уже *destroyer*
    _____ для его приёмки чилийский экипаж. *acceptance*
    прибывать/прибыть

6. Хотя переговоры _____ полтора месяца, они ни к чему
    проходить/пройти

    не _____.
    приводить/привести

7. За последние 5 лет на вооружение чилийских ВВС_____ *arms*
    поступать/ поступить

    40 английских самолётов.

8. 30 лет назад Советский Союз первым_____ устав *rules*
    одобрять/одобрить

    Международного агенства по атомной энергии (МАГАТЭ).

9. Без полной реконструкции _____ план полностью просто

    выполнять/выполнить

нельзя.

10. В условиях перестройки на заводах каждый день_____

    совершаться/совершиться

настоящая научно-техническая революция.

11. Только за сутки им_____ увидеть 17 космических

    приводиться/привестись *удалось*

восходов и закатов.

12. Время от времени страны Латинской Америки_____

    приобретать/приобрести

массу ненужных товаров.

13. *was agreed* Условлено, что стороны будут продолжать_____

    искать/поискать

situation новые подходы для оздоровления обстановки в регионе.

14. Каждый год станки *machine bed*_____ по 10–15 раз.

    ремонтировать/отремонтировать

15. М. Харрари успел _____ своего брата и двух арабов.

    освобождать/освободить

C. **Translate the following.**

1. Central American foreign ministers developed a new regional peace plan in two days of meetings here.
2. The Greens began to lead the movement against chemical weapons testing.
3. For two days they participated in an offensive.
4. It took the president two terms to give Americans a decent health care system.
5. On Wednesday the House approved an increase in housing construction expenditures.
6. Nicaraguan opposition leaders continued to make erroneous decisions about their participation in the plan.
7. According to Soviet law, religious organizations can now conduct charity (благотворительный) work.
8. They took a vote on corporate taxes and introduced a new legislation.

9.   It will be impossible to kill the new bill without strong resistance from the Democrats.

10. By the end of the next fiscal year prices for basic necessities will increase.

11. We advise you not to make a decision on this matter at this time.   In fact, we can not make a decision without all the facts.

12. People have become used to electing candidates whom they do not support.

13. According to the minister's statement, it is not worth acquiring the latest technology in the 90s.

14. The General Secretary will go to Washington for three days.   There he will hold talks with the President and to meet with leading members of Congress.

SPEAKING EXERCISES

Transition words link ideas together by bridging sentences or paragraphs. (They can mark the introduction of the story, its development, different points of an argument, the conclusion etc.)

A. Расскажи́те часть 1 те́кста. В своём расска́зе испо́льзуйте сле́дующие слова́:

итáк; наприме́р; не то́лько..., но...; ведь; вот почему́.

B. Опиши́те прави́тельственный кри́зис в друго́й стране́.

C. Отве́тьте на сле́дующие вопро́сы:

1. Что привело́ к прави́тельственному кри́зису в Ита́лии?
2. Кака́я па́ртия реши́ла вы́йти из кабине́та?
3. Почему́ италья́нские социали́сты выступа́ли за дополни́тельные нало́ги?
4. Кака́я па́ртия возража́ла про́тив дополни́тельных нало́гов?
5. Как ча́сто происхо́дят прави́тельственные кри́зисы в Ита́лии?

D. Дополни́тельные вопро́сы: (optional)

1. Почему́ вопро́с о нало́гах приобрёл символи́ческое значе́ние в США?
2. Каки́е европе́йские па́ртии вы зна́ете?

AUDIO-COMPREHENSION EXERCISE

part 2

This part tells you what led to the crisis.   Listen to it with these questions in mind.

1.   According to the report, how did many Roman pundits characterize the results of the vote?
2.   What happened to the coalition after the opposition's walkout?
3.   How many parties made up the coalition?
4.   Who are Spadolini and Pertini? What have they pledged not to do?
5.   What is the general opinion about their chances for success?

Key words

осуждáть часть законопроéкта – to condemn a part of the bill
провалúть законопроéкт – to block the bill
побéда нефтянóго лóбби и трéстов – a victory of oil lobby and trusts
потерять необходúмое большинствó – to lose a necessary majority
сложúвшееся положéние – an existing situation
акцентúровать обы́чные разноглáсия – to emphasize usual differences
неизбéжность отстáвки – the inevitability of resignation
непримирúмые разноглáсия – irreconcilable differences (contradictions)

TEXT: Read the following text. Be able to translate it in written form.

Правúтельственный крúзис в Итáлии   Часть 2

Наканýне голосовáния в палáте депутáтов ряд представúтелей, входя́щих в правúтельство христиáнско-демократúческой пáртии, откры́то осуждáл ту часть законопроéкта, которая предусмáтривала увеличéние налóгов на нефтепромы́шленников. Пóсле провáла депутáтами э́того докумéнта в рúмских политúческих кругáх стáли откры́то говорúть о «побéде нефтянóго лóбби и трéстов».

Пóсле вы́хода из кабинéта социалúстов правúтельственная коалúция, в котóрую вхóдят пять пáртий, потеря́ла необходúмое большинствó в парлáменте. Сложúвшееся положéние бýдет обсуждáться сегóдня на э́кстренной встрéче председáтеля совéта минúстров Дж. Спадолúни и президéнта респýблики Пертúни, котóрые обещáли не акцентúровать свои обы́чные разноглáсия. Тем не менее мнóгие здесь выскáзывают увéренность в неизбéжности отстáвки кабинéта, учúтывая непримирúмые разноглáсия мéжду прáвящими пáртиями.

Words and expressions to part 2

накану́не голосова́ния по законопрое́кту
      войны́
      вы́боров
война́ (pl. во́йны, во́йн)

входи́ть/войти́ в   коали́цию – to join the coalition
вхо́дят войду́т   си́лу – to come into effect
           употребле́ние – to come into use
вход

осужда́ть/осуди́ть   нарушéния прав человéка
    -ют осу́дят   нарушéние прекращéния огня́ – to condemn violation of
                                     cease-fire
                зако́на
осуждённый
осужде́ние

выходи́ть/вы́йти из   употребле́ния – to go out of use
               прави́тельства
        с   террито́рии
          За́падного бéрега – to withdraw from the West Bank
        в   отста́вку – to resign
вы́ход

в   полити́ческих   круга́х
    воéнных
    прави́тельственных

побéда нефтяно́го ло́бби (unchanged)
     изра́ильского

одéрживать/одержа́ть побéду – to win the victory
    -ют одéржат

нести́/понести́   пораже́ние – to suffer defeat
несу́т понесу́т   потéри – to suffer losses
           ущéрб – to suffer damage
понесённый

наноси́ть/нанести́   тяжёлые потéри – to inflict heavy losses
  -ят   -у́т   пораже́ние – to cause defeat
           пéрвый уда́р – to deliver the first strike
нанесённый
лобби́ровать   в по́льзу иностра́нной держа́вы
  -уют   про́тив испо́льзования но́вых систéм

терять/потерять необходимое большинство в парламенте – to lose the necessary
  –ют   –ют   majority
потерянный
потеря – a loss
(pl. потери – losses, потерь)

обсуждать/обсудить ситуацию на чрезвычайной встрече Совета Безопасности
    –ют обсудят кризис   экстренной встрече Генеральной Ассамблеи ООН
                  положение
обсуждённый
обсуждение

отставка кабинета   неизбежна
безработица
энергетический кризис   неизбежен
военное столкновение   неизбежно – an armed clash is inevitable

                                 (между кем?)   (из-за чего?)
непримиримые разногласия между партнёрами   из-за торговли
                                фирмами   рынков
                                  союзниками

проявляются разногласия из-за строительства газопровода
                            территориальных диспутов
проявляться/проявиться
    –ются проявятся
проявленный

проявление   трений из-за политики
                раскола
трение (pl. трения, трений) – frictions

                                (в чём?)
высказывать/высказать уверенность в неизбежности войны
    –ют   –жут   победе
                              необходимости реформ

высказанный

правящая партия
          коалиция

править страной
  –ят   народом

правление

VOCABULARY EXERCISES

Look through the vocabulary for part 2 of the text «*Правительственный кризис в Италии*». Do the following exercises.

A. Give the nominative and genitive plural forms for the following nouns. Mark the stress.

война́, ло́бби, поте́ря, уще́рб, бе́рег, страна́, разногла́сие.

B. Paraphrase the italicized words.

па́ртия *у вла́сти*, *незадо́лго до* вы́боров, *победи́ть*, *руководи́ть* страно́й, зако́н *на́чал де́йствовать*, *ну́жное* большинство́, *вы́разить неодобре́ние*, говори́ть о кри́зисе, *нанести́ уда́р пе́рвым*, *специа́льно назна́ченная* встре́ча, *сро́чная* встре́ча, инфля́цию *невозмо́жно предотврати́ть*, *бой*, разногла́сия *стано́вятся я́вными*.

C. Give the opposite for the italicized words.

бе́лое меньшинство́, *вы́йти из употребле́ния*, *побе́да*, лоббировать *в по́льзу* бастующих, *войти́ на* За́падный бе́рег, *понести́* уще́рб, *лёгкие* поте́ри, *пе́рвый* уда́р, *очередна́я* се́ссия, *получи́ть* большинство́.

D. Form verbs from the following nouns. Make necessary changes.

осужде́ние вы́хода в отста́вку, обсужде́ние положе́ния, правле́ние страно́й.

E. Give Russian equivalents for the following English phrases.

- to become obsolete
- to express confidence in the inevitability of his resignation
- to win the victory
- Security Council emergency session
- violation of cease-fire
- irreconcilable differences over markets
- to suffer damage
- to come into use
- to inflict heavy losses
- to lobby for a foreign government
- signs of schism
- to run the country

F. Write sentences to fill in the blanks in each of the groups below. Be able to translate your sentences.

        (что?)

1)   _____ неизбе́жна
      _____ неизбе́жен
      _____ неизбе́жно
      _____ неизбе́жны

Change the sentences above using «невозмо́жно предотврати́ть» (чему́? кому́?)

        (что?)

2)   _____ вы́шло из употребле́ния
      _____ вы́шла
      _____ вы́шел
      _____ вы́шли

Change the sentences above using «войти́ в употребле́ние».

                          (что?)

3)   Ги́тлер   понёс _____
      Сове́тская армия понесла́ _____
      Прави́тельство   понесло́ _____

Change the sentences above using «нанести́».

                     (ме́жду кем?)   (и́з-за чего́?)

4)   Проявля́ются разногла́сия _____ _____
                             _____ _____
                             _____ _____

                                    (в чём?)

5)   Горбачёв   выска́зывает уве́ренность в_____
      Демокра́ты выска́зывают   _____
      Сена́тор Ке́ннеди выска́зывал   _____

REVIEW: QUOTING SOURCES

ЛЮДИ

телекомментáтор
представи́тель МИД Росси́и
глава́ опози́ции
ли́дер
помóщник мини́стра
обозревáтель
совéтник по делáм...
замминистра
госсекретáрь
etc

ГОВОРЯ́Т

говори́т, что...
      о...
подчёркивает что...
заяви́л, что...
объяви́л о...
отмечáет, что...
сказáл в интервью
в передáче по рáдио
по телеви́дению
считáет, что
вы́ступил с...за(прóтив)...
трéбует + gen.
чтобы + subj.
недовóлен + inst.

Printed or broadcast formats:

в телепрогрáмме «Новости»
в телепередáче
в статьé
в конститýции
в докумéнте
в договóре
в интервью
в рéчи
в передови́це
в доклáде
в закóне
в выступлéнии
в прéссе

говори́тся, что...
      о...
говори́лось

сообщáется, что...
      о...
сообщáлось

отмечáется, что

отмечáлось

Media:

ПО рáдио
ПО телеви́дению
ПО седьмóй прогрáмме

сообщáлось, что...
      о...
передавáлось, что...
      о...

According to:

ПО слова́м а́втора кни́ги
ПО мне́нию а́втора статьй
ПО пра́вилам
ПО конститу́ции
ПО зако́ну

В соотве́тствии с		
		зако́ном
		пра́вом
		ре́чью
		конститу́цией
		заявле́нием
		выступле́нием
		да́нными
		информа́цией
	со	статьёй
		передови́цей
		интервью
		исто́чниками Бе́лого до́ма
	со	слова́ми а́втора

In English sources can speak.   In Russian ИСТОЧНИКИ can not ГОВОРИТЬ.

ИЗ журнали́стских		ста́ло изве́стно, что...
ИЗ вое́нных		о
ИЗ секре́тных	исто́чников	
ИЗ америка́нских		

ИЗ исто́чников	Пентаго́на	ста́ло изве́стно, что...
	Бе́лого до́ма	о....
	ЦРУ	

also:

ИЗ програ́ммы «Вре́мя»	ста́ло изве́стно, что
интервью	о...
заявле́ния	
телепереда́чи	
радиосообще́ния	

EXERCISES: QUOTING SOURCES

Review Quoting sources as presented in this lesson and do the following exercises.

A. Translate the following expressions.

1.   according to a communique on armed clashes
2.   U.S. sources disclosed that...
3.   the Summit agreements emphasized that...
4.   a Channel 4 broadcast said that...
5.   the CIA sources said that...
6.   according to the strike leaders
7.   National Security Adviser remarked that...
8.   the White House spokesman appeared on TV with a statement
9.   according to some US Kremlinologists
10. Defense Department sources said that...
11. yesterday's editorial remarks that....
12. according to the author of the Monroe Doctrine
13. he made a new statement which emphasized...
14. he appeared on TV with a proposal
15. she made a speech before Congress which stressed the necessity
16. the TV programm "Good Morning America" announced that...

B. Write your own sentences with the above expressions.

GRAMMAR EXERCISES: VERBAL ASPECT (Continued)

A. Give perfective forms for the following verbs.   Conjugate both forms. Mark the stress.

входи́ть, осужда́ть, оде́рживать, наноси́ть, проявля́ться, пра́вить, выска́зывать.

B. Fill in the blanks.   Explain your choice of aspect.   Be able to translate these sentences into English.

1.   За период проведения этой гуманной политики _____

     возвращаться/возвратиться

     свыше 7.600 обманутых пропагандой афганцев.

2.   В задачу тральщиков входит_____ и
                              обнаруживать/обнаружить

_____ мины.
    обезвреживать/обезвредить

3.   Было объявлено, что сотрудникам советского посольства будет нельзя

_____ конференцию.
    посещать/посетить

4.   Это один из лучше всего сохранившихся античных театров в мире. Его

огромный амфитеатр_____ 15.000 зрителей.
                    вмещать/вместить

5.   Вашингтон_____ _____
                продолжать/продолжить осуществлять/осуществить

стационарное размещение передового командного пункта центрального

командования США (СЕТКОМ).

6.   Если не _____ эти вопросы к началу семестра, то
            решать/решить

завтра можно_____ в пиковом положении.
            оказываться/оказаться

7.   Нельзя столько времени_____ «советской угрозе».
                        уделять/уделить

8.   Только за последнюю неделю душманы трижды_____
                                        переходить/перейти

советскую границу.

9.   Ежегодно предприятия не успевают_____
                                выполнять/выполнить

заключаемые договоры на ремонт и поставку техники.

10.   (Они) _____ (past) выпуск отечественных ЭВМ и
            планировать/запланировать

_____ _____ операторов для них.
    забывать/забыть   готовить/подготовить

11. Первый день конвой_____ (past) без сопровождения.
     идти/пойти

12. Проект _____ (fut) на известной концепции
     основываться/основаться

    «обычной стабильности».

13. Сумма недостач, невозмещённых убытков и порчи за последние годы не

    _____ (present).
    уменьшаться/уменьшится

C. Translate the following.

1. Within five years these nuclear missiles will become obsolete.
2. Most of the black mine workers in South Africa never counted on an increase in pay.
3. The Iranian Foreign Affairs Minister says that he cannot accept the U.N. Security Council resolution.
4. An Iraqi communique has reported that there there are signs of a schism in the Khoumeini regime.
5. For six months Iran's mines have been threatening any Iraqui ship.
6. In the forthcoming senatorial elections the Republicans will regain the necessary majority.
7. Within a week the strike will come to an end and the workers will resume full production.
8. According to the American Constitution, any new law comes into effect only after the President signs it.
9. The latest military reports said that our troops are suffering heavy losses.
10. The officers who launched last week's rebellion are now demanding their leader's resignation.
11. Do not forget to ask about the new export tariffs. Sulimov forgot to inform us when they will take effect.
12. In the opinion of the committee members it is not worth continuing these contacts.
13. The President has begged Congress not to raise taxes, but nearly all economists agree that without new taxes a financial crisis is unavoidable.
14. The new Christian Democratic government managed to receive the support of both the Socialists and the Greens.
15. Soviet public figures are now learning to use television effectively to state their points of view.

RENDERING

Render the following information. Do not translate it word for word. Instead convey as much of the information you can with Russian that you have learned so far.

> *Could there ever be a military takeover of the United States government? Political chaos resulting in the military occupation of cities, martial law? Novelists Fletcher Knebel and Charles Bailey gave the matter some serious thought several decades ago in their political thriller "Seven Days in May." An annotated version of the novel was used for a number of years as an English-language text in Soviet language institutes.*
>
> *The novel, written in 1962, is set in the early 70's. A Democratic administration has been in power for about three years and has signed with the Soviets a general disarmament treaty, which the Senate has just ratified.*
>
> *As of May 15, the charismatic General James Scott, in concert with the Joint Chiefs of Staff, is in the final stages of plotting the overthrow of the administration. A member of the general's staff, Colonel Casey, learns of the plot, and despite his own opposition to the treaty, follows the Constitutional callings of his conscience and informs the White House.*
>
> *By the next morning, the President has assembled a crisis-management team, including his old friend and confidant the Democratic Senator from Georgia, his national security advisor and Colonel Casey.*
>
> *Meanwhile, General Scott, in addition to completing plans for the overthrow, rallies the citizenry against the administration. The threat he represents is real. Over the last month the general has criss-crossed the country making speech after speech, accusing the President of outright lack of patriotism. Many, including members of both houses of Congress, are more than willing to support the general out of fear of the consequences of such a wide-ranging treaty with the Soviets. And it is precisely because of the general's popularity throughout the country that the President shies away from dismissing him outright.*
>
> *Over the course of the next five days the President's men collect the evidence they need to confront Scott with his insubordination. The Senator from Georgia travels to a secret base in Texas, where troops are being readied for deployment in major*

American cities. The President's chief of staff flies to Spain to wrangle a signed confession from a weak-kneed admiral. And Colonel Casey has the unenvious job of digging up dirt on Scott's love life.

On the eve of the planned operation, the President's men have confirmed everything that Colonel Casey first reported a week before.

The President calls General Scott in for the final confrontation. Scott claims that he has no intention of taking the Presidency by force. Nevertheless, the General says, all the polls show that no one supports the President on the matter of the treaty. Given that lack of support, General Scott continues, the President in is no position to ask for his resignation.

What Scott doesn't know is that the President has hard evidence that Scott has been leading a conspiracy against him. Confronted with signed confessions from other officers, Scott finds that he has no choice but to resign.

Words and expressions:

a military takeover – вое́нный переворо́т
martial law – чрезвыча́йное положе́ние
charismatic personality – вдохнове́нная ли́чность
Joint Chiefs of Staff – Объединённый комите́т нача́льников штабо́в
a crisis-management team – гру́ппа по управле́нию кри́зисом
insubordination – неповинове́ние

SPEAKING EXERCISES

A. Расскажи́те часть 2 те́кста. В своём расска́зе испо́льзуйте сле́дующие слова́.

как изве́стно; во-пе́рвых,... во-вторы́х; причём; поэ́тому.

B. Расскажи́те исто́рию «Прави́тельственный кри́зис в Ита́лии» с то́чки зре́ния италья́нского социали́ста.

C. Отве́тьте на сле́дующие вопро́сы.

1. В чём причи́на нестаби́льности италья́нского прави́тельства?
2. Кака́я па́ртия домини́рует в полити́ческой жи́зни Ита́лии по́сле войны́?
3. Почему́ в ри́мских полити́ческих круга́х ста́ли пря́мо говори́ть о «побе́де нефтяно́го ло́бби и тре́стов»?

D. Дополни́тельные вопро́сы. (optional)

1. В чём разли́чие ме́жду америка́нской и европе́йской полити́ческими систе́мами?
2. Что тако́е лобби́зм?
3. Есть ли у президе́нта США большинство́ в америка́нском конгре́ссе?

READING EXERCISE

Больше не глушим   Владимир Острогорский

PRE-TEXT: In May, 1986, the Soviet Union stopped jamming the BBC and the Voice of America. Shortly thereafter the jamming of Radio Free Europe and Radio Liberty also came to an end. Read the questions below. See if you can guess some of the answers before reading the article. Then read the text to see if you were right. Answer the questions in written form in English.

1.   What event prompted the author to write this piece?

PARAGRAPHS 2, 3
2.   There are two different sets of reasons why foreign broadcasts were jammed. Name them.

PARAGRAPH 4
3.   According to the author, what made the jamming senseless?

PARAGRAPH 5
4.   Name the reasons why it made sense to cease jamming.

PARAGRAPH 6, 7, 8
5.   The author accuses the Soviet mass media of a lack of spontaneity. How does he illustrate this point?

PARAGRAPH 9
6.   Ostrogorsky makes an important distinction between Radio Liberty from other countries' stations. What is it?

PARAGRAPH 9, 10
7.   The author concludes that diversity in the modern world must lead to... (true or false for each item):
    a.   isolation.
    b.   mutual intellectual enrichment.
    c.   exchange of information on current events.
    d.   occasional misunderstandings.

POST-TEXT: (using context)

Transition markers are the words that link ideas together. They bridge sentences or paragraphs.

Here is a list of some frequently used transition words:

итак	вот почему
во-первых, во-вторых	однако
с одной стороны, с другой стороны	наоборот
например	ведь
..., а...	разве
не только..., но и ...	как известно; обшеизвестно
причём	следовательно
при этом	кстати
между тем	дело в том, что
	etc.

Do the following exercises:

1. Find some transition markers in the introduction. What is the function of each?
2. *Голос* is used frequently throughout this text. In what context?

PARAGRAPHS 2, 3
3. Mark the words which indicate...
    a. beginning of the argument
    b. development of the argument
    c. conclusion of the topic

PARAGRAPH 4
4. Find the words which introduce the reasons for calling the cessation of jamming an *аванс*.

PARAGRAPH 5,6,7
5. What markers are used to contrast two ways of covering the earthquake in Armenia?
6. What is the synonym for *радио* **передаёт** in the article? Find other forms of this word in the text.
7. Find the word *to jam* (a broadcast) in the text. What is the name of the machine that does *jamming?*

8. Find the meanings of the following word(s) in the text.

рассказывать басни

   a. ___ to relate a legend
   b. ___ to tell a false story
   c. ___ to tell a short story with animals.

аванс

   a. ___ overtures
   b. ___ progress
   c. ___ payment beforehand

запретный

   a. ___ quarantined fruit
   b. ___ prohibited activities

указания свыше

   a. ___ words of God
   b. ___ directions from above
   c. ___ abovementioned

9. Find the Russian equivalents for:

   – to go on the air
   – to give up taboos
   – to spread rumours

10. Find a synonym for *текущие события*.
11. Translate the title of the story.

ЗАМЕТКИ НАБЛЮДАТЕЛЯ

Недавно в СССР снято глушение радиопередач «Немецкой волны», «Голоса Израиля» и радиостанции «Свобода», вещающей из Мюнхена на американские деньги. Другие западные передачи на языках народов нашей страны перестали глушить еще раньше. Итак, воя глушилок в нашем эфире больше не слышно. Событие, которое на свой лад свидетельствует о прогрессе гласности.

БОЛЬШЕ НЕ ГЛУШИМ

«Голоса» подвергались — правда, с перерывами — глушению на протяжении нескольких десятилетий. Почему? По причине распространявшихся ими слухов, передержек, а подчас и прямого вранья в их передачах. Но иностранный «голос», рассказывающий басни, не очень опасен. Раньше ли или позже он утратит доверие аудитории. Зачем же его глушить?

Дело, однако, в том, что зарубежные вещатели не только лгали. Пользуясь царившей в нашем обществе безгласностью, они проталкивали в эфир свой идеологический товар в упаковке информации, на которую у нас существовал запрет. О беззаконии, творившемся сталинизмом. О нравственном разложении и сползании экономики к кризису в семидесятых — первой половине восьмидесятых годов. Об уровне благосостояния, науки и техники на Западе, о демократических институтах буржуазного общества, столь разительно отличавшихся от наших. Вот почему их искали в эфире. И выли на коротких волнах дорогостоящие глушилки.

Интерес к «голосам» стал падать, а глушение — терять смысл по мере того, как мы отказывались от многочисленных «табу» на актуальную информацию, от стремления рисовать мир двумя красками: розовой — для себя и «своих» и черной — для всех прочих.

И все же думаю, что отмена глушения — своеобразный аванс. Во-первых, советским радиослушателям, которым еще предстоит учиться критическому отношению к зарубежной информационной продукции. То есть тому, чему нельзя было научиться в обстановке искусственно создавшейся информационной стерильности, делавшей запретный плод сладким. А во-вторых, это аванс нашим средствам массовой информации, привыкшим по меньшей мере внутри страны работать вне подлинной конкуренции.

К чему ведет их неповоротливость, показала информационная обстановка, возникшая сразу же после трагической вести о землетрясении в Армении.

over

Та же «Свобода», отменив регулярные русскоязычные передачи, весьма оперативно вышла в эфир с большой программой на эту тему. В ее рамках были переданы выступления на армянском, азербайджанском и грузинском языках, обзоры откликов в разных странах мира и другие информационно насыщенные материалы. Кроме того, мюнхенская радиостанция предложила радиослушателям из пострадавших районов воспользоваться ее каналами для поиска родных и близких.

А чем в эти часы занималось наше радиовещание? На его волнах шли обычные, видимо, задолго до трагического события заверстанные в программу концерты и репортажи. Чего ждали? Указания свыше? Или специальные передачи пробирались к эфиру по длинной лесенке виз, обычных на нашем радио?

В отличие от прочих «голосов», мюнхенская «Свобода» претендует на роль голоса нашего собственного народа, по крайней мере тех наших соотечественников, которые оказались за рубежом, но считают нашу страну своей. Не стоит в этом контексте выяснять, насколько правомерна эта претензия и что за нею стоит. Но в данном случае на чужой волне действительно звучало то, что должно было прозвучать прежде всего на нашей.

С глушением покончено. Это хорошо. Это закономерный вывод из того факта, что различия в современном мире должны вести не к обособлению, а ко взаимному обогащению знаниями, опытом, культурой. А также информацией об актуальных событиях.

Но уж о том, что происходит в нашей стране, да еще в экстремальных ситуациях, мы все же хотели бы раньше и полнее узнавать не из зарубежных, а из национальных источников. И прежде всего из самого по природе своей оперативного — радио.

**Владимир ОСТРОГОРСКИЙ,
кандидат исторических наук.**

CIRCLE TWO

LESSON TWO

AUDIO-COMPREHENSION EXERCISE

part 1

You are about to hear a text about American aid to Israel. Review the key words below. Then listen to the text with the following questions in mind. Afterwards, listen to the text again and write down the answers.

1. Characterize the Soviet attitude towards Israel since the 1967 Six Day War. Based on that, how would you expect the Soviet press to treat Israel? Listen to the first few sentences and decide whether your conclusions were correct.
2. What was cited in the report as the backdrop for the official U.S. delegation arriving in Tel Aviv?
3. What was the delegation's mission in Israel? With whom did they speak and what did they see?
4. What did the Bush Administration say about the status of the delegation?
5. What did the *New York Post* say about the real purpose of the visit?

Key words

творить геноцид – to carry out genocide
варварски расправляться – to crack down in a barbaric fashion
мирные жители – civilian population
осмотр военных позиций – a review of military positions
откреститься от – to distance oneself from
полуторачасовая встреча – an hour-and-a-half meeting
израильская военщина – the Israeli militarists
не утаить самых мрачных деталей – not to conceal the most gloomy details
сионистская организация – a Zionist organization
отставные офицеры – retired officers
стремиться узнать подробности – to seek to find out details
как проявило себя оружие? – how did the weapon perform?

TEXT: Read the following text. Be able to translate it in written form.

Кто вооружает убийц?   Часть 1

Нью-Йорк, 14. (Соб. корр. «Правды»). В тот момент, когда израильские власти, продолжающие отказывать палестинцам в праве на самоопределение, варварски расправляются с мирными жителями, в Иерусалиме побывала делегация представителей военных кругов США. Она совершила осмотр военных позиций израильтян, имела полуторачасовую встречу с И. Рабином. Как сообщает печать, израильская военщина не утаила от своих гостей из-за океана даже самых мрачных деталей геноцида.

Администрация Буша сразу же попыталась откреститься от этих вояжёров, заявив, что эта поездка, организованная одной из сионистских организаций, носит, якобы, неофициальный характер, а члены делегации – лишь отставные офицеры и генералы. Однако трудно сомневаться в истиных намерениях участников группы. Как стало известно газете «Нью-Йорк пост», подобным образом делегация бывших американских военных стремится узнать подробности того, как «проявило» и «проявляет» себя американское оружие в руках Иерусалима, которому Пентагон ни в чём не отказывает.

Words and expressions to part 1

соб.кор. – собственный корреспондент
спец.кор.– специальный корреспондент

	(с кем?)
варварски расправляться/	с мирными жителями
–ются	с военнопленными
расправиться	с гражданским населением – to crack down on
–ятся	civilians in a barbaric fashion

гражданин (pl. граждане, граждан, гражданами)

быть	(где?) в плену
попадать/попасть	(куда?) в плен – to be taken prisoner
–ет попадут	
(past tense: попал)	

брать/взять	в плен (куда?) – to take prisoner
берут возьмут	
взятый	

представители восставших – spokesmen for the rebels

восстание

подавлять/подавить восстание – to supress the rebellion
    –ют подавят
подавленный

совершать/совершить осмотр	войск – to review the troops
–ют –ат	военной техники
	военных позиций
	военных объектов

совершённый

войскá (pl.)

совершúть атáку   на войскá протúвника
          нападéние
          преступлéние (прóтив)

имéть часовýю встрéчу
       получасовýю встрéчу
       полуторачасовýю встрéчу

воéнные, граждáнские (adj. noun)
воéнщина

утáивать/утайть секрéтные детáли
     -ют   -ят
тáйна
тáйный

                    (от чегó?)
открéщиваться/ от дéйствий партнёров из-за океáна
        -ются   учáстия в агрéссии
открестúться   расúстской прáктики - to divorce oneself from....practice
        -ятся

рáса, рáсовый, расúстский

заявлять/заявúть, что ...   - to declare (state) that...
     -ют заявят
заявленный
заявлéние

объявлять/объявúть о налёте - to announce a raid
     -ют объявят
объявленный
объявлéние

якобы - allegedly
                (в чём?)
сомневáться в úстинных намéрениях
               эффектúвности орýжия
               партнёрах - to doubt your partners

отставные офицéры

подóбным óбразом
ничегó подóбного - nothing of the kind
какúм óбразом?

	(как?)	(где?)
оружие	проявило себя отлично	в бою
сухопутные войска	проявили себя отлично	в обороне

— land forces performed well in defense

| зенитные орудия | плохо | при испытаниях |

— anti-aircraft guns performed poorly in testing

	(как?)
он проявил себя	как отличный офицер
	отличным офицером

бой (pl. бои, боёв)

проявлять/проявить
    –ют проявят
проявленный

	(кому?)	(в чём?)
отказывать/отказать	союзникам	в поддержке
–ют откажут	населению	первой помощи

VOCABULARY EXERCISES

Look through the vocabulary for part 1 of the text «*Кто вооружает убийц?*».
Do the following exercises.

A. Give the nominative and genitive plural for the following nouns. Mark the
    stress.

    гражданин, плен, житель, военнопленный

B. Give perfective forms for the following verbs; conjugate both forms. Mark
    the stress.

    брать, открещиваться, утаивать, совершать, подавлять, попадать.

C. Paraphrase the italicized words.

    истреблять мирных жителей, *тайные* детали, *иметь будто (бы)* неофициальный
характер, *аккредитованный* корреспондент, он *показал себя трусом*, *держать в
секрете* детали, он *стал военнопленным*, *жестоко* уничтожить движение,
провести атаку на войска, заявить, *отказываться от действий* партнёров.

D. Give the opposite for the italicized words.

сою́зные войска́, *бежа́ть из пле́на*, *вое́нные*, *изве́стная* пра́ктика, *дру́жеский* хара́ктер, офице́р *на действи́тельной слу́жбе.*

E. Form verbs from the following nouns. Make necessary changes.

объявле́ние о вы́борах, уничтоже́ние военнопле́нных.

F. Give Russian equivalents for the following English phrases.

- to take somebody prisoner
- to suppress a rebellion
- to launch an offensive
- to inspect military installations
- a 30-minute meeting
- to be of a businesslike nature
- to perform perfectly in battle
- allegedly
- in a similar fashion
- to distance oneself from racist practices
- during weapons testing
- to deny first aid
- doubts about one's true intentions

G. Write sentences to fill in the blanks in each of the groups below. Be able to translate your sentences.

(кто? что?)

1. _____ попа́л   в плен
    _____ попа́ли
    _____ попа́ла
    _____ попа́ло

Change the sentences above using "взять в плен". (they took so-and-so prisoner)

           adj.   noun

2. я́кобы _____ _____

                  _____ _____

                  _____ _____

            (что?)   (на что?)

3. Авиа́ция соверша́ет _____ _____
    Пехо́та   _____ _____
    Артилле́рия   _____ _____

(кто? что?)

4. _____ подавил восста́ние
   _____ подави́ли
   _____ подави́ло
   _____ подави́ла

(о чём?)

5. По ра́дио объяви́ли о _____
   _____
   _____

(в чём?)

6. Изра́иль   открести́лся от уча́стия _____
   Администра́ция открести́лась   _____
   Террори́сты   открести́лись   _____

(в чём?)

7. Америка́нский наро́д сомнева́ется _____
   В Бе́лом до́ме   сомнева́ются _____
   Президе́нт   сомнева́лся   _____

(кто? что?)

8. Этот офице́р   проявил себя́ как _____
   Новое ору́жие прояви́ло   _____
   Эти га́убицы   прояви́ли   _____

(кому?)   (в чём?)

9. Вла́сти   отка́зывают_____ _____
   Раси́сты   _____ _____
   Сандини́сты   _____ _____

GRAMMAR EXERCISES: REVIEW OF CASES

Review the use of cases as presented in Circle One. Do the following exercises.

A. Determine the use of case in the sentences below. Fill in the blanks. Be able to translate the sentences into English.

1. При (ядерный взрыв) _____ на (остров) _____ Новая Земля произошел радиоактивный выброс, зарегестрированный за (пределы российской территории) _____.

2. Хотя с (1939 год) _____ прошло без (малое) _малого_ [*short*] полвека, вновь встаёт вопрос: неужели нельзя было избежать (война) _____?

3. (Какой свой шаг) _____ президент Эйзенхауэр впоследствии назвал («самое неприятное дело) _____ за (все 8 лет) _____ пребывания в Белом доме»?

4. Политбюро видело (задача) _____ в том, чтобы показать (народ) _____ (историческое значение Октября) _____.

5. «Бриджтон» наскочил на (мина) _____ [*into*] и получил (пробоина) _____ [*hole*] в (нижняя часть корпуса) _____.

6. В центре внимания делегатов находилось (положение) _____ на (Ближний Восток) _____.

7. (Решение верховного суда) _____ объявлялось (противоречащее) [*contradicting*] _____ конституции, (разрушающее) _-щем_ «дружеские отношения» между (белые и черные расы) и (играющее) _-щем_ на руку мировому коммунизму.

8. В те июньские дни (1941 года) _____ советская сторона была одна и ждать ей (помощь) _____ было неоткуда.

9. Капризная практика (американские власти) _____ в отношении российских представителей противоречит (те отношения) _тем_ _____ , которые устанавливаются в (настоящее время) _____ между США и Россией.

10. В (1944 год) _____ при (отступление фашистских войск) _____ он бежал на (запад) _____ и обосновался в [*settled*] (Великобритания) _____.

B. Translate the following sentences.

1. Officers insisted on an immediate attack against enemy troops.
2. Normal relations with Communist China were established by Richard Nixon.
3. The United States does not have a clear policy vis-a-vis the Soviet Union.
4. According to the Foreign Ministry's spokesman, recent decisions on agriculture do not interfere with perestroika.
5. The public became acquainted with the limits established by the treaty two hours after its signing.
6. Developing countries need more foreign currency for their economies.
7. Former Secretary of Defense McNamara supports the No-First-Use movement both in the U.S. and abroad.
8. There are three dangers for Moscow in the Middle East.
9. Submarines succeeded in approaching Soviet warships.
10. International terrorism is becoming a real force in the twentieth century.
11. The Gulf of Mexico is bigger than the Persian Gulf.
12. On the eve of the meeting Soviet diplomats did not respond to Reagan's invitation to Gorbachev to visit the U.S.
13. Western European countries demanded US protection against a possible Soviet missile threat.
14. If he agrees to democratic changes next November, he will lose a necessary majority in Parliament.
15. The other day at a session of congress the white-majority leader openly denied blacks equal rights.
16. The next day the entire population will have a chance to vote for the candidates of the National Liberation Front.

GRAMMAR EXERCISE: REVIEW OF ACTIVE PARTICIPLES

Review Active participles as presented in Circle One, Lesson 3. Do the following exercise.

Determine the type of participle in the sentences below. Translate these sentences into English.

1. Вся ответственность за совершённое преступление возлагается на вашингтонскую администрацию, вооружающую и финансирующую сомосовских наёмников.
2. Посольство СССР в Вашингтоне вручило государственному департаменту заявление, привлекавшее серьёзное внимание к нарушению США договора 1974 года об ограничении мощности ядерных взрывов.
3. Бундесвер тщательно проводил подготовку к проведению совместных западногерманско-французских манёвров, проходящих в настоящее время во Франции.

4. В официальном Токио предпочитают полагаться на слово Вашингтона, осуществляющего опасное наращивание ядерных арсеналов в регионе.

5. Мы – реалисты и учитываем сотрудничество, сложившееся между США и ФРГ во многих областях.

6. Это будут первые подобные крупные манёвры с участием воинских подразделений ФРГ и Франции, не являющейся членом военной организации блока НАТО.

7. Об этом сообщается здесь сегодня в заявлении фракции «зелёных», уже ранее выступившей с аналогичным требованием.

8. К пирсу подъехало несколько специальных грузовиков с громкоговорителями, начавшими извергать потоки антисоветской брани.

9. На днях стало известно о новых материалах, подтверждающих факт секретной договорённости между Вашингтоном и Токио о ввозе в Японию американского ядерного оружия.

10. Министр иностранных дел пообещал парламентариям расследовать вопросы, возникающие в связи с публикацией документов Пентагона.

GRAMMAR: SINGULAR AND PLURAL OF COGNATES

Many cognates have to do with professions and the people in them. As a rule, the professions themselves are feminine singular (never plural: эконо́мика = *economics*), while the people are masculine. Note the list below:

КТО	ЧТО	КАКОЙ
фи́зик	фи́зика	физи́ческий
матема́тик	матема́тика	математи́ческий
поли́тик	поли́тика	полити́ческий
гене́тик	гене́тика	генети́ческий
хи́мик	хи́мия (!)	хими́ческий

–ologist: (note stress)

социо́лог	социоло́гия	социологи́ческий
психо́лог	психоло́гия	психологи́ческий

And finally some exceptions:

экономи́ст	эконо́мика	экономи́ческий
юри́ст	пра́во	юриди́ческий
техно́лог	техноло́гия	технологи́ческий
Applies to "technological planning"		
те́хник	те́хника	техни́ческий
Use this for "technological"		
милиционе́р	мили́ция	милице́йский
полице́йский (adj.)	поли́ция	полице́йский

There are other confusing cognates as well. The chart below indicates problems with gender and number:

English	Masculine or Neuter	Feminine	Plural allowed?

Ending in -m:

English		Feminine	
form		фо́рма	
platform		платфо́рма	
problem		пробле́ма (1 м)	
program		програ́мма (мм)	
sum		су́мма (мм)	
system		систе́ма (м)	
telegram		телегра́мма (мм)	
blockade		блока́да	

Ending in -y or silent -e:

English		Feminine	Plural allowed?
alternative		альтернати́ва	
catastrophe		катастро́фа	
critique, -s (criticism, -s)		кри́тика	NO
decade		дека́да	
discipline		дисципли́на	NO
economy, -ies		эконо́мика	NO
initiative		инициати́ва	
note		но́та	
phase		фа́за	
phrase		фра́за	
perspective		перспекти́ва	
policy, -ies		поли́тика	NO
sphere		сфе́ра	
zone		зо́на	

Ending in -ic or -ics:

English		Feminine	Plural allowed?
economics		эконо́мика	NO
mathematics		матема́тика	NO
physics		фи́зика	NO
etc.		etc.	NO
polemic, polemics		поле́мика	NO
politics, policy, -ies		поли́тика	NO
republic		респу́блика	
rhetoric		рито́рика	NO
but:			
narcotic	нарко́тик		

English	Masculine or Neuter	Feminine	Plural allowed?

Consonant ending:

attack		атáка	
group		грýппа	
missile, rocket		ракéта	
model		модéль	
press, –es (media)		прéсса	NO

Consonant ending:

control	контрóль		NO
export, –s	э́кспорт		NO
import, –s	и́мпорт		NO
risk	риск		NO

Miscellaneous:

embargo, –es	эмбáрго		NO
militia, –s		мили́ция	NO
myth	миф		
police		поли́ция	NO
technology, –ies		тéхника	NO

Non–cognates with no plural:

damage, –es	ущéрб		NO
lie, –s		лóжь	NO
weapons	орýжие		NO

but note that **вооружéния** 'armaments' is usually plural.

shortage, –s		нехвáтка	NO

GRAMMAR EXCERCISES: SINGULAR AND PLURAL OF COGNATES

Review the commonly used cognates above, then do the following exercises.

A. Make up sentences according to the model.

Example: physics:
> —→ A *phycisist* does *physics* in the *physics* division.
> —→ *Физик* занимается *физикой* на *физическом* отделении.

1.   mathematics:
2.   politics:
3.   economics (Careful: -ист!)
4.   genetics:
5.   biophysics:
6.   sociology:
7.   psychology:
8.   biology:
9.   anthropology:
10. law:

B. Give the nominative and genitive plural of all the words in the cognate list.

C. Fill in the blanks.

1. Употребление *(narcotics)* _____ является характерной чертой некоторых *(sects)*_____.

2. *(The rocket)* _____ была запущена на орбиту в 11 часов *(22 minutes, 32 seconds)* _____.

3. *(The press)* _____ подвергла предлагаемую *(program)* _____ поощрения *(of initiative)* _____ резкой *(criticisms)* _____.

4. Несмотря на *(attack)*_____справа, демократы не включили в свою *(platform)* _____ вопрос о развёртывании новых *(systems)* _____ вооружений.

5. Очевидно, что некоторые из советских *(republics)* _____ выходят из *(sphere)* _____влияния Москвы. В этой связи многие считают, что Эстония может стать *(model)* _____ для других *(republics)* _____.

6. После (blockade) _____ началась новая (phase) _____ войны. Генералы приняли (tactic) _____ выжженной земли, но это только привело к (panic) _____ среди населения.

7. К сожалению, (these policies) _____ не гарантирует окончания (of shortages) _____ (of new technologies) _____, поскольку подготовка нового поколения (of mathematicians and physicists) _____ не предусмотрена. Одним словом, претворение в жизнь (of these programs) _____ непременно нанесёт (damage) _____ дальнейшему развитию (physics) _____ и (mathematics) _____.

8. Дипломатическая (note) _____содержала очень (strange phrase),_____, написанную в довольно (old style) _____.

9. К сожалению, у нас не существует (controls) _____ ни над (imports) _____, ни над (exports) _____.

10. (The militia arrested)_____ пять человек за нелегальное хранение (of illegal weapons) _____.

11. (This form of polemics) _____ не оставляет для нас (any alternatives)_____: если мы хотим избежать (panic and disaster) _____ _____, надо будет вызвать дополнительные подразделения (of the police) _____.

12. Войдя в (zone)_____беспорядков, мы не могли не отметить высокий уровень (of discipline) _____ среди работников (of the militia)_____.

SPEAKING EXERCISES

A. Расскажи́те пе́рвую часть те́кста. В своём расска́зе испо́льзуйте сле́дующие слова́.

В то вре́мя, как...; ме́жду тем, одна́ко, подо́бным о́бразом.

B. Расскажи́те ту́ же исто́рию с то́чки зре́ния жи́теля се́верного Изра́иля, постоя́нно подверга́емого опа́сности налёта террори́стов.

C. Отве́тьте на сле́дующие вопро́сы.

1. Что де́лала делега́ция америка́нских отставны́х вое́нных в Изра́иле?
2. Чьим ору́жием была́ вооружена́ изра́ильская а́рмия во вре́мя опера́ции на оккупи́рованных террито́риях?
3. Осве́домлены ли США о хара́ктере изра́ильских репре́ссий про́тив палести́нцев?
4. В како́м то́не напи́сана э́та статья́? Найди́те слова́, подтвержда́ющие ва́шу то́чку зре́ния.

D. Дополни́тельные вопро́сы. (optional)

1. При каки́х обстоя́тельствах произошло́ созда́ние госуда́рства Изра́иль?
2. Почему́ США предоставля́ют по́мощь Изра́илю?
3. Что тако́е геноци́д?

AUDIO–COMPREHENSION EXERCISE

part 2

In this part some information from *Time* magazine was cited. Listen to the tape to find out:

1. How much aid has the U.S. provided Israel since its founding?
2. To what degree is the Israeli military dependent on U.S. technology: how much of the air force is made up of American planes. What kind and how many U.S. tanks do the Israelis have? What about armored personnel carriers? Name three types of American artillery in the Israeli arsenal. What percent of Israeli artillery does this American equipment comprise?
3. What military aid does Congress intend to give Israel in the coming fiscal year?
4. What did the U.N. Security Council resolution call for?

Key words

военно-воздушные силы – air force
в распоряжении – at one's disposal
бронетранспортёр – armored personnel carrier
пушка – artillery gun (cannon)
гаубица – howitzer
вести убийственный огонь по – to fire mercilessly at
отвергнуть резолюцию – to turn down a resolution
прекратить военную поддержку – to stop military support
полагаться на содействие Пентагона – to rely on the assistance of the Pentagon

TEXT: Read the following text. Be able to translate it written form.

Кто вооружает убийц?   Часть 2

Вот такие данные приводит в своём последнем номере журнал «Тайм». С момента образования государства Израиль США предоставили ему помощь на сумму в 14,9 миллиарда долларов.   На вооружении военно-воздушных сил Тель-Авива находится 85 процентов американских самолётов. В распоряжении у израильской армии -- 1400 танков «М-60» и «М-48», 4 тысячи бронетранспортёров, закупленных в США. 90 процентов артиллерии -- и в первую очередь 175-миллиметровые пушки, 155- и 203-миллиметровые гаубицы, из которых вёлся убийственный огонь кассетными снарядами по Западному Бейруту, -- также из арсеналов Пентагона.

Несмотря на то, что Израиль осуществил кровавую агрессию против ливанского и палестинского народов, Конгресс США намеревается в следующем финансовом году выделить Тель-Авиву рекордную военную помощь в 1,7 миллиарда долларов.

Отвергнув резолюцию Совета Безопасности, призвавшую все страны прекратить военную поддержку тель-авивским ястребам, Вашингтон ясно дал понять, что Израиль может полагаться на его содействие. Он и дальше намерен присылать сюда военную технику, чтобы Израиль «обкатывал» её в боях против арабских соседей.

Words and expressions to part 2

приводить/привести   данные
приводят   приведут   информацию
            факты
            статистику
приведённые данные – cited data

последний номер   журнала
                  газеты

образование   государства
              коалиции
              блока

образовывать/образовать
      -ют образуют
образованный

                              (в каком количестве?)
помощь   на сумму (acc.)   в 12 миллиардов долларов
избрание   на срок (acc.)   в 4 года
город   на расстоянии (acc.) в 9 километров от границы

(где?)
на вооружении ВВС находятся   новые самолёты – the Air Force has new
                                                planes in its arsenal
                ВМФ (Navy)   подлодки
                армии   танки
                               бронетранспортёры
                               гаубицы
                               175-миллиметровые пушки

                    (куда?)
принимать/принять на вооружение – to take into its inventory
    -ют примут   (acc)
принятый

Палести́на, палести́нцы, палести́нские бе́женцы – refugees
                    (по чему́?)   (чем?)
вести́ ого́нь   по террито́рии   снаря́дами – to shell the territory
веду́т   побере́жью
               города́м   авиа́цией
– to bombard cities

                                     кассе́тными снаря́дами
                                     (cluster bombs)
                                     боеголо́вками
го́род (pl. города́, городо́в)

отправля́ть/отпра́вить в Изра́иль   вое́нную те́хнику
     –ют   –ят   боеву́ю
                                     раке́тные устано́вки

отпра́вленный
отпра́вка

ООН, Сове́т Безопа́сности ООН, Генера́льная Ассамбле́я ООН, Генера́льный Секрета́рь
   ООН
чрезвыча́йные си́лы ООН – UN special forces
представи́тель ООН, наблюда́тель ООН

отверга́ть/отве́ргнуть   резолю́цию
     –ют   –ут   по́мощь – to turn down assistance
                         торго́вые отноше́ния с СССР
                         ми́рное разреше́ние конфли́кта
отве́ргнутый

                                     (сде́лать что?)
призыва́ть/   все стра́ны   прекрати́ть вое́нную по́мощь + dat.
     –ют   вою́ющие сто́роны   прекрати́ть ого́нь – to cease fire
призва́ть   чле́нов Сове́та Безопа́сности
призову́т
              населе́ние   (к чему́?)
              избира́телей   к акти́вному голосова́нию
при́званный
призы́в

дава́ть/да́ть я́сно поня́ть , что...
даю́т   даду́т
                                        (где?)
испы́тывать/испыта́ть вое́нную те́хнику   в атмосфе́ре
     –ют   –ют ору́жие   во́здухе
                    но́вые систе́мы   океа́не
                    нейтро́нную бо́мбу   под водо́й
                    бактериологи́ческое ору́жие   землёй
                                          в ко́смосе

испыта́ние

испы́танный ме́тод – a tested method
        сою́зник – a tried and true ally
        аппара́т
  –ое сре́дство

               (на что?)
полага́ться/положи́ться на артилле́рию – to rely on artillery
  –ются поло́жатся   кандида́тов

VOCABULARY EXERCISES

Look through the vocabulary for part 2 of the text «*Кто вооружа́ет уби́йц?*», then do the following exercises.

A. **Give the nominative and genitive plural forms for the following nouns. Mark the stress.**

коали́ция, информа́ция, но́мер, стати́стика, бе́женец, побере́жье, по́мощь, го́род, палести́нец, те́хника, секрета́рь, наблюда́тель, населе́ние, сре́дство.

B. **Give perfective forms for the following verbs. Conjugate both forms. Mark the stress.**

дава́ть, отверга́ть (past form), призыва́ть, отправля́ть, образо́вывать, предоставля́ть, принима́ть, полага́ться.

C. **Paraphrase the italicized words.**

прове́ренный спо́соб, *сформирова́ть* блок, *биологи́ческое* ору́жие, испыта́ния в *атмосфе́ре*, испыта́ние в *океа́не*, *жи́тели*, *посыла́ть* те́хнику, *сде́лать я́сным*, *цити́ровать да́нные*, *стреля́ть* по города́м, *взять на вооруже́ние*.

D. **Give the opposite for the italicized words.**

нача́ть ого́нь, *ненадёжное* сре́дство, *пасси́вное* уча́стие, разреше́ние конфли́кта *с примене́нием си́лы*, *приня́ть* резолю́цию, *опа́сность*, *пе́рвый* но́мер.

E. **Form nouns out of the following verbs. Make necessary changes.**

образо́вывать госуда́рство, предоставля́ть по́мощь, отправля́ть те́хнику, призыва́ть к прекраще́нию огня́, испы́тывать ору́жие.

F. Give Russian equivalents for the following English phrases.

- assistance in the amount of $5,000
- to shell the territory
- APCs are in the army's inventory
- to send missile launchers to Nicaragua
- refugee camps
- a tried and true ally
- to turn down trade relations with Iran
- to take a nuclear sub into the arsenal
- to call upon the fighting parties for a cease-fire
- to make clear to somebody that...
- to test a neutron bomb underground
- to rely on U.N. special forces

G. Write sentences to fill in the blanks in each of the groups below. Be able to translate your sentences.

                 (чего?)   (что?)

1.   На вооруже́ние_____ при́няли_____

                _____   _____

                _____   _____

Change the sentences above using **находи́ться на вооруже́нии.**

                       (кого?) (к чему?)

2.   Па́ртия призыва́ет   _____ _____

     Сове́т Безопа́сности призыва́ет _____ _____

     Либера́лы призыва́ют   _____ _____

Change the sentences above, if possible, using **призыва́ть + *infinitive.***

                 (кому?) (что?)

3.   США предоставля́ют _____ _____

                       _____ _____

                       _____ _____

                 (что?)   (где?)

4.   Пентаго́н испы́тывает _____ _____

     Изра́иль   _____ _____

     ВВС   испы́тывают _____ _____

                             (на что? на кого?)

5.   На́ши партнёры по НАТО полага́ются на _____

     Тре́тий мир   полага́ется на _____

     Избира́тели   полага́ются на _____

GRAMMAR: "THE MEASURED"

Review the Table 4 "The Measured" as presented in Circle One, Lesson 2. Then study the following.

"The measured" – compound adjectives with numerals as their first part.

Example: двадцати**миллио́нный** бюдже́т
                    1   2
                    Twenty million [dollar, etc., according to context] budget

Numeral in genitive case:	Adjective:	Noun:
A.		
пяти....................	ты́сячный	жи́тель
девяти.................	ме́сячное	чрезвыча́йное положе́ние
трёх....................	миллио́нный	избира́тель
восьми.................	миллиа́рдный	дефици́т
шести..................	веково́й	гнёт
сорокадвух..............	ле́тний	офице́р
одиннадцати.............	дне́вный	переры́в
полутора...............	часова́я	програ́мма
пятидесяти.............	метро́вое	расстоя́ние
четырнадцати...........	сантиметро́вое	окно́
двухсот.................	километро́вая	грани́ца
четырёхсотшестидесяти...	то́нный	урожа́й
семисоттридцати........	килограммо́вый	снаря́д
тридцатипяти...........	гра́дусный	моро́з
семи...................	ле́тний	план
восьми.................	неде́льное	прекраще́ние огня́

BUT:

Numerals 100 and 90 in nominative case.

стопятидесяти...........	миллиметро́вая	га́убица
девяносточетырёх........	ле́тний	стари́к
B.		
шести́ с полови́ной	ты́сячное	коли́чество мест
полу́тора................	часова́я	програ́мма
полу....................	часова́я	речь

GRAMMAR EXERCISES: "THE MEASURED"

A. Translate the following phrases using the В + accusative construction and, whenever possible, use as an alternative a compound numeral adjective phrase.

1. a ten-item plan of retreat
2. a four-ship convoy
3. a 12-member group of analysts
4. a 46,000-ton supertanker
5. a half-million-man army
6. a five per cent rate of growth
7. an 11-hour flight
8. a 203-millimeter howitzer
9. a 40,000 kilometer range missile
10. an $18 billion volume of trade
11. a $5 per barrel increase in the price of oil
12. an eight-week cease-fire
13. at a distance of 12 miles from the capital
14. a 26-million dollar credit
15. a 12-month state of emergency
16. a seven-vote majority
17. a two-day conference
18. a five-year plan
19. a half-hour break
20. a 3,000-year history
21. a 1,600-exhibit show
22. a nine-year "tanker" war
23. an hour-and-a-half intermission
24. a 30-minute speech

B. Write your own sentences with some of the above expressions.

GRAMMAR EXERCISES: REVIEW OF ACTIVE PARTICIPLES (Continued)

A. Determine the type of participle in the sentences below. Replace them with relative clauses. Be able to translate them into English.

Example: Он выступил на *состоявшейся* сегодня в посольстве России Италии пресс-конференции российских ученых.

⟶ Он выступил на пресс-конференции российских учёных, *которая состоялась* сегодня в посольстве России в Италии.

1. В обстановке гласности можно добиться положительных результатов, *способствующих* дальнейшему прогрессу человечества.
2. В экспозиции более 1600 экспонатов, *знакомящих* американцев с жизнью советских людей.
3. Декларацию подписали ученые, *принявшие* участие в седьмом международном симпозиуме.
4. *Прошедшая* в Риге конференция представляет собой существенный шаг к созданию сектора науки, свободного от секретов.
5. Советские рыбаки, *рассчитывавшие* после нескольких месяцев промысла получить двухнедельную передышку, встретили недружественный приём.
6. К подобному курсу, не *отвечающему* принципам добрососедства, относится также травля японских компаний, *поддерживающих* взаимовыгодные отношения с Россией.
7. Эти совместные предприятия смогут избавиться от *отнимающих* время безрезультатных переговоров.
8. США используют аргументы, не *имеющие* никакого отношения к политике и *ведущие* к росту нестабильности.
9. Остановлено движение по важным железнодорожным магистралям, *связывающим* восточные и западные районы страны.

B. Translate the following.

1. A delegation of U.S. congressmen who had inspected a secret Soviet radar in Siberia appeared on TV yesterday.
2. The heads of five states had a three-hour meeting which was of a friendly and businesslike character.
3. What is the name of the Filipino officer who suppressed the army rebellion?
4. The President nominated a man who never distanced himself from the Nixon Administration.
5. Some of the US soldiers taken prisoner in Vietnam in the 60s were barbarically murdered.
6. The Washington Post correspondent had a conversation with Congressman Brown (D-Conn) who is running for the Senate in the forthcoming elections.
7. The rebels in Nicaragua are requesting Stinger type rockets (ракеты типа Стингер) which were holding up so well in the hands of the Afghan Mujahedins.
8. A group of activists leading a growing pro-Palestinian movement released a report about arrests of Arab children on the West Bank.
9. The body which makes laws in Great Britain is called the House of Commons.
10. It is difficult to trust a government which constantly conceals the most fundamental facts from its people.

CIRCLE TWO: LESSON TWO   337

GRAMMAR: WORD ORDER IN RUSSIAN

Students of Russian often are told that thanks to the Russian case system word order is free. If that were only totally true! While freer than that of English, Russian word order adheres to some fairly strict rules, especially in a more formal style (such as the kind of Russian you are expected to understand, read, write, and speak). The following rules therefore apply to standard "neutral" prose:

1. Old or non-essential information first; new or main information last.

2. Interrogative words come first.

In the examples below, the new or main information is in boldface.

a. Где состоялось **совещание?**
    Совещание состоялось **в Риге.**

    Совещание is "main"
    Now совещание is "old";
    the new information is **в Риге.**

b. Кто встречал делегацию?
    Делегацию встречал **Рыжков.**

    Interrogative **кто** starts the question.
    Рыжков is important because his name
    answers the question.

A few corollaries:

1. The concept of old versus new information often corresponds to English *the* (old) and *a* (new):

    Появилось **решение.**
    Решение **появилось.**

    A solution appeared.
    The solution appeared.

2. If old (or secondary) information consists of a verb and something else (an object, time, place, or circumstance), the verb does *not* come first. Verbs occupy initial position in a sentence only as a last resort:

    a. Здесь живёт **Смирнов.**

        Smirnov lives here. (Both *lives* and
        here are old information, but the verb
        "tries" not to come first.)

    b. Говорит **Москва.**

        This is **Moscow** speaking. (Moscow is
        the main information, and that leaves
        no choice but to put the verb first.)

3. Subject pronouns usually are placed at the beginning of the sentence regardless of how new the information is:

    – Кто говорит?   – Он говорит.

4. In "A=B" type sentences involving instrumental case, the noun in instrumental is the "less permament" member of the equation, which may be either old or new information:

Мугабе был **первым президентом Зимбабве.**	Mugabe was **Zimbabwe's first president.**

(Mugabe was "Mugabe" longer than he was president.)

Первым президентом Зимбабве был **Мугабе.**	The first president of Zimbabwe was **Mugabe.**

GRAMMAR EXERCISES: WORD ORDER IN RUSSIAN

Review the material on *Word Order*, **then do the exercises below.**

A. **Look at the English sentences and pick the correct Russian word order.**

1. A new program has begun.
    a. Началась новая программа.
    b. Новая программа началась.

2. The General Secretary worked in *the Kremlin.*
    a. Генеральный секретарь работал в Кремле.
    b. В Кремле работал Генеральный секретарь.

3. *The General Secretary* lived on Kutuzovsky Prospekt.
    a. Генеральный секретарь жил на Кутузовском проспекте.
    b. На Кутузовском проспекте жил Генеральный секретарь.

4. The director has *a plan.*
    a. У директора есть план.
    b. План у директора.

5. *The director* has *the* plan.
    a. У директора есть план.
    b. План у директора.

6. – Over the past ten months *inflation* has appeared.
    a. За последние 10 месяцев появилась инфляция.
    b. За последние 10 месяцев инфляция появилась.

7. – No, I don't agree. Prices have *fallen.*
    Нет, я не согласен...
    a. Снизились цены.
    b. Цены снизились.

8.   – *Information exchange* was on the agenda.
     a.   На повестке дня стоял обмен информацией.
     b.   Обмен информацией стоял на повестке дня.

9.   – Yes, information exchange is an important topic.
     a.   Да, обмен информацией – важная тема.
     b.   Да, важная тема – обмен информацией.

10.   – Computer technology will also be discussed.
     a.   Также будет обсуждена вычислительная техника.
     b.   Вычислительная техника также будет обсуждена.

11.   The reason for the rise in prices was a bad harvest.
     a.   Плохой урожай был причиной повышения цен.
     б.   Причиной повышения цен был плохой урожай.

12.   *Yuri Gagarin* was the first man in space.
     a.   Юрий Гагарин был первым человеком в космосе.
     b.   Первым человеком в космосе был Юрий Гагарин.

13.   It is Gorbachev's policies that form the basis for perestroika.
     a.   Политика Горбачёва является основой для перестройки.
     b.   Основой для перестройки является политика Горбачёва.

B. Answer the questions in full sentences with any answer that fits. Make sure that new information comes last.

1.   Кто выступал на Генеральной Ассамблее ООН?
2.   Когда началась Первая мировая война?
3.   Какое известное событие имело место в 1968 году?
4.   Какие виды оружия были включены в условия договора ОСВ-I?
5.   Какие советские города названы «городами-героями»?
6.   Кто возглавлял временное правительство до Октябрьской революции?
7.   Какая страна занимала первое место по производству стали до Второй мировой войны?
8.   Кто был Генеральным секретарём ООН после Вальдхайма?
9.   Какая страна первая запустила на орбиту искусственный спутник земли?
10.   Чья политика привела к Карибскому кризису 1962 года?

C. **The word order in many of the sentences below is incorrect. Unscramble and rewrite the following two paragraphs so that the word order becomes neutral.**

35219 случаев заболевания СПИД — синдром приобретённого иммунодефицита — было зарегистрировано с июня 1981 года в США. Смертельным исходом завершились 58 процентов из них, национальный центр по контролю над заболеваниями сообщил в четверг. Мужчины составляли две трети больных СПИД. Употребляли наркотики 17 процентов.

На днях о создании комиссии для выработки рекомендаций по борьбе со СПИД президент США, провозгласивший болезнь «врагом здоровья нации номер один», объявил. 766 миллионов долларов уже выделено на эти цели в текущем году из федерального бюджета.

RENDERING

From the desk of I. M. Lissnin, Senior Analyst:

We believe that a military coup in the Republic of San Marco is likely in the course of the next six to eighteen months. Our conclusions are based on the following evidence:

1. The current civilian government of liberal President Juan Martinez Salgada is a weak coalition of disorganized liberal and moderate splinter parties, which does not include the Popular Front, which has strong backing among peasants especially in the outlying provinces.

2. San Marco's generals feel threatened by the Martinez administration. The fear is justifiable: Martinez has promised to reduce military spending overall. He has just canceled a $50-million shipment of American light artillery, and is eyeing cuts in the general staff. The necks of at least 10 officers are on the block. Forcibly retired officers are. disgruntled officers.

3. Martinez's military cuts may be designed to win applause among the civilian population, but so far no one is clapping. Peasants, especially those in the outlying provinces, fear that the money saved on military procurement will find its way into bureaucrats' pockets. Despite Martinez's intentions, corruption is rampant, and there is no tradition of serious social spending.

4. The military, with a reputation for discipline and efficiency, actually enjoys some popularity among the peasants, especially in the northern regions. Some local commanders act virtually independently of the civilian government, often helping local farmers to avoid red tape and taxes emanating from the capital.
However, there is the dark side of military brutality. Indian peasants along the southern coast are sure to lend support to the civilian administration under attack. Coastal Indians have bitter memories of the part played by the army in "pacification" programs carried out under military rule five years before Martinez's ascendancy to the presidency. By all objective accounts "pacification" often resulted in the

annihilation of clusters of villages. And current members of the Martinez government have openly referred to the army's past actions as genocide.

5. Business leaders unanimously pledge support to the principles of democracy and civilian rule, but most believe that the business community would privately welcome an end to the current administration, no matter what the means.

6. An attack on the capital is military child's play. Marco City is surrounded by three well armed military garrisons, whose commander's loyalty to civilian rule is dubious. The infantry's loyalty to the officer staff, however, is not.

7. On-site intelligence suggests that the top brass already has a secret plan to take effect once a successful attack is mounted. The picture that comes through is not one of a benign coup with the usual escape of some of the civilian opposition to Mexico City. A successful insurgency would doubtless be a bloody affair with the execution of many members of the cabinet, including the president, the placement into detention camps of the leading Liberal Party MPs, and repressive measures, bordering on genocide, against the civilian coastal population.

8. It is our conclusion that President Martinez is unaware of the magnitude of the threat posed by his military men, the depth of their disloyalty, the softness of support for the civilian government outside the capital (fueled by disdain for the country's lethargic and corrupt bureaucracy), or of the imminence of the personal danger he and those around him face.

9. Civil war between the army and the Popular Front would be sure to ensue, virtually wrecking the fragile Marconian economy.

SPEAKING EXERCISES

A. Расскажи́те втору́ю часть те́кста. В своём расска́зе испо́льзуйте сле́дующие выраже́ния.

вот каки́е да́нные ста́ли изве́стны..; при э́том; несмотря́ на то́, что...; сле́довательно.

B. Расскажи́те весь текст с то́чки зре́ния:
- чле́на изра́ильской па́ртии труда́
- чле́на консервати́вной па́ртии Лику́д

C. Отве́тьте на сле́дующие вопро́сы.

1. Как повлия́ла изра́ильская опера́ция в Лива́не на америка́нскую по́мощь Тель-Ави́ву?
2. Каки́е ти́пы ору́жия получи́л Изра́иль от США?
3. Каковы́ масшта́бы америка́нской по́мощи Изра́илю?
4. К чему́ призыва́ла резолю́ция Сове́та Безопа́сности ООН?

D. Дополни́тельные вопро́сы. (optional)

1. В чём состоя́т разногла́сия по вопро́су ара́бо-изра́ильского конфли́кта?
2. Кого́ подде́рживает Росси́я на Бли́жнем Восто́ке?
3. Каку́ю пози́цию занима́ет большинство́ чле́нов ООН по вопро́су конфли́кта Изра́иля и ара́бских госуда́рств?

READING EXERCISE

Не только «Старк», но и «Либерти».   А. Николаев

PRE-TEXT: This article is typical of the ubiquitous фельетонный стиль, characterized by an overlay of somewhat smirky sarcasm.   Read the text with the following exercises in mind.

1.   Skim the article for the main idea.   Then look at the questions below.   Try to predict the answers in advance.   Then re-read the article to see if you were correct.   Answer the questions in written form.

PARAGRAPH 1
2.   According to the author, Washington is ready to sacrifice the life of its citizens...(mark the correct answer):
   a.   when national security is at stake.
   b.   to meet its selfish ends.
   c.   during a military intervention.

3.   What is the point of mentioning Grenada?

PARAGRAPH 2
4.   Why was the USS Liberty on patrol in that region?
5.   The Israelis decided to interfere with the mission of the Liberty... (mark the correct answer):
   a.   to alert the US to a forthcoming Syrian attack.
   b.   to obtain electronic data for rapid analysis.
   c.   to prevent the US from learning about the impending seizure of the Golan Heights.

PARAGRAPH 3
6.   A US ex-intelligence officer leaked details of the Israeli decision to the press.   Where did he get this information?

PARAGRAPH 4
7.   Why should the Israelis have known that it was an American boat?
8.   How long did the air raid last?
9.   There were four stages of the operation.   Name at least three.
10.   How many planes shot at the USS Liberty?

PARAGRAPH 5
11.   Upon the USS Liberty's signal planes of the 6th Fleet immediately took off...(mark the correct answer):
   a.   to pick up wounded American sailors.
   b.   but were recalled after take-off.
   c.   and escorted the ship to Malta.
   d.   and engaged the Israelis.

12.   When did the rescue helicopters arrive?

PARAGRAPH 6
13. Two explanations of the raid are cited in the article. What were they?

PARAGRAPH 7
14. Why was the "real story" classified?

PARAGRAPH 8
15. What aroused the indignation of the Liberty veterans?

POST-TEXT (using context):

1. The article starts with...(mark the correct answer):
    a. a statement followed by illustrations.
    b. a list of examples concluded by a statement.

PARAGRAPH 1
2. What word signals the contrast contained in paragraph 1?

PARAGRAPH 2
3. Review Word Order in Russian as presented in the grammatical section of this lesson. Explain the word order used in the first and second sentences.
4. Which word in the second sentence indicates the answer why the USS Libery patrolled the region?
5. Find the word in the third sentence which introduces the motives for the Israeli intervening with the Liberty's mission.
6. Translate the second paragraph into English.

PARAGRAPH 3
7. To which word(s) does Об этом решении... refer to?

PARAGRAPH 4 and 5
8. These two paragraphs contain the illustaration of the point made by the author. Make a list of time-expressions used to describe the sequence of events.
9. In sentence two of paragraph 4, underline the subject. Explain its position in the sentence.
10. There is an abundance of military vocabulary in paragraphs 4 and 5. Make a list of military terms.
11. The author has two very expressive phrases for the intensity of fire. Find them in the text. Think of an equally striking way of saying them in English.

PARAGRAPH 6
12. Explain the word order in the first sentence.
13. Which word signals that the two interpretations of the attack are different?

PARAGRAPH 7

14. Find the word used by the author to introduce the reasons for making this story classified.

15. The paragraph contains some financial metaphors: list them. Explain the meaning of each in the given context.

16. Pick the correct meaning of the following words below:

пойти́ на	a.	to move towards
	b.	to resort to

ра́ди	a.	for the sake of
	b.	to be glad

предло́г	a.	a preposition
	b.	a pretext

разга́р	a.	erosion
	b.	the heat, height

достове́рный	a.	reliable
	b.	faithful

истека́ть	a.	to expire
	b.	to bleed profusely

отозва́ть	a.	to recall
	b.	to answer

16. Find the Russian for:

- killed
- wounded
- double standard
- golden rule

17. The tone of the article is...(mark the correct answer):
   a. neutral
   b. approving
   c. ironic
   d. sarcastic

18. Make a list of words which support you answer to # 17.

Не только «Старк», но и «Либерти»

Развитие событий после инцидента с фрегатом «Старк» в Персидском заливе вновь напомнило всему миру о том, что Вашингтон готов пойти на умышленную гибель своих граждан ради достижения корыстных целей, хотя, когда нужно, Пентагон быстро готов под предлогом «угрозы безопасности соотечественников» предпринять самые бесцеремонные меры вплоть до интервенции (вспомним Гренаду!).

...8 июня 1967 года — в самый разгар «шестидневной войны» на Ближнем Востоке — разведывательный корабль ВМС США «Либерти» патрулировал в международных водах Средиземного моря вблизи района конфликта. Политическому и военному руководству Соединенных Штатов необходимы были достоверные сведения о быстро менявшейся ситуации в регионе, поэтому в задачу корабля входил электронный перехват и передача добытых данных в Вашингтон для анализа. Израильское командование решило помешать этому, т. к. не хотело, чтобы США преждевременно узнали о планах предстоявшего на следующий день захвата сирийских Голанских высот.

Об этом решении стало известно совсем недавно агентству Рейтер от отставного офицера американской разведки, в свое время осуществлявшего контакт со спецслужбами Израиля.

После того как «Либерти» подвергся неоднократному облету израильскими самолетами-разведчиками, на которых не могли не заметить поднятый над кораблем американский флаг, на «Либерти» обрушилось море огня. Вслед за ракетным залпом двух «миражей» еще двумя израильскими самолетами были сброшены напалмовые бомбы. Заполыхали не только надстройки, но и расположенные ниже палубы отсеки. Продолжавшуюся час с четвертью атаку завершили военные катера, поливая «Либерти» свинцом из пулеметов. Корпус корабля был поражен торпедой, спасательные средства уничтожены. 34 американца были убиты, 171 — ранен.

Успевшие взлететь по переданному с «Либерти» сигналу о нападении самолеты шестого флота США были быстро отозваны назад по причине, которую до сих пор никто из официальных представителей Пентагона даже не попытался объяснить. Истекавшие кровью американские моряки дождались спасательных вертолетов лишь спустя несколько долгих часов. Корабль, чудом удержавшийся на плаву, был доставлен на Мальту.

В Вашингтоне тогда на удивление спокойно реагировали на гибель и увечья своих граждан. Никто и не обвинялся! Власти США довольствовались оправданием Тель-Авива, будто произошло недоразумение: «Либерти», дескать, перепутали с египетским кораблем. На самом деле, по убеждению упомянутого американского экс-разведчика, который предпочитает не называть свое имя, речь шла о преднамеренной акции.

Огласка этого дела могла затруднить оказание Соединенным Штатам военной помощи Израилю, курс акций которого после захвата новых арабских территорий еще более поднялся на вашингтонской политической бирже. Поэтому сведения о трагедии «Либерти» военно-морским ведомством США были засекречены.

После того как президент Рейган недавно причислил экипаж фрегата «Старк» к «национальным героям», возмутились ветераны «Либерти». Один из них, рассказавший недавно представителям печати подробности устроенной 8 июня 1967 года бойни, заявил: «Это позор! И сегодня конгресс предоставляет Израилю все, что он запросит!»

Как видим, двойная мораль и прежде была золотым правилом творцов американской внешней политики.

А. НИКОЛАЕВ.

мер, превосходившие в 1926 году по степени урбанизации белорусов, к 1979 году уступили им в этом отношении, но зато значительно превзошли их по доле научных работников. Неожиданно высокой оказалась доля научных работников у бурят. Словом, в новых условиях оказалось, что прежние нормативы по тем или иным национальностям надо периодически пересматривать...

Впрочем, стоит ли этим вообще заниматься? Может быть, настало время ввести во всех сферах действительное национальное равноправие — учитывать в первую очередь способности и деловые качества, а не национальную принадлежность?

У отметки в паспорте есть и, прямо скажем, вредный оттенок. Ведь национальные общности людей являются образованиями **социальными**. И подобно тому, как человек, родившийся в крестьянской семье, может со временем стать рабочим или служащим, изменив свою социально-классовую принадлежность, так и человек, родившийся в белорусской или, скажем, узбекской семье, может, оказавшись в инонациональной среде, со временем относить себя к другой национальности. А между тем в паспорте национальность незыблема.

Такая практика сложилась не сразу. В первые годы после введения паспортов национальность записывалась по желанию самого гражданина, по его собственному самосознанию. Но потом по неизвестным для общественности причинам — вопрос открыто не обсуждался — было принято решение, по которому национальность определялась только национальностью родителей (а в смешанных семьях по отцу или матери) и сохранялась в течение всей жизни. Тем самым национальная принадлежность стала приравнена к группе крови или расе — то есть по существу биологизирована! Логики здесь мало — и характерно, что во время переписей сохраняется верный принцип: допускается, чтобы ответ о национальности не совпадал с отметкой в паспорте.

На пороге 80-х годов в СССР было почти 10 миллионов этнически смешанных семей. Чувашский юноша, переселившийся на целинные земли Казахстана, мог жениться там на украинской девушке; дети их, очевидно, воспринимали русский язык, как основной язык межнационального общения. Но наступало время получать паспорт — и они вынуждены были выбирать между чувашской и украинской национальностями...

Институт этнографии Академии наук СССР, где я работаю, получает множество писем от людей, оказавшихся в похожем положении. Они просят нас сделать так, чтобы им «присвоили» именно ту национальность, какую они хотят. И мы иногда обращаемся в органы внутренних дел, поддерживая такие просьбы. Указываем, что в прошлом существенным признаком была, например, та или другая религия, а какое отношение имеет Аллах или Иегова к паспорту человека неверующего?

Убежден: пришло время для утверждения принципа свободного выбора национальности или даже ликвидации этой отметки в паспорте (в служебных анкетах вместо нее правильнее давать, наверное, сведения о знании языка коренной национальности республики и русского). Все это не умалит роли национального фактора. Тот, кому хочется показать, скажем, что он русский или украинец, грузин или таджик, может сделать это другими способами: речью, поведением, одеждой или как-то еще.

Свобода выбора национальности при получении паспорта уменьшила бы формализацию национальных чувств, еще и сегодня питающую местный национализм.

CIRCLE TWO

LESSON THREE

AUDIO-COMPREHENSION EXERCISE

part 1

You are about to hear a text about South Africa under President Botha. Review the key words below. Then listen to the text with the following questions in mind. Afterwards, listen to the text again and write down the answers.

1. What kind of reports would you expect to hear in the Soviet press about South Africa? Would they differ significantly from Western reports?
2. What did President Botha announce in his television speech?
3. What happened eighteen hours before the speech?
4. What does Reuter report about the situation at the Johannesburg airport?
5. What measures did the police take against motorists?
6. What groups of people were arrested the night before?
7. What is the goal of the United Democratic Front?
8. What powers have the police been given?
9. How many people did UPI report arrested? How many of those were clergy members?

Key words

транслировать по телевидению – to broadcast on T.V.
введение чрезвычайного положения – an introduction of the state of emergency
беспрецедентная карательно-полицейская операция – an unprecedented police operation
оцепить гетто – to cordon off the ghettos
начать обыски – to begin searches
подступы к аэропорту – approaches to the airport
обыскивать автомашины – to search cars
лишать водительских прав – to revoke a driver's licence
подозреваемые в подрывной деятельности – those suspected of subversive activity
хватать профсоюзных деятелей – to arrest trade union activists
священники – clergy
бороться с апартеидом – to fight against apartheid
равноправие рас – equality of races
неограниченные полномочия – unlimited authorities

TEXT: Read the following text. Be able to translate it in written form.

Чрезвыча́йное положе́ние　　　　　Часть 1

Президе́нт ЮАР П. Бо́та в ре́чи, кото́рая трансли́ровалась по телеви́дению, объяви́л в четве́рг на заседа́нии парла́мента в Кейпта́уне о введе́нии по всей стране́ чрезвыча́йного положе́ния.

Одна́ко за 18 часо́в до э́того в 00.01 мину́ту 12 ию́ня по его́ прика́зу начала́сь беспрецеде́нтная да́же по ме́ркам раси́стского госуда́рства кара́тельно-полице́йская опера́ция. Вооружённые до зубо́в отря́ды «сил безопа́сности» вме́сте с бе́лыми резерви́стами, оцепи́в африка́нские ге́тто, на́чали пова́льные о́быски и погро́мы в при́городах Йоха́ннесбурга, Кейпта́уна, Ду́рбана, Порт-Элиза́бета. Согла́сно сообще́нию аге́нства Ре́йтер, моторизо́ванная поли́ция патрули́рует по́дступы к междунаро́дному аэропо́рту и́мени Я́на Смэ́тса в Йоханнесбу́рге. Она́ обы́скивает автомаши́ны и лиша́ет води́тельских прав подозрева́емых в подрывно́й де́ятельности.

По зара́нее соста́вленным спи́скам в мину́вшую ночь хвата́ли профсою́зных де́ятелей, свяще́нников, уча́щихся и други́х активи́стов Объединённого демократи́ческого фро́нта -- ма́ссовой организа́ции, бо́рющейся про́тив апартеида и стремя́щейся к равнопра́вию рас. В телегра́мме корреспонде́нта аге́нства ЮПИ говори́тся, что уже́ аресто́вано свы́ше 1200 челове́к, среди́ них 200 церко́внослужи́телей.

В соотве́тствии с опублико́ванным в четве́рг декре́том поли́ция получа́ет неограни́ченные полномо́чия вводи́ть коменда́нтский час и оцепля́ть райо́ны «беспоря́дков», а та́кже расправля́ться с инакомы́слящими.

Words and expressions to part 1

речь　　　　　　трансли́ровалась по телеви́дению
выступле́ние　　трансли́ровалось по ра́дио

трансли́роваться　(no perf)
　　-уются
трансля́ция
　　　　　　　　　　　　　　　　(как?)
кара́тельно-полице́йская опера́ция ко́нчилась успе́шно - a police operation was a
　　　　　　　　　　　　　　　　　　　　　　success
вое́нная　　　　　　　　　　прова́лом - a military operation was
　　　　　　　　　　　　　　　　a failure
опера́ция по вы́садке - a landing operation
　　　перебро́ске - an air-lift operation
　　　захва́ту зало́жников - an operation to take hostages

отря́ды сил безопа́сности - security forces
　　　мили́ции
　　　специа́льного назначе́ния - special forces
　　　партиза́н
　　　резе́рва

запа́с
быть в запа́се
офице́р запа́са

де́йствующие си́лы – active forces
офице́р де́йствующих сил

оцепля́ть/оцепи́ть   ге́тто (unchanged)
    -ют оце́пят   при́городы – to cordon off the suburbs
       войска́   проти́вника
оце́пленный
оцепле́ние

патрули́ровать (no perf) по́дступы к го́роду
    -уют   к междунаро́дному аэропо́рту
– to patrol approaches to the international airport
                     у́лицы
                     вое́нный ла́герь
патрули́рование
патру́ль (masc. pl. патрули́, патруле́й)

ла́герь (pl. лагеря́)

моторизо́ванная поли́ция (no plur)
моторизо́ванные пехо́тные ча́сти

обы́скивать/обыска́ть   гра́ждан – to search citizens
    -ют обы́щут   населе́ние
       маши́ны
       приезжа́ющих
       инакомы́слящих
обы́сканный
о́быск
пова́льные о́быски – mass searches

граждани́н (pl. гра́ждане, гра́ждан)

              (чего́?)
лиша́ть/лиши́ть   свобо́ды – to deprive of freedom
    -ют   -а́т   води́тельских прав – to revoke a driver's licence
       докуме́нтов
лишённый
лише́ния – privations
                 (в чём?)
подозрева́ть (no perf)   в подрывно́й де́ятельности
    -ют   шпиона́же
       изме́не

приходи́ть/прийти́ с о́быском – to come with a search
прихо́дят   приду́т

о́рдер на о́быск
(pl. ордера́, ордеро́в)

по спи́ску
   зара́нее соста́вленным спи́скам – according to previously composed lists

                   (куда́?)
попа́сть/попада́ть в чёрный спи́сок – to be blacklisted
попаду́т   -ют

ма́ссовая организа́ция – a large-scale organization
          демонстра́ция
ма́ссовый ми́тинг

боро́ться (no perf) про́тив дискримина́ции по принципу ра́сы
бо́рются   по́ла
                                     рели́гии
борьба́
           (к чему́)
стреми́ться (no perf)   к равнопра́вию рас – to seek equality of races
  -я́тся   урегули́рованию
стремле́ние   к ми́ру
                               (де́лать что?)
получа́ть неограни́ченные полномо́чия вводи́ть   коменда́нтский час
  -ют/   отменя́ть са́нкции
– to receive full authority to lift the curfew
получи́ть   подавля́ть бунт
полу́чат   стреля́ть по толпе́
                                 оцепля́ть райо́ны
                                 обы́скивать маши́ны
полу́ченный
получе́ние

толпа́ (pl. то́лпы, толп)

           (к чему́?)
перехо́д   к репре́ссиям
            терра́ктам
            наси́лию

в масшта́бе всей стра́ны – nation-wide
           всего́ контине́нта
           всего́ ми́ра

                (от чего́?)
избавля́ться/изба́виться от борцо́в за гражда́нские права́
  -ются   -ятся   конкуре́нтов
                      безрабо́тицы
изба́вленный

разоблача́ть себя как   полице́йский режи́м   фаши́стского то́лка
      -ют   тоталита́рную систе́му коммунисти́ческого то́лка
разоблачи́ть   раси́стского то́лка
    -ат
разоблачённый
разоблаче́ние

       (на чём?)
игра́ть на предрассу́дках - to exploit prejudicies
      раси́зме
      антисемити́зме

шу́мно приве́тствовать э́ту а́кцию
          -уют   кампа́нию в пре́ссе
   (no perf.)   кандида́та в президе́нты

сочу́вствовать поли́тике прави́тельства
      -уют   тоталита́рным ме́тодам
(no perf)   инакомы́слящим
        бо́рющимся за свобо́ду сло́ва
сочу́вствие

свобо́да сло́ва - freedom of speech
       собра́ний - freedom of assembly
       со́вести - freedom of religion

годовщи́на расстре́ла
       револю́ции
          (кому́?)
броса́ть/бро́сить вы́зов   всей мирово́й обще́ственности
   -ют   -ят   реа́кции
бро́шенный

рассма́тривать/рассмотре́ть   ситуа́цию
      -ют рассмо́трят   положе́ние
to examine the situation
рассмо́тренный
рассмотре́ние

VOCABULARY EXERCISES

Look through the vocabulary for part 1 of the text «Чрезвыча́йное положе́ние».
Do the following exercises.

A. Give the plural forms, where they exist, for the following nouns. Mark
the stress.

ла́герь, трансля́ция, ра́дио, час, страна́, ге́тто, граждани́н, поли́ция, о́быск,
о́рдер, пехо́та, спи́сок, инакомы́слящий, ра́са.

B. Give perfective forms for the following verbs. Conjugate both forms and mark the stress.

получа́ть, обы́скивать, патрули́ровать, объявля́ть, боро́ться, стреми́ться.

C. Paraphrase the italicized words.

по́лное право, *беспоря́дки, жи́тели*, по ра́дио *передава́лся* конце́рт, *окружи́ть* войска́.

D. Give the opposite for the italicized words.

вы́ступить *про́тив* апартейда, *введе́ние* коменда́нтского ча́са, *ввод* войск в страну́, офице́р *запа́са*, ко́нчиться *прова́лом, отъезжа́ющие* пассажи́ры

E. Form verbs from the following nouns. Make necessary changes.

оцепле́ние ге́тто, о́быск маши́н, борьба́ про́тив дискримина́ции, стремле́ние к равнопра́вию.

F. Give Russian equivalents for the following English phrases.

- to patrol approaches to the city
- to surround the suburbs
- martial law (state of emergency)
- a landing operation
- to revoke a driver's licence
- to be suspected of subversive activity
- to seek equality
- large scale searches
- a search warrant
- to suppress a riot
- to take reprisals against dissidents
- arriving passengers
- sex discrimination
- to be blacklisted
- reserve units

G. Write sentences to fill in the blanks in the each of the groups below. Be able to translate your sentences.

	(что?)
1. Отря́ды сил безопа́сности оцепи́ли	_____
партиза́н	_____
сил резе́рва	_____

(кака́я?)

2.   _____ опера́ция по _____ ко́нчилась успе́шно
       _____   _____   прова́лом

(что?)

3.   Моторизо́ванная поли́ция патрули́рует_____
                                            _____
                                            _____

(чего?)

4.   Поли́ция лиша́ет инакомы́слящих _____
                      гра́ждан   _____
                      приезжа́ющих   _____

(в чём?)

5.   Он подозрева́ется в _____
                          _____
                          _____

(чему́?)

6.   АНК стреми́тся к_____
                     _____
                     _____

(чего́?)

7.   Инакомы́слящие бо́рются против _____
                                    _____
                                    _____

GRAMMAR EXERCISES: REVIEW OF CASES

Review the use of cases as presented in Circle One. Do the following exercises.

A. Determine the use of case in the sentences below. Fill in the blanks. Be able to translate the sentences into English.

1. Поправка к конституции была поддержана (конгрессмены-расисты) _____ в Арканзасе.

2. Товарищ Ельцин сказал, что перестройка противоречит (интересы трудящихся) _____.

3. Испания пробилась в (Европейское экономическое сообщество) _____.

4. Начальник отдела заработной платы Государственного отдела СССР по трудовым и социальным вопросам напомнил об (основной принцип, положенный) _____ в (основа) *основу* правительственного постановления.

5. Территориальные претензии (сионисты) _____ на Палестину не имеют под собой (почва) *почвы*.

6. Эта статья провозглашает иностранной миссией (любая организация, занятая) _____ в США правительственной деятельностью от имени (зарубежные правительства) _____.

7. Президент Рейган воспользуется (своё право) *своим правом* вето в случае принятия в конгрессе этого решения.

8. Перонисты взорвали (бомба) *бомбу* за (дом) *домом* судьи, который ведёт дела по (нарушения прав человека) _____.

9. Парламентская фракция СДПГ потребовала (созыв) *созыва* на (следующая неделя) _____ экстренного заседания Бундестага для (обсуждения) _____ позиции правительства ФРГ по вопросу о (72 ракеты) *- ах семидесяти* Першинг-1А.

10. В (последнее время) _____ они систематически подвергаются обстрелам из (реактивные ракетные установки) _____.

B. Translate the following sentences.

1. What attitude do business circles in the U.S. have toward trade with Russia?

2. Does society have a responsibility to the unemployed, the poor, and the sick?
3. The 71-year-old senator announced that his committee would rule on the issues of arms control and human rights.
4. A recent appeal to voters will lead to active participation in the forthcoming presidential elections.
5. Never before have there been any visible frictions within the trade bloc.
6. In the late 70s, during the Brezhnev era, the Soviet Union badly needed perestroika.
7. Apart from his usual tactics of intrigue (cognate), Stalin insisted on the direct use of force.
8. The administration called the recent accusations against its fiscal policy totally groundless.
9. In his youth Abu Nidal was suspected of organizing a terrorist group.
10. Developing countries have been relying on US economic aid over the last 35 years.
11. During an hour-and-a-half meeting the participants wanted to know how the new military technology held up in battle.
12. The United States ought to strive for a transition to a new stage in its participation in the Middle East peace process.
13. The House subcommittee (подкомитет) on taxation has drafted measures designed to decrease direct corporate taxes.
14. When the troops approached the refugee camps, they were met by crowds of people.
15. The civilian industries were deprived of vast resources due to large investments in the defense industry.
16. In 1981 the Italians started to have some doubts about the intentions of their NATO partners.
17. According to today's editorial we do expect another era of detente.
18. The members of the party were not pleased with the nomination of Comrade Petrov.

GRAMMAR EXERCISES: REVIEW OF PASSIVE PARTICIPLES AND PASSIVE REFLEXIVES

Review passive participles as presented in Circle One, Lesson 4. Do the following exercises.

A. Determine the type of participle in the sentences below. Replace them with relative clauses. Be able to translate them into English.

Example: Вот интервью, *опубликованное* на страницах «Правды».
⟶ Вот интервью, *которое опубликовали* на страницах «Правды».

1. Российские консульские работники встречаются с представителями соответствующих израильских учреждений для решения технических вопросов, *связанных* с пребыванием российских граждан в Израиле.

2. Хорошо *продуманные* меры контроля всех фаз разоружения должны стать *фактором создания взаимного доверия.*

3. В заявлении привлекается внимание к *зафиксированному* 13 августа российскими сейсмическими средствами ядерному испытанию в Неваде.

4. СССР всегда выполнял договоры, *заключённые* с иностранными фирмами.

5. Достижению этих благородных целей способствует *рождённый* в нашей стране процесс нового политического мышления.

6. Перестройка нацелена на создание полностью *сбалансированной* экономической системы.

7. Рекомендации, *выработанные* специальной комиссией ЦК, остались на бумаге.

8. Заместитель начальника ЦСУ подчеркнул, что *принятые* июльским Пленумом документы расчищают путь полному хозрасчёту.

9. Опрос, *проведённый* ЮСИА в прошлом месяце, показал, что 63 процента европейцев считают, что инициативы г-на Горбачёва открывают путь к прогрессу.

B. Determine the type of participle in the sentences below. Rephrase them avoiding the use of passive constructions. If you do not see a logical "doer" of the action, use the «ОНИ» construction.

Example: Эта клубника *выращена* в зоне Чернобыля.
            ⟶ Эту клубнику *вырастили* в зоне Чернобыля.

1. Его интервью *было опубликовано* в очередном номере еженедельника «Новое время».

2. Более того, контроль над частичным сокращением вооружений всегда при желании может *быть объявлен* недостаточным.

3. Вера в беспредельное совершенство техники существенно *подорвана* гибелью космического корабля «Челленджер».

4. Гость *был ознакомлен* с задачами, которые поставил перед собой Пленум партии труда.

5. С болгарской стороны вновь *была выражена* поддержка борьбы народов Африки против империализма.

6. Заявление фракции *будет распространено* перед заседанием Бундестага представителем «зелёных».

7. Особое внимание *уделено* дозиметрическому контролю при разведении овощей в зоне аварии.

8. Отдельный раздел выставки *будет посвящён* истории русско-американских, советско-американских и российско-американских отношений.

9. Командующему американскими вооружёнными силами в регионе *поручено* выработать эффективные планы «контроля» над такими инцидентами.

C. **Review Table 8 in Lesson 4, Circle One. Determine the type of participle in the sentences below. Rephrase these sentences using relative clauses with a «СЯ» verb instead of a participle.**

Example: Российская консульская группа, *возглавляемая* заместителем
начальника консультативного отдела МИД России, прибыла в Тель-Авив.
⟶ Российская консульская группа, *которая возглавляется*
начальником консульского отдела отдела МИД России, прибыла в Тель-Авив.

1. Академик М. Марков в статье, *публикуемой* на страницах «Правды», убедительно показывает иллюзорность доктрины «ядерного сдерживания».
2. Автор делает вывод о необходимости запрограммированного, этапами *осуществляемого* всеобщего и полного разоружения.
3. Подобные действия идут вразрез с коллективными усилиями, *предпринимаемыми* сейчас постоянными членами Совета Безопасности.
4. Документ отражает тревогу определённых кругов, *вызываемую* у них утратой США лидирующих позиций.
5. *Проводимые* радиобиологической лабораторией практические испытания помогут возродить землю вокруг Чернобыля.
6. Директор Института экономики АН России коснулся широко *дискутируемой* проблемы рынка.
7. Давайте обсудим вопрос, *рассматриваемый* в статье «Две политики - две доктрины».
8. *Провозглашаемая* Японией безъядерная политика допускает ввоз или транзит через японскую территорию американского ядерного оружия в случае чрезвычайных обстоятельств.

D. **Translation.**

1. All citizens suspected of breaking the law fear searches.
2. According to an AP story translated into Russian and published in *Pravda*, reports on anti-government protests in Estonia last week were broadcast only over local television.
3. The current administration wants to do away with the death penalty, which was instituted after the military came to power.
4. The question of racial equality was raised at a working session of the Committee for Human Rights.
5. Martial law was declared, and reserve troops were deployed in the capital.
6. The Government suspects the Citizens' Committee, which fights for human rights, of subversive activity. Many committee members actively participating in mass meetings have been blacklisted.
7. The government got unlimited curfew powers, as well as the right to cordon off rebellious areas of the city.
8. The authorities now search all those arriving in the capital.
9. Infantry troops on active duty now partol all neighborhoods in order to put down the rebellion.
10. According to recent polls conducted this week the repressive measures adopted by the government will end in failure.

SPEAKING EXERCISES

A. Расскажи́те пе́рвую часть те́кста. В своём расска́зе испо́льзуйте сле́дующие слова́.

как ста́ло изве́стно; одна́ко; согла́сно сообще́нию; не то́лько..., но и....

B. Сумми́руйте пе́рвую часть в двух-трёх предложе́ниях.

C. Отве́тьте на сле́дующие вопро́сы.

    1.   Кто объяви́л о введе́нии чрезвыча́йного положе́ния в ЮАР?
    2.   Каки́е си́лы бы́ли испо́льзованы для введе́ния чрезвыча́йного положе́ния?
    3.   Про́тив кого́ бы́ли напра́влены но́вые репресси́вные ме́ры?
    4.   К чему́ стремя́тся активи́сты Объединённого демократи́ческого фро́нта?
    5.   Каки́е полномо́чия получа́ет поли́ция?

D. Дополни́тельные вопро́сы. (optional)

    1.   Что тако́е «чрезвыча́йное положе́ние»?
    2.   Почему́ обостри́лись ра́совые отноше́ния в ЮАР?
    3.   Почему́ южноафрика́нское прави́тельство подверга́ется кри́тике со стороны́ консервати́вных элеме́нтов в свое́й стране́?
    4.   Наско́лько далеко́ иду́т рефо́рмы, принима́емые президе́нтом Де Кле́рком?

AUDIO-COMPREHENSION EXERCISE

part 2

Listen to the tape with following questions in mind:

1. What activities have been banned in South Africa?
2. What penalties have been introduced for violations of the new laws?
3. Who welcomed Botha's actions?
4. The report notes that the imposition of the state of emergency comes at a particularly delicate time. In what sense?
5. What did a group of African nations ask the U.N. to do?
6. What was the White House's comment?
7. What did the ANC spokesman say?
8. What was in the statement issued by the United Democratic Front?

Key words

отсе́чь от вне́шнего ми́ра – to cut off from the outside world
запреща́ется фотографи́ровать – taking pictures is prohibited
райо́ны волне́ний – areas of unrest
сообща́ть в печа́ти имена́ – to publish names in the press
за наруше́ние пра́вил полага́ется заключе́ние; штраф – violation of rules is
                                        punishable by an imprisonment; a fine
разоблачи́ть себя́ как... – to expose oneself as...
приве́тствовать а́кции прави́тельства – to welcome the actions of government
годовщи́на расстре́ла – an anniversary of an execution
вы́зов мирово́й обще́ственности – an affront to the entire world opinion
созва́ть Сове́т Безопа́сности – to convene the Security Council
прозвуча́ли голоса́ сожале́ния – voices of regret were heard
введе́ние экономи́ческих са́нкций – introduction of economic sanctions
взять под защи́ту своего́ партнёра – to take one's partner under its protection
«конструкти́вное сотру́дничество» – "constructive engagement"
усугуби́ть вну́тренний кри́зис – to aggravate the domestic crisis
реши́мость наро́да не сломи́ть! – the determination of the people is not to be
                                broken!

TEXT: Read the following text. Be able to translate it in written form.

Чрезвыча́йное положе́ние   Часть 2

Чтобы отсе́чь ЮАР от вне́шнего ми́ра и опусти́ть «желе́зный занавес», вла́сти ввели́ драко́новскую цензу́ру. Запреща́ется фотографи́ровать райо́ны волне́ний, сообща́ть в печа́ти имена́ аресто́ванных, цити́ровать их выска́зывания. За наруше́ние дли́нного сво́да полице́йских пра́вил полага́ется до 10 лет заключе́ния и штраф в 20 ты́сяч ра́ндов (о́коло 8 ты́сяч до́лларов).

Ита́к, режи́м перешёл к откры́тым террористи́ческим де́йствиям в масшта́бах всей страны́, чтобы изба́виться от борцо́в за гражда́нские права́ и свобо́ды. Тем са́мым э́тот режи́м разоблачи́л себя́ как режи́м расистско-полице́йской диктату́ры меньшинства́, кото́рый отбра́сывает деко́рум буржуа́зного парламентари́зма и испо́льзует тотали́та́рные ме́тоды фаши́стского то́лка, игра́я на ра́совых предрассу́дках. Неда́ром а́кцию Боты шу́мно приве́тствовали неонаци́сты из консервати́вной па́ртии и «Африка́нского движе́ния сопротивле́ния», сочу́вствующие поли́тике прави́тельства.

Введе́ние чрезвыча́йного положе́ния в кану́н деся́той годовщи́ны расстре́ла демонстра́ции в Соуэто -- вы́зов всей мирово́й обще́ственности, небезразли́чной к положе́нию в ЮАР.

Гру́ппа африка́нских стран обрати́лась к Генера́льному секретарю́ ООН сро́чно созва́ть Сове́т Безопа́сности. В о́бщем хо́ре проте́стов прозвуча́ли и голоса́ «сожале́ния» со стороны́ прави́тельств США и А́нглии. При э́том представи́тель Бе́лого до́ма поспеши́л заяви́ть, что США не собира́ются рассма́тривать вопро́с о введе́нии в отноше́нии ЮАР экономи́ческих са́нкций. Таки́м о́бразом, Вашингто́н вновь взял под защи́ту своего́ партнёра по «конструкти́вному сотру́дничеству».

Де́йствия власте́й ЮАР лишь усугубя́т вну́тренний кри́зис, сопротивле́ние на́шего наро́да бу́дет нараста́ть, заяви́л в Луса́ке представи́тель Африка́нского национа́льного конгре́сса. Ста́ло изве́стным заявле́ние Объединённого демократи́ческого фро́нта. В нём говори́тся: реши́мость народа поко́нчить со злом систе́мы апартеида не сломи́ть никаки́ми репре́ссиями.

ПРЕСС-СЛУЖБА «ИЗВЕСТИЙ»

Word and expressions to part 2

опуска́ть/опусти́ть желе́зный за́навес
   -ют опу́стят
опу́щенный

поднима́ть/подня́ть
    -ют подни́мут
по́днятый

вводи́ть/ввести́ драко́новскую цензу́ру
вво́дят введу́т экономи́ческие са́нкции про́тив ЮАР
                    (чего́?)   (кому́)
          эмба́рго на прода́жу зерна́ По́льше
                    (чего́?)   (у кого́?)
               поку́пку зерна́ у По́льши
- to introduce embargo on purchases of grain from Poland

отменя́ть/отмени́ть са́нкции - to lift sanctions
   -ют отме́нят эмба́рго

отменённый
отме́на

(де́лать что?)

запреща́ется   фотографи́ровать райо́ны волне́ний

                сообща́ть имена́... в печа́ти

                цити́ровать выска́зывания

запреща́ть/запрети́ть

    –ют   –ят

запрещённый

запреще́ние

(за что?)

за наруше́ние   пра́вил полага́ется   срок   в 10 лет

             поря́дка   заключе́ние до 14 су́ток

             зако́на   штраф   в 50 до́лларов

                             пожи́зненное заключе́ние

                             сме́ртная казнь – violation of rules is

                                             punishable with death penalty

(за что?)

штрафова́ть/оштрафова́ть за   цити́рование... – to fine for quoting...

    –у́ют   –у́ют   фотографи́рование

оштрафо́ванный

(к чему́?)   (про́тив кого́? чего́?)

переходи́ть   к откры́тым де́йствиям про́тив   борцо́в

перехо́дят/   отделе́ния от СССР

перейти́   присоедине́ния к США

перейду́т   (за что?)

                          за   незави́симость

                               гражданские права

рассма́тривать ситуа́цию, как наруше́ние (acc) – to see the situation as a

(no perf)   violation

But: счита́ть ситуа́цию наруше́нием (inst) – to consider the situation to be

                                       a violation

(к чему́?)

(не)безразли́чный   к   страда́ниям люде́й

                     судьбе́ зало́жников

                     погро́мам

                     несправедли́вости – indifferent to injustice

безразли́чие

брать/взять   под защи́ту своего́ партнёра по   бло́ку

беру́т возьму́т   па́ртии

                              «конструкти́вному сотру́дничеству»

                   зало́жников

                   военноплённых

                   ра́ненных – to take the wounded under its protection

взя́тый

(с чем?)

покончить	со	злом
–ат		отста́лостью
(no imperf)		зави́симостью
		задо́лженностью

реши́мость наро́да не сломи́ть! – our people's determination is no to be broken!
на́шу во́лю к побе́де не сломи́ть!
наш наро́д не победи́ть!

VOCABULARY EXERCISES

Look through the vocabulary for part 2 of the text *«Чрезвыча́йное положе́ние»*. Do the following exercises.

A. **Give the plural forms, where they exist, for the following nouns. Mark the stress.**

за́навес, наси́лие, мир (peace), эмба́рго, пре́сса, ра́ненный, зло, военноплённый, задо́лженость, блок.

B. **Give perfective forms for the following verbs; conjugate both forms and mark the stress.**

приве́тствовать, опуска́ть, поднима́ть, вводи́ть, запреща́ть, переходи́ть, сочу́вствовать, броса́ть, избавля́ться, рассма́тривать.

C. **Paraphrase the italicized words.**

са́нкции *в отноше́нии* По́льши; *жёсткая* цензу́ра; *показа́ть* себя как..., режи́м антисеми́тского *хара́ктера*; в *мирово́м* масшта́бе; *запреща́ется снима́ть*; *индифферéнтный* к страда́ниям; *защища́ть* гражда́нское населе́ние; *призва́ть* ООН рассмотре́ть ситуа́цию; *счита́ть* терра́кт вы́зовом; *расплати́ться* с задо́лженностью; наш наро́д *невозмо́жно* победи́ть.

D. **Give the opposite for the italicized words.**

в *райо́нном* масшта́бе, *та́йные* де́йствия, *присоедине́ние* к Росси́и, *соблюде́ние* пра́вил, *разреша́ется*, *опусти́ть* за́навес, *попа́сть* в зави́симость, *безразли́чный*.

E.   Form verbs from the following nouns.   Make necessary changes.

отме́на са́нкций, сочу́вствие поли́тике, рассмотре́ние ситуа́ции, перехо́д к наси́лию, запреще́ние фотографи́ровать.

F.   Give Russian equivalents for the following English phrases.

- to challenge the entire world opinion
- on a national scale
- to lift sanctions against Poland
- to give a strong ovation to Gorbachev's release of prisoners
- to expose oneself as a racist
- an anniversary of the revolution
- to introduce draconian censorship
- to publish names in the press
- to put an end to evil
- to view the situation as a violation
- to pay off the debt
- to take one's partner in the bloc under one's protection.
- indifferent to politics

G.   Write sentences to fill in the blanks in each of groups below.   Be able to translate your sentences.

1.   Ка́ртер ввёл эмба́рго на прода́жу   (чего́?)   (кому́?)
     _____ _____
     _____ _____
     _____ _____

Change the sentences above using «эмба́рго на поку́пку» (embargo on puchase of so-and-so from so-and so)

2.   За наруше́ние поря́дка полага́лось   (что?)
                    зако́на   _____
                    конститу́ции   _____
     _____

3.   Произошёл перехо́д   (к чему́?)
     _____ в масшта́бах всей страны́.
     _____ всего́ райо́на
     _____ мирово́м масшта́бе.

4.   (кто?)
     _____ игра́л(-а,-о,-и) на предрассу́дках
     _____   раси́стских настрое́ниях
                        антисеми́тских настрое́ниях

5. (кто?)

_____ сочу́вствовал (–а,–о,–и)   инакомы́слящим
                                                        тоталита́рным ме́тодам
                                                        ма́ссовым репре́ссиям

6.
		(кого́? что?)		(кого́? что?)
ООН	рассма́тривает	_____	как	_____
Республика́нцы	рассма́тривают	_____		_____
Обще́ственость	рассма́тривает	_____		_____

Change the sentences above using «счита́ть»

7.   (с чем?)

Необходи́мо, чтобы но́вая администра́ция поко́нчила с _____
                                                                    _____
                                                                    _____

8.   (к чему́?)

Во вре́мя войны мир был безразли́чен к _____
                            погро́мов   _____
                            депре́ссии   _____

9.   Партиза́ны взя́ли под защи́ту _____
     США   _____
     войска́   _____

GRAMMAR EXERCISES: REVIEW OF PASSIVE PARTICIPLES (Continued)

Review Passive participles as presented in Circle One, Lesson 4.   Do the following exercises.

A.   Look at the sentences below and determine what form the italicized verbs are in.   Rephrase each sentence replacing the verb with a passive participle.   Make necessary changes.   Be able to translate these sentences into English.

Examples: Этот документ *положили* в основу мифа о Советском Союзе - «враге ислама».

         ⟶ Этот документ *был положен* в основу мифа о Советском Союзе - «враге ислама».

         Резервы, которые *используют* в экономической системе, недостаточны для увеличения объёма производства.

         ⟶ *Резервы, используемые* в экономической системе, недостаточны для увеличения объёма производства.

1.   В национальном архиве в Дели имеется секретный меморандум бывшего вице-короля Индии, который он *направил* английскому правительству 17 декабря 1921 года.

2.   Россия сегодня объявил о пусках ракет-носителей, которые *проводятся* в районах акватории Тихого океана.

3.   Иранское правительство *аннулировало* навязанное Англией Тегерану в 1919 году унизительное соглашение.

4.   *Освободят* ли людей, которых заключили в тюрьму за критику политической установки компартии Китая?

5.   В частности, будет обсуждаться программа изучения и освоения Марса, которую *предложила* Россия.

6.   Миф о Советском Союзе - «враге ислама», который *распространяется* как на Западе, так и на Востоке, широко используют наши враги.

7.   ТАСС *уполномочили* заявить, что правительство СССР просит правительства других государств не заходить в эти районы.

8.   Мусульмане не могут забыть чувство доброты и симпатии, которое *проявляли* большевики к каждому мусульманскому государству, оказавшемуся в беде.

9.   Как крупный успех советской космонавтики охарактеризовала телекомпания Би-би-си новый рекорд продолжительного пребывания человека в космосе, который *установил* советский космонавт Ю. Романенко.

10.   Провозглашение Фиджи республикой на этом драматическом фоне подчёркивает противоположности характера трансформации, которую *переживает* страна.

11.   На военный объект Шиханы *пригласили* представителей всех государств-участников и всех государств-наблюдателей женевских переговоров по химическому оружию.

12. Эта практика противоречит тем отношениям, которые *устанавливаются* в настоящее время между Россией и США.

13. Венская консульская конвенция предусматривает право консульских должностных лиц свободно встречаться с гражданами, государства которых они *представляют*.

14. Как мне известно, за подобные вещи у нас никого не *арестовали* и не *посадили* в тюрьму.

15. В ходе беседы *обсудят* вопросы перспектив урегулирования арабо-израильского конфликта.

16. Он дал интервью корреспонденту ТАСС в связи с Международным днём врачей, который *отмечается* сегодня.

17. Сегодня здесь, на брифинге, было привлечено внимание к факту попрания прав человека в отношении советской гражданки, которую на днях зверски *избили* в Канаде.

18. На Фиджи военные, которыми *предводительствует* полковник Рабуна, еще в мае сбросили правительство лейбористов.

B. Translate the following.

1. The Citizens' Council declared that it views the prohibition of open demonstrations as a deprivation of basic human rights.

2. An agreement was signed, repressive measures halted, and sanctions lifted.

3. Photography in the riot zone is strictly prohibited. Violations will lead to large fines and even imprisonment.

4. Human rights groups have called upon the Justice Ministry to put an end to capital punishment.

5. According to the U.S. Constitution police may not conduct searches or arrest citizens without a warrant. Nevertheless, violations of these rights sometimes occur.

6. The press exposed a plan worked out by the nation's bankers to get rid of foreign debt.

7. The hostages were freed in a complicated landing operation.

8. The development plan for the so-called new economic zones has been introduced on a national scale.

9. The political agenda presented by the National Union Party plays on the prejudices of the middle class.

10. The question of racial discrimination is always raised at these meetings.

GRAMMAR: "SOME-," "ANY-" AND "NO-" CONSTRUCTIONS

Look at the following sentences and there translations:

Льво́ва кого́-нибу́дь зна́ет?	Does Lvova know somebody?
	Does Lvova know anybody?
Льво́ва что-то зна́ет.	Lvova knows something.
Льво́ва ничего́ не зна́ет .	Lvova doesn't know anything.
	Lvova knows nothing.

"As you can see, "something," "anything," and "nothing" are rendered by **–то**, **–нибу́дь**, and **ни–...не** constructions, although *there is no direct one-to-one correspondence between the English words and their Russian counterparts.*

Note these **–то, –нибу́дь,** and **ни–...не** forms:

что-то	что-нибудь	ничего́ не	*something*
кто-то	кто-нибудь	никто́ не	*someone*
когда́-то	когда́-нибудь	никогда́ не	*at some time*
где-то	где-нибудь	нигде́ не	*somewhere*
куда́-то	куда́-нибудь	никуда́ не	*to somewhere*
как-то	как-нибудь	ника́к не	*somehow*

The following rules govern the use of –то, –нибу́дь, **and** ни–...не:

1. **Use ни–...не constructions** in *all* negative sentences:

    Мы ника́к не ко́нчим прое́кт.

    In genitive sentences indicating absence use **ни–...нет, ни–...не́ бы́ло,** or **ни–... не бу́дет**:   Здесь нет никого́. Здесь не́ было никого́.

2. **Use –нибу́дь:**

    a.   Future tense or idea: Мы что-нибудь сде́лаем! На́до что-нибудь де́лать.
    b.   Questions: Она́ что-нибудь чита́ла?
    c.   Commands: Сде́лайте что-нибудь!
    d.   With adverbs indicating habitual action: Она́ всегда́ что-нибудь
         де́лает.
    e.   With adverbs of probability: наве́рно, мо́жет бы́ть, etc.
         Она́, наве́рно, кого́-нибудь зна́ет.

    Do NOT use –нибу́дь in negative constructions.   Use ни...не constructions instead.

3. **Use –то** in most other situations:

    Она что-то говори́т.   Он где-то был.

Note also:

a. words with **что** and **кто** decline: чему́-то, чему́-нибудь, ничему́ не; кого́-то, кого́-нибудь, никого́ не, etc.

b. When a **ни-...не** construction includes a preposition, the preposition breaks up the **ни-** word:

<blockquote>
Вы кого́-нибудь ви́дели? Нет, мы никого́ не ви́дели.
</blockquote>

but:

<blockquote>
Вы о ком-нибудь говори́ли? Нет, мы ни о ком не говори́ли.

Вы с кем-нибудь бы́ли? Нет, мы ни с кем не говори́ли.

Вы кому́-нибудь сообщи́ли? Нет, мы ни кому́ не сообщи́ли.
</blockquote>

"SOME-," "ANY-" AND "NO-" CONSTRUCTIONS WITH ADJECTIVES: "SOMETHING INTERESTING"

Forms such as **кто-то, кто-нибудь**, and **никто́...не**, as well as **что-то, что-нибудь**, and **ничего́...не** take long form declinable adjectives as in the following examples:

кто-то интере́сный (always masculine!)	*someone interesting*
кому́-нибудь интере́сному	*to someone interesting*
что-нибудь интере́сное (always neuter!)	*something interesting*
ни о чём интере́сном	*about nothing interesting*

"SOME SORT OF": КАКО́Й-ТО, КАКО́Й-НИБУДЬ, AND НИКАКО́Й НЕ

Note the following examples:

Сообща́ли о каки́х-то волне́ниях.	Some sort of riots were reported.
Сообща́ли о каки́х-нибудь волне́ниях?	Were some sort of riots reported?
Ни о каки́х волне́ниях не сообща́ли.	No riots were reported.
Никаки́х волне́ний не́ было.	There were no riots.

Note that **како́й-нибудь** is an adjective. It may not stand alone!

GRAMMAR EXERCISES: "SOME-", "ANY-", "NO-" CONSTRUCTIONS

Read through the explanation on "some," "any," and "no-" constructions.

A. Choose the correct word.

1. Мы бои́мся, что (no one will) помо́жет на́шим борца́м за свобо́ду. (кто-то не, кто-нибудь не, никто не)

2. Меры, принятые сегодня, действительно (not anyone) помогут. (кому-то не, кому-нибудь не, никому не)

3. Надо будет готовить (some sort of) подходящий ответ. (какой-то, какой-нибудь, никакого нет)

4. (There aren't any) расистских высказываний в выступлении лидера партии. (нет каких-то, нет каких-нибудь, нет никаких)

5. - Вы (with someone) обсуждали измениения нашей политики? (с кем-то, с кем-нибудь, ни с кем не)

6. Будет ли на повестке дня (any) пункт, касающийся введения черезвычайного положения в стране? (какой-то, какой- нибудь, никакой не)

7. (Not for anything) отдадим наше право голоса! (за что-то не, за что-нибудь не, ни за что не)

8. Вы думаете, что вы (somewhere) найдёте идеальное решение? Нет, вы идеального решения (not anywhere) найдёте. (где-то, где-нибудь, нигде не)

9. В нашей стране (there have been no) репрессий. (каких-то, каких-нибудь, не было никаких)

10. В Советском Союзе (at one time) запрещалась неофициальная литература. (когда-то, когда-нибудь, никогда не)

B. Use –то and ни-...не **constructions to answer the questions according to the model.**

Example: Кто-нибудь выступал?
⟶ Да, *кто-то* выступал.
⟶ Нет, *никто не* выступал.

1. Куда-нибудь высылают этих инакомыслящих?
2. Как-нибудь справятся с кризисом?
3. Кто-нибудь интересовался нашим вопросом?
4. Что-нибудь решили по этой проблеме?
5. Где-нибудь строят новые церкви?
6. Когда-нибудь аннулировали конституцию?
6. Ваши люди с кем-нибудь говорили по этому поводу?
7. Пресса о чём-нибудь сообщила?
8. В стране были какие-нибудь репрессии?
9. «ЛГ» когда-нибудь писала о лагерях?
10. У нашего комитета есть какое-нибудь полномочие?
11. Вы обращались к каким-нибудь руководителям партии?
12. Они сотрудничали с какими-нибудь фашистами?
13. Вам сообщили о каком-нибудь плане?
14. Ассамблея ввела какие-нибудь санкции?
15. Наша фирма продавала России какую-нибудь технологию?

C. Translate the phrases. Follow the models.

Examples: about somebody? ⟶ *о ком-нибудь?*
of something [was] ⟶ *чего-то*
not with anyone ⟶ *ни с кем не*

1. anywhere?
2. somehow?
3. to no one
4. someone [was]
5. something [will]
6. not about anything
7. nowhere
8. in front of someone [was]
9. behind no one
10. not for anyone
11. some sort of measures [are]
12. about any sorts of measures?
13. there were no measures
14. about no measures
15. something interesting [is]
16. about something bad?
17. with anyone interesting?
18. nothing good
19. of something good?
20. to something bad?

D. Translate the word under the blank with forms of -то, -нибудь **or** ни-...не

1. _____ из представителей сказал, что он боится, что не будет
      Someone
принято _____ мер.
             no

2. _____ задавал вопросы на брифинге?
      Someone

3. Состоялись _____ антигосударственные демонстрации, но
             some kind of
местная полиция _____ арестовала.
                  no one

4. Говорят, что _____ волнений, но я лично _____
             there were no   *no one*
верю.

5. – Освободили _____ из политзаключённых?
              anyone

    – Нет, пока _____ освободили. Мы надеемся, что _____
                no one   *someone*
    будет освобождён накануне годовщины Революции.

6. К сожалению, мы _____ не можем согласиться.
                    not with anyone

7. _____ террористы захватили самолёт и приказали полететь
    Some sort of
    в _____ исламскую страну.
        some

8. _____ политическое положение в Никарагуа было лучше, но
    At one time
    оно _____ обещало особенно светлого будущего для народа.
            never

9. Мы _____ переубедим наших соперников, хотя у нас
           somehow
    _____ представления, как мы это сделаем.
    no sort of

10. Предложите _____!
                 something

E. **Translate the following sentences.**

    1. We thought that someone from South Africa had participated in the
        session, but then it turned out that no one from Africa was there.
    2. Do the people in this region have any rights?   No, they have no
        rights.
    3. Someone said that there was some sort of announcement about some new
        policy on discrimination, but no one heard it.
    4. Our government will not suspend this law for anyone.
    5. At one time Zimbabwe was a white-ruled state.
    6. The government suspected the protesters of some sort of terrorist
        acts, but the authorities couldn't prove anything.
    7. Do something! Make some sort of decision!
    ·8. Do you have any other proposals for us? So far we have seen nothing
        constructive.
    9. We demanded a new session, and then something interesting happened:
        the other side made some sort of concrete proposal.
    10. Do we have any policy on terrorism?

RENDERING

Render the following information into Russian.

The African country of Karpusu Lasi has been dependent on U.S. aid for the last twenty years. However, lately it has become abundantly clear that the country's ailing (and senile) president Kwanda Mbuto is on the outs.

Quite plainly, Mbuto, once viewed in Washington as a left-leaning but non-communist, forward-looking leader, has lost control. A quick look at the evidence will show why:

→ While surrounded by countries where human rights are treated more like a doormat than an icon, Mbuto has maintained a semblance of civilization. That no longer is the case. Mbuto is old and tired. The army has been given nearly total control. Warrentless searches and arrests, arbitrary repression of dissidents, as well as summary executions have become the norm. Entire villages where dissident activity is suspected have been put off limits to travelers.

→ The economy, never strong, is in a total shambles. With the private sector almost totally broke, the army soaked up most of the younger unemployed. If you want to get something done quickly, you had better be in good with someone in uniform. Mbuto knows that if he wants to stay in power (or, for that matter, alive), it's best to feed the brass.

→ If Mbuto is tired of active rule, so the people are tired of Mbuto. Nearly everyone in the country once viewed Mbuto as a transitional leader from the chaos of independence to an orderly democracy. The transition part is still there. What is absent is the democracy. Either way, the military wins: if Mbuto dies soon, the army is sure to declare martial law and take over "for a transitional period"; if not, the military is sure to persuade Mbuto to step down before he is too... incapacitated to run a government.

The question at hand is, what should happen to U.S. aid and trade. Karpusu Lasi has been one place on the continent where America's stock in trade has traditionally been high, but the slow degeneration of the Mbuto government has been accompanied by a crash in American prestige. Perhaps it's time to cut our losses early on?

SPEAKING EXERCISES

A. Расскажи́те втору́ю часть те́кста.

B. Расскажи́те ту же исто́рию с то́чки зре́ния чле́на консервати́вной па́ртии.

C. Сумми́руйте пе́рвую и втору́ю ча́сти э́того те́кста. В своём расска́зе испо́льзуйте сле́дующие выраже́ния.

ита́к; с одно́й стороны́,... с друго́й стороны́..; ра́зве...? ме́жду тем; и́менно поэ́тому.

D. Отве́тьте на сле́дующие вопро́сы.

1. Каки́е шаги́ предпринима́ли вла́сти ЮАР, чтобы не допусти́ть голосо́в проте́ста?
2. Как впи́сывались полице́йские ме́ры Прето́рии в традицио́нные демократи́ческие но́рмы?
3. Как реаги́ровали на поли́тику прави́тельства Бо́ты други́е африка́нские госуда́рства?
4. Каки́е стра́ны выступа́ют про́тив са́нкций в отноше́нии Ю́жной Африки?
5. Сломи́ли ли официа́льные репре́ссии во́лю к сопротивле́нию со стороны́ Африка́нского конгре́сса и его́ сою́зников?

E. Дополни́тельные вопро́сы. (optional)

1. Назови́те изве́стные вам гражда́нские свобо́ды. Объясни́те ка́ждую.
2. Что тако́е поли́тика апартеида?
3. В чём суть америка́нской поли́тики «конструкти́вного сотру́дничества»?
4. Наско́лько эффекти́вными оказа́лись са́нкции про́тив ЮАР?

READING EXERCISE

Америка в общеевропейском доме.   Сергей Караганов

PRE-TEXT: This is an article written by a prominent political observer who is a frequent contributor to the weekly *Moscow News.* Read the text with the following questions in mind. Then look at the questions below. Try to predict the answers in advance. Then re-read the article to see if you were correct and answer the questions in written form.

1.   What is the main idea of the text?

PARAGRAPH 1
2.   Opponents of the Common European Home call it unrealistic because...
      (Mark the correct answer):
      a.   they view it as economically hazardous.
      b.   they do not want to give up the Cold War.
      c.   they see no future for it.

PARAGRAPHS 2, 3, 4
3.   Karaganov cities a number of objections based on past Soviet actions.
      What is his comment?
4.   There are reasons why Western Europe fears pushing America out of the
      European system of security. Name them.

PARAGRAPHS 4
5.   Why are these fears ungrounded?

PARAGRAPHS 5, 6
6.   There are reasons why some circles in the U.S. fear this idea. Name
      three.

PARAGRAPHS 7, 8, 9
7.   What are the connections between the U.S. and Western Europe,
      according to the author?

PARAGRAPH 10
8.   Before the concept of the Common European Home can be realized it is
      necessary to... (Mark the correct answer):
      a.   withdraw all US troops from Europe.
      b.   withdraw the troops of both superpowers.
      c.   exclude the US from the European security system.
      d.   reduce both US and Soviet presence to a minimum.

PARAGRAPH 11
9.   The author mentions Washington's having considered the use of nuclear
      weapons in Korea, Vietnam and in the Straits of Taiwan. What is his
      point?

PARAGRAPH 12
10.   What does the author say about Moscow's first steps towards the Common European Home?

POST-TEXT (using context):

Literary **Redundancy** through use of synonymous phrases is one of the main stylistic devices of expository prose.   Writers use redundancy to hold a paragraph or series of paragraphs together.   This allows the reader to follow the direction of a writer's line of argument.   Note the following example:

Мы **поражались** происходящему **массовому** строительству бомбоубежищ.
Нас **удивлял масштаб** этого строительства.

Неслыханным образом война **ускорила социальное развитие**.
Она **подтолкнула историю**.

In this lesson and the ones to follow you will often be asked to find instances of stylistic redundancy.

Do the following exercises:

1.   The article proceeds from... (Mark the correct answer):
   a.   examples to statement.
   b.   statement to illustrations.

PARAGRAPH 1
2.   The use of a dash after *И не без дальнего прицела...* indicates... (Mark the correct answer):
   a.   shifting to another point.
   b.   explanation of the main point.

PARAGRAPHS 2, 3, 4
3.   These paragraphs describe fears regarding the idea of the Common European Home in Western Europe itself.   Find the phrase which confirms your assumption that the author means Western Europe.
4.   In both paragraphs 2 and 4 Karaganov indicates a certain degree of scepticism about commonly held fears about the European Common Home. What word signals that scepticism?

PARAGRAPH 3
5.   Name the markers that signal enumeration of reasons to fear the idea. Do you see any use of redundancy here?
6.   Which phrase shows the author's thinking on the earlier Soviet attitute towards the U.S. in Europe?
7.   Explain the composition of the word *небезосновательный*.
8.   Give the opposite of *второй план*.
9.   Find the paragraphs which describe US fears regarding the idea.
10. Explain the composition of the word *подсознание*.

PARAGRAPHS 7, 8, 9

11.   These paragraphs contain the Soviet attitude to the US–Western Europe connection. Find the words which mark the enumeration of the author's points.

PARAGRAPH 9

12.   Which sentence uses a metaphor to describe the military interdependence of the West?

PARAGRAPH 10

13.   *Однако* here marks... (Mark the correct answer):
      a.   support of the previous statement.
      b.   contradiction of the previous statement.

14.   Find the opposite for *противодействовать.*
15.   Find the words which twice emphasize that the point of view expressed here belongs to the other side.

PARAGRAPH 11

16.   *Достаточно вспомнить* signals... (Mark the correct answer):
      a.   support
      b.   contradiction

17.   Pick the correct meanings for each of the words below:

прицел	a.	sight
	b.	aim
наследие	a.	legacy
	b.	inheritance
благотворный	a.	charitable
	b.	positive
при этом	a.	while doing so
	b.	in the vicinity

18.   Find the Russian for:

      – to sow doubts regarding so-and-so
      – to drive a wedge between so-and-so
      – to insist on the opposite
      – a cautious approach

СТРАНИЦА ТРЕХ АВТОРОВ

МИР НА МОЕМ ДИСПЛЕЕ

Америка в общеевропейском доме

Сергей КАРАГАНОВ

КОНЦЕПЦИЯ общеевропейского дома встречает в мире не только поддержку. Немало и критики. Многие на Западе пытаются представить ее нереалистичной. И не без дальнего прицела — эти круги не хотят назревших изменений нынешней, унаследованной от «холодной войны» системы безопасности в Европе.

Нередко претензии оппонентов идеи общеевропейского дома сводятся к тому, что эта концепция подразумевает якобы «выталкивание» Америки из Европы, из европейской системы безопасности.

Для таких заявлений есть немало предлогов. Есть семантические: словосочетание «общеевропейский дом» вызывает образ чего-то замкнутого, ограниченного одним континентом. Есть и небезосновательные подозрения, основанные на историческом опыте: Советский Союз и социалистические страны, к сожалению, пытались на дальних подступах к Хельсинки 1975 года исключить США и Канаду из будущего общеевропейского процесса.

К счастью, мы относительно недолго настаивали на такой нереалистической, да и, прямо скажем, вредной позиции. Но шлейф подозрений не рассеялся.

С опаской к идее общеевропейского дома в Западной Европе подходят и по другой причине: шаги к ее осуществлению якобы подтолкнут Соединенные Штаты еще больше уделять внимание азиатско-тихоокеанскому региону и отодвинут американские интересы на старом континенте на второй план. Страхи эти, думаю, необоснованные. США, несмотря на все утверждения о концентрации их внимания на странах тихоокеанского бассейна, отнюдь не собираются «уходить» из Европы и лишаться влияния на континенте, который остается первостепенным средоточием экономической, политической, военной и идейной мощи.

В Соединенных Штатах оппозиция идее общеевропейского дома зиждется на опасениях, порождаемых ростом самостоятельности европейских держав и падением популярности Америки в Европе.

Страхи и смутные подозрения — это скорее из сферы

over

подсознания. Ну а в реальности за заявлениями, что Советский Союз пытается «вытолкнуть» Америку из Европы, стоят вполне определенные интересы. Главный — стремление посеять сомнения в отношении советской европейской политики, ослабить ее притягательность. Заявления на Западе о попытках Советского Союза вбить «клин» в отношениях между Америкой и Западной Европой делаются все чаще по мере того, как советские руководители последовательно утверждают обратное — о том, что СССР не собирается раскалывать западный союз, вытеснять США, поскольку считает это ненужным и нереальным.

В Советском Союзе хорошо осознают, что Соединенные Штаты в историческом, религиозном, духовном и, главное, в политическом отношении — часть Европы. Тесно привязаны к Западной Европе Соединенные Штаты и в экономической сфере, и оторваться от нее или быть оторванными США не могут.

Теснейшим образом Соединенные Штаты привязаны к Европе и в сфере безопасности. Развитие современных вооружений и вооруженных сил сузили Атлантический океан до ширины пролива. Теперь США в военном плане так же близки к континенту, как Англия в начале этого века.

Естественно, напрашивается вывод, что участие Соединенных Штатов в будущей системе европейской безопасности, в строительстве «общеевропейского дома» и закономерно, и необходимо. Однако, с нашей точки зрения, это отнюдь не означает, что военное присутствие Соединенных Штатов на континенте должно оставаться на сегодняшнем столь высоком уровне. Полагаем, что необходимо сокращение этого, равно как и советского, военного присутствия до минимального уровня. С дальнейшим укреплением и стабилизацией европейской системы безопасности логично и избавление от этого обременительного наследия «холодной войны». Однако это отнюдь не предполагает исключения США из системы общеевропейской безопасности и после того, как большинство иностранных солдат (или все) уйдут из других государств.

Участие Соединенных Штатов в европейской системе безопасности позволит сохранить и воздействие — по большей части благотворное — европейских держав на политику и военную стратегию США. Опыт учит, что влияние европейских союзников, опасения потерять их поддержку наряду с другими факторами не раз содействовали сдерживанию Вашингтона от начала или продолжения авантюристических действий. Достаточно вспомнить влияние позиции западноевропейцев, когда в Корее, Вьетнаме, в Тайваньском проливе Вашингтон подумывал о возможности применения ядерного оружия.

Концепция общеевропейского дома — идея новая. На пути ее реализации делаются только первые шаги. К ним можно отнести в первую очередь оживленный политический диалог Москвы с западноевропейскими столицами. При этом в советской столице неоднозначно заявляют, что двусторонние контакты, с нашей точки зрения, никак не ущемляют интересы третьих стран. Это в полной мере относится и к Соединенным Штатам, приглашение которым участвовать в строительстве общеевропейского дома остается в силе.

CIRCLE TWO

LESSON FOUR

AUDIO-COMPREHENSION EXERCISE

part 1

You are about to hear a text about democratization in the Soviet Union. Review the key words below. Then listen to the text for the following information. Afterwards, listen to the text again and write down the answers.

1. After a few years of Gorbachev the Soviet press began to subject the country to much critical introspection. What was suggested in the press during that period? What reforms were discussed? With those questions in mind answer the questions below.
2. According to the report, what sort of discussion has now begun in the Soviet Union?
3. What is cited as a characteristic of Soviet society today?
4. What is seen as a prerequisite for the continuance of perestroika?
5. What is given as a cause for the woes of the system as it exists today?
6. What problems are seen as having plagued the Soviets of People's Deputies up until now?
7. What does Article 94 of the proposed legislation say about the Soviet of People's Deputies?
8. What is said about the make-up of the Congress of People's Deputies?
9. What role will the Committee on Constitutional Review play?

Key words

всенаро́дное обсужде́ние – public discussion
измене́ния и дополне́ния (к) Конститу́ции – changes and amendments to
                                        the Constitution
вы́йти из состоя́ния апа́тии – to become active
сде́лать необрати́мым – to make irreversible
оказа́ться безвла́стными – to prove to be powerless
управле́нческая пра́ктика – managerial practice
сле́довать свое́й ло́гике – to follow one's own logic
администрати́вный произво́л – administrative lawlessness
исключа́ться из полити́ческой систе́мы – to be excluded from the political system
отлича́ться от перйода застоя́ – to be different from the period of stagnation
территориа́льный о́круг с ра́вной чи́сленностью избира́телей – territorial district
                                        with an equal amount of voters
избира́тельный о́круг – electoral district
общесою́зная организа́ция – all-union organization
обеспе́чивать контро́ль за соотве́тствием зако́нов Конститу́ции – to provide
                        control of correlation of laws and the Constitution

TEXT: Read the following text. Be able to translate it in written form.

Демократизация нашей жизни   Часть 1

Началось всенародное обсуждение проектов Законов об изменениях и дополнениях Конституции (Основного закона) СССР и о выборах народных депутатов СССР.

Самая характерная черта, которая отличает сегодняшний этап обновления нашего общества, состоит в том, что миллионы советских людей вышли из состояния апатии и становятся на активные гражданские позиции. Важнейшим рычагом дальнейшего подъёма этой активности народа, направления её в единое созидательное русло должна стать реформа политической системы.

Почему стал вопрос об изменениях и дополнениях Конституции? Зачем понадобился новый Закон о выборах народных депутатов СССР? Они призваны сделать необратимым революционный процесс перестройки. Дело в том, что, в целом активно работая на социализм, наши законы не сумели, как показывает опыт, сопротивляться ряду серьёзнейших негативных явлений, в которых мы справедливо усматриваем коренные причины переживаемых сегодня обществом трудностей.

Ныне существующая политическая система десятилетиями приспосабливалась не к организации общественной жизни на демократических началах, а прежде всего к выполнению административных указаний. Для неё было характерным всё большее сосредоточение управления в руках партийно-политического руководства и исполнительного аппарата. Оказались безвластными Советы народных депутатов. За недостатком реальных полномочий резко ослабла работа правоохранительных органов. Сложилась парадоксальная ситуация, когда и конституция, и наши законы жили как бы сами по себе, а управленческая практика следовала своей логике административного произвола.

И главное -- мы привыкли к тому, что человек исключается из политической системы как основное действующее лицо. Трибунные заклинания о народовластии, волюнтаризм и субъективизм на практике, говорильня о демократических институтах и реальное попрание норм социалистического образа жизни -- всё это были не единичные случаи в системе руководства.

Дополнения и изменения Конституции СССР, новый закон о выборах обширны. Речь идёт по существу о полновластии народа. Деятельность Советов народных депутатов, говорится в статье 94 проекта нового Закона, будет отличаться от периода застоя. Она будет строится на основе коллективного, свободного, делового обсуждения и решения вопросов, гласности, регулярной отчётности исполнительных и распорядительных органов перед ними и населением, широкого привлечения к участию в их работе. Эта статья, как, впрочем, и другие, значительно расширена по сравнению с Конституцией, принятой в 1977 году.

Высшим органом государственной власти станет съезд народных депутатов СССР в составе 2250 депутатов: 750 депутатов от территориальных округов с равной численностью избирателей, 750 депутатов -- от национально-территориальных избирательных округов и 750 депутатов -- от общесоюзных общественных организаций. Съезд Советов будет собираться для решения важнейших задач ежегодно. Другими будут структура и функции Верховного Совета. Он станет постоя́нно де́йствующим законода́тельным, распоряди́тельным и контро́льным о́рганом госуда́рственной вла́сти СССР.

Возгла́вит рабо́ту Верхо́вного Сове́та и формиру́емого им Прези́диума Председа́тель Верхо́вного Сове́та СССР. Исключи́тельно ва́жное ме́сто в систе́ме вы́сших о́рганов вла́сти отво́дится Комите́ту конституцио́нного надзо́ра, кото́рый бу́дет избира́ться Съе́здом наро́дных депута́тов и обеспе́чивать контро́ль за соотве́тствием издава́емых зако́нов и постановле́ний прави́тельства, норма́тивных а́ктов други́х госуда́рственных о́рганов и обще́ственных организа́ций Конститу́ции.

Words and expressions to part 1

прое́кт зако́на об измене́ниях конститу́ции
о дополне́ниях (к) конститу́ции
о вы́борах наро́дных депута́тов
попра́вки к конститу́ции – a draft of an amendment to the constitution

(на что?)
станови́ться/стать   на акти́вные гражда́нские пози́ции
стано́вятся   ста́нут   ревизиони́стские
троцки́стские

(чем?)
важне́йшим рычаго́м перестро́йки – to become the engine of perestroika
регули́рования эконо́мики
контро́ля

при́зван,-а,-о,-ы   сде́лать необрати́мым – designed to make irreversible
рабо́тать на социали́зм
сле́довать демократи́ческим но́рмам

(чему́?)
сопротивля́ться (no perf.)   негати́вным явле́ниям
-ются   пережива́емым тру́дностям
парти́йному аппара́ту
сопротивле́ние
(чему́?)
сле́довать (no perf.)   маркси́стским до́гмам
-уют   указа́ниям све́рху
тео́рии относи́тельности
администрати́вным указа́ниям – to observe administrative prerogatives
(к чему́?)
приспоса́бливаться/приспосо́биться   к выполне́нию указа́ний – to get adjusted to directions from above
-ются   -ятся   к произво́лу – to conform to lawlessness
приспосо́бленный
приспособле́ние

оказываться/оказаться   безвластным
    -ются окажутся   исключённым из политической системы

                    (чего?)
за недостатком реальных полномочий
 (for lack of) демократии
                политического контроля

                    (к чему?)
приводить/привести к попранию норм – to result in disregard of norms
приводят   приведут   застою
                регулярной отчётности (accountability)
приведённый
                    (от чего?)
отличаться (no perf)   от исполнительных органов – executive branches
    -ются   распорядительных органов – managerial branches
                        правоохранительных органов – law-enforcement agencies
отличие
                    (к чему?)
привыкать/привыкнуть   к бедности
    -ют   -ут   трудным условиям
                насилию
                говорильне – to get used to hoopla
(past tense: привык, привыкла,о,и)

на практике
                    (перед кем?)
отчитываться/отчитаться перед населением
    -ются   -ются   партией
                            избирателями
– to report back to the electorate

съезд   собирается ежегодно
пленум   ежемесячно
                      еженедельно

собираться/собраться
    -ются   -утся

важное место отводится конституционному надзору – constitutional oversight is
                                            given an important place
                избирательным округам – electoral districts are ...
                Советам народных депутатов

округ (pl. округа, округов)

отводить/отвести
отводят   отведут
отведённый

VOCABULARY EXERCISES

Look through the vocabulary for part 1 of the text «*Демократизация нашей жизни*». Do the following exercises.

A. Give the nominative and genitive plural for the following nouns. Mark the stress.

отчётность, дополнéние, конститýция, трýдность, óкруг, полномóчие, произвóл.

B. Give perfective forms for the following verbs. Conjugate both forms and mark the stress.

становúться, собирáться, приспосáбливаться, сопротивля́ться.

C. Paraphrase the italicized words.

противостоя́ть трýдностям, *из-зá отсýтствия нýжного колúчества* дéнег, *в реáльной жúзни*, *отвечáть* перед нарóдом, *съезд встречáется раз в год*, *соблюдáть* нóрмы поведéния, *нарушéние* конститýции.

D. Give the opposite for the italicized words.

в теóрии, нарушáть демократúческие нóрмы, *подчиня́ться* сúле, *полновлáстный, прогрéсс.*

E. Form verbs from the following nouns.

приспособлéние к реáльности, сопротивлéние бюрокрáтии.

F. Give Russian equivalents for the following English phrases.

  - an important place is given to managerial bodies
  - to conform to lawlessness
  - resistance to bureaucracy
  - to work for socialism
  - amendments to the constitution
  - to convene annually
  - for lack of true authority
  - law enforcement agencies
  - flagrant disregard for norms of behavior
  - regular accountability of executive branches to councils

    – to prove to be powerless
    – a draft of legislation
    – to assume an active role in electoral districts
    – to observe administrative prerogatives
    – to be different from stagnation

G. **Write sentences to fill in the blanks in each of the groups below. Be able to translate your sentences.**

                                        (на какие пози́ции?)

1.   Предыду́щая администра́ция   встала на _____
       Активи́сты 60-х годов   встали   _____
       Тре́тий мир   встал   _____

                                          (к чему́?)

2.   Мир привы́к   _____
       Америка́нцы не привы́кли   _____
       Сове́тские гра́ждане привы́кли _____

                                          (от чего́?)

3.   Поли́тика разря́дки отлича́ется _____
       Соблюде́ние зако́нов   _____
       Пла́новая систе́ма хозя́йства   _____

                                 (чему́?)

4.   Ва́жно сопротивля́ться   _____
       Нельзя́   _____
       Невозмо́жно   _____

                                       (сде́лало что?)

5.   За недоста́тком средств   правительство _____
                       энергии   _____
                       вла́сти   _____

                                     (к чему́?)

6.   При Ста́лине   люди приспоса́бливались _____
       Во вре́мя войны́   _____
             депре́ссии   _____

GRAMMAR EXERCISES: REVIEW OF CASES

Review the use of cases as presented in Circle One.   Do the following exercises.

A.   **Determine the use of case in the sentences below.   Fill in the blanks. Be able to translate the sentences into English.**

1.   Главная из (причины) _____ – ослепляющий антикоммунизм, из-за (который) _____ многие (страны) _____ не оказали (отпор) _____ фашизму.

2.   За (первое полугодие) _____ новая система введена уже более чем в (четыре тысячи объединений и организаций) с общей численностью в (три миллиона человек) _____.

3.   Коммунисты выступают за (медицинское обслуживание и пенсии, доступные трудящемуся населению) _____.

4.   (Пребывание) _____ в лагерях он «искупил» свою вину перед (общество) _____.

5.   Как писали тогда газеты, «Политический авантюризм тов. Ельцина имел целью противопоставить (московская партийная организация) _____ (Центральный комитет КПСС) _____.

6.   Большое место в (дискуссия) _____ занял (вопрос) _____ о (созыв) _____ международной конференции под (эгида) _____ ООН.

7.   Поощряемые (власти) _____ расисты бесчинствовали по (весь штат) _____.

8.   (Идентичное обвинение) _____ предъявлено (все аккредитованные в США российские корреспонденты) _____.

9.   США необходимо при (выработка политики) _____ учитывать привлекательность для (западноевропейские союзники) _____ российских предложений.

10.   На афганской территории вдоль (граница) _____ с (Пакистан) _____ расположены пункты по приёму репатриантов.

B.   **Translate the following sentences.**

1.   The outspoken opponents of the reforms resisted the unavoidable weakening of political controls in the country.
2.   The destruction of the Pershing-2 missiles is considered to be our international obligation.

3. In his television address yesterday the candidate stated that he will have to rely on financial support from the business sector in order to run for president in 2000.
4. The Kremlin is avoiding the policy of support for the Sandinista government.
5. A racist government plays on the prejudices of one race against another.
6. The convoy of ships was sailing slowly along the coastline of Kuwait.
7. The treaty provides for bilateral, on-site inspections.
8. At the emergency session of the U.N. Security Council not for the first time frictions among Council members emerged.
9. Before the Soviet Foreign Minister's trip to Latin America the Soviet Union had almost no relations with countries of that part of the world.
10. This action is similar to all previous incidents of interference by the Soviet Union in the internal affairs of Finland.
11. The Soviet Union celebrates the anniversary of the Revolution of 1917 on November 7.
12. The correspondent was wrong in his prediction of the outcome of the elections.

GRAMMAR EXERCISES: REVIEW OF IMPERFECTIVE VERBAL ADVERBS

Review the use of imperfective verbal adverbs as presented in Circle One, Lesson 5. Do the following exercises.

A. Combine the following sentences by forming imperfective verbal adverbs from the italicized verbs. Be able to translate your sentences into English.

Example: Официальный Вашингтон *разглагольствует* на тему «борьбы с терроризмом». Однако он ничего при этом не предпринимает.

⟶ *Разглагольствуя* на тему «борьбы с терроризмом», официальный Вашингтон ничего не предпринимает.

1. Пэт Робертсон *стремился* избавиться от представления о себе как о сугубо религиозном деятеле, и поэтому за день до выдвижения своей кандидатуры он сложил с себя сан баптистского священника.
2. Когда председатель государственного Комитета по использованию атомной энергии *отвечал* на вопросы журналистов, он подчеркнул серьёзность изучения последствий аварии на Чернобыльской АЭС.
3. В то время как парижский корреспондент «Правды» Вл. Большаков *анализирует* реакцию во Франции на советско-американскую договорённость по РСД, он делает следующий вывод.

4. Запад *пытался* помешать сближению Советской России и мусульманского Востока. Он развернул мощную пропагандистскую кампанию. Тем самым он *искажал* сущность советской политики по отношению к народам Востока.

5. США должны сознавать, что это долгосрочная политика, и *не выдвигать* при этом никаких нереалистических экономических надежд.

6. Так как ракета «Ланс» *является* оружием «двойного назначения», наряду с обычной она может быть оснащена ядерной боеголовкой.

7. Представитель Пентагона сообщил, что в ближайшее время будет задействована ещё одна плавучая база. При этом он *не называл* своего имени.

8. Поскольку участники семинара *не планируют* показать методику токсикологической оценки параметров этих химикатов, они осложняют заключение конвенции.

B. Translate the following sentences.

1. By adopting laws concerning changes and amendments to the constitution, Gorbachev hopes to make the perestroika process irreversible.

2. The government is trying to achieve more efficiency by giving an important place to managerial bodies.

3. While working for socialism, they failed to resist some serious negative phenomena.

4. Law enforcement agencies can prove effective without violating the rights of the people.

5. The party can once again assume an active role in society by convening plenums often.

6. When people submit to administrative prerogatives, they gradually stop playing an active role in the political system.

7. By presiding over the work of the Supreme Soviet, the Committee for Constitutional Oversight will assure compliance of executive branch with the constitution.

8. Nikita Khrushchev threatened the nomenclatura by refusing to protect its interests.

9. Hitler attacked the Soviet Union without a declaration of war.

10. The government is trying to achieve true reconciliation by appealing to the population to compromise.

SPEAKING EXERCISES

A. Расскажи́те пе́рвую часть те́кста. В своём расска́зе испо́льзуйте сле́дующие слова́.

ита́к; важне́йшим фа́ктором явля́ется...; почему́ же...? де́ло в том, что...; и гла́вное; таки́м о́бразом, наприме́р.

B. Расскажи́те ту же часть с то́чки зре́ния убеждённого сталини́ста.

C. Отве́тьте на сле́дующие вопро́сы.

1. Почему́ потре́бовалась рефо́рма полити́ческой систе́мы в СССР?
2. Почему́ Сове́ты наро́дных депута́тов в про́шлом не игра́ли реа́льной ро́ли?
3. В чём бу́дут состоя́ть фу́нкции съе́зда наро́дных депута́тов СССР?
4. Чем бу́дет занима́ться комите́т конституцио́нного надзо́ра?
5. Кто бу́дет возглавля́ть рабо́ту Верхо́вного Сове́та?

D. Дополни́тельные вопро́сы. (optional)

1. Заче́м проводи́лась перестро́йка в СССР?
2. В чём смысл всенаро́дного обсужде́ния прое́ктов зако́нов?
3. Ояесни́те значе́ние сло́ва «говори́льня» в да́нном конте́ксте.
4. Что тако́е «волюнтари́зм» и «субъективи́зм»?

AUDIO–COMPREHENSION EXERCISE

part 2

Listen to the tape with the following questions in mind:

1. How are the Soviets (councils) being reorganized?
2. How will the system ensure that elected deputies will respond to the voters' needs?
3. What organizations will provide a third of the deputies to be elected?
4. What concrete measures are being adopted as the basis for the formation of a legally constituted socialist state?

Key words

возраста́ет роль – the role is growing
устраня́ть пара́дность – to eliminate "showing off"
спосо́бный проводи́ть в жизнь – capable of implementing
на осно́ве всео́бщего, ра́вного избира́тельного пра́ва при та́йном голосова́нии –
    based on universal, equal and direct suffrage with secret ballot
поднима́ть авторите́т суда́ – to increase the authority of the court

TEXT: Read the following text. Be able to translate it in written form.

Демократиза́ция на́шей жи́зни   Часть 2

В ко́рне меня́ется сама́ организа́ция рабо́ты Сове́тов всех ступене́й. Возраста́ет роль се́ссий, постоя́нных коми́ссий, депута́тов. Устраня́ются пара́дность, параллели́зм в рабо́те, показно́е единогла́сие. Как говори́тся, вре́мя, когда́ в Сове́тах голосова́ли все «за» и сто́я, пусть оста́нется для пери́ода засто́я. Недопусти́мо бо́льше терпе́ть, что́бы аппара́т, исполко́м подменя́ли представи́тельный о́рган, каки́м явля́ется Сове́т.

Рабо́та Сове́тов во мно́гом бу́дет зави́сеть от депута́тского ко́рпуса. В о́рганы вла́сти должны́ быть и́збраны лу́чшие представи́тели на́шего о́бщества, спосо́бные выража́ть и проводи́ть в жизнь интере́сы избира́телей. Осуществи́ть это на де́ле помо́жет но́вый Зако́н о вы́борах наро́дных депута́тов СССР. Они́ прово́дятся по одноманда́тным избира́тельным округа́м на осно́ве всео́бщего, ра́вного и прямо́го избира́тельного пра́ва при та́йном голосова́нии –– так гласи́т статья́ пе́рвая законопрое́кта. Кро́ме того́, по но́рмам, устано́вленным Конститу́цией СССР, одна́ треть наро́дных депута́тов бу́дет избира́ться от общесою́зных обще́ственных организа́ций –– Коммунисти́ческой па́ртии Сове́тского Сою́за, профессиона́льных сою́зов, коопера́тивных организа́ций, Всесою́зного Ле́нинского Коммунисти́ческого Сою́за Молодёжи, объедине́ний же́нщин, ветера́нов войны́ и труда́, нау́чных рабо́тников, тво́рческих сою́зов и други́х со́зданных в устано́вленном зако́ном поря́дке обще́ственных организа́ций и объедине́ний гра́ждан СССР.

В опубликóванных законопроéктах определены́ конкрéтные меры по формировáнию социалисти́ческого правовóго госудáрства, перестрóйки рабóты правоохрани́тельных óрганов. Поднимáется авторитéт судá, обеспéчивается незави́симость судéй и подчинéние их тóлько закóну. Су́дьи всех судóв избирáются на срóк в дéсять, а нарóдные заседáтели в пять лет. Они отвéтственны перед избирáтелями или избрáвшими их Совéтами нарóдных депутáтов, отчи́тываются пéред ни́ми и мóгут быть отóзваны в устанóвленном закóном поря́дке.

Words and expressions to part 2

устраня́ть/устрани́ть в кóрне показнóе единоглáсие – to root out phony
   –ют   –я́т   unanimity
                           говори́льню – hoopla
устранённый   незави́симость судéй
устранéние   правовóе госудáрство
                          – legal state, a state based on the rule of law

проводи́ть/провести́ решéния пáртконферéнции в жизнь – to implement decisions
провóдят проведу́т пятилéтний план
                   предвы́борные обещáния
проведённый
проведéние

избирáть/избрáть
   –ют изберу́т
и́збранный
избрáние

на оснóве всеóбщего, рáвного и прямóго избирáтельного прáва

при тáйном голосовáнии – by secret ballot

в устанóвленном закóном   поря́дке – in the order established by law
               Верхóвным судóм
               конгрéссом

суд
судья́ (pl. су́дьи, су́дéй, су́дьям)
                 (чему́)
подчиня́ться/подчини́ться си́ле – to give in to force
   –ются   –я́тся   авторитéту

подчинённый
подчинéние   закóну

отзывáть/отозвáть судью́ – to remove from office
   –ют отзову́т

отзыва́ть/отозва́ть посла́ – to recall
ото́званный
отзы́в

VOCABULARY EXERCISES

Look through the vocabulary for part 2 of the text «*Демократиза́ция на́шей жи́зни*». Do the following exercises.

A. Give the nominative and genitive plural for the following nouns. Mark the stress.

суд, жизнь, реше́ние, судья́, посо́л, единогла́сие.

B. Give perfective forms for the following verbs. Conjugate both forms and mark the stress.

устраня́ть, подчиня́ться, избира́ть.

C. Paraphrase the italicized words.

уничто́жить незави́симость суде́й; *ненастоя́щее* единогла́сие; *осуществи́ть* реше́ния съе́зда па́ртии; план в 5 *лет*; обеща́ния, *сде́ланные пе́ред вы́борами*; в *усло́виях* та́йного голосова́ния; *верну́ть* посла́.

D. Give the opposite for the italicized words.

сла́бость; *разногла́сие*; госуда́рство *беспра́вия*.

E. Form verbs from the following nouns.

устране́ние говори́льни, подчине́ние авторите́ту, отзы́в суде́й.

F. Give Russian equivalents for the following English phrases.

- a recalled ambassador
- to eliminate false unanimity
- by secret ballot
- in a manner established by law
- a state based on the rule of law
- to remove a judge from office

- based on universal, equal, and direct suffrage
- subordination to law

G. **Write sentences to fill in the blanks in each of the groups below. Be able to translate your sentences.**

                                                  (что?)

1.   В правовóм госудáрстве в кóрне устраня́ются _____
       При диктатýре пролетариáта   устраня́ется _____
                                               _____

                                          (чему?)

2.   Граждани́ну нýжно подчиня́ться _____
       Не слéдует   _____
                                 _____

                                                        (когó?)

3.   Пóсле разры́ва дипломати́ческих отношéний отзывáют _____
       За неподчинéние закóну   отозвáли _____
                                                       _____

GRAMMAR EXERCISES: REVIEW OF PERFECTIVE VERBAL ADVERBS

Review the use of perfective verbal adverbs as presented in Circle One, Lesson 5. Do the following exercises.

A. Combine the following sentences by forming perfective verbal adverbs from the italicized verbs. Make necessary adjustments. Be able to translate your sentences into English.

Example: Самолёты ВВС Ирака *поразили* «крупную морскую цель» у побережья Ирана и возвратились на свои базы.
　　　—→ *Поразив* «крупную морскую цель» у побережья Ирана, самолёты ВВС Ирака вернулись на свои базы.

1. США *сконцентрировали* в районе Персидского залива крупнейшую со времён второй мировой войны военно-морскую группировку. Тем самым они обеспечили боевые операции американских вооружённых сил на международных морских коммуникациях.
2. Советский Союз *предложил* создание всемирной космической организации (ВКО). Тем самым он реализует конкретную программу сотрудничества.
3. Мусульманские народы *сбросили* с себя вековую спячку. Они приветствовали подъём большевизма.
4. Если *проинспектировать* один из американских кораблей, то можно установить, нарушают ли США один из трёх безъядерных принципов.
5. После того как Чжао Цзыян *коснулся* вопроса советско-китайских отношений, он сказал, что эти отношения в некоторой степени улучшились.
6. Сначала США *развернули* эти ракеты на территории Бельгии и Великобритании, а затем они приступили к размещению их на территории ФРГ, Италии и Нидерландов.
7. «Силы самообороны» сражались упорно. Они *потеряли* в боях 40 процентов личного состава.
8. Президент США *встретился* с вернувшимися из России государственным секретарём и помощником президента по национальной безопасности. В ходе совещания они обсудили итоги состоявшихся в Москве переговоров.

B. Translate the following sentences.

1. After recalling our ambassador, the Department of State warned Iran about the possible consequences.
2. The reform will fundamentally change the effectiveness of the Soviets by eliminating false unanimity and "hoopla".
3. After electing their own representatives into the Soviets, voters can expect a certain improvement in their standard of living.
4. By signing a peace treaty with Israel, President Anwar Sadat put Egypt in an almost ten-year isolation within the Arab world.

5. The president could not have come to power without supporting the military-industrial complex.
6. The parliament brought about a cabinet shake-up (перестановка) without declaring a war on the oil companies.
7. President Bush prevented a hostile takeover in Panama by sending troops there.
8. The government wants to enact new social programs without raising taxes.
9. The Kremlin leadership wants to boost the national income without introducing full privatization.

GRAMMAR EXERCISES: REVIEW OF SUBJUNCTIVE

Review the use of subjunctive as presented in Circle One, Lesson 6.   Do the following exercises.

A.   Analyze the following sentences and translate them into English.

1. Нужно ограничить размеры ежегодных платежей стран-должников так, чтобы это не причиняло ущерба интересам их социально-экономического развития.
2. Необходимо, чтобы общественность начала борьбу с протекционизмом.
3. Россия просит правительства других государств, чтобы морские и воздушные суда не заходили в эти районы и воздушное пространство над ними ежедневно с 6 до 19 часов по местному времени.
4. Пора, чтобы у нашей партии были и устав, и программа, которую её члены должны соблюдать.
5. Мы требуем от писателя как члена партии, чтобы он соблюдал её программу и устав.
6. Конгресс принял этот закон, чтобы все американские ведомства могли расширить борьбу против наркотиков.
7. Новое руководство хочет, чтобы китайско-американские отношения получили здоровое развитие.
8. В этом аспекте мы также желаем, чтобы США продолжали усилия во имя ещё более значительного развития экономического, торгового и технического сотрудничества между Китаем и США.
9. Желательно, чтобы США и Россия совместно способствовали смягчению международной обстановки.
10. Важно, чтобы договор по ракетам средней и меньшей дальности стал хорошей прелюдией к решению более крупной задачи.
11. Мы настаиваем на том, чтобы широкие массы американцев узнали «настоящую правду о нашей стране».
12. Сенатор Джексон ввёл свою поправку, чтобы разрядка в международных отношениях пришла к концу.

B. Substitute the infinitive after the verb «*хотеть*» with a subjunctive clause. Use the word in parentheses as the subject of your subordinate clause. Be able to translate both sentences into English.

Example: Он хочет восстановить американцев против России. (пресса)
—→ Он *хочет, чтобы пресса восстановила* американцев против России.

1. Министр не хочет выступать в роли миротворца. (посол)
2. Члены парламента хотят установить хорошие отношения с Польшей. (министрерство иностранных дел)
3. Военно-промышленный комплекс хочет проводить форсированную разработку СОИ. (Пентагон)
4. Войска противника хотят подорвать нашу ракетную установку. (партизаны)
5. Пресса не хочет манипулировать общественным мнением. (кандидаты)
6. Горбачёв хочет сделать необратимым процесс перестройки. (закон)

C. Substitute direct speech after the verb «*требовать*» with a subjunctive clause. Make necessary changes and be able to translate your sentences into English.

Example: Чёткий голос потребовал: «Оружие остается на виду!»
—→ Чёткий голос *потребовал, чтобы оружие осталось* на виду.

1. Общественность требует: «Нужно изменить саму организацию работы Советов!»
2. Закон требует: «Выборы должны проводиться при тайном голосовании.»
3. Новая практика требует: «Судьи отзываются только в установленном законом порядке.»
4. Жизнь требует: «Человек не должен исключаться из политической системы как основное действующее лицо.»
5. Представители «Солидарности» требуют: «Нужно расширить полномочия профсоюзов.»

D. Substitute the infinitive of purpose in the sentences below with a subjunctive clause. Make necessary changes.

Example: Россиия делает все усилия, чтобы продвигать вперёд переговоры по ядерным и космическим вооружениям.
—→ Россия делает все усилия, *чтобы переговоры* по ядерным и космическим вооружениям *продвигались* вперёд.

1. Стороны встретились, чтобы достигнуть договорённости о глобальной ликвидации РСД и ОТР.
2. Западные державы посылают оружие в Афганистан, чтобы еще более накалить обстановку в этом районе.

3. Вашингтонские пропагандисты хитроумно манипулируют сознанием американцев, чтобы удерживать свое население на пути неверия в искренность Советского Союза.

4. Пентагон рассылает по всему миру свои войска, чтобы повсеместно осуществлять имперский курс США.

5. США гнались за военным превосходством над Советским Союзом, чтобы утвердить диктат и силу в международных отношениях.

6. Важно проявлять высокую революционную бдительность, чтобы отражать «психологические» атаки американских «крестоносцев» на общество.

7. Делегация России предпринимает усилия с тем, чтобы сделать единый текст из двух проектов.

E. Translate the following sentences.

1. It is desirable that both superpowers assume a more active role in arms control.
2. President Nixon wanted the U.S. to establish diplomatic relations with Communist China.
3. The new censorship prohibits printing the names of the accused so that the world will not know about new arrests.
4. Many developing countries want the industrialized world to provide the technical and economic assistance they need.
5. It is high time that the U.S. introduced an embargo on trade with South Africa.
6. The world public demands that the UN send its peace-keeping forces to the area of conflict.
7. The commander ordered the special forces to break the enemy's resistance within five hours.
8. The Deputy Minister asked that the American ambassador be present at the conference on arms reduction.
9. The Communist Party has rendered its support to the Social Democrats during the recent elections so that the communists would have seats in the new cabinet.
10. We want our newspapers to expose this regime as one with a fascist orientation.

GRAMMAR: ASPECT IN IMPERATIVES

A rule of thumb for the use of aspect in imperatives is as follows:

1.   **Use perfective for affirmative commands:**

> Сообщи́те об э́том Козло́ву!

Exceptions: Obviously, if the imperative refers to repeated action, or a process verb, use imperfective: Пиши́те ка́ждый день!   Рабо́тайте! (process verb).

2.   **Use imperfective for...**

> a.   Negative commands: Не расска́зывайте глу́постей!
>   *Exceptions:* Не упади́те! Не забу́дьте!
> b.   Invitations: Пожа́луйста, заходи́те!

Note that **не на́до** + imperfective infinitive is often used instead of a negative imperative: **не на́до расска́зывать!**

FIRST PERSON IMPERATIVES: "LET'S..."

First person imperatives are formed by the construction:
Дава́йте + future of **мы:**
> Дава́йте посмо́трим.
> Дава́йте не бу́дем смотре́ть.

As you can see, both perfective and imperfective forms can be used.

Russians often omit **бу́дем** in дава́йте constructions:
> Дава́йте не смотре́ть всё это сейча́с.

The rules given for imperatives above apply to Дава́йте + future (let's) constructions, as shown in the examples above.

THIRD PERSON IMPERATIVES: "LET HIM, LET HER, LET THEM..."

Third person imperatives are formed with **пусть** + third person verb of either aspect: Пусть Козло́в сообщи́т. Пусть Козло́в не сообща́ет.

Again, the examples above show that the aspectual rules for imperative apply here.

GRAMMAR EXERCISES: ASPECT IN IMPERATIVES

Read through the explanation of aspect and imperative and then do the following exercises.

A. Negate the following commands, using direct imperative and не надо forms.

Example: Покажите ваш план! $\longrightarrow$ *Не показывайте вашего плана!*
                                          $\longrightarrow$ *Не надо показывать вашего плана!*

1.   Спросите об этом!
2.   Задайте свой вопрос!
3.   Обратитесь к специалисту!
4.   Подумайте об этом!
5.   Решите этот вопрос сегодня же!
6.   Рассмотрите это дело сейчас!
7.   Отдайте их территорию!
8.   Вернитесь на родину!
9.   Объявите войну!
10. Помогите!

B. Now change the negative commands into affirmative ones.

1.   Не передавайте этой информации!
2.   Не оказывайте никакого сопротивления!
3.   Не пользуйтесь своим правом голоса!
4.   Не сообщайте о последних событиях!
5.   Не делайте заявления!
6.   Не начинайте бесед!
7.   Не обсуждайте таких вопросов!
8.   Не принимайте такого решения!
9.   Не отвечайте на их вопрос!
10. Не возвращайте этих документов!

C. Make the sentences given in Exercises A and B above into affirmative "Let's" suggestions and negative "Let's" suggestions according to the model.

Example: Покажите ваш план! $\longrightarrow$ *Давайте покажем наш план!*
                                          $\longrightarrow$ *Давайте не будем показывать нашего плана!*

D. Make the sentences given in Exercises A and B above into affirmative "Let them" suggestions and negative "Let them" suggestions according to the model.

Example: Покажите ваш план! $\longrightarrow$ *Пусть покажут наш план!*
                                          $\longrightarrow$ *Пусть не показывают нашего плана!*

RENDERING

Explain the Bill of Rights, reproduced below, to a Soviet delegation. Included are the first ten amendments, as well as Amendment 13, which ended slavery, and the first sections of Amendments 14 and 15, which extended the guarantees of the Bill of Rights from the realm of the federal government to that of the individual states and also guaranteed voting rights.

Keep in mind that now, more than in any previous rendering exercise, you will have to circumlocate your way around difficulties. Do not translate. Convey as much as you can, not what you can't. You may want to add your own examples and commentary, depending on your personal interpretation of the U.S. Constitution:

Amendment 1. Congress shall make no law respecting an establishment of religion, or prohibiting the free exercise thereof; or abridging the freedom of speech, or of the press; or the right of the people peaceably to assemble, and to petition the government for a redress of grievances.

Amendment 2. A well-regulated militia, being necessary to the security of a free State, the right of the people to keep and bear arms, shall not be infringed.

Amendment 3. No soldier shall, in time of peace be quartered in any house, without the consent of the owner, nor in time of war, but in a manner to be prescribed by law.

Amendment 4. The right of the people to be secure in their persons, houses, papers, and effects, against unreasonable searches and seizures, shall not be violated, and no warrants shall issue but upon probable cause, supported by oath or affirmation, and particularly describing the place to be searched, and the persons or things to be seized.

Amendment 5. No person shall be held to answer for a capital, or otherwise infamous crime, unless on the presentment or indictment of a grand jury, except in cases arising in the land or naval forces, or the militia, when in actual service in time of war or public danger; nor shall any person be subject for the same offense to be twice put in jeopardy of life or limb; nor shall be compelled in any criminal case to be a witness against himself, nor be deprived of life, liberty, or property, without due process of law; nor shall private property be taken for public use, without just compensation.

Amendment 6. In all criminal prosecutions, the accused shall enjoy the right to a speedy and public trial by an impartial jury of the State and district wherein the crime shall have been committed, which districts shall have been previously ascertained by law, and to be informed of the nature and cause of the accusation; to be confronted with witnesses against him; to have compulsory process for obtaining witnesses in his favor, and to have the assistance of counsel for his defense.

Amendment 7. In suits at common law, where the value in controversy shall exceed twenty dollars, the right of trial by jury shall be preserved, and no fact tried by a jury, shall be otherwise re-examined in any court of the United States than according to the rules of common law.

Amendment 8. Excessive bail shall not be required, nor excessive fines imposed, nor cruel and unusual punishments inflicted.

Amendment 9. The enumeration in the Constitution of certain rights shall not be construed to deny or disparage others retained by the people.

Amendment 10. The powers not delegated to the United States by the Constitution, nor prohibited by it to the States, are reserved to the States respectively, or to the people.

Amendment 13. Neither slavery nor involuntary servitude, except as a punishment for crime whereof the party shall have been duly convicted, shall exist within the United States, or any place subject to their jurisdiction.

Amendment 14. Section 1. All persons born or naturalized in the United States and subject to the jurisdiction thereof, are citizens of the United States and of the State wherein they reside. No State shall make or enforce any law which shall abridge the privileges or immunities of citizens of the United States; nor shall any State deny any person of life, liberty, or property, without due process of law; nor deny any person within its jurisdiction the equal protection of the laws.

Amendment 15.   Section 1.   The right of citizens of the
United States to vote shall not be denied or abridged by
the United States or any state on account of race,
color, or previous condition of servitude.

Words you may need:

bail – де́ньги на поручи́тельство
give testimony; be a witness – дава́ть показа́ние
grand jury – "большо́е жюри́".   But most Russians don't know what that is.   Be
    prepared to explain.
jury (members) – прися́жные заседа́тели.   (Note that with the exception of the
    specialized term «большо́е жюри́» given above, «жюри» usually refers to a
    judging panel in a competition.)
suit at common law = civil suit – гражда́нский иск
trial by jury – суд прися́жных заседа́телей
witness – свиде́тель
    call witnesses – вызыва́ть / вы́звать (вы́зовут) свиде́телей

SPEAKING EXERCISES

A. Расскажи́те втору́ю часть те́кста. В своём расска́зе испо́льзуйте сле́дующие выраже́ния.

...в ко́рне меня́ется; вре́мя, когда́..., ко́нчилось; во-пе́рвых,...во вторы́х... кро́ме того́; таки́м о́бразом.

B. Расскажи́те весь текст с то́чки зре́ния сторо́нника бо́лее радика́льных рефо́рм.

C. Отве́тьте на сле́дующие вопро́сы.

1. Каки́е о́рганы узурпи́ровали власть, кото́рая должна́ была́ принадлежа́ть Сове́там?
2. Как бу́дут избира́ться наро́дные депута́ты?
3. В чём суть конце́пции социалисти́ческого правово́го госуда́рства?

D. Дополни́тельные вопро́сы. (optional)

1. Прокоммен́тируйте фра́зу: «голосу́ют все «за» и сто́я».
2. Наско́лько был незави́сим сове́тский суд?
3. Опиши́те отноше́ния ме́жду исполни́тельной, законода́тельной и суде́бной вла́стью в Росси́и сего́дня.
4. Опиши́те отноше́ния ме́жду э́тими властя́ми в США.

READING EXERCISE

Ни опровергнуть, ни подтвердить...   Николай Португалов

PRE–TEXT: The author is a prominent Soviet political observer who is a frequent contributor to the weekly *Moscow News*.   This article deals with the issue of defense spending in the Soviet Union.   Read the text with the following questions in mind.   Compare your expectations with the answers you find in the text.   Answer the questions in written form.

1.   What is the main idea of the article?

PARAGRAPH 1
2.   The West German Defense Minister made an observation that...(mark the correct answer):
   a.   there are serious discrepancies between the Soviet political posture and its actual behavior in the world arena.
   b.   there exist serious discrepancies between Soviet political posture and its military might.

3.   How did the West German minister substantiate this observation?
4.   The West German Minister made this observation... (true or false for each item):
   a.   on T.V.
   b.   in the German press.
   c.   in a speech.
   d.   in the Soviet press.

PARAGRAPH 2
5.   What is suggested as the source of this information?

PARAGRAPH 3
6.   Soviet observers did not refute this claim because... (mark the correct answer):
   a.   it was an obvious misrepresentation.
   b.   this subject was taboo for open discussion.
   c.   Soviet military observers have no access to this information.

7.   The Soviet Union is prepared to disclose such information...(check the correct answer):
   a.   in the West.
   b.   in the Soviet press.
   c.   at the Warsaw Pact meeting.
   d.   at the negotiating table.

PARAGRAPH 4
8.   According to Kohl's colleagues, what can affect the final decision about the modernization of the NATO countries' tactical nuclear forces?

PARAGRAPH 6
9.   What is said to be an obvious difference between the Soviet military-industrial complex and that of the West?
10. There are reasons why the Soviet generals and defense producers can be called an interest group. Name three.

PARAGRAPGS 7,8
11. Compare the process of control over the military-industrial complex in today's Soviet Union with that in Western democracies.

PARAGRAPH 9
12. The author wants to be able to discuss publicly...(true or false for each item):
     a.   design specifications of new systems.
     b.   numbers of new weapons.
     c.   defense budget.
     d.   strategical planning.

13. How did the Soviet side know about the defense capabilities and defense budget of the West during the Cold War?

PARAGRAPH 10
14. What does the author of the article expect from Soviet parliamentary reform?

POST-TEXT (using context):

PARAGRAPH 1
1.   This paragraph proceeds from...(mark the correct answer):
     a.   statement to illustration;
     b.   examples to statement.

2.   What is the English for подкрепи́ть утвержде́ние приме́ром?

PARAGRAPH 2
3.   To what do the words Э́то изве́стный те́зис... refer?
4.   Explain the composition of the word разведда́нные. What does the first part of the word stand for?

PARAGRAPH 3
5.   The tone of this paragraph is...(mark the correct answer):
     a.   humorous
     b.   upbeat
     c.   dramatic
     d.   neutral

     Find the word(s) which confirm your point.

6.   Find the antonym for опроверга́ть. Form a noun from it.

PARAGRAPH 4
7.   Which   marker(s)   signal(s)   that   this   paragraph   is   contrasted   to
      paragraph 3?

PARAGRAPH 5
8.   What does ВПК stand for?

PARAGRAPH 6
9.   This paragraph...(mark the correct answer):
      a.   is a shift to another topic
      b.   supports the previous point

10.   Find the English equivalents for:

      – гру́ппы влия́ния
      – положа́ ру́ку на се́рдце

PARAGRAPH 7
11.   This paragraph...(mark the correct answer):
      a.   indicates a shift to another subject
      b.   is a support of the previous point.

      Find the word(s) which confirm your answer.

PARAGRAPH 8,9
12.   Find   the   markers   which   indicate   the   author's   frustration   with   the
      absence of public control over the Soviet defense budget.
13.   Does the expression гла́сность теря́ет го́лос have a literal meaning or
      is it a figure of speech? Are the words гла́сность and го́лос related?
14.   Find a synonym for «ежего́дно».

PARAGRAPH 9
15.   The   author   argues   that   public   discussion   of   matters   of   defense
      spending is safe. Which two examples does he use?
16.   The   overall   tone   of   the   entire   article   is...(mark   the   correct
      answer):
      a.   reserved
      b.   optimistic
      c.   bitter
      d.   neutral

17.   Find Russian equivalents for:

      – design specifications
      – combat characteristics

18. Make a list of military terminology which is new to you. Find English equivalents for each expression.

19. Find the meaning of the words below in the text:

из зáпадных уст
    a.   from Western regulations
    b.   from Western lips
    c.   from Western sources

оглашáть секрéты
    a.   to mute secrets
    b.   to make secrets public.

ПОЛИТИЧЕСКИЙ ДНЕВНИК

Ни опровергнуть, ни подтвердить...

Николай ПОРТУГАЛОВ

Н ЕДАВНО на страницах «МН» министр обороны ФРГ Р. Шольц писал: «В СССР... существуют серьезные расхождения между заявлениями о политических намерениях и развитием военной мощи». В своей речи в Академии бронетанковых войск в Москве в дни визита в СССР канцлера ФРГ Коля министр повторил, что нынешняя советская политика вооружений вызывает озабоченность, и подкрепил это утверждение конкретным примером, заявив, что в СССР с 1984 по 1986 год ежегодно вводилось в строй около 1600 танков, то есть за три года почти столько же новых танков, сколько их имеет на вооружении ФРГ.

Это известный тезис, повторяемый с вариациями ведущими западными политиками. Западные средства массовой информации, публикуя подобные данные, ссылаются на разведданные Пентагона, на анализы институтов стратегических исследований...

В выступлениях Р. Шольца было немало других положений, вызывавших у нас обоснованные возражения. Но вот данные о выпуске наших танков советские наблюдатели нигде не опровергали.

И немудрено — они не в состоянии ни опровергнуть, ни подтвердить их, как, впрочем, и любые приводимые Западом данные о масштабах нашего военного производства и военных расходах. Никому из них эти данные неизвестны и получить их они не могут. Остается лишь говорить, что данные Пентагона сомнительны, а институты могут и ошибаться. «Так-то оно так,— отвечают западные оппоненты,— но приведите свои данные сами». «Нет, не можем!» Это государственная тайна, известная лишь крайне узкому кругу наших военных и оборонно-промышленных руководителей. Обменяться данными о вооружениях на переговорах — к этому мы готовы, но огласить сведения о количестве выпускаемых боевых систем и затраченных на них миллиардах — ни боже мой.

Между тем в те же дни пребывания Коля в Москве видные эксперты из его сопровождения говорили, что окончательное решение вопроса о модернизации тактического ядерного оружия в европейских странах НАТО будет зависеть от прогресса на предстоящих переговорах о сокращении войск и вооружений в Европе и в не меньшей степени — от готовности СССР ограничить производство наступательных систем, в частности танков. «Как вы уладите это дело с вашим военно-промышленным комплексом — ваша проблема»,— заметил один из моих собеседников из ФРГ.

«Ваш ВПК»... Полно, да существует ли он? Вопрос — закономерный, даже если и советские эксперты нет-нет да и произносят эти слова: «...наш ВПК».

Сразу же напрашивается весьма веское возражение: наши генералы и руководители оборонной промышленности прибылей от продажи оружия государству не получают. Различие тут с Западом радикальное. Но, положа руку на сердце — разве влияние на внутреннюю и внешнюю политику, на весь экономический процесс и, что, пожалуй, самое главное — возможность беспрепятственно расходовать астрономические суммы не достаточно прочный цемент, способный спаять влиятельную «группу давления» с ее специфическими интересами, в чем-то отличными от интересов экономики в целом?

Тема эта широка, и хотелось бы поставить лишь один вопрос — об ограниченности возможностей общества контролировать расходование средств на военные цели под покровом абсолютной тайны. В самом деле, военные расходы на Западе находятся под контролем парламентов. Данные о запланированных боевых системах и о расходах на них — предмет открытых обсуждений в выборных органах и в прессе. Конечно, западные ВПК в борьбе за ассигнования умудряются объегоривать парламенты. Но им и в голову не придет поставить под вопрос право законодателей публично контролировать военные расходы страны.

А у нас? Гласность сразу же теряет голос, когда речь заходит о военных расходах и военном производстве. В бюджете они стабильно определяются почти традиционной суммой в 20,2 млрд. рублей в год — против примерно 300 млрд. долларов в США. Правда, мы уже признали, что это лишь часть расходов на «обеспечение обороноспособности».

А, быть может, стоит, все же сейчас назвать хотя бы примерную цифру реальных военных расходов? Но это о бюджете. А что же говорить о количестве планируемых систем оружия, тех же танков, например. «Сгинь, нечистая сила!» — скажут, поди, некоторые. Это же военная тайна! Но разве при этом оглашаются действительные военные секреты: конструкционные особенности и боевые характеристики наших систем? И почему даже в период «холодной войны» наши потенциальные противники и не думали урезать контрольные права своих парламентов? И нам из западных уст было известно, сколько тех или иных боевых систем намеревались выпустить на Западе и во сколько это обойдется налогоплательщикам.

Представляется, что открытый контроль законодателей за военными расходами и масштабами военного производства является неотъемлемой чертой народовластия в социалистическом правовом государстве и что это найдет свое выражение в ходе проходящей у нас грандиозной парламентской реформы.

CIRCLE TWO

LESSON FIVE

AUDIO–COMPREHENSION EXERCISE

part 1

You will now hear a text about French elections. Review the key words below. Then listen to the text with the following questions in mind. Afterwards, listen to the text again, and write down the answers.

1. What do you already know about French politics? Does France have a parliamentary or congressional system of government? How is the president selected? What about the prime-minister? Where is Francois Mitterand on the political spectrum? What party does he represent? Who is Le Pen?
2. When did the French elections take place?
3. What positions were up for grabs?
4. Who won? How many seats did the losers take?
5. Do the results represent a change from the status quo?
6. How many seats make up the national legislature?
7. What do Mitterand and the right-wing parties have to agree on?
8. According to the report, was the victory of now-majority coalition absolute?
9. Name three representatives of the winning coalition.
10. How many seats did the winning coalition take? Was that a wide margin of victory?
11. Which party has the largest single block of seats? How many?
12. How many seats do the Communists control? What about the centrist parties?
13. How many seats does Le Pen control? Why is that significant?

Key words

Национа́льное собра́ние – National Assembly
региона́льные сове́ты – regional councils
принести́ успе́х – to bring success
взя́ться за по́иск согласо́ванного реше́ния – to begin the search for a balanced
decision
соста́в прави́тельства – composition of government
отража́ть сдви́г впра́во – to reflect a shift to the right

TEXT: Read the text below. Be able to translate it in written form.

Фра́нция по́сле вы́боров   Часть 1

Пари́ж, 17. (Соб. корр. «Правды»). Состоя́вшиеся 16 ма́рта во Фра́нции вы́боры в Национа́льное собра́ние и региона́льные сове́ты принесли́ успе́х пра́вым си́лам. Они́ завоева́ли большинство́ парла́ментских мест и посто́в сове́тников, убеди́в избира́телей в свое́й спосо́бности попра́вить экономи́ческое положе́ние в стране́. Пра́вящая социалисти́ческая па́ртия, кото́рая с 1981 го́да облада́ла абсолю́тным большинство́м в Национа́льном собра́нии, на э́тот раз смогла́ провести́ вме́сте с ле́выми группиро́вками в вы́сший законода́тельный о́рган (состоя́щий из 577 депута́тов) 216 свои́х кандида́тов. Э́тому в значи́тельной сте́пени способ́ствовала но́вая вы́годная для социали́стов избира́тельная систе́ма.

До второ́го апре́ля, когда́ состои́тся пе́рвое заседа́ние Национа́льного собра́ния но́вого соста́ва, президе́нту респу́блики Ф. Миттера́ну и руководи́телям пра́вых па́ртий парла́ментского большинства́ предстои́т взя́ться за непросто́й по́иск согласо́ванного реше́ния относи́тельно кандидату́ры премье́р-мини́стра, а возмо́жно, и самого́ соста́ва бу́дущего прави́тельства.

Сложи́вшаяся в центра́льном прави́тельстве и на места́х расстано́вка сил, хотя́ и отража́ет о́бщий сдвиг впра́во, тем не ме́нее остаётся насто́лько сло́жной, что да́же ли́деры одержа́вших побе́ду па́ртий избега́ют дава́ть ей однозна́чную оце́нку.

Коали́ция пра́вых оппозицио́нных сил, в кото́рую входи́ли Объедине́ние в подде́ржку респу́блики (Ж. Шира́к) и Сою́з за францу́зскую демокра́тию (Жиска́р д'Эсте́н и Р. Барр), а та́кже кандида́ты, избира́вшиеся по спи́ску «разли́чные пра́вые», получи́ла 291 манда́т, то есть на два бо́льше, чем необходи́мо для абсолю́тного большинства́.

Среди́ парла́ментских групп социалисти́ческая па́ртия сохраня́ет пе́рвое ме́сто, а коммунисти́ческая с её 35 депута́тами идёт сле́дом за ОПР и СФД. Профаши́стский «национа́льный фронт» Ле Пе́на, вполне́ проби́вшийся в вы́сший законода́тельный о́рган, получи́л 34 ме́ста.

Words and expressions to part 1

		(куда́?)
всео́бщие	вы́боры	в Национа́льное собра́ние
состоя́вшиеся		региона́льные сове́ты
неда́вние		о́рганы ме́стного самоуправле́ния
		- local government

		(кому́?)
вы́боры принесли́	успе́х	пра́вым си́лам - elections brought success to
		the right
	побе́ду	це́нтру
	пораже́ние	ле́вым группиро́вкам
		агра́рной па́ртии

приноси́ть/принести́
прино́сят принесу́т
принесённый

завоёвывать/ большинствó   парлáментских мест при голосовáнии
      –ют   постóв совéтников
завоевáть   голосóв
завоюют   мандáтов
завоёванный

гóлос (pl. голосá, голосóв)

мéсто (pl. местá, мест, местáми)
                      (в   чём?)
убеждáть/убедúть   в   своéй спосóбности
    –ют   –ят   невинóвности – to convince of one's innocence
                  необходúмости прогрáммы СОИ

убеждённый
          (чем?)
обладáть   абсолютным большинствóм
     –ют
(no perf)
обладáние
          (чемý?)
благодаря́   нóвой избирáтельной систéме
          расстанóвке сил на местáх – local balance of power
          выгодной сдéлке
          налóговому послаблéнию – owing to tax leniency

                        (кудá?)
проводúть/провестú свойх   кандидáтов   в сенáт
провóдят   проведýт   сторóнников
                  стáвленников   в ЦК
                        в мéстные комитéты

проведённый
          (чемý?)
спосóбствовать (no perf)   успéху на выборах
    –уют   решéнию проблéмы

состоялось пéрвое заседáние   нóвого правúтельства
                  Совéта национáльной безопáсности нóвого состáва

(комý?)   (что?)
президéнту   предстойт   пóиск согласóванного решения
   – the president will have to find a balanced decision
руковóдству   решéние проблéмы дóлга

                  (сдéлать что?)
секретарю райкóма   найтú согласóванное решéние
пáртии   решúть проблéму госудáрственного дóлга

```
                        (за что?)
бра́ться/        за    непросто́й по́иск
беру́тся               перестро́йку - to undertake a perestroika
взя́ться
возьму́тся


сложи́вшаяся  расстано́вка сил   отража́ет о́бщий сдвиг впра́во
    - the current situation reflects a general move to the right
настоя́щая     ситуа́ция в стране́                    вле́во
существу́ющая                      недово́льство - discontent
                                  но́вую тенде́нцию
отража́ть/отрази́ть
    -ют      -я́т
отражённый
отраже́ние
                        (де́лать что?)
избега́ть/избежа́ть   дава́ть однозна́чную оце́нку - to avoid a simple evaluation
    -ют избегу́т       уча́ствовать в вы́борах


                        (чего́?)
                        неоднозна́чной оце́нки
                        уча́стия в вы́борах


                 (как?)
избира́ть(ся)   по спи́ску... - to be elected on the slate of...
    -ются        единоду́шно
                 большинство́м в 3 го́лоса
и́збранный       25 про́тив 24


сохраня́ть/сохрани́ть  пе́рвое ме́сто
    -ют      -я́т      второ́е
сохранённый


получа́ть/получи́ть  20 мест
    -ют полу́чат     10 манда́тов
полу́ченный


                        (куда́?)
выходи́ть/вы́йти     на пе́рвое ме́сто - to come in first
                       после́днее


               (за ке́м?)
идти́ сле́дом за  неофаши́стами - to follow behind neo-fascists
                 лейбори́стами
                            (куда́?)
пробива́ться/проби́ться    в вы́сший законода́тельный о́рган
    -ются пробью́тся        госаппара́т - to make it to government
                           Бе́лый дом
```

пробива́ться/проби́ться   (к чему́?)
                                            к вла́сти – to make it to power
                                               деньга́м – to become rich
                                               вхо́ду – to elbow one's way to the entrance

VOCABULARY EXERCISES

Look through the vocabulary for part 1 of the text «*Фра́нция по́сле вы́боров*».
Do the following exercises.

A.   Give the nominative and genitive plural for the following nouns. Mark the
stress.

пост, го́лос, прави́тельство, сде́лка, заседа́ние, ме́сто, спи́сок.

B.   Give perfective forms for the following verbs. Conjugate both forms and
mark the stress.

пробива́ться, отража́ть, облада́ть, завоёвывать, бра́ться.

C.   Paraphrase the italicized words.

настоя́щая расстано́вка сил, *победи́ть* на вы́борах, *избра́ть в секретари́*
райко́ма, *во вре́мя* голосова́ния, *получи́ть* 200 манда́тов, *име́ть* абсолю́тное
большинство́, *помо́чь пройти́* свои́м кандида́там, ситуа́ция *пока́зывает* о́бщий
сдвиг впра́во, *единогла́сно*, *пройти́* в сена́т.

D.   Give the opposite for the italicized words.

принести́ *успе́х*, *предстоя́щие* вы́боры, *законода́тельный* о́рган, *побе́да*,
многозна́чный, избира́ться *индивидуа́льно*.

E.   Form verbs out of the following nouns. Make necessary changes.

облада́ние большинство́м голосо́в, отраже́ние расстано́вки сил.

F.   Give Russian equivalents for the following English phrases.

   – to run on the slate
   – balanced decision
   – recent elections

- current situation
- tax relief
- secretary of the regional party committee
- owing to regional balance of power
- elections for the office of president
- to enjoy absolute majority
- to avoid simple evaluations
- to win the majority of seats
- new NSC
- to come in first
- to make it to the Supreme Court

G.   **Write sentences to fill in the blanks in each of the groups below. Be able to translate your sentences.**

		(куда?)		(кому?)
1.	Всео́бщие вы́боры	_____	принесли́ успе́х	_____
	Неда́вние	_____		_____
	Состоя́вшиеся	_____		_____

2.   Кандида́ты всегда́ убежда́ют избира́телей _____ (в чём?)
      Президе́нт Ни́ксон убежда́л обще́ственность _____
      Пентаго́н убежда́л Конгре́сс _____

3.   Избира́тели   облада́ют _____ (чем?)
      Неофаши́сты _____
      Глава́ па́ртии облада́ет _____

4.   Консерва́торы завоева́ли большинство́ мест _____ (благодаря́ чему́?)
      _____
      _____

5.   Высо́кие учётные ста́вки спосо́бствуют _____ (чему́?)
      Инфля́ция спосо́бствует _____
      Высо́кий у́ровень жи́зни спосо́бствует _____

6.   Состоя́лось пе́рвое заседа́ние _____ но́вого соста́ва (чего́?)
      _____
      _____

(что?)

7. Безрабо́тица   отража́ет   _____
    Пораже́ние в войне́   _____
    Перестро́йка   _____

(чего́?)

8. Администра́ция избега́ет   _____
                               _____
                               _____

Change the sentences above using: избега́ть **+ imperfective infinitive**

(кому́?)

9. _____ предстои́т   перестро́ить систе́му руково́дства.
    _____   реши́ть пробле́му бездо́мных.
    _____   провести́ нало́говую рефо́рму.
    _____   вы́ступить пе́ред наро́дом.

Change the sentences above using: предстоя́ть **+ noun**

(куда́?)

10. Но́вый президе́нт провёл свои́х сторо́нников _____
            премье́р   _____
            генера́льный секрета́рь   _____

(куда́?)

11. Неофаши́сты проби́лись   _____
    Коммуни́сты   _____
    «Зелёные»   _____

H. Translation.

1. Due to the regional balance of power, the Labor Party received an extra 30 seats.
2. The candidate won a majority of votes by pursuing the interests of his constituency.
3. The new composition of Parliament threatens the effectiveness of minor parties.
4. Inasmuch as he enjoys an absolute majority in the South, it will be easy for him to bring in his candidates.
5. A large group left the coalition of right-wing forces, which reflected a general shift to the left.
6. What is the attitude of the specialists to the new plan to reduce the national debt?
7. The Democrats have to be well prepared for the forthcoming elections.

GRAMMAR EXERCISES: REVIEW OF CASES

Review the use of cases as presented in Circle One. Do the following exercises.

A. Determine the use of case in the sentences below. Fill in the blanks. Be able to translate the sentences into English.

1. Они передумали и отказываются встречаться с (российским представитель) _____.

2. Запущенная с (надводный корабль) _____ ракета пролетела свыше (800 километров) _____ до (заданный район) _____.

3. Новое политическое мышление могло бы способствовать (окончательная выработка) _____ текста конвенции.

4. Силы второго эшелона передвинулись под (прикрытие) _____ артиллерии.

5. Он отказался говорить про (аппаратура) _____ американского и японского происхождения, (находящаяся) _____ за (фанерная перегородка) _____.

6. Только (усиление) _____ гарантий прав граждан мы сможем углубить нашу демократию.

7. Несколько (направляющиеся) _____ на родину (беженцы) _____было задержано.

8. Они навязывали (советские журналисты) _____ ультимативно (самые дорогие транспортные билеты) _____.

9. Специалисты из Пентагона стоят за (срочная «модификация») _____ устаревших радаров на (Британские острова) _____.

10. В (ход) _____ нынешнего процесса представители компаний упорно твердят, что им ничего не известно про (шпионское оборудование) _____.

B. Translate the following sentences.

1. Developing countries are rarely grateful to the U.S. for its economic assistance to them.
2. For the first time since the coup d'etat the authorities ordered the police to fire upon a peaceful demonstration.
3. Frictions within the Warsaw Pact did not exist.

4.   The surprise defeat convinced the leadership of the need to buy new Soviet anti-aircraft systems.
5.   Russia today, as in previous centuries, still trades in raw materials.
6.   Brazil was denied a $5 billion credit.
7.   Islamic fundamentalists believe in Western technology but they do not believe in Western ideas.
8.   During the war they got accustomed to poverty.
9.   Journalists are not allowed to write about morning cabinets meetings.
10. This machine is radically different from the Soviet planes of the 70s.

GRAMMAR EXERCISE: REVIEW OF CONDITIONAL CLAUSES

Review the use of Conditional clauses as presented in Circle One, Lesson 6. Do the following exercise.

Translate the following real condition clauses into English. Change them into clauses of unreal condition. Translate them into English.

Examples: *Если* зарплата трудящихся значительно *возрастёт*, то многие *захотят* выкупить свои государственные квартиры.
⟶ *If* the salaries *increase* dramatically, many people *will want* to purchase their state-owned apartments.

Если бы зарплата значительно *возросла*, то многие *захотели бы* выкупить свои государственные квартиры.
⟶ *Were* the salaries *to increase* dramatically, many *would like* to purchase their state-owened apartments.

1.   *Если* представитель в КОКОМ *примет* строгие меры против «технобандитов», то западные компании, которые порываются торговать с Россией, *не смогут* этого делать.
2.   *Если* в ряде западноевропейских стран *не возьмёт* верх здравый смысл в отношении поставок оборудования России, то они *потеряют* на этом много денег.
3.   Против западногерманских фирм *будут приняты* «жёсткие меры», *если* они всё ещё *намереваются* воспротивиться американскому нажиму.
4.   Наследие «холодной войны» *будет* искусственно *сохраняться*, *если* Пентагон *расширит* список запрещённых к экспорту товаров.
5.   *Если* Россия *будет продолжать* имперскую политику по отношению к своим соседям, то дискриминационные препятствия в торговле западных стран с ней ещё более *усилятся*.
6.   Мы *получим* данные о распределении жилья, *если будет проведена* жилищная перепись.
7.   *Если останется* табу на политические реформы, то это *погубит* все попытки экономических преобразований.

8. Наше общество *начнёт* приходить в движение, *если* в душе каждого *исчезнет* страх.

9. *Если будет существовать* серьёзная общественная критика крупных проектов, то *не будет* безнравственного отношения к природным богатствам.

10. *Если* учёные и инженеры *поверят* в свою силу, то они *увидят* возможность победы в борьбе за свои убеждения.

SPEAKING EXERCISES

A. Расскажи́те пе́рвую часть те́кста. В ва́шем расска́зе испо́льзуйте сле́дующие выраже́ния.

ита́к; при э́том; вот почему́; возмо́жно, что...;

B. Расскажи́те э́ту часть те́кста от лица́ представи́теля Объедине́ния в подде́ржку респу́блики.

C. Сумми́руйте часть 1 в двух-трёх предложе́ниях.

D. Отве́тьте на сле́дующие вопро́сы.

1. Каки́е вы́боры состоя́лись во Фра́нции?
2. Кому́ они́ принесли́ успе́х?
3. Ско́лько депута́тов смогла́ провести́ пра́вящая па́ртия?
4. Почему́ президе́нту предстои́т непроста́я зада́ча?
5. Каки́е па́ртии вхо́дят в коали́цию пра́вых сил?
6. Ско́лько необходи́мо получи́ть манда́тов для абсолю́тного большинства́?
7. Кака́я па́ртия сохраня́ет пе́рвое ме́сто среди́ парла́ментских групп?
8. На како́м месте коммунисти́ческая па́ртия?
9. Кака́я па́ртия получи́ла 34 ме́ста?

E. Дополни́тельные вопро́сы. (optional)

1. Объясни́те ра́зницу ме́жду Национа́льным собра́нием и региона́льными сове́тами.
2. Как результа́ты вы́боров мо́гут отража́ть сдви́ги впра́во (вле́во)?
3. Что зна́чит избира́ться по спи́ску «разли́чные пра́вые»?

AUDIO-COMPREHENSION EXERCISE

part 2

Listen to the tape with following in mind:

1. The report says that many French voters failed to go to the polls. A number of reasons for such apathy were cited. Name at least two.
2. How did the French Communist Party explain the election results?
3. What did *Humanité* hint about the strategy of the French socialists?
4. What course of action did the Communists call for?

Key words

обостри́вшийся кри́зис – an aggravated crisis
отве́тственность за неуспе́х ложи́тся на – responsibility for failure lies with
отстрани́ть коммуни́стов от полити́ческой жи́зни – to remove the communists from
political life
борьба́ в защи́ту свои́х прав – struggle in defense of one's rights

TEXT: Read the following text. Be able to translate it in written form.

Фра́нция по́сле вы́боров.   Часть 2

Обостри́вшийся экономи́ческий кри́зис, в пе́рвую о́чередь рост ма́ссовой безрабо́тицы, сниже́ние жи́зненного у́ровня, обостре́ние социа́льных противоре́чий в хо́де реализа́ции прави́тельством поли́тики «жёсткой эконо́мии» и други́х усту́пок кру́пному капита́лу и пра́вым си́лам, факти́ческое нала́живание за после́дние го́ды «сосуществова́ния» ме́жду социалисти́ческой и пра́выми буржуа́зными па́ртиями в антирабо́чих и други́х а́кциях привели́ к тому́, что миллио́ны францу́зов отказа́лись уча́ствовать в ны́нешних вы́борах.   Други́е отда́ли голоса́ поднима́ющим го́лову ультрапра́вым си́лам.   Оши́блись в свои́х прогно́зах те, кто говори́л, что францу́зы не бу́дут голосова́ть за пра́вых экстреми́стов.

В заявле́нии Политбюро́ Францу́зской коммунисти́ческой па́ртии отмеча́ется, что отве́тственность за неуспе́х ле́вых сил ложи́тся в пе́рвую о́чередь на социалисти́ческую па́ртию.   Вме́сте с тем, ука́зывает газе́та «Юманите́», е́сли бы не провали́лись пла́ны отстрани́ть коммуни́стов от полити́ческой жи́зни, то э́то бы́ло бы пло́хо не то́лько для просты́х францу́зских семе́й, но и в це́лом для Фра́нции.

Ита́к, говори́тся в заявле́нии Политбюро́ ФКП, пра́вые одержа́ли верх.   ФКП призвала́ коммуни́стов, трудя́щихся, все прогресси́вные си́лы страны́ продолжа́ть борьбу́ в защи́ту свои́х прав и национа́льных интере́сов, за но́вое объедине́ние большинства́.

Words and expressions to part 2

экономи́ческий кри́зис   обостри́лся
полити́ческий
напряжённость (tension)   обостри́лась
борьба́
социа́льные противоре́чия   обостри́лись
          (contradictions, tensions)
обостря́ться/обостри́ться
      –ются   –я́ться
обострённый
обостре́ние

рост ма́ссовой безрабо́тицы   1) rate; 2) increase
      цен
      жи́зненного у́ровня

сниже́ние у́ровня произво́дства
          у́ровня жи́зни
                    (чему́?)
идти́ / пойти́ на усту́пки   кру́пному капита́лу
–ду́т   –ду́т   тре́бованиям рабо́чих – to make concession to
                                    workers' demands

                    (между кем? между чем?)
сосуществова́ние   ме́жду разли́чными па́ртиями
                    разли́чными социа́льно-экономи́ческими систе́мами
тео́рия ми́рного сосуществова́ния

антирабо́чие   а́кции
антиправи́тельственные
антисове́тские

ультрапра́вые   си́лы поднима́ют го́лову – the ultra-right are on the rise
неофаши́стские
шовивини́стские

голова́ (pl. го́ловы, голо́в)

поднима́ть/подня́ть
      –ют   –и́мут
по́днятый
                    (в чём?)
ошиба́ться/ошиби́ться в   свои́х прогно́зах – to be wrong in one's prognoses
      –ются   –у́тся   партнёрах по бло́ку
(past. оши́бся, –лась)   пра́вильности реше́ния
оши́бка

         (за что?)   (на кого́)

отве́тственность за неуспе́х   ложи́тся на социали́стов

   — responsibility for defeat lies with the socialists

               поражéние   администрáцию

               переворóт   ультраправых

               дефици́т   вое́нные расхóды

               сниже́ние у́ровня жи́зни

ложи́ться/лечь

  -áтся лягут

                        (за что?)   (на кого́?)

возлагáть/возложи́ть отве́тственность за уще́рб на США

   -ют возлóжат   авáрию   СССР

                             жéртвы   Иэрáиль

   — to place responsibility for victims on Israel

возлóженный

плáны провали́лись

                     (от чего?)

отстранять/   коммуни́стов   от   полити́ческой жи́зни

  -ют   неофаши́стов   руковóдства

отстрани́ть   правительство   регули́рования экономики

  -ят   сторóнников   влáсти

              рефóрмы

   — to remove supporters of reform from power

отстранённый

отстранéние

                  (над кем?)

одéрживать/одержáть верх   над   проти́вником — to defeat the enemy

   -ют одéржат побéду   врагóм

одéржанный

врáг (pl. враги́, врагóв)

                  (к чему́?)

призывáть трудя́щихся   к борьбé в защи́ту свои́х прав

      прогресси́вные си́лы   профсоюзов

                   за мир

                  поддéржку ФКП

— to call upon progressive forces to fight in support of...

VOCABULARY EXERCISES

Look through the vocabulary for part 2 of the text «*Фра́нция по́сле вы́боров*». Do the following exercises.

A. Give the nominative and genitive plural for the following nouns. Mark the stress.

цена́, у́ровень, голова́, тео́рия, противоре́чие, прогно́з, враг, социали́ст, а́кция, рабо́чий.

B. Give perfective forms for the following verbs. Conjugate both forms and mark the stress.

обостря́ться, поднима́ть, ошиба́ться, ложи́ться.

C. Paraphrase the italicized words.

принима́ть уча́стие в вы́борах, *обраща́ться к* трудя́щимся, шовини́сты *активизи́руются*, кри́зис *уси́лился*, *повыше́ние* у́ровня жи́зни, одержа́ть *верх* над враго́м, пла́ны *потерпе́ли неуда́чу*, агресси́вные *де́йствия*.

D. Give the opposite for the italicized words.

повыше́ние цен, пла́ны *бы́ли реализо́ваны*, борьба́ *осла́билась*, *сторо́нник*, *проправи́тельственный*, привести́ к *согла́сию*.

E. Form verbs from out of the following nouns.

обостре́ние кри́зиса, *оши́бка* в прогно́зах, *отстране́ние* от вла́сти.

F. Give Russian equivalents for the following English phrases.

- to result in mass unemployment
- tension has grown
- responsibility for a huge deficit lies with this leadership
- to follow the democrats
- to come into money
- to keep the state out of economic control
- to make concessions to reactionaries
- a drop in the standard of living
- to rear one's (ugly) head (to be on the rise)
- socialists are to blame for the defeat in the war
- the struggle in defense of trade unions

G. Write sentences to fill in the blanks in each of the groups below. Be able to translate your sentences.

1. Ответственность за аварию ложится   (на кого? на что?)
   крйзис   _____
   поражéние   _____

2. (что?)
   _____ обострйлся
   _____ обострйлась
   _____ обострйлось
   _____ обострйлись

3. (какйе сйлы?)
   _____ в России поднимáют гóлову.
   _____ в ФРГ
   _____ в Изрáиле.

4. Плáны отсранйть   (когó?)   (от чегó?)
   _____   _____ провалйлись
   _____   _____
   _____   _____

5. (комý?)
   Профсоюз пошёл на устýпки _____
   Администрáция пошлá   _____
   Террорйсты пошлй   _____

6. (в ком? в чём?)
   Вáжно не ошибáться _____
   Стáлин ошйбся _____
   Прáвые ошйблись _____

7. (к чемý)
   Рост цен приведёт _____
   Антиправйтельственные демонстрáции приведýт _____
   Поражéние в войнé привелó _____

H. Translation.

1. It was essential for the Republicans to solve the problems of 7% unemployment and 10% inflation.
2. Supporters of economic reforms managed to come in first in the final round of elections.
3. Having made it to power, he seeks an alliance with big capital.
4. It is high time for different left factions to get used to the idea of a united front.

5. At that time it was necessary for Gorbachev to make at least insignificant concessions to the party apparatus.
6. Economic stagnation brought the country to a serious drop in the standard of living.
7. Owing to the Austerity program, the administration has won the respect of the population for its program.

GRAMMAR: SEQUENCE OF TENSE

Russian sequence of tense is not like that of English. Note these examples:

Она́ сказа́ла, что совеща́ние **бу́дет** здесь.	She said the session **would be** here.
Она́ сказа́ла, что совеща́ние здесь.	She said the session **was** here.

Note that the action in the second clause takes place *concurrently* with the action of the first clause.

Она́ сказа́ла, что совеща́ние **бы́ло** здесь.	She said the session **had been** here.

Note that the action of the second clause *preceeds* the action of the first clause.

Remember that **бы** is used for *would* only in truly conditional sentences (If A were true then B *would* be true). If you don't have an *if...then* situation, you probably are dealing with sequence of tense and should use the forms given above.

Note also the following examples for **если** and **когда** clauses:

Если ООП **пойдёт** на компроми́сс, перегово́ры **даду́т** конкре́тные результа́ты.	If the PLO **agrees** to compromise, the negotiations **will produce** concrete results.
Когда́ ООП **пойдёт** на компроми́сс, перегово́ры **даду́т** конкре́тные результа́ты.	When the PLO **agrees** to compromise, the negotiations **will produce** concrete results.

As you can see, if the main clause is in the future tense, the **е́сли** or **когда́** clause is also in the future tense.

GRAMMAR EXERCISES: SEQUENCE OF TENSE

Review the use of sequence of tense at the beginning of this lesson. Then do the following exercises.

A. Choose the correct form of the verb in parentheses.

1. Уровень безработицы снизится, только когда администрация серьёзно (занимается, займётся) этим вопросом.

2. Если Мишкин (объявляет, объявит) о своей кандидатуре, он непременно будет избран.

3. Каждый раз, когда (предлагают, предложат) ввести новый налог на бензин, возникают громкие протесты.

4. Если конгресс (принимает, примет) программу президента, военный бюджет будет резко сокращён.

5. Когда (происходит, произойдёт) какая-нибудь трагедия, корреспонденты спешат на место происшествия.

6. Если программа правого правительства (проваливается, провалится), мы, наверно, увидим сдвиг влево.

7. Никто не знал, что (произошло бы, произойдёт), когда Горбачёв пришёл к власти.

8. Если бы Брежнев умер раньше, Горбачёв не (пришёл бы, придёт) к власти.

9. Если бы разрешено было экспортировать новейшую технику в Советский Союз, американские фирмы (расширили бы, расширят) контакты с СССР.

10. Сенатор заявил, что он не (стал бы, станет) кандидатом в президенты.

11. Премьер думал, что президент США не (отказался бы, откажется) от предложения.

12. Многие выражают мнение, что если бы было возможно иметь свободу выбора, многие республики (вышли бы, выйдут) из состава Советского Союза.

B. Pick the correct verb. Base your decision on whether the action in the second clause is concurrent or previous to the action in the first clause. If both verbs are possible, explain why.

1. I didn't know that U.S. representatives were elected every other year. Я не знал, что американские конгрессмены (избирались, избираются) раз в два года.

2. We were told that up until the beginning of the nineteenth century, the loser in a presidential election used to become vice president. Нам сказали, что до начала девятнадцатого века, проигравший кандидат в президенты (становится, становился) вице-президентом.

3. By the middle of the eighties it became clear that Gorbachev was proposing major changes. К середине восьмидесятых годов стало ясно, что Горбачёв (предлагал, предлагает) крупные перемены.

4. Upon leaving office Reagan said that Gorbachev was his friend. По выходе в отставку Рейган сказал, что Горбачёв (был, Ø) его друг.

5. The president said yesterday that the world was no longer as dangerous as it once was. Президент сказал, что мир сейчас (был, Ø) менее опасен, чем раньше.

6. The economists agreed that prices had fallen by 10 percent and that they were still falling. Экономисты согласились, что цены (снижаются, снизились) на 10 процентов и (продолжили, продолжают) снижаться.

7. The State Department spokesman said that the parties reached agreement without particular difficulty. Представитель Госдепартамента сказал, что стороны (достигли, достигают) договорённости без особого труда.

8. Everyone knew that the vice president was sick. Все знали, что вице-президент (болел, болеет).

9. No one would tell the prime-minister that he was in danger. Никто не сказал премьер-министру, что он (находился, находится) в опасности.

10. If you said that the earth was round, he would say it was flat. Если бы ты сказал, что земля (была, Ø) круглая, он бы ответил, что она (была, Ø) плоская.

C. Fill in the blanks.

1. Генеральный секретарь выразил уверенность, что он

    _____ народ в необходимости реформ.
          would convince

2. Все опросы общественного мнения показывали, что президент страны

    _____.
          would be re-elected

3. Если бы президент высказался против абортов, он _____.
                                         would be re-elected

4. Стало известно, что социалисты _____ из правительства.
                            would leave

5. Никто не мог предсказать, что банки _____.
                                would close

6. Наша фирма _____ больше контрактов с советскими
          would sign

    предприятиями, если бы рубль был конвертируемым.

7. Кеннеди не верил, что война во Вьетнаме значительно

    _____.
     would become wider

8. Если бы социалисты имели абсолютное большинство, тогда парламент

    _____ меры относительно бездомных.
     would take measures

9. В 1960 году никто не подозревал, что Р. Рейган _____.
    would run for president

10. Политический курс страны существенно изменится, когда

    _____ новое правительство.
    comes to power

11. Если партия не _____ своим кандидатам, они потерпят
    help

    сокрушительное поражение.

12. Договор обречён на гибель, если его не _____ лидеры обеих
    support

    палат Конгресса.

13. Положение станет яснее, когда президент _____ по телевидению.
    appears

14. Коалиция не будет нужна, только когда партия _____
    receives

    абсолютное большинство в парламенте.

15. Вооружённые силы можно будет вывести только тогда, когда

    _____ война.
    ends

D. Translate the following clauses of unreal condition into English. Change them into clauses of real condition. Translate them again into English.

Examples: *Если бы отменили* лимит на подписку, то тираж «Московских новостей» *удвоился бы.*

 —→ *If* they *stopped* limiting subscription, the circulation of "Moscow News" *would double.*

Если отменят лимит на подписку, то тираж «Московских новостей» *удвоится.*

 —→ *If* they *stop* limiting subscription, the circulation of "Moscow News" *will double.*

1. *Если бы была созвана* международная конференция по политическому урегулированию на Ближнем Востоке, то она *должна была бы* включить все заинтересованные стороны.

2. Израильские власти не *ввели бы* круглосуточный комендантский час, *если бы не продолжались* демонстрации против израильской оккупации на Западном берегу и в секторе Газа.

3. Израильский адвокат Лангер *не потребовала бы* возбуждения уголовного дела против израильской военной администрации, *если бы* палестинцы *не подвергались* пыткам и издевательствам в израильских тюрьмах.

4. *Если бы не было* провозглашения политического национального примирения, то шесть руководителей крупных групп душманов, приговорённых к смертной казни, *не были бы помилованы*.

5. Запуск космического корабля многоразового пользования *не был бы перенесён, если бы не обнаружили* новые неполадки, показанные ультразвуковым «просвечиванием».

E. Translate the following sentences.

1. You would be wrong if you held communists responsible for all regional conflicts.

2. If the new right had won, they would have brought their people into the White House.

3. What would happen if neofascists became active?

4. If the U.S. closed down the Lybian mission to the U.N., the press would accuse Washington of violating its international commitments. (международные обязательства)

5. If the Administration had not sent arms to Iran, there would be fewer new hostages.

6. The authorities will have to suppress the rebellion if they lift the curfew.

7. Should the tensions in the international arena continue to grow, it might become necessary to hold a special meeting of the UN Security Council.

8. If the company makes concessions to the workers at this point, it will have to lower its rate of production in the future.

9. Had Great Britain recognized this white minority regime, it would have betrayed its former colonies, who are now Commonwealth members. (Британское содружество наций)

RENDERING

Below is an explanation of the preliminary description of the Soviet Union's first "elected" legislative body, as enacted into law in 1988 and put to the first electoral test the following year. After you have rendered the information, give your view of the effectiveness of this first step.

The new Soviet legislature, called the Congress of People's Deputies, was to consist of 2250 members chosen by voters in multi-candidate elections in which non-party members were eligible to run. Nevertheless, the laws governing the election were complicated, so much so that it would be safe to say that despite all the media hoopla few Soviet citizens understood the process fully.

Most analysts would agree that the Party did everything they to stack the odds in its favor. One hundred of the seats were reserved for candidates nominated directly by the party leadership.

A third of the seats were assigned to "social" organizations. These ranged from the Communist Party itself to the Academy of Sciences to stamp collectors. The Party automatically reserved 100 of the seats for its own candidates. And the Soviet press has reported that non-party candidates had been forced to observe the letter of the election law, while officially supported candidates breezed through pre-election meetings designed to pare down the choice of candidates. The meetings, which some have tried to compare to American pre-election caucuses, were often boisterous affairs. Things were made more difficult by a rule providing that candidates be approved not by the majority of those attending the meeting, but by a majority of all eligible to vote.

Another third of the seats were apportioned geographically by population with about one deputy for every 300,000 voters. The Party fielded a candidate in each location. Again, pre-election meetings were held to eliminate candidates. Finally, the last third of the seats go in equal sized blocs to each of the national republics (35 apiece) and autonomous regions (15 apiece).

Despite the barriers a number of well-known dissidents ran, including Andrei Sakharov.

The final election held after all the eliminating rounds did not actually produce a true parliament, but rather a kind of national electoral college, which in turn elected an executive 422-member parliament.

SPEAKING EXERCISES

A. Расскажи́те втору́ю часть те́кста для чте́ния. В своём расска́зе испо́льзуйте сле́дующие выраже́ния.

между тем, поэ́тому, вместе с тем, ита́к.

B. Расскажи́те весь текст с то́чки зре́ния францу́зского консерва́тора.

C. Сумми́руйте весь текст в двух-трёх предложе́ниях.

D. Отве́тьте на сле́дующие вопро́сы.

1. Каки́е фа́кторы привели́ к тому́, что миллио́ны францу́зов отказа́лись уча́ствовать в вы́борах?
2. На каку́ю па́ртию политбюро́ ФКП возлага́ет отве́тственность за неуспе́х ле́вых сил?
3. Что бы произошло́, е́сли бы удало́сь отстрани́ть коммуни́стов от полити́ческой жи́зни?
4. К чему́ ФКП призвала́ коммуни́стов, трудя́щихся и все прогресси́вные си́лы?

E. Дополни́тельные вопро́сы. (optional)

1. Каки́е фа́кторы обы́чно влия́ют на избира́телей?
2. Почему́ упа́ло влия́ние францу́зских коммуни́стов?
3. Как реаги́руют западноевропе́йские коммуни́сты на переме́ны в бы́вшем СССР?
4. Есть ли разногла́сия ме́жду францу́зскими социали́стами и пра́выми си́лами по вопро́сам вне́шней поли́тики?
5. Как мо́жно объясни́ть, что в демократи́ческих стра́нах За́падной Евро́пы пра́вым экстреми́стам удаётся получи́ть подде́ржку значи́тельной ча́сти населе́ния?

READING EXERCISE

Моя национальность – моё дело   Виктор Козлов

PRE-TEXT: Read the text with the following questions in mind:

1.   What is the article about?

PARAGRAPH (1)
2.   The internal passport system (pick the correct answer)
    a.   existed before the 30s
    b.   was introduced only in the early 30s
    c.   was abandoned in the early 30s
    d.   never existed before the 30s

3.   Why is an internal passport important? Name two reasons.

PARAGRAPH (2)
4.   According to the author, how should the question about one's nationality in the passport be approached?

PARAGRAPH (3)
5.   This question is (pick the correct answer):
    a.   as important as the question about socio–political affiliation.
    b.   more important than one's socio–political affiliation.
    c.   less important than one's socio–political affiliation.
    d.   also represented in an internal passport.

PARAGRAPH (4)
6.   Why was "affirmative action" in hiring policy introduced?

PARAGRAPH (5)
7.   The author maintains that in some ways the Soviet nationalities have not changed in the past decades and in some ways change has occurred. Illustrate this statement.

PARAGRAPH (6)
8.   What would real national equality mean, according to the author?

PARAGRAPH (7)
9.   Why can this question in the passport be considered harmful?

PARAGRAPH (8)
10.   How did national origin become equated with race or blood type?
11.   How does the population census prove that this policy lacks logic?

PARAGRAPH (10)
12.   In what circumstances would the question about nationality make sense, according to the Institute of Ethnology?

PARAGRAPH (11)
13.   What question should replace it in personnel forms?
14.   In what other ways can one demonstrate his or her nationality?

PARAGRAPH (12)
15.   What would freedom of choice of nationality accomplish?

POST–TEXT: using context

PARAGRAPH (1)
1.   Which word marks the "punchline" here?   It
    a.   brings in a new dimension to the first sentence.
    b.   contradicts it.

PARAGRAPH (2,3)
2.   Find the marker(s) which introduce(s) the challenge to the statement above.

PARAGRAPH (4)
3.   The expression «Было время....» serves as (mark the correct answer)
    a.   a flashback/illustration
    b.   a solution of the problem

4.   Find the word which is a key to the question about the necessity of "affirmative action".

PARAGRAPH (5)
5.   Find the word which sums up the argument of the paragraph.

PARAGRAPH (7)
6.   Find the words which a) mark the introduction of the argument; b) develop it; and c) conclude it.

PARAGRAPH (8)
7.   Which word supports the statement that national origin became a synonym of race?

PARAGRAPH (11)
8.   Find the conclusion. How did you identify it?

PARAGRAPH (12)
9.   The final paragraph...(mark the correct answer):
    a.   introduces the new argument.
    b.   concludes the old one.

10. What can you infer about the author's attitude on this subject? Prove your point.   His feelings about it are (pick the correct answer)
    a.   well controlled
    b.   obvious

11. Make a list of vocabulary useful for a discussion about ethnic groups and civil rights.

12. Find the opposite for «разобраться в чём-то на уровне эмоций» in the text.

13. Find the Russian for "nothing bad comes of".

14. What is the English for «с учётом деловых качеств»? Form a verb from the noun «учёт».   Find a phrase with this verb in the article.

15. Interpret the meaning of the following expressions in the given text.

никто не сомневался	a)	nobody had any doubts
	b)	anybody would have doubts
сложилась практика	a)	the practice was discontinued
	b)	the practice was established
смешанные семьи	a)	funny families
	b)	mixed families
целинные земли	a)	virgin lands
	b)	entire land
служебные анкеты	a)	auxilliary forms
	b)	personnel files
умалить роль	a)	to beg for a role
	b)	to diminish the role

ПОЧЕМУ!

Моя национальность — мое дело

Виктор КОЗЛОВ

Почти все мои молодые собеседники, с кем приходилось вести разговоры о паспорте, очень удивлялись, услышав, что паспортная система в СССР введена лишь в начале 30-х годов. Впрочем, никто не сомневался: без паспорта у нас жить трудно, о полезности его спорить не приходится. За датой рождения, скажем, стоят правовые элементы: право участвовать в выборах, получить пенсию по возрасту и т. п.

Но нужна ли в паспорте отметка о национальности?

Это вопрос, о котором сейчас начали и говорить, и писать. Но попробуем разобраться в нем не на уровне эмоций, а на уровне фактов и доводов.

Сторонники этой графы полагают, что она необходима, потому что отражает национальные чувства гражданина. Давайте подумаем: социально-классовая принадлежность в общественно-политическом отношении важнее национальной, но в паспорте она никак не отражается — и ничего плохого от этого не происходит.

Было время, когда различ-ные национальности СССР были фактически неравными в социально-экономическом и культурном отношениях и требовались меры для сглаживания этого неравенства. Именно поэтому создавались условия, при которых те или иные национальности, ранее отсталые, получали более благоприятные возможности для развития отчасти за счет дотаций из центрального бюджета. С этой целью проводилась и «коренизация» управленческого аппарата, когда на административные посты выдвигались люди с учетом прежде всего их национальности, а затем уже деловых качеств. А для создания национальной интеллигенции тысячи юношей и девушек из национальных республик и областей направлялись для внеконкурсного поступления в центральные вузы.

За прошедшие десятилетия ситуация сильно изменилась. Конечно, народы СССР не могли стать одинаковыми: они продолжают различаться по численности и природным условиям обитания, по языку и культуре, по способу ведения хозяйства... Но это уже совсем другие отличия — разительная социально-экономическая и образовательная разница устранена. В ряде случаев возникли даже новые различия: грузины, например, превосходившие в 1926 году по степени урбанизации белорусов, к 1979 году уступили им в этом отношении, но зато значительно превзошли их по доле научных работников. Неожиданно высокой оказалась доля научных работников у бурят. Словом, в новых условиях оказалось, что прежние нормативы по тем или иным национальностям надо периодически пересматривать...

Впрочем, стоит ли этим вообще заниматься? Может быть, настало время ввести во всех сферах действительное национальное равноправие — учитывать в первую очередь способности и деловые качества, а не национальную принадлежность?

У отметки в паспорте есть и, прямо скажем, вредный оттенок. Ведь национальные общности людей являются образованиями **социальными.** И подобно тому, как человек, родившийся в крестьянской семье, может со временем стать рабочим или служащим, изменив свою социально-классовую принадлежность, так и человек, родившийся в белорусской или, скажем, узбекской семье, может, оказавшись в инонациональной среде, со временем относить себя к другой национальности. А между тем в паспорте национальность незыблема.

Такая практика сложилась не сразу. В первые годы после введения паспортов национальность записывалась по желанию самого гражданина, по его собственному самосознанию. Но потом по неизвестным для общественности причинам — вопрос открыто не обсуждался — было принято решение, по которому национальность определялась только национальностью родителей (а в смешанных семьях по отцу или матери) и сохранялась в течение всей жизни. Тем самым национальная принадлежность стала приравнена к группе крови или расе — то есть по существу биологизирована! Логики здесь мало — и характерно, что во время переписей сохраняется верный принцип: допускается, чтобы ответ о национальности не совпадал с отметкой в паспорте.

На пороге 80-х годов в СССР было почти 10 миллионов этнически смешанных семей. Чувашский юноша, переселившийся на целинные земли Казахстана, мог жениться там на украинской девушке; дети их, очевидно, воспринимали русский язык, как основной язык межнационального общения. Но наступало время получать паспорт — и они вынуждены были выбирать между чувашской и украинской национальностями...

Институт этнографии Академии наук СССР, где я работаю, получает множество писем от людей, оказавшихся в похожем положении. Они просят нас сделать так, чтобы нам «присвоили» именно ту национальность, какую они хотят. И мы иногда обращаемся в органы внутренних дел, поддерживая такие просьбы. Указываем, что в прошлом существенным признаком была, например, та или другая религия, а какое отношение имеет Аллах или Иегова к паспорту человека неверующего?

Убежден: пришло время для утверждения принципа свободного выбора национальности или даже ликвидации этой отметки в паспорте (в служебных анкетах вместо нее правильнее давать, наверное, сведения о знании языка коренной национальности республики и русского). Все это не умалит роли национального фактора. Тот, кому хочется показать, скажем, что он русский или украинец, грузин или таджик, может сделать это другими способами: речью, поведением, одеждой или как-то еще.

Свобода выбора национальности при получении паспорта уменьшила бы формализацию национальных чувств, еще и сегодня питающую местный национализм.

CIRCLE TWO

LESSON SIX

AUDIO–COMPREHENSION EXERCISE

Part 1

You are about to hear a text about the Soviet economy in the year 1989, just as great changes had begun throughout Eastern Europe. The Soviet Union itself was ailing. With the Baltics demanding independence, the southern republics on the verge of civil war, and the economy in tatters, few could predict anything but a bleak future. Listen to this piece for both the facts presented, as well as its tone, in order to find out the information requested below. Review both the questions and the key words before listening.

1. The author starts out saying that the audience would rather hear a different kind of report on the economy. What kind does he have in mind: (a) the old style -- a glowing report about the people's economic achievements, (b) a more truthful report about the *true* state of the economy, or (c) a report promising a brighter future?
2. What is the current state of the economy? Give at least two supporting examples of this conclusion.
3. Is the country apathetic about the economy? What leads you to your conclusion?
4. Where was the economy most hotly debated? What action was taken? What, according to the commentator, is the most important step to be taken now?

Key words

эконо́мика на перева́ле – economy in transition
патриоти́ческие пе́сни вперемёжку с (чем) – patriotic songs mixed with
трудовы́е сверше́ния – labor achievements
бы́стро та́ют на прила́вках това́ры – goods are growing scarce on the shelves
расстро́ены фина́нсы – finances are in disarray
де́нежное обраще́ние – monetary circulation
хозрасчёт, аре́нда, самофинанси́рование – self-accounting, lease, self-financing
нет недоста́тка в обсужде́нии альтернати́вных вариа́нтов – there is no lack of
discussion of alternatives
вы́сказаться ... ро́зовыми реча́ми – to express oneself in rosy speeches
програ́мма поэта́пного обновле́ния эконо́мики – program of economic recovery by
stages
перейти́ от конце́пции к пра́ктике – to move from theory to practice

TEXT: Read the following text; be able to translate it into English in written form.

Эконо́мика на перева́ле   Часть 1

Ах, как хоте́лось бы всем нам услы́шать сего́дня по ра́дио патриоти́ческие пе́сни вперемéжку с бóйкими сообще́ниями о вели́ких трудовы́х сверше́ниях в сти́ле, предше́ствовавшем перио́ду перестро́йки! Но не слы́шно браву́рных ма́ршей. И это, коне́чно, далеко́ не случа́йно. Эконо́мика страны́ пережива́ет глубо́кий кри́зис. Бы́стро та́ют на прила́вках това́ры. Покупа́тель не обеспе́чивается са́мым необходи́мым. Никто́ да́же не вспомина́ет о не́когда каза́вшейся грандио́зной Продово́льственной програ́мме. Впро́чем, и вспо́мнить-то не́чего, хотя́ пришёл срок её заверше́ния. Директи́вные «цвето́чки» не ста́ли полнове́сными плода́ми. Хозя́йство не вста́ло на́ ноги. Расстро́ены фина́нсы, де́нежное обраще́ние. Производи́телю сего́дня бли́же к се́рдцу таки́е поня́тия, как хозрасчёт, аре́нда, самофинанси́рование...

Пра́во же, нет недоста́тка в обсужде́нии ра́зных, подча́с альтернати́вных вариа́нтов на́шего разви́тия, свобо́дного от жёсткого регули́рования. Вы́сказались и рабо́чие, и учёные, и поли́тики. Разуме́ется, вы́сказались по-сво́ему: то забасто́вками, то ро́зовыми реча́ми. Но осо́бенно жа́ркие деба́ты о наме́ченных прави́тельством ме́рах разгоре́лись на второ́м Съе́зде наро́дных депута́тов СССР. Несмотря́ на беспоща́дную кри́тику, програ́мма поэта́пного оздоровле́ния эконо́мики при́нята. Но кри́тика не противоре́чит хоро́шим наме́рениям, и сейча́с ва́жно перейти́ от конце́пции – к пра́ктике, подкрепи́ть слова́ дела́ми.

Но чем же отлича́ются показа́тели мину́вшего 1989 го́да от предыду́щего? Хотя́ стати́стика не лю́бит прогно́зов, мы всё же попроси́ли рабо́тников Госкомста́та СССР зара́нее подели́ться с на́шими чита́телями не́которыми предвари́тельными оце́нками.

Words and expressions to part 1

	(чему́?)	
предше́ствовать	перио́ду перестро́йки	
–уют	оздоровле́нию эконо́мики	
	заверше́нию програ́ммы	
	наме́ченным ме́рам	

это далеко́ не случа́йно – this is no accident

эконо́мика	пережива́ет	глубо́кий кри́зис
хозя́йство	(imperfective)	поэта́пное оздоровле́ние
автомоби́льная промы́шленность		расшире́ние произво́дства
		– expansion of production
ча́стные предприя́тия	пережива́ют	проникнове́ние иностра́нного
		капита́ла

– private enterprises are experiencing an infiltration of foreign capital

наро́д пережи́л   войну́
    (perfective)   лише́ния
                    го́лод
пережива́ть/пережи́ть – to live through, to survive
    -ют переживу́т

това́ры на прила́вках – goods on the shelves

                        (кого́?)   (чем?)
обеспе́чивать/обеспе́чить   покупа́теля   са́мым необходи́мым
        -ют   -ат   – to provide the customer with the essentials
                        компа́нию   обору́дованием

обеспе́ченный
социа́льное обеспече́ние

не́когда грандио́зная програ́мма
        здоро́вая эконо́мика
        свобо́дный от госуда́рственного регули́рования – at one time free from
                                                            state control

освобожда́ть/освободи́ть
        -ют   -я́т
                            (чего́?)
пришёл срок   заверше́ния програ́ммы

                        (сде́лать что?)
                        уви́деть полнове́сные плоды́
                        ввести́ хозрасчёт – the time has come to introduce
                                            self-accounting

                                    (на что?)
встава́ть/вста́ть   на́ ноги – to get back on one's feet
встаю́т   -нут   на коле́ни – to go down on one's knees
                                на путь свобо́дного предпринима́тельства
                                        рефо́рм
                        (где?)
стоя́ть   на пути́
                        на нога́х – to stand on one's two feet; to stand tall
                        на коле́нях – to be kneeling; to be humbled
нога́ (pl. но́ги, ног)
путь (pl. пути́, путе́й)

расстро́ены   фина́нсы – finances are in disarray
расстро́ено   де́нежное обраще́ние
расстро́ен   темп ро́ста валово́го национа́льного проду́кта (ВНП) – the GNP

(кому́?)   (что?)
производи́телю   бли́же к се́рдцу   самофинанси́рование
покупа́телю   аре́нда

		(чем?)
рабо́чие	вы́сказались	забасто́вками
учёные	– to express themselves by..	жа́ркими деба́тами
слу́жащие		беспоща́дной кри́тикой
поли́тики		ро́зовыми реча́ми
рабо́тники комите́та стати́стики		прогно́зами

вы́сказываться/вы́сказаться
      –ются   –жутся
вы́сказанный
выска́зывание

разгоре́лись деба́ты – discussions flared up
деба́ты (no sing.)

	(чему?)
противоре́чить (no perf.)	хоро́шим наме́рениям
	предвари́тельным оце́нкам – preliminary
	estimations
	официа́льным да́нным по у́ровню (чего?)
	безрабо́тицы
	валю́тного ку́рса
	– rate of exchange
	рожда́емости
	– birthrate
	сме́ртности
	– mortality

	(от чего?)
отлича́ться (no perf.)	от ста́рых показа́телей
–ются	от но́вых да́нных (no sing.) – new data
	от запланированной производи́тельности труда́

VOCABULARY EXERCISES

Look through the vocabulary for part 1 of the text «Эконо́мика на перева́ле»,
then do the following exercises.

A. **Give the nominative and the genitive plural for the following nouns. Mark
the stress.**

    ме́ра, оздоровле́ние, лише́ние, капита́л, хозя́йство, нога́, путь, учёный,
поли́тик, показа́тель, стати́стика, промы́шленность.

B. **Give perfective forms for the following verbs. Conjugate both forms and
mark the stress.**

    отлича́ться, противоре́чить, предше́ствовать, встава́ть, обеспе́чивать,
освобожда́ть.

C. **Paraphrase the italicized words.**

инфильтра́ция иностра́нного капита́ла, *пройти́ через* лише́ния, *происходи́ть до* кри́зиса, *предоста́вить* покупа́телю са́мое необходи́мое, *постепе́нное* оздоровле́ние, това́ры в *магази́нах*, уви́деть *результа́ты* своего́ труда́, *горя́чая диску́ссия*, *и́ндекс*, но́вая *информа́ция*, *жесто́кая* кри́тика, *предсказа́ние*, пришло́ *вре́мя*.

D. **Give the opposite for the words in italics.**

сокраще́ние произво́дства, *ни́зкая сме́ртность*, *сла́бая* эконо́мика, *госуда́рственные* предприя́тия, *отмени́ть* хозрасчёт, стоя́ть на *коле́нях*.

E. **Give Russian equivalents for the following English phrases.**

- to experience expansion of production
- data on the rate of unemployment
- rate of exchange
- this is no accident
- an at one time sound economy
- automobile industry is going through a deep crisis
- finances are in disarray
- the time has come to see the results
- labor productivity
- money circulation
- to go down on one's knees
- low mortality

F. **Write sentences to fill in the blanks in each of the groups below. Be able to translate your sentences.**

			(от чего?)
1.	эконо́мика	свобо́дная	_____
	о́бщество	свобо́дное	_____
	предпринима́тели	свобо́дные	_____

			(что?)
2.	предприя́тия	пережива́ют	_____
	перестро́йка	пережива́ет	_____
	промы́шленность	пережива́ет	_____

		(что?)
сове́тский наро́д	пережи́л	_____
гражда́нское населе́ние	пережи́ло	_____
вся страна́	пережила́	_____

3. Польша   встала   (на что?)
    экономика   _____
    рабочие   встали   _____
                                 _____

Change the same sentences using «стоя́ть». (so-and-so is standing on its feet)

4. эти фа́кты   противоре́чат   (чему́?)
    поли́тика президе́нта   противоре́чит   _____
    де́йствия комите́та   противоре́чат   _____
                                                _____

5. экономи́ческий подъём   предше́ствовал   (чему́?)
    забасто́вки   предше́ствовали   _____
    рост ВНП   предше́ствовал   _____
                                                _____

6. свобо́дная эконо́мика   обеспе́чивает   покупа́теля   (чем?)
    госуда́рство   обеспе́чивает   гра́ждан   _____
    фе́рмеры   обеспе́чивают   населе́ние   _____
                                                          _____

7. но́вые показа́тели   отлича́ются   (от чего?)
    ва́ши да́нные   отлича́ются   _____
    темп роста ВНП в 1989 отлича́ется   _____
                                                _____

GRAMMAR EXERCISE: REVIEW OF CASES

Review the use of cases as presented in Circle One.   Do the following exercise.

Determine the use of case in the sentences below.   Fill in the blanks. Be able to translate the sentences into English.

1. Россияз придаёт (чрезвычайное значение) _____ (международное сотрудничество) _____ в космических исследованиях.

2. Отвечая на (брифинг) _____ на (вопрос) _____ японского корреспондента, заместитель министра иностранных дел упомянул договорённость о (проведение) _____ регулярных встреч министров иностранных дел России и Японии.

3. На рассвете (1 сентября) _____ Вермахт обрушился на (Польша) _____.

4. На (борт) _____ корабля срочно доставили продовольствие и питьевую воду.

5. Генерал, командующий (войска) _____, призвал к себе (репортёры, фотографы и кинооператоры) _____.

6. Участники направили (приветственная телеграмма) _____ в адрес (Генеральный секретарь ООН) _____.

7. Итальянская полиция предупредила о (радиосигналы, посылаемые) _____ за (пределы) _____ страны.

8. Специалисты выступят с (серия докладов) _____ о (советская система) _____ химического оружия.

9. У (афганские мятежники) _____ стало больше (деньги и зенитные ракеты) _____.

10. Сквозь (густой дым) _____ стали видны очертания (приближающиеся самолёты) _____.

SPEAKING EXERCISES

A. Расскажи́те пе́рвую часть те́кста. В своём расска́зе испо́льзуйте сле́дующие выраже́ния.

в соотве́тствии с...; наприме́р; одна́ко; и́менно за э́то...; ведь.

B. Сумми́руйте часть 1 в не́скольких предложе́ниях.

C. Отве́тьте на сле́дующие вопро́сы.

1. В чём проявля́ется кри́зис сове́тской эконо́мики?
2. Какова́ судьба́ Продово́льственной програ́ммы, провозглашённой ещё при Бре́жневе?
3. Где разверну́лись спо́ры об альтернати́вных вариа́нтах разви́тия сове́тской эконо́мики?

D. Дополни́тельные вопро́сы. (optional)

1. Сравни́те экономи́ческие тру́дности в бы́вшем СССР и в США.
2. Расскажи́те, дала́ ли пла́новая эконо́мика положи́тельные результа́ты в каки́х-ли́бо стра́нах.

AUDIO-COMPREHENSION EXERCISE

Part 2

1.   A government commission provided some statistics on poor performance over the past year.   Listen to the tape and fill in the blanks with the information requested.   In some cases you will be given the category and asked for the numbers.   In others you will be supplied the statistic and asked for the category:

	Category	Figure
a.	Targeted increase in labor productivity, 1989:	_____%
b.	_____ :	2.5%
c.	Production goals met by December, 1989:	_____%
d.	Number of debt-ridden enterprises:	_____%
e.	_____ • _____ :	over 9 billion rubles
f.	National internal debt:	_____rubles
g.	_____ :	312 billion rubles

2.   There were some positive indicators. They were:

a.	_____ :	seven-fold
b.	State budget deficit (to begin with):	_____rubles
c.	Current deficit:	_____rubles
d.	_____ :	22 billion rubles
e.	_____ :	240 rubles
f.	For *kolkhoz* workers:	_____rubles

3.   Listen to Part 2 once again, and answer the questions based on the conclusions drawn by the commentator using the statistics you have just heard:
    a.   What is the significance of the figures in 2a, above, for production of consumer goods versus that of heavy industry. Which is referred to as Sector A and which as Sector B?
    b.   What hope (if any) does the commentator see for fuller shelves in the future?
    c.   How was the improvement indicated by the figures of 2b and 2c, above, achieved?

    d.   What do the flickers of prospective economic improvement signify for government coffers as indicated by the figure in 2d?

    e.   What mars the improvement indicated in 2e and 2f?

    f.   What measures may help to control inflation?

4.   What best summarizes the commentator's conclusions?

    a.   The ministries are slowly working out new ways for more efficient production, but the process is arduous.

    b.   The dialectical theory of how a superstructure is created is in desperate need of revision.

    c.   With regards to production methods, Sector A has much to borrow from Sector B, especially in return on investment.

    d.   The entire country must work together to improve the economy, rather than wait for directives from the top.

Key words

государственный внутренний долг – national internal debt
эмиссия – issuing of money
безработица пока не грозит – so far there is no threat of unemployment
позитивные перемены – positive changes
темпы прироста производства – production growth rate
группа «А», группа «Б» – Sector A, Sector B
опережать – to be ahead, to be higher
...станут заметнее и весомее – they will become more noticeable and important
пусть не сегодня, не сразу, но... – it doesn't have to be today, but...
удалось сократить... – they succeeded in reducing
увеличить и сократить расходы – to increase and to decrease expenditures
сверхплановые поступления налогов – extra tax revenues
эта добавка в кошелёк государства – additional money into government coffers
средняя зарплата рабочих и служащих возросла до... – average wages of blue-
                                      collar and white-collar workers increased to
кто у кого в долгу? – who owes whom?
исчисление цен – pricing

TEXT: Read the following text; be able to translate it into English in written form.

Экономика на перевале   Часть 2

По словам работников Госкомстата СССР, многие плановые задания не выполнены. Производительность общественного труда возросла не на 4,5 процента, как намечалось, а лишь на два с половиной. Обязательства по поставкам промышленной продукции к декабрю были выполнены на 98,7 процента. Каждое четвёртое объединение и предприятие остаются пока должниками. Долг этот превысил девять миллиардов рублей. Возрастает государственный внутренний долг. К концу года он достиг, по предварительной оценке, 400 миллиардов рублей. Увеличилась и эмиссия. Кому как, а рабочим фабрик Гознака безработица пока не грозит.

Но не всё столь грустно. Есть и другие новости, отчасти отразившие позитивные перемены. Характерны они именно для нынешнего, а тем более для завтрашнего этапа развития экономики. Взят курс на её социальную переориентацию. Скажем, темпы прироста производства промышленной продукции группы «Б» в семь раз опережают показатели группы «А» - тяжёлой промышленности. Таких изменений мы раньше не знали, а в будущем они станут ещё заметнее и весомее. Вроде бы лёд тронулся. Есть надежда, что наши магазины пусть не сегодня, не сразу, но изменят свой подлинный «интерьер» и наше настроение.

Есть и такая новость: удалось-таки сократить дефицит государственного бюджета. Вместо 120 миллиардов рублей по первоначальному плану он составит около 92 миллиардов. Как удалось? В основном за счёт мер, принятых правительством по финансовому оздоровлению экономики. Это и помогло увеличить доходы и сначала заморозить, а потом сократить расходы на 2 миллиарда рублей. Ожидаются сверхплановые поступления налогов с оборота доходов от внешнеэкономической деятельности.

Это добавка в кошелёк государства. А какой она будет в кошельках современников? Как мы будем платить за труд? К началу декабря средняя зарплата рабочих и служащих возросла до 240, колхозников - до 170 рублей. Вроде хорошо. Да опять же не очень: ведь производительность труда растёт намного медленнее, чем зарплата. И потому непросто сказать: кто у кого в долгу? Пора найти ответ на этот вопрос. И это поможет сделать новая система исчисления индекса цен и инфляции.

Перестройка в пути. Она мостит дорогу в будущее. Конечно, неизбежны и разочарования, но нельзя остановить время. Оно необратимо, как мировая история. Как бы поучительны её уроки ни были, мы временами надеемся на то, что можно подчинить экономику директивам, сделать падчерицей надстройки. А ведь диалектика этих отношений не столь проста, как кое-кому кажется...

Чтобы «потребительская корзинка» стала полнее, на эти цели, даже при общем временном снижении инвестиций, дополнительно направлены многие миллиарды рублей. И ещё старые (к сожалению), и уже новые, в основном - новые методы хозяйствования нужно использовать с максимальной отдачей, чтобы взять рубежи 1990 года. Важно всем сохранить чувство локтя. Работать плечом к плечу и республикам, и областям, и предприятиям. Если центр ещё чего-нибудь не доработал, помогите ему, поддержите своим дружным, творческим трудом.

Александр Никитин,
заместитель редактора «Правды»
по отделу экономической политики

Words and expressions to part 2

плановые задания	ещё не выполнены
обязательства по поставкам промышленной продукции	уже выполнены
первоначальный план	перевыполнен

выполнять/выполнить
    -ют   -ят
выполненный
выполнение

		(на ско́лько?)
госуда́рственный вну́тренний долг	возро́с	на 4,5 проце́нта
эми́ссия	возросла́	на 2 миллио́на
дефици́т госуда́рственного бюдже́та	возро́с	в 3 ра́за

долг (pl. долги́, долго́в) - debt
должни́к (pl. должники́) - debtor

возраста́ть/возрасти́
возраста́ют возрасту́т
        (perfective past: возро́с, возросла́, возросло́, возросли́)
возро́сший
рост

ка́ждое четвёртое   предприя́тие - every fourth enterprise
                    объедине́ние
ка́ждый четвёртый жи́тель

по предвари́тельной оце́нке - according to a preliminary estimate

те́мпы приро́ста произво́дства промы́шленной проду́кции гру́ппы «Б»
                                        тяжёлой промы́шленности
                                        лёгкой промы́шленности
                    превыша́ют   9 миллио́нов рубле́й
                                  все ожида́ния
- rates of growth in production exceed all expectations

превыша́ть/превы́сить
    -ют   -ят
превы́шенный
превыше́ние

                            (на что?)
брать/взять курс на   социа́льную переориента́цию эконо́мики
беру́т возьму́т   увеличе́ние дохо́дов колхо́зников   (от чего́?)
                                                    прода́жи проду́ктов
                        сокраще́ние нало́гов (на что?)
                                    на оборо́т
                                    - corporate tax revenues (capitalist)
                                    - a turnover tax (socialist economy)
                        замора́живание расхо́дов   (на что?)
                                        на оборо́ну
взя́тый
взя́тка - a bribe
взя́точник - bribe-taker

        (чего́?)
за счёт мер по замора́живанию нало́га на потребле́ние не́фти - oil consumption
                                                    tax
        увеличе́ния дохо́дов от внешнеэкономи́ческой де́ятельности
        - external economic activity
        сверхпла́новых поступле́ний нало́гов с оборо́та - through, by, due to
                                        extra turnover tax revenues

за счёт социа́льного обеспече́ния – at the expense of social security
          бе́дных
          образова́ния –at the expense of education

замора́живать/заморо́зить
          –ют   –ят
заморо́женный

сокраща́ть/сократи́ть
          –ют   –я́т
сокращённый

доба́вка в кошелёк госуда́рства – additional money into government coffers
                     гра́ждан – addition money into citizens' pockets

                              (за что?)
плати́ть/заплати́ть   за труд
пла́тят запла́тят   за медици́нское обслу́живание
                              иску́сственное замора́живание креди́тных ста́вок
запла́ченный
за́работная пла́та, зарпла́та (no plur.) – salary, wages

кто у кого́ в долгу́? – who owes whom?

но́вая систе́ма   исчисле́ния   и́ндекса цен – new system of pricing
                                  инфля́ции
                   плани́рования
                   хозя́йствования
                   пла́ты за труд

                   (в чём?)
разочарова́ние   в результа́тах рефо́рм
                   в перестро́йке

                   (чем?)
                   результа́тами вы́боров
                   систе́мой образова́ния

разочаро́вывать(ся)/разочарова́ть(ся)
          –ют(ся) разочару́ют(ся)
разочаро́ванный
разочарова́ние

уро́ки исто́рии поучи́тельны – the lessons of history are instructive

                   (на что?)
надéяться   на вре́менное сниже́ние инвести́ций
     –ются   – to rely on a temporary drop in investments
                   на но́вую валю́тно-фина́нсовую поли́тику – monetary policy
                   на экономи́ческую автоно́мию
наде́жда

при   óбщем повышéнии инвестúций – at an overall increase in investments
             настоя́щих темпах прирóста – at present rates of growth

с максима́льной отда́чей – with maximum output
рабóтать плечóм к плечу́ – to work side by side, to work as a team

VOCABULARY EXERCISES

Look through the vocabulary of part 2 of the text «Экономика на перевáле»,
then do the following exercises.

A.   **Give the nominative and the genitive plural for the following nouns. Mark
     the stress.**

     разочарова́ние, инфля́ция, поступлéние, взя́тка, долг, поста́вка, жúтель,
     ожида́ние.

B.   **Give perfective forms for the following verbs. Conjugate both forms and
     mark the stress.**

     возраста́ть, платúть, разочарóвывать.

C.   **Paraphrase the italicized words.**

     эмúссия *увелúчилась*, по предварúтельному *подсчёту*, тяжёлая *индустрúя*,
     превы́сить все *надéжды*, *путём* снижéния налóгов, урóки истóрии *полéзны*,
     существу́ющие темпы прирóста, рабóтать *сообща́*.

D.   **Give the opposite for the words in italics.**

     вну́тренный долг *сократúлся*, *лёгкая* промы́шленость, *дохóды от*
     внешнеэкономúческой дéятельности, *постоя́нное* снижéние инвестúций,
     минима́льная отда́ча.

E.   **Form verbs for the following nouns.**

     надéжда на экономúческую автонóмию, *разочарова́ние* в перестрóйке,
     пла́та за образова́ние, *заморáживание* подохóдного налóга.

F.   **Give Russian equivalents for the following phrases.**

     - maximum output
     - average wages of blue-collar workers
     - new system of pricing

- monetary policy
- to remain a debter
- due to extra corporate tax revenues
- every third enterprise
- expenses exceed revenues
- to work as a team
- at a general increase in investments
- there is no threat of inflation
- extra money into the state's pocket
- social reorientation of the economy

G. Write sentences to fill in the blanks in each of the groups below. Be able to translate your sentences.

1.

(что?)			(чего?)
_____	вы́полнена	за счёт	_____
_____	перевы́полнены		_____
_____	уже́ вы́полнен		_____

(что?)			(кого?)
_____	сокращено́	за счёт	_____
_____	вы́полнен		_____
_____	заморо́жен		_____

2.

	(что?)
возро́с	_____
возросла́	_____
возраста́ют	_____

3.

		(на что?)
экономи́сты	наде́ются	_____
рабо́чие и слу́жащие		_____
колхо́зники		_____

4.

	(чего? кого?)		(на како́й проце́нт?)
число́	_____	возросло́	_____
у́ровень	_____	сократи́лся	_____
коли́чество	_____	сократи́лось	_____

	(чего? кого?)		(на ско́лько миллио́нов?)
число́	_____	возросло́	_____
у́ровень	_____	сократи́лся	_____
коли́чество	_____	сократи́лось	_____

	(во ско́лько раз?)
	_____
	_____
	_____

5. наблюда́ется разочарова́ние   (чём?)

      _____
      _____
      _____

6. но́вое руково́дство   заморо́зило расходы   (на что?)
   демокра́ты   заморо́зили
   республика́нцы

7. администра́ция сократи́ла   налоги   (на что?)

8. корпора́ции   получа́ют   дохо́ды   (от чего́?)
   совме́стные предприя́тия   при́были
   госуда́рство   получа́ет

9. гра́ждане   должны́ плати́ть   (за что?)
   компа́нии

10. при Ру́звельте   США взя́ли курс   (на что?)
       Ста́лине   СССР взял курс
       Горбачёве

H. Translate the following sentences using vocabulary from parts 1 and 2.

1. It is necessary that the consumer is provided at least with the essentials.
2. It is time that the government free trade unions from state control.
3. The data on the present level of labor productivity was published by all the leading newspapers.
4. Communists call large scale infiltration of foreign capital into the economy of a developing country "neocolonialism."
5. It is vital that the rate of mortality in the Third World drop.
6. Enterprises prefer that the state not increase corporate taxes.
7. The government altered the official data so that it will not reflect a new pricing system.
8. At the present rate of increase in investments we hope to see a maximum output by the end of the year.
9. Due to a freeze in corporate tax revenues the Federal Government will have to rely more heavily on income taxes.
10. The Secretary of the Treasury expressed his disappointment with the proposed pricing system.

GRAMMAR: MORE USES OF SUBJUNCTIVE

A. Emphatic constructions:

Где бы он ни был, все хотят говорить с ним.	No matter where he is, everybody wants to talk to him.

Subjunctive is used only in the subordinate clause of the construction. Note the absense of subjunctive in English.

Since such constructions by nature express regularity of action, the imperfective aspect is mostly found in them.

Куда бы он ни шёл, его узнают.	Wherever he goes, he is recognized.
Кто бы ни приходил, его реакция была всегда бурной.	Whoever arrives, his reaction was always loud.
С кем бы он ни говорил, он приводит одни и те же аргументы.	No matter with whom he talks, he uses the same argumentation.

Note the use of emphatic "НИ" before the verb.

B. After the verbs «бояться» and «опасаться».

Они опасаются, как бы США не ввёл войска в страну.	They are concerned lest the USA should invade the country.

Note the use of the negative "НЕ" before the verb.

It is possible to use the indicative mood after these verbs as well.

Они боятся, что США введёт войска.	They are afraid the United States will invade the country.

GRAMMAR EXERCISES: MORE USES OF SUBJUNCTIVE

Read through the explanation of subjunctive above and then do the following exercises.

A. Analyze the following sentences and translate them into English:

1. Горбачёв боится, как бы общественность не поддержала противников его реформ.
2. Сколько бы ни продолжался полёт, горючего хватит.

3. Кого бы ни назначили на этот пост, положение не улучшить!
4. Иностранные вкладчики опасаются, как бы революционное правительство не начало ориентироваться на марксизм.
5. Западная Европа боится, как бы страны ОПЕК значительно не повысили цены на нефть.
6. В какой бы час дня или ночи самолёты ни приземлялись, воздушные диспетчеры ведут наблюдение за безопасностью посадки.
7. Демократы опасаются, как бы экономический спад не кончился накануне выборов.
8. Что бы вы ни говорили в своё оправдание, вам не поверят!
9. Сталин боялся, как бы Бухарин не получил большинство в политбюро.
10. Где бы ни проходили обыски, полиция повсюду находила наркотики.

B. Translate the following.

1. No matter how hard the pilot tried, he could not avoid the hostile plane.
2. Whenever officials from oil-producing countries meet, they inevitably disagree.
3. Whoever frees the people from the tyrant will become president.
4. The public becomes disappointed in the administration whenever taxes go up.
5. No matter how convincing he may be, he failed to pursuade our partners to reduce their allocations for space development.

GRAMMAR: VERBAL ASPECT OF MODALS

So far you have seen very strict rules about aspect, such as *Verbs that mean "beginning" or "ending" are always followed by imperfective infinitives.* However, deciding which aspect to use for infinitives which follow **modals** can be tricky. **Modals** are expressions that take infinitives and express volition, possibility, or obligation. They include words such as **надо, должен, хотеть, мочь, можно, невозможно,** and **нельзя.** The following rules govern infinitives that follow modals, but they are less rules than they are tendencies. Furthermore, they do not cover every syntactic eventuality, but they will guide you through most speech situations. Review the explanations on aspectual choice in the infinitive from Lesson One, Circle Two and then read the explanation below.

Look at the aspect of infinitives following modals category by category.

"Neutral" affirmative sentences:

Use a perfective infinitive, unless there are "imperfectivizing" circumstances. Look at the examples below:

Мы должны послать телеграмму.	*We should send the telegram.*
Надо вернуться в посольство.	*We must return to the embassy.*
Можно получить документы здесь.	*You can get the papers here.*
Могут дать вам всю информацию.	*They can give you all the information.*

"Imperfectivized" affirmative sentences (repetition):

If repetition is expressed explicitly, use an imperfective infinitive:

Можно получать билет каждый день.	*You can get a ticket daily.*
Всегда нужно давать информацию.	*It is always necessary to give out information.*

But where **мочь** or **можно** mean *might* or *can* in the sense that the possibility might exist, always use perfective, even if words such as **всегда** are present: Всегда можно передумать. *One can (might) always reconsider.*

Negative sentences: не надо, не должен, нельзя (in the meaning of "musn't"). Use imperfective: Не надо задавать этот вопрос. *That question need not* (or: *should not*) *be asked.*

Negative sentences: невозможно, не мочь, нельзя (in the meaning of "impossible"). Use perfective: Мы не можем ответить на ваш вопрос. *We can't answer your question.*

Пора. When **пора** indicates time to do something that is ordinarily done, use imperfective: Пора отвечать на вопросы слушателей. *It's time to answer our listeners' questions.*

Note that when **надо** is used as a synonym for this meaning of **пора**, it too takes imperfective: Надо проверять машину. *It's time to check the car.*

When **пора** means "It's high time something be done," use perfective: Пора ответить на вопросы слушателей. *It's high time we got around to answering our listeners' questions.*

	на́до до́лжен	не на́до не до́лжен	мо́жно, могу́ "can", "may"	мо́жно, могу́ "might"
"Neutral"	сде́лать		сде́лать	
Stated repetition		де́лать		

	не могу́ нельзя́ невоз- мо́жно	нельзя́ "musn't"	пора́ "scheduled"	пора́ "high time to"
"Neutral" Stated repetition	сде́лать	де́лать		сде́лать

GRAMMAR EXERCISES: VERBAL ASPECT OF MODALS

Review the explanation of aspect with modals and do the exercises below.

A. Choose the correct verb.

1. Стало ясно, что необходимо (сокращать, сократить) бюджет на 10 процентов.
2. Установлено место переговоров. Пора (решать, решить) повестку дня.
3. Не волнуйтесь: план всегда можно (восстанавливать, восстановить), если он понадобится.
4. Есть опасение, что нельзя будет (завершать, завершить) работу над договором к концу года.
5. Вы правы: мы не должны (вести, провести) переговоры с расистским правительством.
6. К сожалению, более 40 процентов трудоспособного населения не может (находить, найти) работу.
7. Из-за таких экологических ошибок может (гибнуть, погибнуть) тысяча человек.
8. Я советую не (встречаться, встретиться) с прессой. На неконтролируемой пресс-конференции вы можете (говорить, сказать) что-нибудь не то.
9. Не надо (делать, сделать) одностронних уступок. Другая сторона может это (принимать, принять) как знак слабости.
10. Надо всегда хорошо (продумывать, продумать) свою позицию, иначе можно (допускать, допустить) роковую ошибку.

11. Невозможно (делать, сделать) вывод без необходимых фактов.

12. Пора полностью (перерабатывать, переработать) нашу избирательную систему.

13. Хотелось бы (задавать, задать) вопрос.

B. Translate the following short sentences.   Compare the use of aspect.

a. *сдаваться / сдаться*
1. We have to give up.
2. We should give up.
3. We musn't give up.
4. We can't give up.
5. It's about time we gave up.
6. We advise you to give up.
7. We advise you not to give up.

b. *вставать / встать*
1. We have to get up (it's 7:00 am).
2. It's impossible to get up.
3. We shouldn't get up.
4. It's best not to get up.

c. *забывать / забыть*
1. They must forget the past.
2. They can't (seem to) forget the past.
3. They can't (musn't) forget the past.
4. They might forget the past.
5. It's high time they forgot the past.
6. They promised not to forget the past.

d. *повышать / повысить*
1. It's impossible to raise taxes.
2. We can always raise taxes.
3. We'd better not raise taxes.
4. We musn't raise taxes.
5. We should raise taxes.
6. They asked us not to raise taxes.
7. We want to raise taxes.

e. *начинать / начать*
1. He might start a war.
2. He shouldn't start a war.
3. He can start a war.
4. We warned him not to start a war.

f. *избирать / избрать*
1. Time to elect a new president.
2. It's about time we elected a new president.
3. We are not allowed to elect a new president.
4. It's impossible to elect a new president.
5. We want to elect a new president

RENDERING

Give your own personal formula for fixing the Soviet economy. You may use any plan you wish. Pick and choose from some of the fixes below, or make up your own. But if your plan contains any of the following solutions, be prepared how you will deal (or not deal) with the possible consequences:

A convertible ruble

Convertible currency would allow Soviet citizens access to foreign goods and attract foreign investment by guaranteeing that profits could be taken out of the country. But with convertibility comes ruble devaluation and inflation. Foreign goods, such as Italian detergent, previously rationed, would now rise in price to levels that only the rich can afford.

Privatization of enterprises

Entrepreneurs might rush to get their hands the means of production. Free to invest, set prices, hire, and fire as they saw fit, the new managers would be sure to get enterprises on the road to efficiency. But cutting fat at overstaffed factories would add millions of resentful workers to unemployment rolls. Prices would rise to their natural market levels making efficiently produced goods generally available — but only to those who could now afford them. Those who remain on the government payroll or on fixed pension income are sure to see very hard times.

Privatization of agriculture

Agricultural reform along the lines of the Chinese program of the late 1970s and early 80s would almost certainly allow the country to feed itself, but again at the risk of unemployment (many former inefficient kolkhozniki with nothing to do, given that an efficient agriculture on the scale of a country as large as the USSR needs at most between two and ten percent of its people in the fields, not thirty or forty) and inflation (rising food prices: in 1990 a loaf of state-produced bread was drastically underpriced at the hard currency equivalent of two or three cents).

Limits on subsidized housing

Curtailing subsidized housing would encourage new home construction and put pressure on the government to do away with residence permits (прописка). But with real-market housing prices comes even more inflation, forcing low wage earners either into unemployment in the countryside (where agricultural work would be scarce - see above) or into slums. In short, housing reforms or an end to enforced residence permits could stimulate housing starts, or it could turn big cities into poverty-ridden carbon copies of Mexico City or San Paolo.

Privatization with a social safety net

Cutbacks in state spending to cover basic social needs on the level of, say, Scandinavian welfare states would guarantee education, medicine, and housing. After all, there are few, if any, homeless illiterates in Sweden. But Sweden's social welfare net is based on a large tax base built on an economic structure well in place. In short, a country can't share wealth that it does not yet have.

Creation of a meritocracy

Many argue that what is needed is not capitalism per se, but rather any system that leads to an order whereby merit is rewarded. Indeed, up until now inefficient foremen lived more or less the same as talented artists. But if in the future good work is rewarded at the expense of bad work, a great many bad workers will be out for blood.

SPEAKING EXERCISES

A. Расскажите вторую часть текста. В своём рассказе используйте следующие выражения.

вот почему...; при этом; не только..., но и...; кроме того; неудивительно.

B. Расскажите весь текст с точки зрения западного экономиста.

C. Суммируйте весь текст в нескольких предложениях.

D. Ответьте на следующие вопросы.

1. Какие плановые задания советской экономике не удалось выполнить?
2. В чём суть позитивных перемен, говорящих, что перестройка ещё не обречена?
3. Что происходит с дефицитом государственного бюджета СССР?
4. Какова ситуация с жизненным уровнем населения?
5. Отдаёт ли советская экономика предпочтение инвестициям или потреблению?

E. Дополнительные вопросы. (optional)

1. Расскажите о том, как дефицит государственного бюджета влияет на американскую и российскую экономику.
2. Объясните, почему советские люди не удовлетворены своим положением, несмотря на значительный рост доходов.
3. Думаете ли вы, что Ельцин и его коллеги ответственны за нынешние трудности в российской экономике?

READING EXERCISE

Ядерная война и политика.   Александр Бовин

PRE-TEXT: The author is a well known political commentator, who, even during the Brezhnev years, was viewed as more "liberal" than some in the official Soviet press.   Read the text with the following questions in mind.   Try to predict the answers in advance.   Then re-read the article to see if you were correct and answer the questions in written form.

1.   What is the main idea of the article?

PARAGRAPH 1
2.   What is Karl Clausewitz's definition of a war?
3.   How has this formula been interpreted in the last several decades?

PARAGRAPH 2
4.   Marxists considered this precept as... (Mark the correct answer):
a.   a basis for understanding of each particular war.
b.   a foundation for "a just war."

PARAGRAPH 3
5.   Bovin quotes three points of Clausewitz's definition.   Name them.

PARAGRAPH 4
6.   Why is Clausewitz's formula valid for nuclear war?

PARAGRAPH 5
7.   What determines the choice between diplomacy and fighting to attain one's goals?

PARAGRAPH 6
8.   According to political thinking of the nuclear age... (Mark the correct answer):
a.   there is no alternative to using nuclear weapons to achieve one's ends.
b.   nuclear war will not jeopardize the human race.
c.   under no circumstances can a nuclear war be viewed as a rational tool of policy.

PARAGRAPHS 8-14
9.   Bovin indicates certain consequences of a nuclear war on political thinking.   Name them.

PARAGRAPH 9
10.   On the basis of the text, explain the notion of security through force and security instead of force.

PARAGRAPHS 11,12
11.   Compare the rationality for waging war in pre-nuclear times and in the nuclear age.

PARAGRAPH 13

12. The issue of "a just war" in the nuclear age is a mere abstraction today because... (Mark the correct answer):
a. the concepts *just* and *unjust* are themselves abstract.
b. a nuclear war will last mere seconds.
c. without people to populate the Earth history stops.

13. What is the only reasonable, moral and politically justified attitude toward a nuclear war?

PARAGRAPH 14

14. Which Marxist thesis has to be adjusted vis-a-vis the justification for a nuclear war?

15. Lenin predicted in 1918 that... (Mark the correct answer):
a. the time would come when war becomes so destructive that it will not be worth fighting.
b. development of technology would speed up social stratification.
c. an abundance of military technology would force capitalists to use it.

PARAGRAPH 16

16. At what point do the interests of the capitalist and socialist worlds begin to coincide?

PARAGRAPH 17

17. What is the significance of the ratification of the INF Treaty?

POST-TEXT (using context):

PARAGRAPH 1

1. The introductory paragraph ... (Mark the correct answer):
a. makes a statement.
b. makes a statement and challenges it.

Prove your point.

2. Paraphrase both words in the expression *другими способами*.

PARAGRAPH 2

3. Find the marker which signals the beginning of the analysis of the problem.

4. What derivatives of the word *труд* do you know?

PARAGRAPH 3

5. Find the synonym for **средство** политики.
6. Find the opposite for на своей **низшей** точке.
7. What is the opposite for **насильственными** средствами?

PARAGRAPH 6

8. Find a synonym for *выйти из употребления* in this paragraph.

PARAGRAPHS 8-12

9.   Which markers indicate different consequences of a political thinking in the nuclear age?

PARAGRAPH 8

10.   Find the use of redundancy here.   What is its purpose?

PARAGRAPH 9

11.   Find the opposite of **одностороннее** *сокраще́ние*.

PARAGRAPH 12,13

12.   What question does *Поэ́тому* answer?
13.   What uses of redundancy do you see in this paragraph?

PARAGRAPH 17

14.   Find the use of redundancy in this paragraph.
15.   Paraphrase **по́лностью** блоки́ровать.
16.   Can you infer why Bovin felt the need for his article?
17.   Find paragraphs where the author's tone is:
    a.   playful
    b.   scholarly
    c.   positive
    d.   negative.

18.   Pick the correct meaning for each of the words below:

1.   ины́ми сре́дствами   a.   by foreign means
                                b.   in a different fashion

2.   наста́ивать на обра́тном   a.   to insist on returning
                                b.   to insist on the opposite

3.   оцени́ть   a.   to evaluate
                                b.   to appreciate

4.   писа́ть но́ты   a.   to make notes
                                b.   to write music

5.   смени́ть перо на шпа́гу   a.   to exchange a feather for a sword
                                b.   to exchange a pen for a sword

6.   труд «О войне́»   a.   the book "On Wars"
                                b.   labor concerning a war

7.   люба́я война́   a.   a favorite war
                                b.   any war

8.   неподвла́стный вре́мени   a.   always correct
                                b.   influenced by time

9. насилие есть повивальная бабка истории

    a. rape is the midwife of history
    b. violence is the midwife of history

10. приемлемая альтернатива

    a. an acceptable alternative
    b. an attractive alternative

11. род человеческий

    a. the human race
    b. human gender

12. шкала ценностей

    a. school of pricing
    b. scale of values

19. Find the Russian for:

- to attain one's ends
- suicidal consequences
- to go beyond the framework of...
- here our interests cross

ИЗВЕСТИЯ

═══ Мнение политического обозревателя ═══

ЯДЕРНАЯ ВОЙНА И ПОЛИТИКА

Уже несколько десятилетий продолжались споры вокруг формулы известного немецкого военного теоретика начала XIX века Карла Клаузевица — война есть продолжение политики иными средствами. Применима ли эта формула в ядерный век? Точнее—к ядерной войне? Одни утверждали, что неприменима. Другие решительно настаивали на обратном. Однако, как мне представляется, реальная ситуация сложнее, чем жесткое, метафизическое противопоставление «да» и «нет».

Итак, обратимся к Клаузевицу. Вот его подлинные слова: «Война есть не что иное, как продолжение государственной политики иными средствами». В. И. Ленин, который внимательно изучал, конспектировал основной труд Клаузевица «О войне», так оценил его формулу: «Это знаменитое изречение принадлежит одному из самых глубоких писателей по военным вопросам, Клаузевицу. Марксисты справедливо считали всегда это положение теоретической основой взглядов на значение каждой данной войны».

Развивая свою мысль, немецкий теоретик отмечал: войну «мы должны мыслить при всех обстоятельствах не как **нечто самостоятельное**, а как орудие политики»; «военное искусство на своей высшей точке становится политикой, дающей сражение вместо того, чтобы писать ноты». И еще одно высказывание: «Ведение войны в его главных очертаниях есть сама политика, сменившая перо на шпагу...»

Итак, война есть орудие политики, продолжение политики. Думается, что этот тезис сохраняет свою силу применительно к любой войне, в том числе и ядерной. В самом деле. Ведь независимо от объективно неизбежных катастрофических, самоубийственных последствий такой войны те, кто захотел бы ее начать, будут продолжать свою политику, будут использовать войну именно как орудие политики, как средство достижения определенных политических целей. В этом отношении ядерная война не отличалась бы от войн доядерной эпохи. Здесь формула Клаузевица аксиоматична и неподвластна времени.

Но формула Клаузевица выходит за рамки указанной констатации. Она предполагает, что всегда существует возможность выбора: чтобы добиться поставленной цели, можно — в зависимости от конкретных обстоятельств — действовать либо мирными, либо «иными», насильственными, средствами. Все решает оценка соотношения сил. Оба варианта — перо и шпага, сражение и дипломатическая нота — в принципе полностью равноправны.

Здесь Клаузевиц устарел. У современного политика, имеющего в своем распоряжении ядерное оружие, такого выбора нет. Ибо нет и не может быть такой политической цели, ради достижения которой имело бы смысл начать ядерную войну, рисковать будущим человечества. Ни при каких обстоятельствах ядерная война не может рассматриваться как разумный выбор, как рациональное средство продолжения политики. Значит, мирному сосуществованию нет приемлемой для человечества альтернативы. Таков исходный постулат нового политического мышления, мышления ядерного века.

Из этого постулата можно извлечь любопытные и нетривиальные следствия. Укажу некоторые из них.

Качественно меняется назначение, смысл мирного сосуществования. Теперь это не только наиболее желательное, наиболее разумное состояние отношений между капиталистическими и социалистическими странами. Теперь это единственно возможное состояние. Теперь «сосуществование» немирное тождественно несуществованию, гибели рода человеческого.

Если раньше, в век доядерный, гарантией безопасности государства могло выступать накопление силы, оружия, то теперь односторонняя безопасность немыслима. Теперь гарантию безопасности могут дать только политические соглашения, предполагающие взаимное снижение военно-силовых потенциалов. Не безопасность как следствие силы, а безопасность вместо силы — так теперь стоит вопрос.

Пойдем дальше.

Почему воевали и воюют люди? Потому что — с точки зрения и тех, кто начинает войну, и тех, кто вынужден сопротивляться, — есть вещи, которые ценятся выше, чем мир. Для одних это — власть и богатство, для других — независимость и свобода. Для американцев в конце XVIII века и для вьетнамцев в середине XX века независимость была важнее мира. И они воевали. Они хотели победить и победили.

А если войну нельзя выиграть? Если тот, кто начинает первым, погибнет вторым? Тут прежняя шкала ценностей перестает действовать. Нет вещи важнее мира, если альтернативой миру служит ядерная катастрофа.

Абстрактно рассуждая, можно сказать, что ядерная война может быть справедливой — ответный ядерный удар, удар возмездия. Но это пустая, бессодержательная абстракция. Различение справедливого и несправедливого (если иметь в виду не субъективные ощущения воюющего, а объективный характер войны) получает **смысл только для живых, только для истории, которая длится.** Там же, где гибнет род людской, где история кончается, кончается и указанное различение. Поэтому применительно к ядерной войне ядерный пацифизм, то есть безусловное, если угодно, абсолютное отрицание правомерности такой войны, есть единственно разумная, единственно нравственная и политически оправданная позиция.

Подлежит, видимо, существенному ограничению и известный тезис марксизма: насилие есть повивальная бабка истории. В свое время В. И. Ленин имел все основания сказать о первой мировой войне, что она «неслыханным образом ускорила социальное развитие», что война «подтолкнула историю, и она летит теперь с быстротой локомотива». Это же можно сказать и о второй мировой войне. А о третьей? О войне ядерной? Как вспоминает Н. К. Крупская, еще в 1918 году, размышляя о характере войн, задумываясь над будущим, Ленин говорил, что «современная техника сейчас все более и более помогает разрушительному характеру войны. Но будет такое время, когда война станет настолько разрушительной, что она вообще станет невозможной».

Мы подошли к такому времени.

Насилие, которое таит в себе угрозу всемирной катастрофы, не может выступать в качестве ускорителя социального прогресса. Ядерное насилие несет смерть, а не обновление жизни. Применение ядерного оружия — это убийство и самоубийство. Здесь, в этой точке анализа перекрещиваются интересы и капиталистического, и социалистического миров, интересы всех участников мирового сообщества. И это вселяет надежду.

Предотвратить, наглухо блокировать ядерную войну — такова главная задача политики и политиков ядерного века. К ее решению ведет только один путь — ядерное разоружение. Ратификация Договора по РСД—РМД будет означать, что путь этот начат.

А. БОВИН.

CIRCLE TWO

LESSON SEVEN

AUDIO–COMPREHENSION EXERCISE

Part 1

You are about to hear a text about reductions in military outlays. Review the key words on the following page. Then listen to the text with the following questions in mind. Afterwards, listen to the text again, and write down the answers.

1. The beginning of the 1990s was buzzing with talk about the end of the Cold War and the possibility of massive cuts in military spending. Summarize what you already know about these developments.
2. What does the author say about the exchange of military information between the superpowers? What is said about the availability of this information to common citizens?
3. What is the goal of GON?
4. What did the Chief of the Soviet General Staff arrange for GON to do?
5. Who belongs to GON?
6. Supply the following statistical information:
   a. Cuts in military personnel: _____.
   b. Number of officers retired: _____.
   c. Number of warrant officers retired: _____.
7. List two military districts which were liquidated.
8. Name at least two other military units that were done away with.
9. Name three actions that were taken regarding the Soviet military presence in Mongolia.
10. Provide any statistics you can on the reduction of tanks, artillery, and aircraft in Europe.
11. What will be done with demobilized military personnel?

12. Fill in any three items in the following table:

Group	Tanks	Equipment	Aircraft	Personnel
Western group				
Central Group				
Southern Group				
Mongolia				
TOTAL				

Key words

Генера́льный Штаб ВС СССР – General Staff of the Armed Forces of the USSR
ограниче́ние и сокраще́ние вооруже́ний – limitation and reduction of weapons
обме́н больши́м коли́чеством вое́нной информа́ции – exchange of a large amount of
defense information
Гру́ппа обще́ственного наблюде́ния – Public Oversight Group
проби́ть брешь в чрезме́рной секре́тности – to begin to reduce excessive secrecy
Како́в же вы́вод...? – What is the conclusion?
брига́ды ПВО – Air Defense Force brigades
наступа́тельные возмо́жности вооружённых сил ОВД – offensive capabilities of
the Warsaw Pact armed forces
при́зрак «ру́сских казако́в, жела́ющих искупа́ть свои́ та́нки в Ла-Ма́нше» – the ghost
of "the Russian cossacks who want to wash their tanks in the English
Channel"

**TEXT: Read the following text; be able to translate it into English in
written form.**

Пойду́т ли ру́сские к Ла-Ма́ншу?   Часть 1

При ны́нешних те́мпах сокраще́ния сове́тских во́йск э́та зада́ча ста́нет для них
кра́йне риско́ванной, счита́ют америка́нские конгрессме́ны. После́дняя сво́дка
Генера́льного шта́ба ВС СССР подтвержда́ет сугу́бо оборони́тельный хара́ктер
перестро́йки в на́шей а́рмии.
Гла́сность в вое́нной сфе́ре даётся нелегко́. Она́ отстаёт от остально́й
перестро́йки. Да́же в после́дние го́ды, когда́ проце́сс перегово́ров об ограниче́нии

и сокращении вооружений сделал нормальным обмен большим количеством военной информации между Советским Союзом и Соединёнными Штатами, эта информация, как правило, оказывалась недоступной широкой общественности.   Создание Группы общественного наблюдения (ГОН) за сокращением вооружённых сил и вооружений в какой-то мере было призвано пробить брешь в чрезмерной секретности, которая не шла на пользу отношениям между армией и обществом.

Начальник Генерального Штаба ВС СССР генерал армии М. Моисеев помог представителям ГОН – учёным, журналистам, народным депутатам СССР – побывать в советских группах войск и в Монгольской Народной Республике.   На минувшей неделе, как уже сообщала «Правда», группа наблюдала за выводом из боевого состава флота подводной лодки.

Каков же вывод представителей «народной дипломатии»? Советский Союз, считает председатель группы член-корреспондент АН СССР А. Кокошин, осуществляя принятые в одностороннем порядке решения, демонстрирует практическую реализацию принципа оборонительной достаточности.   И что особенно важно, этот процесс могут воочию наблюдать представители общественности.

Сколько же вооружённых сил сокращено?   На 1 ноября, согласно полученным в Генеральном штабе данным, численность Вооружённых Сил уменьшилась на 235,5 тысячи человек.   Уволено около 65 тысяч офицеров и более 20 тысяч прапорщиков. Упразднены два военных округа – Среднеазиатский и Уральский и управления четырёх армейских корпусов.   Расформированы выведенные из состава Западной и Южной групп войск 13-ая, 25-ая и 32-ая гвардейские танковые дивизии и один авиационный полк.   Из МНР выведены одна танковая дивизия, три бригады ПВО, а также выведены и расформированы авиационная дивизия, авиационный полк и три отдельных вертолётных отряда.

Вот как выглядят на сегодняшний день сокращения Советских Вооружённых Сил за пределами СССР:

Группы войск	Танки	Орудия	Самолеты	Личный состав
Западная группа	1 988	247	126	11 620
Центральная группа	192	22	20	1 500
Южная группа	447	176	76	10 800
Северная группа	87	16	88	3 500
Монгольская Народная Республика	404	307	41	22 900
ВСЕГО по группам войск и МНР	3 118	768	351	50 320

Всего же в ходе проведённого сокращения количество советских вооружений в Европе уменьшено на 7120 танков, 2964 артиллерийские системы, 735 самолётов.

Каковы последствия этих сокращений?   Да, наступательные возможности вооружённых сил ОВД в Центральной Европе сократились.   В первую очередь речь идёт о так называемых оперативно-манёвренных группах, о которых произносилось много речей, пугающих призраком «русских казаков, желающих искупать свои танки в Ла-Манше».   Произошло сокращение военного противостояния не только в Центральной Европе, но и на Дальнем Востоке.   Существенно повысились оборонительные возможности Советских Вооружённых Сил, особенно укрепился потенциал противотанковой обороны.   Высвободились и дополнительные ресурсы рабочей силы для народного хозяйства.

Words and expressions to part 1

	(чего?)
сокращéние	воéнного противостоя́ния – military standoff
	коли́чества совéтских вооружéний – reduction in the number of Soviet weapons
	чи́сленности вооружённых сил – reduction in the number of armed forces (personnel)
	наступа́тельных возмóжностей

сокраща́ть/сократи́ть
    –ют   –я́т

сокращенó	коли́чество	та́нков
		артиллери́йских систéм
		самолётов – aircraft
сокращена́	чи́сленность	воéнных округóв
		операти́вно-манёвренных групп – operational-maneuver groups
		групп войск за предéлами СССР – groups of forces outside the Soviet Union

оборони́тельный хара́ктер – defensive character
наступа́тельный хара́ктер – offensive character

отстава́ть/отста́ть   (от чегó?)
   –ют отста́нут   от остальнóго ми́ра
                      от ра́звитых капиталисти́ческих стра́н
      – to fall behind the developed capitalist countries
отстава́ние

(не)досту́пный   (чему́?)
                  широ́кой общéственности
(in)accessible   рядовы́м гра́жданам – average citizens
                  гру́ппам общéственного наблюдéния
                  – public oversight groups

при́зван(-а,-о,-ы)   сократи́ть чрезмéрную секрéтность
                  – to reduce excessive secrecy
                  увели́чить боеспосóбность вооружённых сил

в односторóннем поря́дке   упраздни́ть два воéнных óкруга
                        – to liquidate two military districts
                        расформирова́ть гру́ппу войск
                        – to disband a group of forces
                        вы́вести войска́ из Востóчной Герма́нии
                        – withdraw troops from East Germany
                        уво́лить 65 ты́сяч офицéров
                        – to retire 65 thousand officers

о́круг (pl. округа́, округо́в)

упраздня́ть/упраздни́ть
    -ют   -я́т
упраздне́ние
упразднена́   Ю́жная гру́ппа войск
упразднено́   управле́ние четырёх арме́йских ко́рпусов
                    - command of four army corps

ко́рпус (pl. корпуса́, корпусо́в)

расформиро́вывать/расформирова́ть
          -ют   -у́ют
расформирова́ние

расформиро́вана   брига́да ПВО - Air Defense brigade
расформиро́ваны   гварде́йские та́нковые диви́зии - guards tank divisions

выводи́ть/вы́вести
вы́водят вы́ведут
вы́вод

вы́ведена   авиацио́нная диви́зия - air division
вы́веден   авиацио́нный полк - air regiment
вы́ведены   три вертолётных отря́да - three helicopter detachments
          из боево́го соста́ва - taken out of service

полк (pl. полки́, полко́в)

увольня́ть/уво́лить
    -ют -ят

уво́лено   20 ты́сяч пра́порщиков - 20 thousand warrant officers
          5 ты́сяч ста́рших офице́ров - 5 thousand senior officers
          23 ты́сячи ли́чного соста́ва - 23 thousand personnel

пониже́ние наступа́тельных возмо́жностей
повыше́ние оборони́тельных возмо́жностей - raising defensive capabilities
         потенциа́ла противота́нковой оборо́ны - raising the potential of
                         anti-tank defense

VOCABULARY EXERCISES

Look through the vocabulary of part 1 of the text «Пойду́т ли ру́сские к Ла-Ма́ншу?», then do the following exercises.

A. Give the nominative and the genitive plural for the following nouns. Mark the stress.

танк, систе́ма, гру́ппа, секре́тность, хара́ктер, си́ла, о́круг, диви́зия, ко́рпус, возмо́жность, оборо́на, полк.

B. Give perfective forms for the following verbs. Conjugate both forms and mark the stress.

отстава́ть, сокраща́ть, расформиро́вывать, увольня́ть.

C. Paraphrase the italicized words.

расформирова́ть гру́ппу войск, *сниже́ние* вое́нного противостоя́ния, *быть позади́* остально́го ми́ра.

D. Give the opposite for the words in italics.

наступа́тельные возмо́жности, *ввести́* вертолётный *отря́д*, *развива́ющиеся* стра́ны, в *двусторо́ннем* поря́дке, *повыше́ние* потенциа́ла.

E. Form nouns from the following verbs.

упраздни́ть управле́ние арме́йского ко́рпуса, вы́вести авиацио́нную диви́зию, отстава́ть от остально́го ми́ра.

F. Give Russian equivalents for the following English phrases.

- reduction in number of U.S. Armed Forces
- reduction in the number of Soviet weapons
- falling behind capitalist countries
- to retire senior officers
- disbanding an Air Defense brigade
- lowering the potential of anti-tank defense
- designed to raise the combat ability of aircraft
- unilaterally
- withdrawal of 5 helicopter detachments

G. **Write sentences to fill in the blanks in each of the groups below. Be able to translate your sentences.**

                                                               (сделать что?)

1.   договор   при́зван   _____
       сокраще́ние сил   при́звано   _____
       расфомирова́ние та́нковых   _____
          диви́зий

                                                            (что? ско́лько?)

2.   в односторо́ннем поря́дке   вы́ведено   _____
                                    сокращено   _____
                                    упразднено́   _____
                                    уво́лено   _____
                                    расформиро́вано   _____

                              (чего)   (от чего́?)

3.   у́ровень   производ́ства   _____   отстаёт   _____
                    сокраще́ния   _____   _____
                    увольне́ний   _____   _____

                                            (кому? чему́?)

4.   информа́ция   досту́пна   _____
       эти да́нные   недосту́пны   _____
       текст догово́ра   недосту́пен   _____

GRAMMAR EXERCISES: REVIEW OF CASES

Review the use of cases as presented in Circle One. Do the following exercises.

A. Determine the use of case in the sentences below. Fill in the blanks. Be able to translate the sentences into English.

1. Закон США об иностранных миссиях даёт (неограниченная власть) _____ запретить (любая трансакция) _____ (иностранные миссии) _____.

2. Премьер-министр маневрирует, идёт на (уступки) _____, чтобы постепенно взять под (контроль) _____ (оппозиция) _____.

3. Нынешнее панамское правительство похоже на (марионетка) _____ в (руки) _____ Вашингтона.

4. Много (палестинцы) _____ покинуло родные места.

5. (Самые обиженные) _____ в результате уравнения в правах оказались наиболее (бедные и тёмные слои) _____ белого населения.

6. Наши успехи при (социализм) _____ свидетельствуют о (правильность) _____ нашего выбора.

7. Генеральная Ассамблея требует (безопасный проход) _____ гражданских судов через (Персидский залив) _____.

8. Некоторые (беженцы) _____ возращаются под конвоем в (лагеря) _____.

9. (Развитие атомной энергии) _____ принадлежит будущее.

10. После испытаний, через (которые) _____ прошёл наш народ, нам не могут показаться (страшные) _____ пустые угрозы.

B. Translate the following sentences.

1. Sociologists do not believe in the effectiveness of an alcohol consumption tax.
2. The co-authors of the bill thanked their advisers for the preparation of the "austerity policy" program.
3. After the signing procedure the Soviet delegation will tour the United States for a week.
4. International banks expect high interest rates as a result of the new US monetary policy.

5. Arms control became a must for the normalization of US-Russian relations.
6. The Pentagon sources disclosed that American POWs in Vietnam were denied the right to correspond with their families.
7. Lybia blamed the United States for the air raid last week.
8. The information concerning a new Soviet submarine contradicts a secret CIA report.
9. Who preceded the general now presiding over the council?
10. Large budget cuts should contribute to the deficit reductions by at least $23 billion.

GRAMMAR: QUANTITIES IN OBLIQUE CASES

Look at the following sentences:

Nominative and accusative (when like nominative)	All other cases (oblique)
Мы прослу́шали мно́го рече́й.	Мы ду́мали о мно́гих реча́х.
Мы ви́дели два за́ла.	Мы бы́ли в двух за́лах.
Мы прослу́шали две ре́чи.	Мы ду́мали о двух реча́х.
Он встётил пять делега́тов.	Он поговори́л с пятью делега́тами.

As you can see, quantities, including numbers, decline except for a) in the nominative, and b) in the accusative (which looks like the nominative).

If a number or quantity is declined and the form changes (e.g. **мно́го** --> **мно́гими**), *the following noun does not automatically go into genitive.* Instead the case of the quantified noun is "normalized." In other words, the case corresponds to sentence position as if no number or quantity were present: **две кни́ги**, but **о двух кни́гах**.

In cardinal numbers ("1, 2, 3," not "first, second, third") *each digit* declines: от 123 челове́к = от ста два́дцати трёх челове́к.

Mass quantities (**ско́лько, мно́го, не́сколько, не́которые**) are declined in *plural* with nouns that can be counted, which is the case in most situations.

Fortunately, except in the most formal of writing, multidigit numbers are not used in places where they would have to be declined. This especially applies to the English expression "between X and Y amount of something." Note that Russian avoids a **между** construction: "Between five and ten delegates were there" is **Там бы́ло пять – де́сять делега́тов.**

GRAMMAR EXERCISES: QUANTITIES IN OBLIQUE CASES

Review Quantities in Oblique Cases. Then do the exercises below.

A. Decline the following words.

	два	три	четыре	двести пятьдесят девять
чего	___	___	_____	_____
чему	___	___	_____	_____
чем	___	___	_____	_____
о чём	___	___	_____	_____

	много	сколько	несколько	некоторые	мало
	(G i v e p l u r a l f o r m s o n l y)				
чего	_____	_____	_____	_____	_____
чему	_____	_____	_____	_____	_____
чем	_____	_____	_____	_____	_____
о чём	_____	_____	_____	_____	_____

B. Fill in the blanks with the correct form. Write out all numbers.

1. На съезд приехали делегаты из (*many cities*) _____.

2. В Европейской конференции участвует более (*35 nations*) _____.

3. Со (*many*) _____ из предложений я не могу согласиться.

4. По этому вопросу просто не может быть (*two points of view*) _____.

5. Мы познакомились с (*three delegates*) _____ - участниками конференции.

6. Согласно компьютерным моделям, выработаннным (*by many scientists*) _____, в результате одного атомного взрыва погибнет около (*two and a half million people*) _____.

7. Новая система распределения ресурсов планируется в (*four cities*) _____.

8. (*In several instances*) _____ было арестовано более (*150 demonstrators*) _____.

9. Новое устройство сразу обеспечивает автоматическое дистанционное управление (*of three machines*) _____.

10. Наш отдел сейчас завершает работу над *(several projects)* _____ более чем в *(five areas)* _____.

11. *(In how many countries)* _____ есть настоящие гарантии прав человека?

12. Данная техника позволяет перевод информации со скоростью до *(2400)* _____ бит в секунду.

SPEAKING EXERCISES

A. Расскажи́те пе́рвую часть те́кста. В своём расска́зе испо́льзуйте сле́дующие выраже́ния.

ита́к; с э́той це́лью; с одно́й стороны́...; с друго́й стороны́...; в результа́те; тем бо́лее, что...; одна́ко; ведь.

B. Сумми́руйте пе́рвую часть в не́скольких предложе́ниях.

C. Отве́тьте на сле́дующие вопро́сы.

1. Как отрази́лась секре́тность на отноше́ниях ме́жду а́рмией и о́бществом в СССР?
2. В чём суть сокраще́ния вооружённых сил СССР?
3. Каковы́ после́дствия э́тих сокраще́ний?
4. Как отрази́лось сокраще́ние вооружённых сил СССР на сове́тской обороноспосо́бности?

D. Дополни́тельные вопро́сы. (optional)

1. Сравни́те отноше́ние к секре́тности в бы́вшем СССР и в США.
2. Объясни́те, как отража́лось односторо́ннее сокраще́ние сове́тских вооружённых сил на перегово́рах об ограниче́нии вооруже́ний.
3. Каку́ю пози́цию занима́ет росси́йское прави́тельство по вопро́су сокраще́ния вооруже́ний?

AUDIO–COMPREHENSION EXERCISE

part 2

Listen to the tape with the following questions in mind:

1. What military contacts took place in August?
2. What did a member of the American delegation say about Gorbachev's proposed cuts in the Warsaw Pact's military presence?
3. According to a member of the USA and Canada Institute, how did NATO react to the proposed cuts?
4. Name at least four actions taken by the U.S. that the Soviets find reassuring.
5. Why is the tone of this piece optimistic towards West Germany?
6. What is said about Canada?
7. In view of the developments cited, does the commentator believe that the arms race is a thing of the past?

Key words

по вопро́сам оборо́ны и госуда́рственной безопа́сности – on questions of defense and national security
пала́та представи́телей Конгре́сса США – House of Representatives of the US Congress
чи́сленность сил передово́го бази́рования Варша́вского Догово́ра – the number of Warsaw Treaty forward-based forces
недопусти́мо риско́ванный – unacceptably risky
пе́рвые при́знаки практи́ческой реа́кции – first signs of a practical reaction
односторо́нние сокраще́ния – unilateral reductions
при́нято реше́ние не развёртывать... – a decision is made not to deploy...
на два го́да ра́ньше сро́ка – two years ahead of schedule
списа́ние ... устаре́вших эсми́нцев... – the retiring of obsolete destroyers
уда́рно-тра́нспортный самолёт – assault transport plane
ко́рпус морско́й пехо́ты – Marine Corps
отменены́ пла́ны оснаще́ния часте́й, обслу́живавших ра́нее ракеты сре́дней да́льности – plans to support units formerly servicing medium-range missiles are canceled

Key verbs

приня́ть:	При́нято реше́ние...– decision is made
ускори́ть:	Уско́рено списа́ние... – writing off is accelerated
сократи́ть:	Сокращены́ заку́пки ... – purchases are reduced
аннули́ровать:	Аннули́рована програ́мма... – program is annulled
отмени́ть:	Отменены́ пла́ны... – plans are cancelled
отложи́ть:	Отло́жено реше́ние...– decision is postponed

TEXT: Read the following text; be able to translate it into English in written form.

Пойдут ли русские к Ла-Маншу?　　　Часть 2

Побывавшая в августе этого года по приглашению Комитета по вопросам обороны и государственной безопасности Верховного Совета СССР делегация комиссии по делам вооружённых сил палаты представителей Конгресса США во главе с Лесом Эспином констатировала в докладе, преданном гласности две недели назад, что американская сторона не имеет сомнений в серьёзности намерений советского правительства и что «сокращения, предложенные Горбачёвым, значительно сократят численность сил передового базирования Варшавского Договора и сделают нападение недопустимо рискованным с точки зрения Советского Союза».

- Появились и первые признаки, свидетельствующие о практической реакции стран НАТО на советские односторонние сокращения, - считает заведующий отделом военно-политических исследований Института США и Канады АН СССР доктор исторических наук С. Рогов. - В Соединённых Штатах в 1990 - 1991 финансовых годах планируется сократить численность вооружённых сил на тридцать тысяч человек. Принято решение не развёртывать 15-ю авианосную группу и на два года раньше намеченного срока выведен из боевого состава авианосец «Корал си» (после вступления в строй нового авианосца). Ускорено списание 14 устаревших эсминцев. Сокращены закупки самолётов F-14 и F/A-18 для ВМС. Аннулирована программа создания ударно-транспортного самолёта «V-22 Osprey» («Рыболов») для корпуса морской пехоты стоимостью в 27 миллиардов долларов. Отменены планы оснащения частей, обслуживающих ранее ракеты средней дальности «Першинг-2», самоходными 155-мм гаубицами или ракетными системами залпового огня. Отложено решение о развёртывании новых бомбардировщиков B-2.

Принято решение о сокращении вооружённых сил ФРГ на 33 тысячи человек, с 48 до 42 сокращается число бригад бундесвера, из которых будет изъято восемьсот танков старых образцов. И Канада отказалась от плана строительства флота из десяти - двенадцати многоцелевых атомных подводных лодок общей стоимостью в 8 миллиардов долларов. Это знак того, что союзники США по НАТО тоже доверяют советскому новому мышлению в военных вопросах.

Правда, считает учёный, речь идёт скорее о замедлении темпов гонки вооружений, но не о её прекращении. Пока США и страны-члены НАТО не хотят поступиться своими основными военными программами, которых, видимо, не хватает для обеспечения национальной безопасности этих стран.

Н. Саутин

Words and expressions to part 2

комиссия по делам вооружённых сил   палаты представителей
                                                                    сената
    - Armed Services Committee
комиссия по   иностранным делам   палаты представителей
    - House Committee on Foreign Affairs
                                                     сената
    - Senate Foreign Relations Committee

                              (чему?)
предавать/предать гласности результаты поездки
       -ют   -дут   итоги встречи в верхах
преданный
                    (в чём?)
иметь сомнения   в серьёзности советских намерений
                 в сокращении корпуса морской пехоты

                          (о чём?)
свидетельствовать   об одностороннем сокращении
            -уют   о сокращении сил передового базирования
 - to testify to the reduction of forward-based forces
                (чем?)
заведующий   отделом – Department chairman (research institutions)
              сектором – Section chaiman
              кафедрой – Department chairman (educational institutions)

принимать/принять решение
      -ют примут
принятый
                    (perfective infinitive)
принято решение сократить закупки истребителей в следующем финансовом году
   - decision is made to reduce purchases of fighters in the next fiscal year
                развернуть авианосные группы – to deploy aircraft-carrier
                                                                    groups
                списать 14 устаревших эсминцев – to retire 14 outmoded
                                                                    destroyers
                аннулировать программу создания ударно-транспортного самолёта
                    - to cancel the program to build an assault-transport plane

разворачивать/развернуть
           -ют   -ўт
развёрнуты   новые бомбардировщики B-2
              силы передового базирования

списывать/списать
      -ют спишут
списано   устаревшее оборудование – obsolete equipment
списаны   пусковые установки 70-х годов – launchers from the 70s

аннули́рована   програ́мма строи́тельства многоцелево́й а́томной подво́дной ло́дки
                                 - multi-purpose nuclear-powered submarine
аннули́ровано   обслу́живание   раке́т сре́дней да́льности
                                часте́й специа́льного назначе́ния

                    (imperfective infinitive)
при́нято реше́ние   не отменя́ть пла́ны замедле́ния го́нки вооруже́ний
                    не выводи́ть из боево́го соста́ва э́тот авиано́сец
                    - not to take this aircraft carrier out of service
                    не вводи́ть в строй э́тот авиано́сец
                    - not to make this aircraft operational

                            (чем?)
оснаща́ть/оснасти́ть части   самохо́дными га́убицами
    -ют   -я́т   раке́тными систе́мами за́лпового огня́
- to support units with MLRS (Multiple Launcher Rocket System)
                            та́нками ста́рых образцо́в

                          (чем?)
поступи́ться   вое́нным превосхо́дством в во́здухе
посту́пятся
- to sacrifice one's air superiority
                       основны́ми вое́нными програ́ммами

                     (чего́?)
(не) хвата́ет   но́вых вое́нных програ́мм
                 ли́чного соста́ва
нехва́тка (no pl.)   самолётов
                 артилле́рии

VOCABULARY EXERCISES

Look through the vocabulary for part 2 of the text «*Пойду́т ли ру́сские к Ла-Ма́ншу?*», and then do the following exercises.

A. Give the nominative and the genitive plural for the following nouns. Mark the stress.

заве́дующий, нехва́тка, представи́тель, пехо́та, ко́рпус.

B. Give perfective forms for the following verbs. Conjugate both forms and mark the stress.

развора́чивать, спи́сывать, оснаща́ть.

C. Paraphrase the italicized words.

оглашáть результáты поéздки, *сомневáться* в серьёзности, *докáзывать* серьёзность намéрений, *главá* отдéла, *размещáть* сúлы передовóго базúрования, *брáть на вооружéние, снабжáть* чáсти самохóдными гáубицами, *откáзываться от* основнúх прогрáмм, *недостáток* артиллéрии.

D. Give the opposite for the words in italics.

вводúть в стрóй нóвую систéму, *держáть в секрéте* итóги встрéчи, *одноцелевóй.*

E. Give Russian equivalents for the following phrases.

- shortage of personnel
- decision was made not to retire the launchers
- to support the unit with self-propelled howitzers
- House Committee on Foreign Affairs
- forward-based forces are deployed
- doubts concerning possible reduction of marine corps
- department chairman (university)
- obsolete destroyers are retired
- servicing of special forces' units is cancelled

F. Write sentences to fill in the blanks in each of the groups below. Be able to translate your sentences.

		(о чём?)
1.	сокращéние совéтских вооружéний свидéтельствует	_____
	развёртывание нóвых систéм	_____
	нехвáтка продýктов питáния	_____

		(чего?)
2.	в развивáющихся стрáнах не хватáет	_____
	в Россúи	_____
	в войскáх	_____

			(в чём?)
3.	сенáторы	имéют сомнéния	_____
	завéдующий сéктором	имéет	_____
	комáндование áрмии		_____

		(не дéлать чегó?)
4.	главнокомáндующий принял решéние	_____
		_____
		_____

		(сдéлать что?)
генерáльный штаб	прúнял решéние	_____
		_____
		_____

5. комúссия по делáм вооружённых сил предалá глáсности

(что?)
_____
_____
_____

6. военнопромы́шленный кóмплекс не желáет поступúться
    вы́сший офицéрский состáв
    россúйское руковóдство

(чем?)
_____
_____
_____

7. отмены́ плáны оснащáть чáсти

(чем?)
_____
_____
_____

G. Translate the following sentences using vocabulary from parts 1 and 2.

1. The Air Force will never decide to sacrifice U.S. air superiority.
2. The Armed Services Committee made public its decision not to cancel the program for the development of a multi-purpose nuclear-powered submarine.
3. If we stop supporting troops with short range missiles, it will reduce our combat readiness.
4. Conservatives had doubts about Soviet intentions to retire thirty percent of their army personnel in Eastern Europe.
5. New purchases of F/A-18 fighters do not testify to a lack of financial support for defense programs on the Hill.
6. Unilaterally the Soviet Union has disbanded three groups of forces outside its territory.
7. A huge reduction in the number of Soviet weapons was intended to make the offensive character of the Soviet forces a defensive one.
8. The current retirement of thousands of personnel may lead to unemployment in the civilian branches of industry.
9. Public oversight groups make public information which is not accessible to the average citizen.
10. The number of operational-maneuver groups on Soviet territory exceeds the number of such groups overseas.

GRAMMAR EXERCISE: REVIEW OF CASES

Review the use of cases as presented in Circle One.   Do the following exercise.

Determine the use of case in the sentences below. Fill in the blanks. Be able to translate these sentences into English.

1.   (Противоречивость) _____ агрессивных (действия) _____ США противостоит неуклонная политика мира СССР.

2.   (Все) _____ давно стало ясно, что план разработки СОИ лишён (любая человеческая логика) _____.

3.   (Ракеты) _____ можно управлять с помощью (простейшая система дистанционного управления) _____.

4.   Беспорядки и манифестации послужили (повод) _____ для (новая волна) _____ массовых репрессий.

5.   Стасов оказался (неспособный) _____ командовать (целая дивизия) _____.

6.   В некоторых областях зравоохранение США отстаёт от (развитые капиталистические страны) _____.

7.   Стороны согласились на (обмен) _____ (информация) _____ относительно (потеря) _____ озона в стратосфере.

8.   Никарагуанский подход к вопросу подвергся (острая критика) _____.

9.   Экономический спад нанёс ущерб (целый ряд) _____ (отрасли промышленности) _____, в том числе и (электроника) _____.

10.   Многие считают (необходимое) _____ рассчитывать на (ядерный арсенал) _____ США для (полная безопасность) _____ страны.

11.   Организация «Международная амнистия» рассматривает гарантию прав человека как (одна из главных обязанностей) _____ любого государства.

GRAMMAR: VERBS OF MOTION, CARRYING AND LEADING IN IDIOMATIC USAGE

A list of idioms with verbs of motion and their derivatives:

Verbs of going:

граница идёт на се́вер – the border runs north
о чём идёт речь? – what is being discussed?

это усло́вие вхо́дит в соглаше́ние – to enter into an agreement
он вхо́дит в комите́т по... – he is a member of the committee on...
зако́н вхо́дит в си́лу – the law goes into effect
вхожде́ние зако́на в си́лу – coming of law into effect
вход – entrance
входно́й биле́т – admission ticket

выходи́ть из комите́та по... – to leave a committee
выходи́ть в отста́вку – to retire, to resign
ничего́ из э́того не вы́шло – nothing came of it
вы́ход – exit
безвы́ходное положе́ние – a hopeless situation
выходно́й день – day off

дойти́ до примене́ния я́дерного ору́жия – to end up using nuclear weapons
дохо́д – income
подохо́дный нало́г – income tax

находи́ть вы́ход из положе́ния – to find a way out of a situation
находи́ться – to be located

переходи́ть в наступле́ние – to take the offensive
переходи́ть грани́цу – to cross a frontier, border
переходи́ть из рук в ру́ки – to change hands
переходи́ть в друго́е гражда́нство – to change one's citizenship
перехо́д – transition

приходи́ть к вы́воду – to come to a conclusion
приходи́ть к концу́ – to come to an end

подходи́ть к пробле́ме – to approach a problem
подхо́д – approach

проходи́ть исто́рию – to study history
прохо́д – passage
про́шлое – the past
проше́дшее вре́мя – past tense

сходи́ть с ума́ – to go mad, crazy
сумасше́ствие – madness
сумасше́дший – madman

Verbs of carrying:

вноси́ть предложе́ние – to submit a proposal
вноси́ть попра́вку – to introduce an amendment
вноси́ть в спи́сок – to enter on a list

выноси́ть пригово́р – to render a verdict
вынесе́ние пригово́ра – rendering of a verdict
выноси́ть страда́ния – to endure suffering
выно́сливость – endurance
выно́сливый – enduring
невыноси́мый – unbearable

наноси́ть пораже́ние – to inflict a defeat
нанесе́ние пораже́нения – inflicting of a defeat

понести́ пораже́ние – to suffer a defeat

относи́ться к пробле́ме с безразли́чием – to treat a problem with indifference
отноше́ния – relations
относи́тельный – relative (adj.)

произноси́ть речь – to make a speech
произноше́ние – pronounciation
ему́ везёт – he is lucky
везе́ние – luck

Verbs of leading:

вести́ перегово́ры – to conduct negotiations
веде́ние перегово́ров – conducting negotiations

вводи́ть рефо́рмы – to introduce reforms
вводи́ть зако́н в си́лу – to put a law into effect
введе́ние – introduction

вводи́ть войска́ – to bring in troops, to invade
ввод войск – bringing in troops
выводи́ть из тупика́ – to resolve a deadlock
выводи́ть войска́ – to withdraw troops
вы́вод войск – troop withdrawal

доводи́ть до све́дения – to bring to one's knowledge
до́вод – reasoning (in an argument)

заводи́ть в тупи́к – to deadlock
заводи́ть но́вые поря́дки – to establish new ways

наводи́ть раке́ты на города́ – to sight (aim) missiles at a city
наведе́ние раке́т – sighting (aiming) of missiles

приводи́ть к войне́ – to result in a war
приводи́ть в доказа́тельство – to produce evidence
приводи́ть в исполне́ние – to carry out, to execute
приводи́ть в удивле́ние – to surprise

перево́д – translation

поведе́ние – behavior

GRAMMAR EXERCISE: VERBS OF MOTION, CARRYING AND LEADING IN IDIOMATIC USAGE

Use verbs of motion, carrying and leading to translate the sentences below:

1. Our Western and Eastern frontiers run along the ocean.
2. New legislation was adopted last March and will go into effect in January, 1993.
3. The discussion concerns new credits to regimes which do not respect the elementary rights of their citizens.
4. Nothing resulted from the new economic policy of economic austerity.
5. Which items of the agenda have become parts of the agreement?
6. Our negotiating team has walked out on the committee as a protest against the latest Sino-Soviet clashes.
7. Having lost in the presidential campaign, Stevenson retired after thirty years in active politics.
8. Do we have a progressive income tax in the United States?
9. –Do you see a way out?
   –No, I am afraid the situation is pretty hopeless.
10. During most of his days off he works on a project for a new system of tariffs.
11. It is possible that the continuous arms race will end in the actual use of nuclear weapons by one or more sides.
12. Where are the launching silos for the old Titan and Minuteman systems situated?
13. This piece of territory has changed hands at least five times in the last ten years.
14. After a prolonged defense, the army launched an attack.

15. We arrived at the conclusion that the Administration's policy of force jeopardizes stability in the hemisphere.
16. The ten-century rule of the dynasty has finally come to an end.
17. Although he has changed his country of residence, he has not changed his citizenship.
18. Last semester we covered the History of Soviet International Relations until the Second World War.
19. —What was going on in Afganistan in the eighties?
    —It turned into the Soviet version of Vietnam.
20. Nuclear war will be the last insanity of mankind.

RENDERING

The superpowers conclude a comprehensive agreement on general and complete disarmament. Nuclear, chemical, and biological weapons are to be scrapped totally. Research, development, and deployment of spaced-based weapons is banned. Troop strength is to be cut to less than 300,000. Each country is to be limited to no more than ten tank divisions. Military spending is to be slashed to no more than ten percent of GNP, with major cutbacks in research and development of new systems, as well as in the deliveries of existing systems. No new offensive aircraft systems are allowed. New missile systems are put on hold.

The billions of dollars saved are to be reinvested into domestic needs. This "peace dividend" makes the world a better place in which to live. Right?

Maybe. The world becomes a much safer place to live, or at least seems to be. But what does the peace dividend do for the economy of each country?

In the United States, a great many defense contractors are faced with either retooling for non-defense industry ("Now you can hunt rabbits with heat-seeking shotguns from your own Cessna"?) or laying off thousands. Local economies that depend on the Pentagon suffer. What would happen to the one set of government agencies, the Armed Forces, which have a good record as a anti-discriminatory employer to an upwardly mobile work force? Would Congress replace this with an equally massive jobs program? More likely Congress would seize the opportunity to turn military cuts into budget cuts.

The Soviet Union might face even greater problems. How would the Kremlin deal with its bloated officer corps? How would it handle the thousands of majors, colonels, and generals stripped of power and privilege? As one observer close to Gorbachev remarked at the beginning of the 1990s, "It is easier to retire a tank than a general. There is neither housing nor jobs for all the generals that we are supposed to bring home. We are moving into a very difficult moment that will be unpredictable."

Would a significant drop in military outlays not lead to rising expectations that could not be met? What would come of the much ballyhooed conversion of military resources to peaceful use, in which thousands of somewhat efficient defense industrial facilities are turned over to achingly inefficient civilian ministries

*whose   main   raison   d'etre   is   turf   protection?
Privatization may provide a solution for those in the
apparat brave enough to try it. But such efforts face
formidable obstacles: a lack of know-how and start-up
capital, as well as a lingering urge on the part of the
military to keep what was classified classified.*

*One possible all-encompassing measure that might
make kicking the military industrial habit easier all
around would be a second Marshall Plan, this one for the
Soviet Union. The promoters of   a second Marshall plan
see it as the logical extension of general disarmament.
Don't run to cut the budget quite yet, they argue. Send
would-be defense contractors to the Soviet Union thelp
them with their economy while both countries get used to
the idea of shrinking what was once a large section of
of both countries' GNP.*

SPEAKING EXERCISES

A. Расскажи́те часть 2 те́кста.

B. Расскажи́те ту же часть с то́чки зре́ния америка́нского вое́нного. В своём расска́зе испо́льзуйте сле́дующие выраже́ния.

причём; на са́мом де́ле; одна́ко; несомне́нно; неслуча́йно; вот почему́.

C. Сумми́руйте весь текст в не́скольких предложе́ниях.

D. Отве́тьте на сле́дующие вопро́сы.

1. Как сове́тские сокраще́ния рассма́триваются на За́паде?
2. Отвеча́ют ли США и их сою́зники по НА́ТО на сове́тские шаги́ по сокраще́нию сове́тских арсена́лов?

E. Дополни́тельные вопро́сы. (optional)

1. Счита́ете ли вы, что измене́ния в сове́тской вое́нной поли́тике позво́лят США дополни́тельно напра́вить кру́пные ассигнова́ния на ми́рные це́ли?
2. Полага́ете ли вы, что распа́д ОВД автомати́чески означа́ет зака́т НА́ТО?

READING EXERCISE

Бороться со сталинизмом.   Эльдар Рязанов

PRE-TEXT: Eldar Ryazanov is one of the Soviet Union's leading film-makers. His work includes some of the wittiest comedies to grace the Soviet screen. Read the text with the following questions in mind:

1.   What is the article about?

PARAGRAPH 2
2.   This paragraph emphasizes that... (Mark the correct answer):
    a.   it is only human nature to seek change.
    b.   people tend to cling to the past because their whole existence depends on it.

3.   What might the recognition of the past lead to?

PARAGRAPH 3
4.   Stalinist ideology... (Check the correct answer):
    a.   does not take a lot of brain power.
    b.   cannot be understood by the average person.

5.   According to the author, why were the best and the brightest annihilated?

PARAGRAPHS 4, 5, 6
6.   The author believes that at some point a basic change in fundamental concepts took place. Name three examples used to support this point of view.

PARAGRAPH 7
7.   What is said about many of today's textbooks? (Check the correct answer):
    a.   They teach critical thinking.
    b.   They give distorted information.
    c.   They contain well-formulated concepts.

PARAGRAPH 8
8.   Some have positive views of the past. How do they answer those who are more critical?

PARAGRAPH 9
9.   What is Ryazanov's comment on the rosy view of the past cited in paragraph 7?

PARAGRAPH 10
10. The author believes that... (Check the correct answer):
    a.   there is no way out of such a deeply entrenched past.
    b.   positive change can be easily initiated from above.
    c.   it will take years of effort to break with the past.
    d.   no people can ever escape their own history.

POST-TEXT (using context):

1.   The idea in this story is developed...(check the correct answer):
    a.   from general to concrete.
    b.   by a list of examples leading to a general statement.

PARAGRAPH 2
2.   Find several uses of repetition or redundancy in this paragraph.

3.   Paraphrase the words *прошлое* and *по-моему.*

PARAGRAPH 3
4.   Find the sentence beginning with *потому-то и уничтожались смышлёные....* To what statement does it refer?
5.   What is the opposite for *сложный?*

PARAGRAPH 4
6.   Paraphrase **произошло** *это.*

PARAGRAPHS 5, 6
7.   These paragraphs contain two definitions. Each one is followed by a question. These questions serve to... (Check the correct answer):
    a.   refute the definitions
    b.   support them

8.   Find uses of redundancy in this paragraph.

PARAGRAPH 7
9.   To what does *С этих* **позиций...** refer in the paragraph 6?
10.   Find the sentence beginning with *Чего же удивляться, что сталинщина пустила у нас глубокие корни?.* Is this a purely rhetorical question, or is an answer expected?

PARAGRAPHS 8, 9
11.   Does the statement in paragraph 9 contradict or illustrate the statement in paragraph 8 starting with words *Зато, - говорят эти некоторые, - были же в нашей истории Днепрогэс и Магнитка?*
12.   What derivatives for the word *чудовище* do you know?

PARAGRAPH 10
13.   Find uses of redundancy in this paragraph.

14. The tone of entire article is best characterized as a... (Mark the correct answer):
    a.   sarcastic diatribe
    b.   rose-colored sermon
    c.   call to arms
    d.   forecast of doom

15. Pick the correct meaning of the following words below:

ли́повый	a.	lime-blossom
	b.	phoney
впи́сываться в	a.	to write in
	b.	to blend in
досту́пный	a.	accessible
	b.	within reach
показу́шный	a.	ostentatious
	b.	for show
психу́шка	a.	a madwoman
	b.	a mental institution
смышлёный	a.	sensible
	b.	intelligent
вбива́ть зна́ния	a.	to cram knowledge in
	b.	to gain knowledge
пусти́ть ко́рни	a.	to root
	b.	to let someone settle down

16. Find the Russian for:

    – to be escorted
    – to breed and multiply
    – given a different turn of events
    – to report one's father to the authorities

ПОЧЕМУ!

Бороться со сталинизмом

Эльдар РЯЗАНОВ

Почему же у нас так много адептов сталинизма? На мой взгляд, существуют четыре причины, обеспечивающие его живучесть.

Во-первых, у нас немалое количество обычных, нормальных людей, которые идеализируют прошедшее, держатся за устаревшие взгляды, воинственно провозглашают умершие догмы. Происходит такое, с моей точки зрения, потому, что если признать ужас минувших лет, то придется во многом перечеркнуть свою жизнь. Придется отказаться от многих идеалов, которые оказались ложными. А ведь неоспоримо признать, что ты прожил под липовыми лозунгами, что не жалел своих сил и здоровья подчас ради обманных, показушных ценностей. И многие цепляются за сталинизм или за его разновидность, брежневщину.

Во-вторых, эта «идеология» удобна еще и потому, что не требует чрезмерных мозговых затрат. Она примитивна, четко сформулирована и поэтому доступна каждому. «Кто не с нами, тот против нас». «Если враг не сдается, его уничтожают». С таким упрощенным, практичным «марксизмом» командовать народом мог любой ефрейтор, неважно, был ли он в форме генералиссимуса или же в штатском. Потому-то и уничтожались смышленые, не вписывающиеся в казарменный социализм, талантливые, непокорные конкуренты. Тогда как безнравственные и послушные плодились и размножались...

В-третьих, у нас произошла подмена понятий. Случилось это еще в тридцатые годы. Скажем, слово «советский» означало практически слово «сталинский». К примеру, Советская, она же Сталинская, Конституция. Причем эта подмена жива и поныне и частенько ощущается в статьях разного рода.

Я много раз задавал себе вопрос, что означает такой термин, изобретенный в середине тридцатых, как «социалистический реализм». Что такое реализм вообще — известно. Реалистический — это жизненный, правдивый, взятый из жизни. А реализм социалистический? Что это — украшательский, лакировочный, льстивый, надувательский, угождающий власти, обманный? Кто-то из шутников сказал: «Соцреализм — это такой художественный метод, который рассказывает приятное начальникам в доступной им форме».

А что такое советский гуманизм? И чем он отличается от обычного? Нормальный, общепринятый гуманизм — это человечность, человеколюбие. А советский гуманизм вдохновлял Павлика Морозова доносить на отца. Советский гуманизм в сталинские времена отправлял на десять лет в лагеря тех, кто имел несчастье попасть в немецкий плен. Советский гуманизм в брежневские времена сажал в «пси-хушки» или насильственно высылал из страны деятелей культуры за инакомыслие. Это наш, советский гуманизм придумал поистине иезуитскую формулировку: «Если тебя хвалит враг (т. е. империалисты), значит, ты льешь воду на мельницу врага, значит, ты — не наш человек...».

С этих позиций написаны сотни учебников по истории, литературе, юриспруденции, обществоведению, по всем гуманитарным наукам. По этим учебникам учились и учатся многие поколения, десятки миллионов. Людям с детства вбивали и продолжают вбивать мутные, исковерженные, фальшивые знания. Чего же удивляться, что сталинщина пустила у нас глубокие корни? Уж очень питательна почва, благоприятна среда, удобен климат.

И, в-четвертых. Некоторым — и их немало — кажется, что, мол, хватит копаться в прошлом, «чернить» его, обнажать и вытаскивать всяческие мерзости из нашей истории. Им хочется комфортности души, они бронируют свою совесть, не желая знать о чудовищном и кровавом. «Зато,— говорят эти некоторые,— были же в нашей истории Днепрогэс и Магнитка». Ну, может, при другом повороте нашего развития у нас было бы десять Магниток и двадцать Днепрогэсов?

Кстати, помимо Магнитки и Днепрогэса, были еще и Беломорканал и канал имени Москвы, и Волго-Донской канал. И плывут сейчас по ним белоснежные корабли (и есть среди них те, что носят до сих пор имена Андрея Жданова и Михаила Суслова), над костями сотен тысяч несчастных, копавших эти каналы вручную под неусыпным конвоем ВОХРы...

Борьба со сталинизмом — это надолго. На многие годы. Она требует от каждого неустанных усилий. И наш долг — деятелей искусства — своими фильмами, книгами, картинами, спектаклями, статьями ежедневно разрушать, разбивать, разламывать это проклятое прошлое, которое сидит в каждом из нас.

APPENDIX

DECLENSION OF NOUNS

Masculine nouns

	-consonant	- й	- ь
Nom.	мини́стр–	геро́ й	секрета́р ь
Gen.	мини́стр а	геро́ я	секретар я́
Dat.	мини́стр у	геро́ ю	секретар ю́
Acc.(1*)	мини́стр а	геро́ я	секретар я́
(inanimate)	догово́р–	музе́ й	календа́р ь
Inst.(2*)	мини́стр ом	геро́ ем	секретар ём
Prep.	мини́стр е	геро́ е	секретар е́

	-consonant	- й	- ь
Nom.	мини́стр ы	геро́ и	секретар и́
Gen.	мини́стр ов	геро́ ев	секретар е́й
Dat.	мини́стр ам	геро́ ям	секретар я́м
Acc.(1*)	мини́стр ов	геро́ ев	секретар е́й
(inanimate)	догово́р ы	музе́ и	календар и́
Inst.	мини́стр ами	музе́ ями	секретар я́ми
Prep.	мини́стр ах	геро́ ях	секретар я́х

	- ий	Fleeting o,e,ё
Nom.	морато́ри й	америка́нец–
Gen.	морато́ри я	америка́нц а
Dat.	морато́ри ю	америка́нц у
Acc.(1*)	морато́ри й	америка́нц а
(animate)	пролета́ри й (inanimate)	ве́тер–
Inst.(2*)	морато́ри ем	америка́нц ем
Prep.	морато́ри и	америка́нц е

	- ий	Fleeting o,e,ё
Nom.	морато́ри и	америка́нц ы
Gen.	морато́ри ев	америка́нц ев
Dat.	морато́ри ям	америка́нц ам
Acc.(1*)	морато́ри и	америка́нц ев
(animate)	пролета́ри ев (inanimate)	ве́тры
Inst.	морато́ри ями	америка́нц ами
Prep.	морато́ри ях	америка́нц ах

---

1. The accusative case (singular and plural) of masculine animate nouns and the accusative *plural* of feminine animate nouns are the same as the genitive; the accusative of all other nouns is the same as nominative.

2. When stressed, –ем becomes –ём and –ей becomes ёй.

Feminine nouns

	– а	– я
Nom.	угро́з а	ассамбле́ я
Gen.	угро́з ы	ассамбле́ и
Dat.	угро́з е	ассамбле́ е
Acc.	угро́з у	ассамбле́ ю
Inst.(2)	угро́з ой	ассамбле́ ей
Prep.	угро́з е	ассамбле́ е

	– а	– я
Nom.	угро́з ы	ассамбле́ и
Gen.	угро́з–	ассамбле́ й
Acc.(1*)	угро́з ы	ассамбле́ и
(animate)	перево́дчиц–	тёт ей
Inst.	угро́з ами	ассамбле́ ями
Prep.	угро́з ах	ассамбле́ ях

	– ия	– ь
Nom.	делега́ци я	реч ь
Gen.	делега́ци и	ре́ч и
Dat.	делега́ци и	ре́ч и
Acc.	делега́ци ю	реч ь
Inst.(2)	делега́ци ей	ре́ч ью
Prep.	делега́ци и	ре́ч и

	– ия	– ь
Nom.	делега́ци и	ре́ч и
Gen.	делега́ци й	реч е́й
Dat.	делега́ци ям	реч а́м
Acc.(1)	делега́ци и	ре́ч и
Inst.	делега́ци ями	реч а́ми
Prep.	делега́ци ях	реч а́х

Neuter nouns

	– о	– е	– ие	– мя
Nom.	прави́тельств о	мо́р е	мне́ни е	вре́м я
Gen.	прави́тельств а	мо́р я	мне́ни я	вре́м ени
Dat.	прави́тельств у	мо́р ю	мне́ни ю	вре́м ени
Acc.	прави́тльств о	мо́р е	мне́ни е	вре́м я
Inst.	прави́тельств ом	мо́р ем	мне́ни ем	вре́м енем
Prep.	прави́тельств е	мо́р е	мне́ни и	вре́м ени

	– о	– е	– ие	– мя
Nom.	прави́тельств а	мор я́	мне́ни я	времен а́
Gen.	прави́тельств–	море́ й	мне́ни й	врем ён
Dat.	прави́тельств ам	мор я́м	мне́ни ям	врем ена́м
Acc.	прави́тельств а	мор я́	мне́ни я	времен а́
Inst.	прави́тельств ами	мор я́ми	мне́ни ями	времен а́ми
Prep.	прави́тельств ах	мор я́х	мне́ни ях	врем ена́х

The masculine noun *путь* has characteristics of both masculine and feminine declension patterns.

Nom.	пут	ь
Gen.	пут	й
Dat.	пут	й
Acc.	пут	ь
Inst.	пут	ём
Prep.	пут	й

Nouns with the ending *–анин/янин*

Nom.	англича́нин–	
Gen.	англича́нин	а
Dat.	ангича́нин	у
Acc.	англича́нин	а
Gen.	англича́нин	ым
Prep.	англича́нин	е

Nom.	англича́н	е
Gen.	англича́н–	
Dat.	англича́н	ам
Acc.	англича́н–	
Inst.	англича́н	ами
Prep.	англича́н	ах

DECLENSION OF PRONOUNS

Personal pronouns

Nom.	я	ты	он	она́	оно́
Gen.	меня́	тебя́	его́ (у него́)	её (у неё)	его (у него́)
Dat.	мне	тебе́	ему́ (к нему́)	ей (к ней)	ему́ (к нему́)
Acc.	меня́	тебя́	его́ (на него́)	её (на неё)	его (на него́)
Inst.	мной (мно́ю)	тобо́й (тобо́ю)	им (с ним)	ей, е́ю (с ней, с не́ю)	им (с ним)
Prep.	(обо) мне	(о) тебе́	(о) нём	(о) ней	(о) нём

Nom.	мы	вы	они́
Gen.	нас	вас	их (у них)
Dat.	нам	вам	им (к ним)
Acc.	нас	вас	их (на них)
Inst.	на́ми	ва́ми	и́ми (с ни́ми)
Prep.	(о) нас	(о) вас	(о) них

The reflexive pronoun *себя*

Nom.	–
Gen.	себя́
Dat.	себе́
Acc.	себя́
Inst.	собо́й
Prep.	себе́

Possessive pronouns/adjectives

Nom.	мо й	мо я́	мо ё	тво й	тво я́	тво ё
Gen.	мо его́	мо ей	мо его́	тво его́	тво е́й	тво его́
Dat.	мо ему́	мо ей	мо ему́	тво ему́	тво ей	тво ему́
Acc.	мо его́	мо ей	мо ему́	тво его́	тво ю́	тво ё
	мо й		тво й			
Inst.	мо и́м	мо ей	мо и́м	тво и́м	тво е́й	тво и́м
Prep.	(о) мо ём	(о) мо ей	(о) мо ём	(о) тво ём	(о) тво ей	(о) тво ей

Nom.	наш–	на́ш а	на́ш е	ваш–	ва́ш а	ва́ш е
Gen.	на́ш его	на́ш ей	на́ш его	ва́ш его	ва́ш ей	ва́ш его
Dat.	на́ш ему	на́ш ей	на́ш ему	ва́ш ему	ва́ш ей	ва́ш ему
Acc.	на́ш его	на́ш у	на́ш е	ва́ш его	ва́ш у	ва́ш е
	наш			ваш		
Inst.	на́ш им	на́ш ей	на́ш им	ва́ш им	ва́ш ей	ва́ш им
Prep.	(о) на́ш ем	(о) на́ш ей	(о) на́ш ем	(о) ва́ш ем	(о) ва́ш ей	(о) ва́ш ем

Nom.	мо и́	тво и́	на́ш и	ва́ш и
Gen.	мо и́х	тво и́х	на́ш их	ва́ш их
Dat.	мо и́м	тво и́м	на́ш им	ва́ш им
Acc.	мо и́х	тво и́х	на́ш их	ва́ш их
	мо и́	тво и́	на́ш и	ва́ш и
Inst.	мо и́ми	тво и́ми	на́ш ими	ва́ш ими
Prep.	(о) мо и́х	(о) тво и́х	(о) на́ш их	(о) ва́ш их

Interrogative pronouns

Nom.	кто?	что?
Gen.	кого́?	чего́?
Dat.	кому́?	чему́?
Acc.	кого́?	что?
Inst.	кем?	чем?
Prep.	(о) ком?	(о) чём?

Negative pronouns

Nom.	никто́		ничто́
Gen.	никого́ (ни у кого́)		ничего́ (не для чего́)
Dat.	никому́ (ни к кому́)		ничему́ (не к чему́)
Acc.	никого́ (ни на кого́)		ничто́ (ни за что)
Inst.	нике́м (ни с кем)		ниче́м (ни с чем)
Prep.	ни о ко́м		ни о чём

САМ, САМА́, САМО́, САМИ

Nom.	сам	сама́	само́	са́ми
Gen.	самого́	само́й	самого́	сами́х
Dat.	самому́	само́й	самому́	сами́м
Acc.	самого́	саму́	само́	сами́х
		само́е		
Inst.	сами́м	само́й	сами́м	сами́ми
Prep.	(о) сами́х	(о) само́й	(о) само́м	(о) сами́х

ВЕСЬ, ВСЯ, ВСЁ, ВСЕ

Nom.	весь	вся	всё	все
Gen.	всего́	всей	всего́	всех
Dat.	всему́	все́й	всему́	всем
Acc.	всего́	всю	всё	всех
	весь			все
Inst.	всем	всей	всем	все́ми
Prep.	(обо) всём	(обо) всей	(обо) всём	(обо) всех

ЧЕЙ, ЧЬЯ, ЧЬЁ, ЧЬИ

Nom.	чей	чья	чьё	чьи
Gen.	чьего́	чьей	чьего́	чьих
Dat.	чьему́	чьей	чьему́	чьим
Acc.	чьего́	чью	чьё	чьих
	чей			чьи
Inst.	чьим	чьей	чьим	чьи́ми
Prep.	(о) чьём	(о) чьей	(о) чьём	(о) чьих

DECLENSION OF ADJECTIVES

Adjectives with stems ending in к, г, х, ж, ч, ш, щ take hard endings unless any of the following rules is violated:

1. After *к г х ж ч ш щ,* *ы* is replaced by *и.*
    русский, больши́е

2. After   *ж ч ш щ,* unstressed *o* is replaced by *e.*
    хоро́шего but большо́го

Masculine adjectives

	H A R D Regular	Stressed Ending	S O F T
Nom.	но́в ый	молод о́й	бли́жн ий
Gen.	но́во ого	молод о́го	бли́жн его
Dat.	но́в ому	молод о́му	бли́жн ему
Acc.	но́в ого	молод о́го	бли́жн его
	но́в ый	молод о́й	бли́жн ий
Inst.	но́в ым	молод ы́м	бли́жн им
Prep.(о)	но́в ом	(о) молод о́м	(о) бли́жн ем

Feminine adjectives

	H A R D Regular	Stressed Ending	S O F T
Nom.	но́в ая	молод а́я	бли́жн яя
Gen.	но́в ой	молод о́й	бли́жн ей
Dat.	но́в ой	молод о́й	бли́жн ей
Acc.	но́в ую	молод у́ю	бли́жн юю
Inst.	но́в ой	молод о́й	бли́жн ей
Prep.(о)	но́в ой	(о) молод о́й	(о) бли́жн ей

Neuter adjectives

	H A R D Regular	Stressed Ending	S O F T
Nom.	но́в ое	молод о́е	бли́жн ее
Gen.	но́в ого	молод о́го	бли́жн его
Dat.	но́в ому	молод о́му	бли́жн ему
Acc.	но́в ое	молод о́е	бли́жн ее
Inst.	но́в ым	молод ы́м	бли́жн им
Prep.(о)	но́в ом	(о) молод о́м	(о) бли́жн ем

Plural adjectives

	HARD		SOFT
	Regular	*Sressed Ending*	
Nom.	нóв ые	молод ы́е	6лѝжн ие
Gen.	нóв ых	молод ы́х	6лѝжн их
Dat.	нóв ым	молод ы́м	6лѝжн им
Acc.	нóв ых	молод ы́х	6лѝжн их
	нóв ые	молод ы́е	6лѝжн ие
Inst.	нóв ыми	молод ы́ми	6лѝжн ими
Prep.	(о) нóв ых	(о) молод ы́х	(о) 6лѝжн их

DECLENSION OF NUMERALS

ОДИН

	masc.	*neut.*	*fem.*	*plur.*
Nom.	одѝн	однó	однá	однѝ
Gen.	одногó	однóй	однѝх	однѝх
Dat.	одномý	однóй	однѝм	однѝм
Acc.	одѝн (inanim)	однó	однý	однѝ (inanim)
	одногó (anim)			однѝх (anim)
Inst.	однѝм		однóй (óю)	однѝми
Prep.	(об) однóм	(об) однóй	(об) однѝх	(об) однѝх

	2	3	4	5 – 20,30
Nom.	два,две	три	четы́ре	пять
Gen.	двух	трёх	четырёх	пятѝ
Dat.	двум	трём	четырём	пятѝ
Acc.	два (masc, neut)	три (masc, neut).	четы́ре (masc,neut)	пять
	двух (fem)	трёх (fem)	четырёх (fem)	
Inst.	двумя́	тремя́	четырьмя́	пятью
Prep.	(о) двух	(о) трёх	(о) четырёх	(о) пятѝ

	50 – 80	200 – 400	500 – 900
Nom.	пятьдеся́т	двéсти	пятьсóт
Gen.	пятѝдеся́ти	двухсóт	пятисóт
Dat.	пятѝдеся́ти	двумстáм	пятистáм
Acc.	пятьдеся́т	двéсти	пятьсóт
Inst.	пятью́деся́тью	двумястáми	пятьюстáми
Prep.	(о) пятѝдеся́ти	(о) двухстáх	(о) пятистáх

/

	40,90,100	**1,5**
Nom. Acc.	со́рок, девяно́сто, сто	полтора́, полторы́
Gen. Dat. Inst. Prep.	сорока́, девяно́ста, ста	полу́тора

498

Nom. Acc.	четы́реста девяно́сто во́семь
Gen.	четырёхсо́т девяно́ста восьми́
Dat.	четырёмста́м девяно́ста восьми́
Inst.	четырьмяста́ми девяно́ста восемью́
Prep.	(о) четырёхстах девяно́ста восьми́

VERBS

Note: The infinitive is not an accurate predicter of the present/perfective future conjugation. Students should learn the infinitive, as well as the third person plural (*они*) form of the present/future perfective conjugation.

PRESENT/FUTURE PERFECTIVE TENSE

A note on stress in the present/future perfective: There are three stress patterns:

1. Stem stress: *рабо́тать* with stress on the stem throughout.
2. Ending stress: *говори́ть* with stress on the endings throughout.
3. Mobile stress: *смотре́ть* - stress on the ending for infinitive, imperative, and first person singular (*я*): *смотре́ть, смотри́(те), смотрю́*; stress on the stem elsewhere: *смо́тришь, смо́трите, смо́трят*.

Conjugation I Verbs

Vowel stems:

Stem stress			*Ending stress (drop -ва-)*		
рабо́тать			встава́ть		
я	рабо́та	ю	я	вста	ю́
ты	рабо́та	ешь	ты	вста	ёшь
он	рабо́та	ет	он	вста	ёт
мы	рабо́та	ем	мы	вста	ём
вы	рабо́та	ете	вы	вста	ёте
они	рабо́та	ют	они	вста	ю́т

работа й(те)!   вста вай(те)!
Consonant stems:

Stem stress			*Ending stress*		
встать			идти		
я	встáн	у	я	ид	ý
ты	встáн	ешь	ты	ид	ёшь
он	встáн	ет	он	ид	ёт
мы	встáн	ем	мы	ид	ём
вы	встáн	ете	вы	ид	ёте
они	встáн	ут	они	ид	ýт

встáн ь(те)!   ид й(те)!

Conjugation II Verbs

Stem stress			*Ending stress*			*Mobile stress*		
спóрить			говори́ть			смотрéть		
я	спóр	ю	я	говор	ю́	я	смотр	ю́
ты	спóр	ишь	ты	говор	и́шь	ты	смóтр	ишь
он	спóр	ит	он	говор	и́т	он	смóтр	ит
мы	спóр	им	мы	говор	и́м	мы	смóтр	им
выи	спóр	ите	вы	говор	и́те	вы	смóтр	ите
они	спóр	ят	они	говор	я́т	они	смóтр	ят

спóр ь(те)!   говор й(те)!   смотр й(те)

PAST TENSE

Stress in the past tense comes in one of three patterns: stem stress, ending stress, and mobile stress. Past tense stress is often independent of present/perfective future tense stress.

Stem stress		*Ending stress*	*Mobile stress*	
Infinitives in *-ть:*				
рабóтать				
он	рабóта л		он	бы л
она	рабóта ла		она	бы лá

оно	рабо́та	ло		оно	бы́	ло
они	рабо́та	ли		они	бы́	ли

Infinitives in -*сти*:

	весты́	
он	вё	л
она	ве	ла́
оно	ве	ло́
они	ве	ли́

Infinitives in -*дти* and vowel + *ти*:

он	прише̃	л
она	приш	ла́
оно	приш	ло́
они	приш	ли́

Infinitives in -*зти* and -*чь*:

он	вё́з,	мог,	тёк
она	вез ла́,	мог ла́,	тек ла́
оно	вез ло́,	мог ло́,	тек ло́
они	вез ли́,	мог ли́,	тек ли́

MAIN EXCEPTIONS

First Conjugation

1. Verbs in with infinitives ending in -*овать* and -*евать* have present/perfective future stems ending in *у*-: *кома́ндовать: комна́ндую, кома́ндуешь, кома́ндуют, комна́ндуй* but past tense *кома́ндовал*

2. Verbs with infinitives ending in -*чь* have stems ending in -*г* or -*к* with mutations as follows:

   мочь: могу́, мо́жешь, мо́жет, мо́жем, мо́жете, мо́гут, мог, могла́, могло́, могли́
   течь: теку́, течёшь, течёт, течём, течёте, теку́т, тёк, текла́, текло́, текли́

3. Some first conjugation verbs undergo mutations *throughout the conjugation* according to the mutation chart below: *писа́ть: пишу́, пи́шешь, пи́шут, пиши́(те),* but *писа́л.*

Second Conjugation

1. Spelling rule:

    After *к г х ц ж ч ш щ*   *ю* and *я* are replaced by *у* and *a*:
    реши́ть: я решу́, они реша́т

2. Stem consonants in the first person singular mutate according to the table
    below:

    отве́тить: я отве́чу, ты отве́тишь, они отве́тят
    вози́ть: я вожу́, ты во́зишь, они во́зят
    прости́ть: я прощу́, ты прости́шь, они простя́т
    люби́ть: я люблю́, ты лю́бишь, они лю́бят

Consonant mutation table

к, т ⟶ ч	пеку́, печёшь
	отве́тить, отве́чу
г, з ⟶ ж	могу́, мо́жешь
	вози́ть, вожу́
х, с ⟶ ш	маха́ть, машу́
	писа́ть, пишу́
ст ⟶ щ	прости́ть, прощу́
and sometimes	
т ⟶ щ	возврати́ть, возвращу́
в, ф, п, в, м ⟶ вл, фл, бл, пл, мл	лови́ть, ловлю́
	люби́ть, люблю́
	офо́рмить, офо́рмлю

GLOSSARY

А

ава́рия – accident
авиано́сец – aircraft-carrier
авиа́ция – aviation
авиацио́нный – aviation (adj.)
авиацио́нный полк – air regiment
автомоби́льный – automobile (adj.)
агра́рный – agrarian (adj.)
администра́ция – administration
амби́ция – ambition
алма́з – diamond
аналоги́чный – analogous
антирабо́чий – anti-labor (adj.)
антисемити́зм – anti-semitism
аннули́ровать – to cancel
аре́нда – leasing
а́рмия – army
арме́йский ко́рпус – army corps
артилле́рия – artillery
артиллери́йская систе́ма – artillery system
а́томная подво́дная ло́дка – nuclear-powered submarine

Б

баллоти́роваться во что-то – to run for office
банкро́тство – bankruptcy
бе́дность – poverty
бе́дные – the poor (adj.)
бе́женец, бе́женцы – refugee
безвла́стный – powerless (adj.)
безопа́сность – security
безрабо́тица – unemployment
безрабо́тные – the unemployed
безразли́чный к чему́-то – indifferent to something (adj.)
бесе́ды – talks
беспрецеде́нтный – unprecedented (adj.)
беспоща́дный – merciless
бла́го – good, happiness
благодаря́ чему́-то – owing to something
боеголо́вка – warhead
боево́й – combat (adj.)
боеприпа́сы –ammunition
бо́йкие сообще́ния – peppy reports
бомбардиро́вщик – bomber

боро́ться про́тив чего́-то – to struggle against something
борьба́ – struggle
бой – fight, battle
браву́рный марш – invigorating march
брать/взять в плен – to take prisoner
брать/взять под защи́ту – to take under protection
бра́ться/взя́ться за что-то – to undertake something
брать/взять курс на что-то – to take a course in the direction of
брига́да – brigade
бронетранспортёр – armored personnel carrier
броса́ть/бро́сить вы́зов кому́-то –1) to challenge somebody
                               2) to be an affront to somebody
бы́вший – former
бундесве́р – the armed forces of West Germany
бюдже́т – budget

В

валово́й национа́льный проду́кт (ВНП) – gross national product (GNP)
валю́та – currency
валю́тный курс – rate of exchange
валю́тно-фина́нсовая поли́тика – monetary-fiscal policy
ввод во́йск – bringing in the troops
введе́ние нало́гов – introduction of taxes
вводи́ть/ввести́ войска́ – to bring in the troops
веду́щие стра́ны – leading countries
вертолётный отря́д – helicopter detachment
весо́мый – noticeable
Верхо́вный суд – Supreme Court
вести́ (*no perf.*) ого́нь по чему́-то – to fire at something
веде́ние – conducting
взаимопо́мощь – mutual assistance
взро́слые – adults
взя́тка – bribe
ви́дный де́ятель – prominent statesman
в ито́ге голосова́ния – as a result of ballot
ви́це-президе́нт – vice-president
включа́ть/включи́ть в пове́стку дня – to include in the agenda
власть – power
вла́сти – authorities
вложе́ние – investment
вне́шняя торго́вля – external trade
внешнеэкономи́ческая де́ятельность – external economic activity
вну́тренний долг – internal debt
во главе́ с кем-то – led by somebody
военнопле́нные – prisoners of war
вое́нно-промы́шленный ко́мплекс – military-industrial complex
вое́нный объе́кт – military installation

военные – the military (adj.)
военный о́круг – military district
воéнщина – the militarists
возглавля́ть/возгла́вить – to be the head of, to lead
возлага́ть/возложи́ть отвéтственность за что-то – to place responsibility for
something on somebody
возраста́ть/возрасти́ – to grow
война́, во́йны – war
войска́ (pl.) – troops
волна́, во́лны – wave
воóчию – with your own eyes
вооружённый си́лы – armed forces
восста́вшие – the rebels
восстана́вливать/восстанови́ть авторитéт – to restore authority
восста́ние – rebellion
воюющие сто́роны – fighting parties, sides
враг – enemy
вра́жеский – enemy (adj.), hostile
в ра́мках програ́ммы СОИ – within the framework of the SDI program
всеóбщие вы́боры – general elections
в соотвéтствии с чем-то – in accordance with something
вступа́ть/вступи́ть во что-то – to become a member of something
вступа́ть/вступи́ть в строй – to become operational
в какóй-то мéре – to some degree
входи́ть/войти́ в си́лу – to come into effect
входи́ть/войти́ в употреблéние – to go into use
в честь когó-то – in honor of somebody
выбира́ть/вы́брать на срок в 4 гóда – to elect for a 4-year term
вы́бор – choice
вы́боры – elections
выводи́ть/вы́вести из соста́ва – to withdraw from the composition
выводи́ть/вы́вести из боевóго соста́ва – to take out of service
вы́годный – profitable
вы́садка – landing
высвобожда́ться/вы́свободиться – to be released
выска́зываться/вы́сказаться – to speak up
высóкий гость – guest of honor
выступа́ть/вы́ступить с рéчью – to make a speech
выполня́ть/вы́полнить – to fulfill, to complete
выра́внивание торгóвого бала́нса – leveling of trade balance
выража́ть/вы́разить – to express
выска́зывание – expression, opinion
выходи́ть/вы́йти на пéрвое мéсто – to come in first, to take first place
выходи́ть/вы́йти из употреблéния – to become obsolete
вы́ход в отста́вку – resignation

Г

газопровóд – gas pipeline
гарáнтия – guarantee
гáубица – howitzer
гвардéйская дивизия – guards division
Генерáльная Ассамблéя – the General Assembly
генерáльный секретáрь – General Secretary
главá, глáвы – head, leader
глобáльное орýжие – global weapons
глубóкий – deep
говорильня – hoopla
годовщина – anniversary
гóлод – hunger, famine
гóлос, голосá – voice, vote,
голосовáние – ballot, voting, election
гóнка вооружéний – arms race
госпóдство – mastery, hegemony
госудáрственный департáмент – the State Department
    (госдепартáмент)
госудáрственный дéятель – statesman
госудáрственный долг – national debt
госудáрственный секретáрь – secretary of state
готóвиться/подготóвиться к чемý-то – to prepare for something
готóвность – readiness, preparedness
граждáнское населéние – civilian population
грозить – to threaten
группирóвка – faction
грýстный – sad
губернáторские вы́боры – gubernatorial elections

Д

давáть/дать я́сно поня́ть – to make clear
давáться нелегкó – to not come easily
далекоидýщий – far-reaching
дáнные – data
движéние – movement
двусторóнние свя́зи – bilateral relations
деловáя активность – business activity
деловы́е круги – business circle
демократическая пáртия – the Democratic Party
демократические свобóды – democratic freedoms
депрéссия – depression
дéйствующие силы – active forces
демокрáт – democrat
дéнежное обращéние – monetary circulation
дефицит бюджéта – budget deficit

дискриминация по принципу пола – sex discrimination
диспут – dispute
добавка – addition
добиваться/добиться успеха – to achieve success
добрая воля – good will
доверие – trust
доверять кому-то – to trust somebody
договор о чём-то – treaty on something
доказательство – proof
доктрина – doctrine
доктор исторических наук – post-doctoral degree in history
долг – debt
долгосрочный кредит – long-term credit
должник – debtor
доля секунды – fraction of a second
дополнительные налоги – additional taxes
дополнения к конституции – amendments to the constitution
дорабатывать/доработать – to bring to complition
доходы – income
драконовская цензура – draconian censorship
дух – spirit

Е

единогласие – unanimity
единогласный – unanimous
единодушно – unanimously
единство – unity

Ж

жаргон – jargon
желание – desire
железный занавес – iron curtain
жертва – victim
жёсткое регулирование – rigid managment
жилое строительство – residential construction
жизненный уровень – standard of living

З

забастовка – strike
заведующий отделом – department chairman
завершать/завершить – to complete
зависимость – dependence
завоёвывать/завоевать – to conquer

зада́ние – assignment
задо́лженность – debt, indebtedness
закла́дывать/заложи́ть осно́ву – to lay a foundation
заключа́ть/заключи́ть – to conclude, to sign
зако́н – law, bill
законода́тельный – legislative
законопрое́кт – draft of a bill
зало́жник – hostage
замедле́ние – slowdown
замести́тель (masc.) – deputy, assistant
замора́живание расхо́дов – a freeze on expenditures
замора́живать/заморо́зить – to freeze
за недоста́тком чего́-то – for lack of something
запреща́ть/запрети́ть я́дерное ору́жие – to ban nuclear weapons
запа́с – reserve
за́работная пла́та (зарпла́та) – salary
зара́нее соста́вленные спи́ски – previously composed lists
заседа́ние – meeting
засекре́ченный – classified
за счёт чего́-то – 1) at the expense of something
                      2) through something
засто́й – stagnation
затра́чивать сре́дства на оборо́ну – to spend money for defense
затя́гивание спа́да – prolongation of recession
захва́тывать/захвати́ть зало́жников – to capture hostages
захва́т – seizure
защи́та – defense
заявля́ть/заяви́ть о чём-то – to announce something
земно́й шар – globe, earth
звёздные во́йны – Star Wars
земля́, зе́мли (pl.) – earth, the Earth
зерно́ – grain
здравоохране́ние – public health
зло – evil

И

игра́ть на чём-то – to play on something, to exploit something
идти́/пойти́ на по́льзу – to be beneficial
идти́/пойти́ на усту́пки кому́-то – to make concessions to somebody
идти́ сле́дом за кем-то – to follow somebody
избавля́ться/изба́виться от чего́-то – to get rid of something
избега́ть/избежа́ть чего́-то – to avoid something
избира́тель (masc.) – voter, constituent
избира́тельное пра́во – right to vote
избира́ть/избра́ть – to elect
избира́ть/избра́ть по спи́ску – to elect on the slate of
измене́ние – change

измéна – betrayal, treason
изъя́ть – to remove, to do away
иллюзóрность – illusion
имéть сомнéния в чём-то – to have doubts about something
импéрский – imperial
и́мпорт *(no pl.)* – import, imports
инакомы́слящий – a dissident
инсти́нкт – an instinct
интерьéр – interior
интесифика́ция – intensification
иска́ть – to search
исхóд – outcome
исключа́ть/исключи́ть из чегó-то – to exclude from something
искупа́ть та́нки в Ла-Ма́нше – to wash tanks in the English Channel
иску́сственный – artificial
исполни́тельный óрган – executive branch
испóльзовать – to use
испы́товать/испыта́ть – to test
испыта́ние – test *(noun)*
испы́танный – tested, reliable
исслéдования – research
исслéдовательский – research *(adj.)*
и́стинные намéрения – true intentions
исчислéние и́ндекса цен – pricing

К

каза́к – Cossack
кандида́т в президéнты – presidential candidate
кара́тельно-полицéйская опера́ция – police operation
кассéтный снаря́д – cluster shell
катю́ша – katusha (an artillery piece)
кварта́л – quarter
кварта́льный – quarterly
ключева́я систéма – key system
колхóзник – collective farmer
коменда́нтский час – curfew
комменти́ровать/прокомменти́ровать – to comment on something
коммунисти́ческая па́ртия – the Communist Party
коммуни́ст – communist
конгрéсс – congress
конкурéнт – rival
конкурентноспосóбность – ability to compete
компа́ния – company, firm
констати́ровать – to state the fact
констру́ктивное сотру́дничество – constructive cooperation
контрóль над вооружéниями – arms control
конча́ться/кóнчиться чем-то – to finish with something

ко́рпус морско́й пехо́ты – Marine Corps
ко́свенные нало́ги – indirect taxes
ко́смос – outer space
косми́ческий зо́нтик – space umbrella
кошелёк госуда́рства – government coffers (pl.)
краткосро́чный креди́т – short-term credit
креди́тные ста́вки – credit rate
кру́пный капита́л – large capital

Л

ла́герь, лагеря́ – camp
ла́зер – laser
ла́зерный луч – laser beam
лейбори́стская па́ртия – labor party
лейбори́ст – Laborite
лёгкая промы́шленность – light industry
лёд тро́нулся – the ice is broken
либера́л – liberal (noun)
либера́льные круги́ – liberal circles
ли́дер – leader
ликвиди́ровать – to liquidate
лиша́ть/лиши́ть чего́-то – to deprive of something
лише́ние – privation
ло́бби (unchanged) – lobby, interest group
лобби́ровать – to lobby
людски́е ресу́рсы – people's resources

М

максима́льная отда́ча – maximum result
манда́т – mandate
масшта́б – scale
    в масшта́бе чего́-то – on the scale of something
материа́льные сре́дства – material resources
мемора́ндум – memorandum
медици́нское обслу́живание – medical care
междунаро́дный – international
ме́ры по борьбе́ – measures against
ме́сто – 1) place 2) seat
ме́стное самоуправле́ние – local self-government
мечта́ – dream
микрокомпью́тер – microcomputer
милитариза́ция – militarization
милитари́ст - militarist
мини́стр иностра́нных дел –1) Secretary of State (U.S.)   2) foreign minister
мини́стр торго́вли –1) Secretary of Commerce   2) minister of commerce

министр финáнсов –1) Secretary of the Treasury (U.S.)   2) minister of finance
министр энергéтики – 1) Secretary of Energy   2) minister of energy
минýвший год – last year
многовековóй – many centuries old
многоцелевáя áтомная подвóдная лóдка – multi-purpose nuclear-powered submarine
мобилизáция – mobilization
мостúть дорóгу – to pave the road
моторизóванный – motorized
мóщный – powerful
муниципáльные вы́боры – municipal elections

Н

наблюдáтель ООН – UN observer
наблюдéние за чем-то – observation of something
нагнетáть обстанóвку – to worsen the situation
надéжда на что-то – hope (noun) for something
надéяться на что-то – to hope for something
надзóр – supervision
надстрóйка – superstructure
назвáние – name
назначéние на пост – appointment to the position
наканýне – on the eve
налёт – raid
налóг на потребление – tax on consumption of
налóговое послаблéние – tax leniency
намечáть/намéтить – to plan
наносúть/нанестú удáр – to deliver a strike
нападáть/напáсть на когó-то – to attack somebody
нападéние – attack
направлять/напрáвить – to direct something
напряжённость – tension
нарáщивание вооружéний – arms race
нарóд – people
нарóдное хозя́йство – people's economy
нарушéние – violation
населéние – population
насúлие – violence
настáивать/настоя́ть на чём-то – to insist on something
настоя́щая ситуáция – current situation
наступáтельные возмóжности – offensive capabilities
наступлéние – offensive (noun)
наýка – science
наýчный – scientific
наýчные исслéдования – research (noun)
находúть/найтú – to find
находúться с визúтом – to be on a visit
находúться (no perf.) на вооружéнии – to be in the arsenal

национáльная безопáсность – national security
невинóвность – innocence
негрáмотность – illiteracy
негрáмотные – the illiterate
негритя́нский – black *(adj.)*
недовóльство – discontent
недопустúмо – unacceptably
недостáток – shortage
недостýпный чемý-то – inaccessible
незавúсимость – independence
неизбéжный – inevitable
необратúмый – irreversible
неофашúст – neofascist
неприсоединéние – nonalignment
несправедлúвость – injustice
нестú/понестú поражéние – to suffer defeat
нестú/понестú потéри – to suffer losses
нестú/понестú ущерб – to suffer damage
нéфть – oil
нефтянóй – oil *(adj.)*
нейтрóнная бóмба – neutron bomb
нехвáтка – shortage
нúзкий – low
нóвое мышлéние – new thinking
нóвый состáв – new composition
носúть деловóй харáктер – to be businesslike
нуждáться *(no perf.)* в поддéржке – to need support
нуждáющиеся – the needy
ны́нешний – current

O

обанкрóтиться – to go bankrupt
обеспечéние – guarantee
обеспéчивать/обеспéчить – to provide
обещáние – promise
обладáть чем-то – to possess something
областны́е вы́боры – 1) local elections   2) oblast elections
обмéн мнéниями – exchange of opinions
оборóна *(no pl.)* – defense
оборонúтельная достáточность – defense sufficiency
оборонúтельный харáктер – defensive character
оборýдование – equipment
обостря́ться/обострúться – to deteriorate
образóвывать/образовáть –1) to form   2) to educate
образовáние   1) formation   2) education
обрáтная реáкция – adverse reaction
обращáться/обратúться к чемý-то – to address something

обслу́живание – service
обстано́вка – situation
обсужда́ть/обсуди́ть – to discuss
обще́ственный де́ятель – public figure
обще́ственность – public
Общий ры́нок – the Common Market
обы́скивать/обыска́ть – to search
о́быск – a search
обы́чные вооруже́ния – conventional weapons
объедине́ние – group
объясня́ть/объясни́ть – to explain
обяза́тельство – obligation
ограниче́ние – limitation
оде́рживать/одержа́ть верх – to be the winner
оде́рживать/одержа́ть побе́ду над чем-то – to win the a over something
однозна́чный – simple
односторо́нний хара́ктер – unilateral character
ожида́ть – to expect
оздоровля́ть/оздорови́ть – to bring recovery
оздоровле́ние – recovery
ока́зываться/оказа́ться – to prove to be
ока́зывать/оказа́ть по́мощь – to render assistance
ока́зывать/оказа́ть влия́ние на кого́-то – to influence somebody
о́круг, округа́ – district
опа́сность – danger
операти́вно-манёвренная гру́ппа – operational-maneuver group
опережа́ть/опереди́ть в чём-то – to be ahead in something
определя́ть/определи́ть – to define
о́птика – optics
о́птико-электро́нный – fiber-electronic (adj.)
опуска́ть/опусти́ть – to lower
о́рганы вла́сти – organs of power
о́рганы ме́стного управле́ния organs of local government
о́рдер на о́быск – search warrant
ору́жие (no pl.) – weapons
ОСВ (ограниче́ние стратеги́ческих вооруже́ний) – SALT (limitation of strategic weapons)
освобожда́ть/освободи́ть – to free, to liberate
осмо́тр войск – troop review
оснаща́ть/оснасти́ть – 1)to support 2)to supply
оставля́ть/оста́вить – to leave behind
остана́вливать/останови́ть – to stop something
осужда́ть/осуди́ть – to condemn
осуществи́мость – feasibility
осуществля́ть/осуществи́ть реше́ния – to implement decisions
отбыва́ть/отбы́ть – to depart
отверга́ть/отве́ргнуть – to reject, to turn down
отве́тственный де́ятель – high-standing official
отве́тственность за что-то – responsibility for something

отвлече́ние сил на что-то – diversion of forces into something
отводи́ть/отвести́ ва́жное ме́сто чему́-то – to give an important place to something
отделе́ние от чего́-то – secession from something
отложи́ть/откла́дывать – to postpone
отзыва́ть/отозва́ть – to recall
отка́зывать/отказа́ть в чём-то – to deny something
откре́щиваться/открести́ться от чего-то – to separate oneself from something
отлича́ться от чего́-то – to differ from something-
отменя́ть/отмени́ть – to cancel
отме́на – cancellation
отноше́ние – attitude
отноше́ния (no sing.) – relations
отправля́ть/отпра́вить – to send, to dispatch
отпра́вка – a dispatch
отража́ть/отрази́ть – to reflect
о́трасль – branch
отстава́ть/отста́ть от кого́-то – to lag behind somebody
отставно́й – retired
отста́лость – backwardness
отстраня́ть/отстрани́ть – to remove
отступле́ние – retreat
отря́д – detachment, unit
отстава́ть/ отста́ть от чего́-то – to lag behind something
отчётность – accountability
отчи́тываться/отчита́ться – to give an account
офице́р запа́са – reserve officer
официа́льное лицо́, ли́ца – an official
охва́тывать/охвати́ть – to embrace
оцепля́ть/оцепи́ть – to cordon off
очаро́ванный чем-то – enchanted with something
очередно́й круг бесе́д – regular round of talks
ошиба́ться/ошиби́ться в чём-то – to be mistaken about something

П

паде́ние – fall, drop
падчерица – stepdaughter
пала́та представи́телей – House of Representatives
пала́та о́бщин – House of Commons
партиза́н – guerrilla, partisan
партнёры из-за океа́на – partners from across the ocean
патрули́ровать – to patrol
перви́чные вы́боры – primaries
первонача́льный – initial
перебро́ска – (air)lift
перева́л – crossing
переворо́т – coup, overthrow

переговóры (*no sing.*) – negotiations
передáча технолóгии – transfer of technology
пережива́ть/пережи́ть – 1) to experience, 2) to live through
переме́на – change
перестрóйка – perestroika
переходи́ть к чему́-то – to resort to something
перехóд к чему́-то – transition to something
печа́ть – press
пехóта – infantry
питьева́я водá – drinkable water
пищевóй – food (*adj.*)
плани́ровать – to plan
плати́ть/заплати́ть за что-то – to pay for something
побéда – victory
побежда́ть/победи́ть – to win
побере́жье – coastline, seashore
побыва́ть – to visit
пова́льные óбыски – mass searches
повéстка дня – agenda
подчини́ть – to subjugate
поги́бшие – those killed
погрóм – pogrom
подавля́ть/подави́ть – to suppress
подвóдная лóдка – submarine
подготóвка к чему́-то – preparation for something
поддéржка – support
поддéрживать/поддержа́ть – to support
подкрепля́ть/подкрепи́ть – to make stronger
подлóдка – submarine
пóдлинная незави́симость – genuine independence
поднима́ть/подня́ть – to lift
подóбным óбразом – in a similar fashion
подозрева́ть в чём-то (*no perf*) – to suspect of something
подпи́сывать/подписа́ть – to sign
подрóсток – teenager
подрыва́ть/подорва́ть – to undermine
подрывна́я дéятельность – subversive activity
пóдступ к чему́-то – approach to something
подчиня́ться/подчини́ться чему́-то – to subjugate oneself to something; to defer
to something
пожи́зненное заключéние – life imprisonment
пóиск – search
показа́тель (*masc.*) – index, indicator
показнóй – for show, ostentatious
покóнчить с чем-то – to be done with something
поку́пка – purchase
полага́ться/положи́ться на что-то – to rely on something
полага́ться (*impers*) – to be due (to)
полити́теский дéятель – politician

поли́тик – politician
полновéсные плоды́ – sound results
полномóчие – authority, right
помóщник – assistant
поощрéние – encouragement
попадáть/попáсть в зави́симость – to become dependent
попадáть/попáсть в плен – to be taken prisoner
попадáть/попáсть в чёрный спи́сок – to be blacklisted
попрáние норм – flagrant violation of norms
поражéние – defeat
поражáть/порази́ть – 1) to defeat, 2) to amaze
послéдний нóмер – latest issue (of journal)
послéдствия – cosequences
поступлéние налóгов – tax revenues
посóл, послы́ – ambassador
посóльство – embassy
постáвка – supply
поступи́ться/поступáться чем-то – to forgo something
потéри (pl.) – (human) losses
потéря – loss
потреби́тельская корзи́нка – consumer goods basket
поучи́тельный – instructive
поэтáпный – by stages
прáво, правá pl – right
правá человéка – human rights
прáвильность – correctness
правовóе госудáрство – legal state
прáвый режи́м – right-wing regime
прáвящая пáртия – ruling party
прáпорщик – warrant officer
предавáть/предáть глáсности – to make public
предéлы – limits, border
предвы́борная кампáния – election campaign
предвори́тельный – preliminary
предоставля́ть/предостáвить пóмощь – to give assistance
предотвращéние – prevention
предприя́тие – enterprise
председáтель (masc.) – chairman
предсказáние – prediction
представи́тель (masc.) – representative
предстоя́ть (imprs.) кому-то – to be faced with something
предпринимáтельство – enterpreneurship
предпринимáть/предприня́ть попы́тку – to undertake an attempt
предрассýдок – prejudice
предстоя́щий – forthcoming
представля́ть собóй – to represent (by itself)
предшéствовать чемý-то – to precede something
предыдýщий – previous
президéнт – president

Президиум Верхо́вного Сове́та – Presidium of the Supreme Soviet
прекраща́ть/прекрати́ть – to cease
прекраще́ние огня́ – cease-fire
премье́р-мини́стр – prime-minister
прибыва́ть/прибы́ть с официа́льным визи́том – to come on an official visit
приве́тствовать – to welcome
привыка́ть/привы́кнуть к чему́-то – to get used to something
приводи́ть/привести́ да́нные – to cite the data
приводи́ть/привести к чему́-то – to result in something
приглаше́ние – invitation
    по приглаше́нию – by the invitation
при́знаки появи́лись – signs appeared
при́зрак – ghost
прила́вки – shelves in the store
при́городы – suburbs
приезжа́ющие – those arriving (people)
прие́м – reception
при́зван,а,о,ы – entitled, called forth to do something
призыва́ть/призва́ть к чему́-то – to call for something
присоедине́ние к чему́-то – addition to something
приспоса́бливаться/приспосо́биться к чему́-то – to get adjusted to something
приходи́ть с о́быском – to come to search
принима́ть/приня́ть – receive, accept
принима́ть/приня́ть реше́ние – to make a decision
принима́ть/приня́ть уча́стие в выбора́х – to participate in elections
приро́дные ресу́рсы – natural resources
приро́ст – growth
пробива́ть/проби́ть брешь в чрезме́рной секре́тности – to begin to reduce
                                                     excessive secrecy
пробива́ться/проби́ться во что-то – to make it somewhere
пробива́ться/проби́ться к чему́-то – to get to something
пробле́ма – problem
прова́л – collapse, gap
прова́ливать/провали́ть – to fail something
провинциа́льный – provincial
проводи́ть/провести́ – to conduct
проводи́ть/провести́ в жизнь – to implement
проводи́ть/провести́ свои́х кандида́тов – to bring in one's own candidates
прогно́з – prognosis
прода́жа – sale, sales
продово́льствие – food-stuffs, provisions
прое́кт зако́на – draft of a bill
производи́тельность труда́ – labor productivity
произво́дство – production
произво́л – tyranny
произноси́ть ре́чи – to make speeches
промы́шленность – industry
проникнове́ние – infiltration
пропа́вшие без вести – missing in action

проти́вник – opponent
противостоя́ние – standoff
противота́нковый – anti-tank (adj.)
противоре́чить – to contradict
противораке́тный – anti-missile
противоре́чить чему́-то – to contradict something
противоре́чие – contradiction
противостоя́ть чему́-то – to resist something
профсою́з – trade union
проявля́ть/прояви́ть – to manifest something
проявле́ние – manifestation
прямы́е нало́ги – direct taxes
пуга́ть/напуга́ть – to scare
путь (masc.) – path
пу́шка – cannon, artillery piece
пшени́ца – wheat

Р

рабо́тать на что-то – to work for something
рабо́чая си́ла – labor
рабо́чие – workers
рабо́тник нау́ки – someone engaged in the area of science
равнове́сие – balance
равнопра́вие – equality
ра́вный – equal
развива́ть/разви́ть – to develop
развора́чивать/разверну́ть войска́ – to deploy troops
разгора́ться/разгоре́ться – to flare up
разли́чный – different, various
разногла́сия (pl.) из-за ры́нков – differences over markets
разоблача́ть/разоблачи́ть себя как что-то – to expose oneself as
разочарова́ние в чём-то – disappointment
разраба́тывать/разрабо́тать – to develop something
разреше́ние конфли́кта – solution of a conflict
разря́дка междунаро́дной напряжённости – relaxation of international tension, detente
раке́та сре́дней да́льности – medium-range missile
раке́тная систе́ма за́лпового огня́ – Multiple Launcher Rocket System (MLRS)
раке́тная устано́вка – missile installation
раке́та – missile
ра́неный – a wounded man
ра́ньше наме́ченного сро́ка – ahead of time
ра́са – race
раси́стский – racist
ра́совый – racial
распоряди́тельный о́рган – managerial organ (body)
рассма́тривать/рассмотре́ть – to consider, to examine something

расстано́вка сил – balance of power
расстоя́ние – distance
расстре́л – execution by a firing squad
расти́/вы́расти – to grow
расшире́ние торго́вли – expansion of trade
расхо́ды на оборо́ну – expenditures for defense
расформиро́вывать/ расформирова́ть – to liquidate
ратифици́ровать догово́р – to ratify a treaty
реа́кция на что-то – reaction to something
регули́рование – regulating
ре́зкий – sharp, abrupt
резолю́ция – resolution
рейгано́мика – Reaganomics
режи́м фаши́стского то́лка – regime of fascist type
режи́м наибо́льшего благоприя́тствования – most favored nation status
репре́ссия – repression
республика́нец – a Republican
республика́нское большинство́ – Republican majority
республика́нское меньшинство́ – Republican minority
региона́льный – regional
регули́рование эконо́мики – regulation of economy
речь идёт о... – the topic is...
реши́мость – determination
риско́ванный – risky
ро́бот – robot
робототе́хника – robotics
рожда́емость – birth rate
рост цен – rise in prices
рыво́к – leap, jump
ры́нок, ры́нки – market
рыча́г, рычаги́ – lever
ряд договорённостей – number of treaties

С

самолёт – airplane
самохо́дный – self-propelled
са́нкции против чего́-то – sanctions against something
сбаланси́рованный бюдже́т – balanced budget
сверхпла́новый – extra, above what is planned
сверхсовреме́нная те́хника – high-technology
сверше́ние – deed, accomplishment
свиде́тельствовать о чём-то – to testify to something
свобо́да сло́ва – freedom of speech
свобо́да со́вести – freedom of conscience
сво́дка – forecast
свора́чивание – curtailment
сде́лка – deal

сдвиг – move, progress

Североатлантический союз (НАТО) – the North Atlantic Treaty Organization, the NATO

секретарь райкома – secretary of the regional party committee

секретный – secret

сельское хозяйство – agriculture

сельскохозяйственный – agricultural

серьёзность намерений – seriousness of intentions

силы передового базирования – forward-based forces

силы специального назначения – special forces

система управления – guidance system

ситуация – situation

скачок – leap, surge

следовать чему́-то – to follow (observe) something

слияние – merger

сломить волю – to break the will

служащие – white-collar

служить чему́-то – to serve something

смертная казнь – death penalty

смертоносный – deadly

смертность – mortality

снижение – decline

собираться/собраться – 1) to get together   2) to convene

собственный корреспондент – accredited correspondent

совершать/совершить нападение – to make an attack

Совет безопасности – Security Council

Совет Министров – Council of Ministers

современник – contemporary

согласие – consent

согласованное решение – balanced decision

соглашение – agreement

создание – creation

сокращение стратегических вооружений – reduction of strategic weapons

сомнение – doubt

сомневаться в чём-то (no perf.) – to have doubts about something

сопротивляться чему́-то – to resist something

составная часть – component part

состояться – to take place

сотрудничество – cooperation

сообщество – community

сосуществование – coexistence

сохранять/сохранить – to maintain

социалистический – socialist

социалист – socialist

социал-демократическая партия – the Social-Democratic party

социал-демократ – social-democrat

социал-христианская партия – the Social-Christian party

социальное обеспечение – social welfare

сочувствовать чему́-то – to sympathize with something

союзник – ally
спад – recession
специа́льный корреспонде́нт – special correspondent
спи́сывать/списа́ть обору́дование – to retire equipment
спи́сок – list
спосо́бность – ability, capability
спосо́бный – able, capable
спосо́бствовать чему́-то – to contribute to something
сре́дство прове́рки – means of verification
срок – term
ста́вить/поста́вить на коле́ни – to put on one's knees
ста́вить/поста́вить на ноги – to put on one's feet
ста́вленник – protege
станкостро́ительный – machine-tool building
сто́имость (fem.) – cost
    сто́имостью... – which costs...
сторо́нник – supporter
страда́ние – suffering
стра́ны-чле́ны – member-countries
стратеги́ческая оборо́нная инициати́ва (СОИ) – Strategic Defense Initiative (SDI)
стратеги́чески ва́жный – strategically important
стреля́ть по толпе́ – to shoot into a crowd
стреми́ться к чему́-то – to seek something
строи́тельный – construction (adj.)
строи́тельство – construction
суд, суды́ – court, trial
судья́, су́дьи – judge
счита́ть чем-то (no perf.) – to consider to be something
сугу́бо – particularly
судьба́ – fate
с учётом чего-то – taking something into consideration
сырьё (no pl.) – raw materials

Т

та́йное голосова́ние – secret ballot, secret voting
такти́ческие вооруже́ния – tactical weapons
тво́рческий труд – creative work
танк – tank
темп – speed, rate
тень наде́жды – shadow of hope
тео́рия относи́тельности – theory of relativity
терра́кт – act of terror
территориа́льный – territorial
теря́ть/потеря́ть большинство́ – to lose majority
те́хника – technology
техни́ческий – technical
техноло́гия – technology, method of production

технологи́ческий – technological
това́ры пе́рвой необходи́мости – first necessity goods
това́ры широ́кого потребле́ния – consumer goods
толпа́ – crowd
торгова́ть чем-то – to trade with somebody
торго́вля чем-то – trade with somebody
торго́вый – trade (adj.)
то́чка зре́ния – point of view
трансли́ровать – to broadcast
трансля́ция – broadcast (noun)
тре́бование – demand
тре́ния (pl.) – frictions
трудова́я па́ртия – the Labor party
тру́дность – difficulty
трудоспосо́бный – able-bodied
трудя́щиеся – working people
тяжёлая промы́шленность – heavy industry

У

убежда́ть/убеди́ть в чём-то – to convince of something
убеди́тельный – convincing
уби́тые – those killed
увели́чивать/увели́чить – to increase
увольня́ть/уво́лить – to retire somebody
у́голь (masc.) – coal
угро́за – threat
удава́ться/уда́сться – to succeed
уда́рное косми́ческое ору́жие – space strike weapons
уда́рно-тра́нспортный самолёт – assault-transport plane
уделя́ть/удели́ть внима́ние чему́-то – to pay attention to something
указа́ния све́рху – directions from above
укрепля́ть/укрепи́ть – to strengthen
улучше́ние – improvement
уничтожа́ть/уничто́жить – to destroy, to annihilate
управле́ние ко́рпуса – command of the corps
управля́ть чем-то с расстоя́ния – control something from a distance
упроче́ние мира́ – strengthening of peace
ура́н – uranium
урегули́рование – settlement
у́ровень (masc.) – standard, level
ускоря́ть/уско́рить – to speed up
успе́х – success
установле́ние – establishment
устано́вленный поря́док – established order
устаре́вший – outmoded
усто́йчивый – stable (adj.)
устра́ивать/устро́ить – to arrange

устранять/устранить в корне – to eliminate completely, to root out
утаивать/утаить – to hide something
учёный – scientist
учётные ставки – interest rates
ущёрб – damage

Ф

фабрика Гознака – the Mint
финансы *(no sing.)* – finance
финансовый год – fiscal year
фирма – firm
фотографировать – to take pictures
фундаментальные исследования – fundamental research

Х

хватать/хватить *(impers.)* чего-то – to have sufficient amount of something
химическое оружие – chemical weapons
хозрасчёт – self-accounting
хозяйство – economy

Ц

цель – goal, target
цитировать – to cite, to quote

Ч

человечество – mankind
численность – number
член КПСС – member of the CPSU
член-корреспондент – Associate-Member
чрезвычайная встреча – extraordinary meeting
чрезвычайные силы – emergency forces, peace-keeping forces
чрезмерный – excessive
чувство локтя – team spirit

Ш

шар – sphere
шаткость – precariousness
шпионаж – espionage
штаб – staff, headquaters

штра́фовать/оштрафова́ть   за что-то – to fine for something

Э

эконо́мика – economy, economics
экономи́ческий – economic
эконо́мия – saving
эконо́мный – economical, sparing
э́кспорт – export, exports
экпорти́ровать – to export
э́кстренная встре́ча – emergency meeting
эмба́рго на что-то – embargo on something
эми́ссия – issuing of money
энергети́ческий кри́зис – energy crisis

Я

я́дерное ору́жие – nuclear weapons
я́кобы – allegedly